谨以此书献给我的老师、亲人和朋友！

李竞恒 著

干戈之影

商代的战争观念、
武装者
与武器装备

中华书局

图书在版编目（CIP）数据

干戈之影：商代的战争观念、武装者与武器装备/李竞恒著. —
北京：中华书局，2024.9. —ISBN 978-7-101-16684-2

Ⅰ.E292.3

中国国家版本馆 CIP 数据核字第 2024WY6998 号

书　　名	干戈之影：商代的战争观念、武装者与武器装备	
著　　者	李竞恒	
责任编辑	白爱虎	
封面设计	刘　丽	
责任印制	陈丽娜	
出版发行	中华书局	
	（北京市丰台区太平桥西里 38 号　100073）	
	http://www.zhbc.com.cn	
	E-mail：zhbc@zhbc.com.cn	
印　　刷	河北新华第一印刷有限责任公司	
版　　次	2024 年 9 月第 1 版	
	2024 年 9 月第 1 次印刷	
规　　格	开本/920×1250 毫米　1/32	
	印张 14¼　插页 2　字数 350 千字	
印　　数	1-4000 册	
国际书号	ISBN 978-7-101-16684-2	
定　　价	68.00 元	

目　录

序…………………………………………………… 段　渝　1

自　序……………………………………………………… 1

绪　论……………………………………………………… 1

第一章　殷商之前的战争……………………………………… 11

　第一节　龙山文化之前的战争……………………………… 11

　　一、新石器时代之前的战争……………………………… 12

　　二、仰韶时期暴力冲突及背后的观念…………………… 16

　　三、战争的形态…………………………………………… 23

　　四、战争的继续演进……………………………………… 27

　　五、酋邦社会的战争……………………………………… 32

　第二节　龙山、二里头时期的战争………………………… 38

　　一、防御功能的城堡……………………………………… 39

　　二、龙山战争的形态……………………………………… 46

　　三、龙山时期战争的观念………………………………… 53

　　四、二里头时期的战争…………………………………… 60

第二章　商代的战争观念……………………………………… 73

　第一节　商代战争还没有出现"贵族传统"……………… 76

　　一、春秋宋国坚持的军礼是周代礼制…………………… 76

二、贵族传统与军事贵族 …………………………… 82

三、先秦战争贵族传统的出现 ………………………… 88

第二节　商代神权政治的背景 …………………………… 103

一、商王室的诸神 ……………………………………… 104

二、"相互给予"的人神关系 ………………………… 110

第三节　战争的目的——祭品与资源 ………………… 121

一、战争与狩猎被视为同一性质的活动 …………… 121

二、敌方不被视为人类 ……………………………… 129

三、猎获"半兽人"的战争 ………………………… 138

四、战争与资源掠夺 ………………………………… 150

第三章　武装者 ……………………………………………… 155

第一节　武士 ……………………………………………… 156

一、贵族武士与普通武士 …………………………… 156

二、女性武士 ………………………………………… 166

三、虎皮战士 ………………………………………… 177

第二节　氏族战士 ………………………………………… 185

一、神权宗教与政治语境中的"众" ……………… 186

二、征发氏族战士 …………………………………… 192

三、步兵与武器 ……………………………………… 201

第三节　武装者编制背后的"神圣" …………………… 211

一、作为神圣范式的"五" ………………………… 212

二、神圣范式的数字化"三" ……………………… 222

三、献祭、战争的神圣范式:"三"、"五" ……… 228

四、按照神圣范式原则组织的军队 ………………… 232

第四节　封国、封邑中的武装者 ……………………… 242

一、作为武装氏族据点的"邑" …………………… 243

二、武装者"邑人" ································· 249

三、考古所见泛北方地区的城堡与武装者 ········· 253

四、考古所见泛南方地区的城堡与武装者 ········· 265

第四章　武器装备 ································· 275

第一节　近战武器 ································· 276

一、戈 ··· 276

二、戟 ··· 292

三、矛 ··· 296

四、斧钺 ··· 304

五、武器的羽饰 ··································· 313

第二节　防护装备 ································· 321

一、皮甲 ··· 321

二、胄 ··· 328

三、盾 ··· 336

第三节　远射武器 ································· 342

一、弓箭的神话 ··································· 342

二、殷人的弓与箭 ································· 349

三、弓箭的使用 ··································· 362

四、弹丸 ··· 369

第四节　战车与骑手 ······························· 380

一、商代战车的来源 ······························· 382

二、战车与神话范式 ······························· 387

三、战车的使用 ··································· 391

四、战车的管理 ··································· 401

五、战车的修理维护 ······························· 407

六、骑手 ··· 410

第五节　战象 ……………………………………………… 418

　　一、"殷人服象"与战象的使用 ……………………… 420

　　二、战象的巫术含义 …………………………………… 427

第六节　殷商敌对者的武器——以北部敌对人群为例 …… 433

　　一、北方人群与殷人的关系 …………………………… 433

　　二、北方人群的武器装备 ……………………………… 439

跋 …………………………………………………………… 447

序

近些年来,在先秦史研究中,商代史的研究越来越引起学术界和社会公众的兴趣和关注。商代之所以成为近年来大家关注的热点,当然不会仅仅因为它的历史久远,不会仅仅因为它是中国第一个有文字可考的朝代,也不会仅仅因为它有当时全球最发达的青铜文明,而在很大程度上是因为近年以来层出不穷的重大考古新发现所产生出来的不论对学术界还是对公众的极大的吸引力。这一系列考古新发现展示出的巨大魅力,使人们能够亲眼看到古人那些天才的智慧结晶,令人叹为观止。

其实早在殷周之际,就有人开始研究商王朝的历史了,那就是周文王、武王、成王和周公。在流传下来的《尚书·周书》的开头几篇,如《酒诰》等,就已提到吸收殷亡的教训等问题。以后历朝历代的君主们,也几乎都以"殷鉴"作为避免亡国的镜子,就是要牢记商王朝亡国的教训,使国运长久。春秋时代的列国君主同样也是要研究商代历史的,在《左传》这部书里,就数度讲到商朝亡国的教训。这些,都是为学术界和社会各界人士所熟知的。

商代是中国文明初创的时代,那时的人们仍然沉溺在上天鬼神一类神圣的迷雾里生活。甲骨文的内容多半和商王对上天的祈祷有关,殷纣王在周人兵临城下时还说"我生不有命在天",《礼记·表记》也记载孔子说"殷人尊神,率民以事神,先鬼而后礼",如此等等的记载,都使我们看到在 3000 多年前的商王朝里所弥漫着的浓厚的神权气氛。而商代青铜器上的纹样,同样也在述说着商王朝神圣观念的种种故事。至于商代的战争,当然也是在神权的支配下,出于神权政治的需要而由神权思想引导的。关于这一点,我们只需看看甲骨文的有关记载,就十分清楚了。

事实上,从世界早期文明发生、发展和演变的情况看,各文明古国的战争,不管是内部战争还是对外战争,当中都大量地充斥着神权或神圣的王权观念,美索不达米亚、埃及、小亚细亚以及希腊神话里的诸神,都毫无例外地体现出古代文明初兴时期神权与神圣传统在包括战争的社会生活中所扮演的极其重要的角色。

商代的战争,不论在历史文献还是在甲骨文里都有大量记载,商王朝因战争而兴起,因战争而灭亡,它的盛衰兴亡都和战争有着密不可分的关系,这是为治先秦史的学者们所十分清楚的事情。但是关于商王朝的战争观念,尤其是从神权政治和神权思想的视角去透视和理解商代的战争,这一点还没有引起学者们的特别关注。李竞恒的《干戈之影:商代的战争观念、武装者与武器装备》一书,从宇宙观的角度去考察商代的战争观念,也就是把商代的战争纳入当时支配一切的意识形态这一背景中去加以透视和理解,并把与战争有着密切关系的"战士"和武器装备等一并加以考察,从战争观念、武装者、武器装备等不同层面去观察其中的内在动力,以期从有中心、分层次的整体上去系统把握商代的战争。应当说,李竞恒这部书,在理论和方法上是富于创新性的,值得称道。相信这部著作的出版,将会引起先秦史学者和战争史学者们的广泛兴趣和关注。

段 渝

2010 年 11 月 30 日于成都浣花溪畔

自　序

这本少作,写作于2009—2010年,2011年1月在四川师范大学电子出版社有少量印刷,分赠师友,在小范围内进行交流。十多年过去了,虽然学术上的关注点也在变化和拓展,但有时也会对这本书做一点增补、修订。以现在的眼光来看,这本少作中的一些观点,是值得商榷和修改的,但此次正式出版,仍然保留了原书的基本面貌和观点,一方面是记录自己学术经历的"思想史",也供师友、读者们批评指正;另一方面则是,这本少作确实也有一些"脑洞"和新观点,或可聊备一说。

此书借用了米尔恰·伊利亚德(Mircea Eliade)关于"神圣与世俗"的方法框架,回到"祛魅"和"轴心突破"之前的古人世界观,去理解和解释商代战争、武器与他们精神世界之间的关系。商代还没有出现周代军事贵族那种讲究"不鼓不成列"的战争礼仪,商人对战争的理解,更接近狩猎。甲骨材料中战争术语和狩猎术语时常混用,战争的对象是各类异族,而这些异族在殷人看来属于各类武装化的动物、精灵、怪兽。殷人对四土的征伐与献祭,使诸神获得血食,以庇佑风调雨顺,最终是在维护宇宙的秩序。

为此,他们组建了各类武装,包括战车、骑手、战象、步兵、弓箭手、弹丸射手等,参与战争的人员身份广泛,除了贵族、氏族平民,甚至有一定数量的女武士。殷人的武装组织,以血缘氏族为基础,有时也按照"神圣范式"三、五这些数字来进行排序。此外,书中也对殷人的各类武器装备的细节(如戈矛、车马等)进行了还原和介绍,很多商代武士用虎皮等食肉动物形象来装饰自己,或在身上、武器上装饰鸟的羽毛。有一些容易被忽略的武器,如远射弹丸等,在书中也进行了介绍。

希望这本少作的正式出版,能作为读者的一种参考。

李竞恒

2023 年 2 月 26 日

绪　论

在中国文明的早期阶段,战争活动在促成早期国家的诞生和
进入文明的进程中扮演了重要角色[①]。商王朝每年都会进行或大或
小的众多战争,这就意味着,战争行为实际上已经构成了当时上到
王室,下到普通氏族成员日常生活中的重要部分。对生活在公元前
一千多年前洹河流域的那些人而言,他们对待战争的观念必然具有
自己的理解方式。这就意味着,我们不可能按照现代人对"战争"的
理解来复原商代战争的行为以及行为背后的观念。

在试图尽可能去理解和复原商代社会的战争观念与各种战争
要素方面,笔者尝试在研究中使用宗教思想史学者米尔恰·伊利亚
德在《神圣与世俗》一书中提供的方法和思想视域,即进入古代人
特有的宇宙观、世界观,去理解他们"世俗"行为背后的"神圣"观念
以及这二者之间复杂的交互关系。伊利亚德在该书的《序言》中说
道:"古代社会中的人们倾向于尽可能地生活于神圣之中,或者尽可
能地接近已被奉为神圣的东西。这种心理倾向是十分容易理解的。

[①] 王震中:《中国文明起源的比较研究》,陕西人民出版社,1998年,第366页。
战争在早期国家形成中的重要意义不仅仅表现为中国,古埃及的王权同样
来自早期时代诸邦之间的战争(Barry J.Kemp, *Ancient Egypt:Anatomy of A
civilization*, Routledge, 1989, p.229)。战争在早期国家形成中的重要作用,
广泛见于各古文明的演进过程之中。

那是因为，正像前现代社会（Premodern societies）中的人一样，对于早期人类而言，神圣就是力量，而且归根结底，神圣就是现实。"① 例如，在古人的"神圣"视野中，建造房屋并不仅仅是营建一个大物件，或是"用来居住的机器"。房屋这一"世俗"的存在背后却是一整套"神圣"的观念："它是人类借助于对诸神的创世和宇宙生成模式的模仿而为自己创造的一个宇宙。"②

对于古代观念而言，巫术、神灵这一套宇宙秩序是无可置疑的世界事实，对神灵和各种超自然力量秩序的维护就是生活本身的意义，或者说神圣和世俗之间被划出边界本身就是现代思想"祛魅"后的产物。张灏说，古埃及、近东和中国商代的政治观念都为宇宙秩序所笼罩，他将这种古人的世界观称为"宇宙本位政治观"。无论是在古埃及、近东，抑或是中国的商代，"人世的政治社会秩序是植基于宇宙秩序，宇宙秩序既非人所能掌握，作为宇宙秩序一部分的人世秩序当然也非人力所能控制或变更"③。人类一切的社会与政治活动都植基于神圣宇宙的规定与法则，占卜、祭祀构成了与宇宙诸神交互联系的核心方式。如果脱离了这些古代人群特有的世界观念与思维方式，就很可能难以理解建立在这些观念基础之上的种种社

---

① ［罗马尼亚］米尔恰·伊利亚德：《神圣与世俗》，王建光译，华夏出版社，2002年，"序言"第 4 页。

② ［罗马尼亚］米尔恰·伊利亚德：《神圣与世俗》，王建光译，华夏出版社，2002年，第 25 页。建筑物与墓葬这些人类生活与死后居所作为世俗生活的意义之外，在古人看来更是与"神圣"之维紧密相关。例如，殷墟大量的建筑物和墓葬的方向通常都是以太阳方向为标准的。这种现象既包括王陵、宫庙，也包括一般的氏族建筑与墓地（宋镇豪：《释督昼》，王宇信主编：《甲骨文与殷商史》第三辑，上海古籍出版社，1991 年，第 43—44 页）。这种现象说明，殷人对作为生活与死后居所的理解是与太阳神信仰的精神观念相统一的，这个例子很典型地诠释了居所是"对诸神的创世和宇宙生成模式的模仿"。

③ 张灏：《幽暗意识与民主传统》，新星出版社，2006 年，第 79—80 页。

会行为。

　　考古与甲骨卜辞等材料显示,战争与相关的武装活动构成了商代社会日常生活的一项重要内容,并作为一种"世俗"生活,吸纳了这一社会中最广泛的人群投入行动之中。围绕商代战争这一内容展开的研究论文并不少见,可以说这一研究领域是伴随着甲骨学的兴起就已经开展了的①。可是,战争这种作为"世俗"活动背后的精神观念,或者说"神圣与世俗"这二者之间是怎样的一种交互关系却还没有引起足够重视。在方法论上,用现代理性经济人的视野对商代战争活动进行考察虽然不失为一种理解古人的可能,但笔者更倾向于以"神圣与世俗"的维度进入古代人的世界,去理解在商代社会的诸神与宇宙论语境中,种种"神圣"观念是如何支配他们展开"战争"与武装者编制等"世俗"活动的。

　　从人类学的角度而言,每一个族群之间对暴力活动与战争都拥有自身的理解。这种理解的观念基础建立在相应的宇宙论、宗教信仰与价值体系的复杂框架之上。例如,中美洲的阿兹特克文化(Aztheca)是将战争理解为捕获俘虏而献祭神灵,为此,他们深恐在敌人投降之前杀死过多的敌人,因此会在占有军事优势的情况下也会缩手缩脚。这一策略致使他们在与西班牙军队的战斗中损失惨重。按照阿兹特克人的观念来说,西班牙人毫无理性,因为他们见人就杀②。

　　显然,阿兹特克人对战争的理解与欧洲人是不同的。在中美洲古代文明的观念中,战争在很大程度上被视为献祭的过程之一③,也

---

① 朱彦民:《巫史重光——殷墟甲骨发现记》,百花文艺出版社,2001年,第75页。
② [美]马文·哈里斯:《文化的起源》,黄晴译,华夏出版社,1988年,第102页。
③ [美]乔治·C.瓦伦特:《阿兹特克文明》,朱伦等译,商务印书馆,1999年,第212—213页。

就是说,战争本身并不是目的,战争是具有宇宙论观念基础之上的某种行为。这种行为观念导致的结果是,中美洲的古典文明在西欧殖民者入侵之后被较为轻易地征服。而西方文化观念中的战争传统是从古典时期便表现出的"重侵略和杀戮",强调"暴力无限"和"彻底征服"的倾向 [1]。

在这个意义上,对商代战争的理解,可以放置到商代人自身的精神观照中去。这里需要考察的是商代国家发动战争的目的,分析他们将战争视为怎样的活动? 而对商代宇宙观的分析,则有助于理解商代武装组织的编制、武器装备的构成是如何服务于战争活动的。

商代的"武装者"这一概念含义广泛。从广义上讲,这一概念包括了以进攻武器装备起来的所有成员。其中有国王、氏族首领、武装贵族与普通氏族战士。这些武装人群的覆盖面相当广泛,其中甚至包括了许多女性,这表明在商王朝的社会中,武装是一种常态。这种常态也意味着,社会生活的各个方面都与武装活动有着密切的关系。因为耕作需要焚烧荒野,而在野外开荒,便需要伴随以武装活动。《甲骨文合集》第 584 片和第 6057 片的内容显示,商代的"田"这一类开垦的农耕区间可能会受到异族的入侵,而农田上耕作的氏族成员还可能成为异族袭击的对象。因此,商代的农耕开辟往往伴随武装活动展开,而武装活动也包括了对农作物的管理与收获 [2]。

此外,商代畜牧活动的展开也伴随以武装行动,二者互为补充。畜牧的同时,往往也捕获异族的牲畜与成员 [3]。也就是说,武装行动覆盖了商代平民氏族成员最主要的生产与日常活动,他们是"武装

---

① 李零:《读〈剑桥战争史〉》,载《读书》2002 年 8 期。
② 朱凤瀚:《商周家族形态研究》,天津古籍出版社,2004 年,第 187 页。
③ 于省吾:《甲骨文字释林》,中华书局,2009 年,第 284 页。

者"中的主体力量。而殷商氏族组织的构成,往往也是以武装化的编制为基础的,这一点也可以通过甲骨文"族"字的造字为旗帜下的令箭这一字形而有所体会①。这些武装化的家族是商代国家的武装暴力之基础,这是一个被高度军事化的社会。正如张光直所说:"商王朝的基本社会组织具有浓厚的军事色彩。"②

对于贵族和统治阶层,特别是垄断了各族祭祀的王室而言,战争与祭祀之间的紧密关系,是他们发动狩猎与战争行动的重要原因。笔者并不排除商王室在发动战争的动机中包含了各种复杂的因素,其中包括经济利益和政治利益的诱惑。但是,需要引起注意的是,现代人经过"祛魅"(secularization)③之后形成的以价值理念为中心的判断并不能完全解释商代人的宇宙观念与价值判断。因此,笔者不得不简要地讨论商代精英与普通人群共同分享的世界观与精神结构。

殷人何以每日不间断地用象征宇宙模型的龟甲和水、火两种元素对祖先和神祇进行卜问④?实际上,商代王室、贵族的宇宙观念决定了他们将祭祀视为整个世界活动的基础,大大小小的各种献祭是维系这个世界各种超自然元素进行正常运转的基本保证。在这个充满了诸神的"神圣"宇宙中,人类作为"世俗"的生活实际上是被

---

① 张光直:《美术、神话与祭祀》,郭净译,辽宁教育出版社,2002年,第21页。
② 张光直:《商文明》,张良仁、岳红彬、丁晓雷译,辽宁教育出版社,2002年,第185页。
③ 关于"祛魅"的概念,笔者在本书中借助彼得·贝格尔的定义:"我们所谓世俗化是指这样一个过程,通过这个过程,社会和文化的一些部分摆脱了宗教制度和宗教象征的控制。"([美]彼得·贝格尔:《神圣的帷幕:宗教社会学理论之要素》,高师宁译,上海人民出版社,1991年,第128页)
④ [英]艾兰:《龟之谜——商代神话、祭祀、艺术和宇宙观研究》,汪涛译,四川人民出版社,1992年,第123页。

"神圣"统摄了。人的物质生活都被纳入一系列关于"神圣"的象征之中。因此,战争活动必须为代表整个宇宙秩序的"神圣"服务。

值得注意的是,在古代中国尤其是先秦时代的观念中,战争与狩猎之间的边界十分模糊。一方面,统治者通过"蒐"和"狝"这类围猎活动进行军事演习。可是,"蒐"与战争的边界又十分模糊。而另一方面,战争之后又往往举行狩猎,或者一场战争就被视为一场狩猎。因此,捕获人牲与动物将其作为献祭给各种祖先神的供奉,被视为宗庙守护者的第一要务,捕获人牲与动物被视为性质相同的一项活动。

殷商一方没有形成现代知识意义上的"人类"观念,与殷商敌对的族群也没有形成这一观念。甚至在 18 世纪的欧洲学者看来,不同文化的人群属于不同的物种,美洲的原住民是比欧洲人低劣的物种 [1]。我们不能用启蒙运动价值观念和 19 世纪以来生物学、人类学价值构建起来的普世人类这一现代观念进入古代材料来理解殷商的宗教献祭。

在殷商王室看来,战争与狩猎中捕获的猎物或各种精怪——总之都不是人类,而是可以喂养祖先神灵魂的祭品。因此可以说战争、狩猎活动都与献祭之间具有密切的联系。祖先诸神与王室成员之间没有"爱"与"怜悯"这样的情感联系。维系王室与神灵之间的纽带,是一种比较实用主义的"互相给予"原则 [2],这种原则在先秦中

---

[1] Alan Barnard, *History and Theory in Anthropology*, Cambridge University Press, 2004, p.19.

[2] 蒲慕州:《追寻一己之福:中国古代的信仰世界》,上海古籍出版社,2007年,第 82 页。柴尔德(Vere Gordon Childe)将这种交互利益的祭祀原则称为"贿赂献祭"或"交易性巫术"([英]戈登·柴尔德:《历史发生了什么》,李宁利译,上海三联书店,2008 年,第 176 页)。

国的思想史材料中十分丰富,从《尚书·金縢》中周公对鬼神的许诺到《日书》与《山海经》提供给我们的世界图像,总之,可以发现这种极端实用主义价值的影响之深刻。用道德观念来否定和批判这种实用主义的思想资源要迟到春秋中期才出现[①],这一点可以被视为宗周有道德的天命观念之进一步发展的结果。

进入这一维度,我们才可能真正理解商代国家战争观念的核心之一——对祭祀品的获取与掠夺。而维持献祭,则是维持这个宇宙稳定和按照既往步骤有条不紊进行运转的先决条件。从这个意义上讲,殷商国家所有的战争参与者——包括国王、族长和普通氏族成员——都是为了维系整个世界良性运转而努力的链条之一环。商代的战争并不是以彻底征服和杀戮为首要原则的,捕获"猎物"是战争开展的重要任务。当然,商代的战争也区别于中美洲地区的"仪式性战争"和以捕捉人牲为目的的战争,尽管二者之间有许多相似之处。

商代的武装者大量装备弓箭,这种武器能够有效地远距离杀伤敌众。从一些人牲的骨骼痕迹判断,商代武装者似乎有意识地练习箭法,用射伤对方的技巧将其捕获。此外,弹丸也是远距离有效捕捉人牲的武器之一,笔者将箭与弹丸二者都归入远射兵器的范畴。而弓箭这样的远射武器背后还笼罩着一层巫术—献祭的含义。

商代贵族的重要武器是战车,越来越多的考古材料证实,这种作战方式也是从北方文化传入早期中国的[②],但殷人很快就掌握了这种技术。战车显然可以有效冲击步兵和形成威慑力,因而被广泛

---

① 《左传·成公五年》记载赵婴梦见天使告诉自己:"祭余,余福汝。"贞伯表示反对,理由是"神福仁而祸淫"。

② Nicola Di Cosmo, *Ancient China and It's Enemies:The Rise of Nomadic Power in East Asian History*, Cambridge University Press, 2002, pp.54-55.

用于战场①,但目前还没有资料显示商王国的敌人也广泛拥有这种
武器,即使拥有,数量也是极其微小的②。如果这个说法成立,那么就
可以理解,战车是殷商猎获敌人的有效重型武器。战车编队的组织
形式背后,还体现着商代的宇宙观念。这种观念也体现在商王国的
步兵组织之中。按照伊利亚德的观点,"世俗"与"神圣"之维都分
享了对最高范式的模仿,通过对神圣的范式性的不断再现,世界被
神圣化③。在这个意义上,殷人的武装者编制背后的观念同样能呈现
出一种"神话历史"的形态。

　　除了战车和步兵之外,商代武装者也通过骑马来进行小规模袭
击活动并捕获人牲。这种骑马的战斗方式与战车技术一样,是从西
面或北面的游牧群体那里传来的④,这似乎与殷人祖先的游牧生活
方式之间有密切的联系⑤。骑马的武装者显然在机动性能上更为灵
活和高效,非常有利于捕获数量不多的人牲。但西周和春秋的战争
中很少有骑马的武装者,我们只能从当时的游牧群体中看到保存的

———————

① 这里所说的"广泛",是一个相对概念,既指战车在殷人各种武装活动中的结
　构性地位,也是相对于殷人敌对者数量更少的战车。从实际数量而言,学者
　推测,廪辛、康丁以后,商王国的战车数量才在一百辆左右(刘一曼:《略论商
　代后期军队的武器装备与兵种》,中国文物学会、中国殷商文化学会、中山大
　学编:《商承祚教授百年诞辰纪念文集》,文物出版社,2003年,第187页)。
② 根据《合集》36481的记载,帝乙征伐危方,捕获其首领,杀死敌人1570个。
　但如此大规模胜利,俘获的敌人战车也不过"二两(辆)"。"辆"字的释读见
　于省吾:《释两》,山西省文物局、中国古文字研究会、中华书局编辑部合编:
　《古文字研究》第十辑,中华书局,1983年,第8—9页。
③ [罗马尼亚]米尔恰·伊利亚德:《神圣与世俗》,王建光译,华夏出版社,2002
　年,第52页。
④ 周及徐:《汉语和印欧语史前关系的证据之二——文化词汇的对应》,《历史语
　言学论文集》,巴蜀书社,2003年,第159—160页。
⑤ 朱彦民:《商族的起源、迁徙与发展》,商务印书馆,2007年,第350—354页。

骑马活动。笔者推测,这种现象与殷商灭亡之后宗周军事贵族传统的建立有关。因为在周人的贵族传统之中,交战的贵族双方通过战车就可以完成战争礼仪活动。他们不需要像殷商一样运用机动灵活的方式来捕获人牲。

除此之外,商王国还驯养了一定数量的战象部队,这些被驯化的亚洲象成为殷商武装力量中重要的组成部分。可以推测,这种强大的动物也是殷商战争活动中的有效武器。不过,目前还没有材料显示商代战象部队的阵形排列与相关编制,但笔者推测,战象的阵形在一定程度上也应当分享了对宗教范式的模仿,由于材料有限,只能留待以后的考古证据来检验证实这一推论。

商代的战争文化还没有出现后世所谓军事"贵族传统"①。军事贵族传统的形成,有一个先决条件,那就是将对手视为与己方具有同样贵族荣誉观念的文化共同体,因之双方之间可以互相遵守战争的游戏规则与相应的战争礼仪。商代的战争观念还没有形成这一传统的基础,商代战争的观念和社会基础不是封建性的贵族礼乐文化共同体,而是巫术力量支配下的一系列武力活动。甚至到了西周早期,贵族传统仍未建立。这一传统的建立,与周公制礼作乐为代表的宗周传统有着密切联系②。

商代的战争—祭祀与武装者的组织方式背后体现出的是一整套神话宇宙模式。最为典型的例子体现为,包括普通战士、战车、骑手等在内的武装元素均是按照"三"和"五"这样的神圣数字为基础而展开编制的。而"三"、"五"神圣范式的神话原型也正是殷人宇宙结构与诸神信仰模型,这一点将在后文中进行详细论述。在这个意

① "贵族传统",见李零:《兵以诈立——我读〈孙子〉》,中华书局,2006年,第43页。
② 杨向奎:《宗周社会与礼乐文明》,人民出版社,1992年,第273页。

义上,商代的战争观念与军事史也就是一部"神话历史",作为世俗的"历史"与作为神圣的"神话"互渗地胶结在一起,以至于脱离基于殷人本身独特的宇宙观与精神象征系统,就很难准确地对商代的武装活动与相关现象进行整体的理解。

　　殷人的武装队形、人数及各种编制的背后都是以伊利亚德所说的"神圣范式"为依据进行操作的[①]。这种神话式的宇宙象征或范式体现在战争领域的各个方面,包括队形、人数、武器、装备,甚至对军事—政治地理的想象。以商王国核心地区诸氏族为主体,在武装扩张的过程中广泛对外拓展,逐渐建立起一系列的军事性城堡——"邑",并以邑堡为中心,依靠武装氏族掠取各种维系神权政治运转所需的资源。这样大小不等、层次各异的邑堡分布在东到山东,西至陕西,北到山西、河北,南至长江中下游的广袤"四土",在格局上呈现为一个神圣的宇宙十字形。这种十字形也广泛见于殷人的各种祭器之上,代表了商代宇宙观和诸神想象的范式符号化。在具体的军事性经营活动中,"神圣"的范式与模型通过战争与献祭的核心主题被不断地重现,并最终与"世俗"密切不可分离地结合在一起。

　　殷人广泛地使用人牲,这个传统可以被追溯到新石器时代中期[②]。这些材料都涉及商代战争观念与史前的复杂关系。因此,笔者将商代战争情况的研究一直追溯到新石器时代。这种联系包括社会组织方式、宗教祭祀与战争的关系,商代的战争观念与相关诸要素多为新石器时代战争发展的结果。

---

① [罗马尼亚] 米尔恰·伊利亚德:《神圣与世俗》,王建光译,华夏出版社,2002年,第52页。
② LiLiu, *The Chinese Neolithic: Trajectories to Early States*, Cambridge University Press, 2004, p.46.

第一章 殷商之前的战争

商朝作为在组织结构等各方面都较为复杂和成熟的早期国家①,其战争模式与规模并非忽然出现,这期间经历了一个漫长的演进过程。要分析商代的战争,需要在某种程度上梳理从新石器时代以来考古资料显示的战争精神与观念形态。

在本书中,"战争"一词是指广义上的群体武装暴力,其中包括新石器时代群体之间的武力械斗,殷人与异族的小规模武装冲突也囊括在这一指称之内。作为战争的早期形态,这些暴力活动,如有组织地猎取人头或部落群体之间的血亲复仇之类,可视为战争的最初形式,其衍化的直接结果便是群体之间日益扩大的武装冲突。从仰韶到龙山时代的许多资料都显示,这种群体间的暴力活动呈现为一种不断上升、日渐激化的形态。龙山时代的战争,则与殷商的战争之间具有更为密切的联系。

第一节 龙山文化之前的战争

龙山时代普遍被学术界视为中国早期国家起源的关键阶段,表现在这一时期的宗教结构、政治组织与物质形态等要素都与商代国

---

① 谢维扬:《中国早期国家》,浙江人民出版社,1995年,第413页。

家之间具有紧密联系。但作为与宗教结构、政治组织、物质形态等
要素紧密联系的战争行为却不是直到这个阶段才忽然出现的产物。
大量人类学和考古材料证实，战争行为的出现可以追溯到遥远的旧
石器时代。而伴随着此后农业的出现与一系列相应的信仰观念的
出现，暴力与战争开始为某种特定的精神观念服务。战争行为在新
石器时代的社会整合与演化进程中将扮演重要的角色。

一、新石器时代之前的战争

人类有群居的属性，除去少数被部落传统驱逐的罪人 [①]，大部分
人总是归属于小共同体之中。小共同体、族群之间的矛盾可以演化
为暴力的冲突，因此，人类暴力冲突的历史可以追溯到旧石器时代
和渔猎生产的阶段。

根据人类学家马文·哈里斯（Marvin Harris）的记载，19 世纪
20 年代末，在澳大利亚北部的巴瑟斯特岛和梅尔维多岛上，还处于
石器狩猎的蒂克劳里—兰维拉部落和曼迪厄姆布拉部落之间发生
了一场战争。发动方蒂克劳里—兰维拉部落全体涂上白色，双方约
定碰面时间以及在一个宽阔之地正式交手。先是几个老人喊出使
对手仇恨的话语，然后就发展为互相投掷长矛，投掷长矛者大多为
老人，击中率非常低。被击中者通常是一些无辜的非战斗人员或某
个大喊大叫的老妇人。这些老妇人插在参战者中间，不分青红皂白
地口吐污秽。只要有人受了伤，哪怕是个无关紧要的老妇人，战斗
就会立即停下来，让双方确定受害者的身份之后再接着打 [②]。

---

① ［法］列维－斯特劳斯：《忧郁的热带》，王志明译，生活·读书·新知三联书
　店，2005 年，第 506 页。
② ［美］马文·哈里斯：《文化的起源》，黄晴译，华夏出版社，1988 年，第 28—
　29 页。

早期人类学家泰勒（Edward B.Tylor）也描述过澳大利亚原住民之间战争的情况。双方约定交战时间，使用枪矛和狼牙棒，大声责骂侮辱对方。参战者都有一个对应的对手，战斗实际上成为一系列决斗。直到最后，"或许杀死了一个人"，战争也就此结束①。澳大利亚原住民的社会还处于渔猎的旧石器时代水平。这两则材料记载的"史前"战争过程非常相似。这就说明，旧石器时代的人类群体之间已经存在着战争。不过，早期的战争并不是如同新石器时代那样的剧烈，参战者中不但包括女性，甚至包括老年人。战争可能以一种带有仪式性的方式展开。日本学者白川静甚至认为，远古战争的起源与"游戏"、"戏弄"对方的活动关系密切②。

前农业时代的战争动机可能非常简单，或者是因为以物易物的礼物交换不对等而引发不满，或者是报复谋杀和抢劫妇女。在南美洲采集渔猎的南比克瓦拉印第安人（the Nambikwara）有时就会因这些而进行战争，但经常因为前进几公里路以后原来的刺激与兴奋消失了，于是参战者都半路回家，战争因而取消③。这同样显示了前农耕阶段战争活动的随意性。日本的绳纹时代，也是处于前农业时代的渔猎阶段，但已经有证据显示当时存在着战争。冈山县儿岛郡粒江村船元原崎贝丘遗址出土过一具男性人骨，人骨的第三节胸椎有石镞射入的迹象，箭头穿过右肺进入脊椎。爱知县渥美郡泉村伊川津贝丘遗址出土的人骨在尺骨之间有一枚石镞，此外，还有一男一女的头部分别被石斧砸碎①。这表明，渔猎时代的日本，男、女都可能参与到暴力冲突之中。学者根据考古材料分析，绳纹时代的石镞数量有所增多，说明弓箭除了用于狩猎，也用于战争活动②。

在旧石器时代晚期，弓箭的出现给战争的激烈化提供了可能③。印度南部的安达曼岛人（The Andaman Islanders）处于采集渔猎阶段，但这里的群体之间经常发生突袭。突袭一方冲进敌方的营地，用弓箭进攻，"能射杀多少人就射杀多少人"，不但杀死对方的男子，甚至也杀死妇女与儿童④。南美洲的博托库多人（Botocudo）也通过使用弓箭来屠杀对方的男人、妇女和儿童，并洗劫其村寨⑤。处于采集和狩猎阶段的非洲布须曼人之中也会发生暴力冲突，除了使用鱼叉、棍棒这些渔猎工具，他们还使用毒箭，混乱而无序地射击。被这种武器击中后的死亡率非常高⑥。这些材料说明了弓箭的发明促使战争激化的趋势。而弓箭的使用，将在新石器时代的战争中发挥更大的杀伤效果。山西朔县峙峪旧石器时代遗址出土过一枚石镞，说

---

① ［日］小林行雄：《日本考古学概论——连载之三》，韩钊等译，载《考古与文物》1997年1期，第85—86页。

② 张宏彦：《东亚地区史前石镞的初步研究》，载《考古》1998年3期，第50页。

③ 欧洲旧石器时代晚期已经出现了弓箭。例如在西班牙阿尔珀拉（Alpera）的一个洞穴内，就发现了旧石器时代末期马格德林期（Magdalenian）遗留的壁画，描绘了猎人手持弓箭的情形（林慧祥：《文化人类学》，商务印书馆，2002年，第127页）。

④ ［英］拉德克利夫－布朗：《安达曼岛人》，梁粤译，广西师范大学出版社，2005年，第62—63页。

⑤ ［英］爱德华·B.泰勒：《人类学——人及其文化研究》，连树声译，广西师范大学出版社，2004年，第197页。

⑥ Marjorie Shostak, *NISA:The Life and Words of a! Kung Woman*, Harvard University Press, 2000, p.275.

明中国境内三万年前的旧石器文化已经在使用弓箭了[1]。《荀子·解蔽》"倕作弓,浮游作矢"[2],山东银雀山出土竹简《孙膑兵法·势备》说"笄(羿)作弓弩"[3],是将弓箭的出现放置到了早期国家时期,先秦时代的文献作者显然并不知道,弓箭早在旧石器时代的战斗中就已经开始扮演重要的角色了。

当然,渔猎型社会的武装冲突很大程度上源自对资源的争夺,这往往表现在对食物资源领地的争夺上。而气候的温暖化,伴随着人口的增加,使农业生产方式成为被迫的选择。按照考古学家路易斯·宾福德(L.Binford)的观点,任何一个狩猎的群体在人口增加之后只能捕获越来越小的动物,而当这个群体被迫早到每年二月食用贝类的话,就距离农业的产生不远了[4]。农业的产生使定居和聚居生活方式成为必然,这种生产方式使每个单位产量所能提供的卡路里达到最大化,于是人口的激增成为必然。聚居与共耕、人口的激增、公共权力的强化等一系列的过程,使进入新石器时代之后的战争无论在规模还是在数量上都远远超出了渔猎阶段的水平。而演化到新石器时代晚期,复杂酋邦的出现和向早期国家的迈进,使战争的规模和残酷程度都不断向纵深发展。龙山文化时期显然就属于后者,而龙山文化之前的情况,则属于日渐演进中的阶段。

按照伊利亚德的观点,农耕生活方式的出现所带来的还是一系列观念与信仰的变革。他说道:"农耕文化发展出所谓的宇宙论的

---

[1] 王学理:《冷兵器与古代战争》,载《文博》1989年6期,第21页。

[2] 王先谦《集解》云"倕,舜之共工",并引《世本》"夷牟作矢"的记载,宋衷注"黄帝臣也"([清]王先谦:《荀子集解》,中华书局,1997年,第401页)。

[3] 张震泽:《孙膑兵法校理》,中华书局,2004年,第79页。

[4] [美]路易斯·宾福德:《追寻人类的过去——解释考古材料》,陈胜前译,上海三联书店,2009年,第219页。

宗教(cosmic religion),因为宗教活动是围绕着一个核心的奥秘进行的:世界周期性的更新。"[1] 理解这一点,对于把握新石器时代直到进入古代文明阶段的战争与宗教观念之间复杂的交互关系是相当重要的。如果说前农业社会的战争不是制度性并且带有相当随意的色彩,那么进入农业社会之后的新石器时代战争,就进入了一个新的阶段。在新石器时代,伴随着定居农耕、人口的增加,以及有组织的村社共同体扩大化,为了争夺土地、水等资源而导致的战争激烈化,成为不可遏止的趋势。此外,农耕巫术与祭祀相关的权力日渐紧密地结合在一起,战争活动被嵌入精神信仰以及社会组织的各个维度之中。战争与农耕巫术、神话以及神权政治的宇宙论等观念形态,开始慢慢地交织在一起。

二、仰韶时期暴力冲突及背后的观念

　　对于进入定居农业时代之后的战争面貌,可以通过对一些处于新石器时代发展状态的族群材料进行分析。试以我国西藏南部的珞巴族社会为例。珞巴族人种植鸡爪谷,他们的生产工具与仰韶时代的一样,主要为骨器和木质工具。他们在收获时,"手执小刀逐穗割取,随割随丢到背后的竹背筐里"[2]。而在仰韶的半坡文化时期,主要生产工具也为骨、木、石器,收割方式也不是使用镰刀,而是使用圆形的陶片割取谷穗[3]。某种意义上讲,珞巴族的生存状态和仰韶时

---

① [美]米尔恰·伊利亚德:《宗教思想史》,晏可佳译,上海社会科学院出版社,2004 年,第 39 页。
② 李坚尚、刘芳贤:《珞巴族的社会和文化》,四川民族出版社,1992 年,第 36 页。
③ 王炜林、王占奎:《试论半坡文化"圆陶片"之功用》,载《考古》1999 年 12 期,第 56 页。另,新石器时代还广泛流行用系绳石刀割取谷穗,这种现象见于仰韶、龙山甚至更晚的时期,范围从北方地区直到台湾和西南,因此(转下页)

期的村寨聚落的较为类似。

珞巴族的村寨往往都设有栅栏和壕沟等防卫设施[1]，凡是战争事件都由村落议事会决定。战斗发生时，一般参战者带上足够两到三天食用的粮食，使用刀、矛、弓箭作战，突袭也是战争中的一种重要形式[2]。

仰韶时期的村寨聚落，往往也是拥有环壕设施的。半坡遗址的聚落，甚至具有二重的环壕结构[3]，这一点与珞巴族聚落的环壕是非常相似的。而姜寨一期虽然没有双层环壕，但也拥有100座左右的房屋，被分为五大群落，1400多平方米的中心广场，有450—600人[4]。这五个氏族组织构成的胞族动用大量劳动资源建造了这样的防守设施，显然与暴力冲突有关。"壕沟之类的防卫设施的普遍存在，以及有的聚落还发现设有哨所的情况，都反映出当时不同聚落之间的战斗时有发生。"[5]

姜寨聚落设有环壕，入口处还有哨所，防守较为严密。半坡聚落甚至有双重环壕。此外，河南濮阳西水坡遗址也有这些设施。这些村寨的防守设施与珞巴族村寨的非常相似，都是只有一条路线通入村寨聚落之中。珞巴族村寨的壕沟甚至布置了削尖的竹子，新石

（接上页）这种收割方式可以被视为新石器时代农业收获的一种典型现象（罗二虎：《中国古代系绳石刀研究》，考古杂志社编辑：《考古学集刊》第14集，文物出版社，2004年，第312—334页）。

[1] ［印］沙钦·罗伊：《珞巴族阿迪人的文化》，李坚尚、丛晓明译，西藏人民出版社，1991年，第97—98页。

[2] ［印］沙钦·罗伊：《珞巴族阿迪人的文化》，李坚尚、丛晓明译，西藏人民出版社，1991年，第109—112页。

[3] 钱耀鹏：《关于半坡遗址的环壕与哨所——半坡聚落形态考察之一》，载《考古》1998年2期，第49页。

[4] 严文明：《仰韶文化研究》，文物出版社，1989年，第176页。

[5] 王震中：《中国文明起源的比较研究》，陕西人民出版社，1998年，第89页。

器时代的中原聚落,很可能也在环壕中布置有类似的设施。这些迹象都说明,仰韶农业群体之间确实存在着暴力冲突和战争,环壕聚落的防御功能有效地说明了这一点①。

　　笔者还可以举进入文明时代之前的琉球群岛为例。在中国的隋代,琉球群岛还处于新石器时代,使用石质与骨质工具,刀耕火种。据《隋书·流求传》记载,这些岛屿上有许多村落,当时"国人好相争斗",村落之间频繁地爆发武装冲突。一般的交战为"两阵相当",必有"勇者三五人出前跳躁,交言相骂,因相击射",战争的结果是"如其不胜,一军皆走"。此外,这些村寨也建有寨栏、围壕一类的防御设施,《隋书·陈棱传》记载,当隋朝军队攻击这些聚落时,首先要攻打"栅",一名首领甚至"背栅而阵"②。这种村落之间的战争水平,与仰韶时期的战斗大致属于同一序列。

　　这些例子都说明,新石器时代的战斗是频繁的,环壕、寨栏之类的防护措施是一种普遍存在的现象。战斗一般在寨子之外进行,而躲入寨子的防御设施则往往意味着失败。此外,弓箭的使用也更加广泛,并进一步加剧了冲突的暴力色彩。正因为在进入定居农耕生活方式之后,聚落之间的武力冲突日渐频繁,聚落的防御设施才显得尤为重要。在比仰韶时期更早的裴李岗文化时期,村庄聚落的防卫功能就已经表现得非常明显。除了房屋的分布具有凝聚式和前排防卫性质之外,聚落外也有壕沟作为防御屏障。裴李岗聚落的防御布局与后来的仰韶时期聚落之间具有渊源关系③。

---

① 钱耀鹏:《关于环壕聚落的几个问题》,载《文物》1997年8期,第59—64页。
② [唐]魏徵等:《隋书》,中华书局,2000年,第1519页。
③ 郑州市文物考古研究院、河南省文物管理局南水北调文物保护办公室:《河南新郑市唐户遗址裴李岗文化遗存2007年发掘简报》,载《考古》2010年5期,第21—22页。

　　新石器时代的暴力冲突与这一阶段的精神观念之间开始出现关联。比较明显的例子是农耕巫术与猎头信仰。陕西宝鸡的北首岭遗址，属于仰韶早期阶段。在这里发现的墓葬 T2M17，墓主失去了头骨，埋葬者使用一只尖底的陶罐代替头颅埋葬①。可以推测，这位墓主是在一次氏族之间的武装冲突中丧生的，他的头颅被猎走。用陶罐代替头颅埋葬，具有明显巫术观念的色彩。在西安半坡遗址 1 号房屋的居住面之下，埋着一个被砍下的人头，旁边还有一件陶器，是在举行某种祭祀仪式之后遗留下的②。这些现象说明，与农耕巫术有着密切联系的猎头活动已经出现，并且可能成为引发战争的动机之一。

　　早在旧石器时代的萨满观念中，人类的头骨就已经被赋予了一种重要的宗教或巫术含义，这样的例子可以广泛见于北亚、因纽特、北美原住民等文化中③。随着定居农业的产生与农耕生产特有的神话观念的出现，人头或头骨具有了新的象征含义。在许多农耕民族中都流行着关于割取人头与农作物之间的特定观念，人类学家弗雷泽（James George Frazer）认为，收割人头与古代人信仰"杀死谷精"的观念有着密切联系，"在原始社会里，为了促进谷田增产，一般是杀人作为农事仪式的"。在现代欧洲，仍然保留着许多远古时期猎取

---

① 中国社会科学院考古研究所：《宝鸡北首岭》，文物出版社，1983 年，第 84—86 页。在北首岭遗址，除了这一例子之外，有的墓葬中骨架缺失了腿骨，有的下颚被分为两半。墓葬中普遍随葬成排的骨镞与石钺，证明这一地区的暴力冲突是较为频繁的（中国社会科学院考古研究所宝鸡工作队：《一九七七年宝鸡北首岭遗址发掘简报》，载《考古》1979 年 2 期，第 99—101 页）。
② 王克林：《试论我国人祭和人殉的起源》，载《文物》1982 年 2 期，第 69 页。
③ Mircea Eliade, *Shamanism:Archaic Techniques of Ecstsy*, Translated from the French by Willard R.Trask, Princeton University Press, 2004, pp.435—436.

人头与农耕巫术之间密切联系的风俗①。

　　猎头这种暴力活动的背后所倚靠的正是新石器时代以来生产方式与相应观念基础之上产生的精神架构。叶舒宪指出,农耕的生产方式很大程度上塑成了新石器时代的宗教与精神观念,农作物与季节之间的循环规律与当时人类对整个现象世界的理解开始具有了密切的同构关系②。这就意味着,新石器时代的战争活动区别于旧石器时代单纯的资源争夺,开始具有了精神活动的含义。猎取人头,与对农作物的理解和死而复活等循环的世界观念之间具有密切联系。而这些观念的影子在后世的战争中仍长期残留。

　　晚于仰韶时代的青海乐都柳湾遗址的墓葬 M1179 中,墓主的棺内有三个男性的头颅。而在墓葬 M979 中,也随葬着四个头颅。这些被猎取来的人头显然是墓主的战利品③。柳湾齐家文化墓葬 M948、M980 的墓主有骨架而无人头, M944、M951、M967、M977、M392 的墓主皆身首分离,M953、M312 则为有头而无身④。遗址中还大量出土了石刀、石斧、弹丸、骨镞、石镞,可见战争的激烈。彼时社会的参战者,一方面需要猎取敌人的头颅,另一方面也被敌方猎取头颅,并为此而频繁发生战争。猎取人头在这一典型的农耕社会有较长的传统,并与农耕生产方式的社会观念有密切联系。有证据显示,在更早的民和阳山马家窑、半山墓葬中已经出现了被猎取的

<hr />

① [英]J.G. 弗雷泽:《金枝》,徐育新、汪培基、张泽石译,新世界出版社,2006年,第411—416页。
② 叶舒宪:《中国神话哲学》,中国社会科学出版社,1992年,第60—63页。
③ 黄展岳:《中国史前期人牲人殉遗存的考察》,载《文物》1987年11期,第55页。
④ 青海省文物管理处考古队、中国社会科学院考古研究所:《青海柳湾》,文物出版社,1984年,第173—199、259页。

人头 ①，马厂文化时期也不例外 ②。

与仰韶中晚期对应的南方大溪文化中，也存在类似的现象。湖北宜昌的中堡岛遗址一期属于大溪文化时期，这里的 M3 中出土了七具人骨架，皆是肢体不全，头骨非残即缺。"推测可能是一座将人支解后弃埋的墓葬。"③ 这些被砍掉了头颅的骨架，当属猎头战斗的牺牲者。崧泽文化的墓葬中，也有殉葬头骨的发现 ④。

此外，我们还可以参照云南佤族的猎头风俗。在 20 世纪 50 年代之前，佤族还进行猎头，即在军事首领的带领之下，派出猎头队，专门进行猎头活动。猎获的人头被作为献给大神木伊吉的祭品。佤族人认为，人头能够有效促成谷物的丰收，因此猎取人头就是为了"新一年的丰收"⑤。古代西南夷滇国的武装活动，也与猎头信仰之间存在密切联系 ⑥。在新几内亚、我国台湾、南太平洋原住民以及北美印第安人等早期农耕社会之中都存在猎取人头的风俗 ⑦。因此可以说，为猎取人头而战斗的活动广泛存在于刚进入农耕生产方式的社

---

① 青海省文物考古研究所：《民和阳山》，文物出版社，1990 年，第 145 页。

② 张学正、张朋川、郭德勇：《马家窑、半山、马厂类型的分期和相互关系》，《中国考古学会第一次年会论文集》，文物出版社，1980 年，第 62 页。

③ 国家文物局三峡考古队：《湖北宜昌中堡岛遗址发掘简报》，载《文物》1989 年 2 期，第 34 页。

④ 上海市文物保管委员会：《崧泽——新石器时代遗址发掘报告》，文物出版社，1987 年，第 19 页。

⑤ 周凯模：《祭舞神乐——宗教与音乐舞蹈》，云南人民出版社，2000 年，第 70—71 页。

⑥ 汪宁生：《民族考古学论集》，文物出版社，1989 年，第 358 页。

⑦ 宋兆麟：《巫与巫术》，四川民族出版社，1989 年，第 198—210 页。新几内亚蒙杜古马人（Mundugumor）热衷于猎头活动。理想的方式是上百人成群结队去袭击一个只有两三个男人和几个妇女儿童的小村落（［美］玛格丽特·米德：《三个原始部落的性别与气质》，宋践等译，浙江人民出版社，1988 年，第 162 页）。

会之中,猎取人头的动机是新石器时代战争发生的重要原因之一。1993年曲沃北赵村晋侯墓地出土一组楚公逆编钟,铭文言楚公祭祀先高祖考,"楚公逆出,求厥用祀四方首,休,多擒",乃南方楚人为祭祀先祖,四处搜寻并擒获首级,正是古老的猎头习俗[1]。可见,中国南方人群与南亚各地一样,也存在着猎头之风。

　　猎取敌人的头颅,最初具有与农耕巫术观念密切联系的精神背景,但在历史的衍化中,这种行为背后的农耕巫术与信仰色彩逐渐被消解,而纯粹暴力的含义不断上升。在陕西神木石峁瓮城外侧和门道入口的K1、K2,均埋有二十四个头骨,"可能与城墙修建的奠基或祭祀活动有关"[2]。在郑州商城的土沟中发现有近百个人头骨和头盖骨,头盖骨的边缘有锯痕,是被制作的器皿[3]。在河北藁城商代台西遗址的贵族宅落中,北院西侧一栋建筑屋内及屋檐下挂着人头四个[4]。这些商代的暴力活动显然也是以通过战争行为猎取人头为中心的。这意味着商代的战争—祭祀活动在观念上与新石器时代的农耕祭祀之间具有联系[5]。但是应当指出的是,发展到商代,战争和猎取人头之间同农耕巫术的联系已经不是最核心的观念基础之一了,商代的战争与宗教献祭之间的关系具有更为复杂的结构。继续往后发展,到了春秋时代,猎取人头仍残留着某种程度上的宗教或精神含义。如《左传·文公十一年》载鲁国贵族富父终甥用戈杀死了

[1] 李学勤:《试论楚公逆编钟》,载《文物》1995年2期,第69—71页。
[2] 陕西省考古研究院、榆林市文物考古勘探工作队、神木县文体局:《陕西神木县石峁遗址》,载《考古》2013年7期,第21—22页。
[3] 郝本性:《试论郑州出土商代人头骨饮器》,载《华夏考古》1992年2期,第94页。
[4] 河北省文物研究所编:《藁城台西商代遗址》,文物出版社,1985年,第20页。
[5] 叶舒宪:《诗经的文化阐释——中国诗歌的发生研究》,湖北人民出版社,1997年,第529页。

狄国的君主，"埋其首于子驹之门"（杜预注："子驹，鲁郭门。"）。齐襄公二年，齐国抓住了狄君之弟容如，"埋其首于周首之北门"。春秋时代卫国都城帝丘遗址的城墙夯土 T2 中也发现了用于祭祀的人头盖骨。[①] 而发展到战国时期，猎取人头活动则成为军功纯粹暴力的理性数目字操作[②]。

三、战争的形态

仰韶时期的战争活动，主要是在村落之间展开的。参加战斗的人员仍然与旧石器时代的相仿，男女都投入暴力活动之中，暴力活动的范围仍是有限的。除掉猎头活动之外，资源的争夺与血族仇杀也是此时期战斗的主要主题。

姜寨一期 II 区 M266 中一男性骨骸左眶缘被削伤，III 区 M278 中的人骨左腿股骨处有砍痕。姜寨二期的墓葬 M75、M82 墓主股、胫骨受击打而骨折。在史家墓地，有两个男性和三个女性的头部或前额部被击伤（M3、M6、M11 墓中），其中 M11 中人骨的左股骨也有受创。姜寨二期 M84 中一名女性的左额骨和顶骨相接处有被硬物锤击而内陷的痕迹，该女性为头骨变形而死。另一名男子左额骨被击砸凹陷 5 厘米。M74 中一名中年女性的太阳穴处被砸凹陷 0.75 厘米[③]。

从这些材料分析来看，仰韶时期的氏族、村落之间频繁地发生

---

① 河南省文物考古研究所、首都师范大学历史学院、濮阳市文物保护管理所：《河南濮阳县高城遗址发掘简报》，载《考古》2008 年 3 期，第 22、30 页。这些例子说明，春秋时代猎取人头还带有向建筑物献祭的巫术含义，当与石峁以来的文化源流有关。

② 朱绍侯：《军功爵制研究》，上海人民出版社，1990 年，第 161—166 页。

③ 宋镇豪：《从社会性意义探讨仰韶时期居民的疾病和生死》，载《考古与文物》1990 年 5 期，第 81 页。

武装冲突。除了专门的猎头活动,一般性的械斗也时有发生,参与者中甚至包括大量的妇女。这一点似乎可以印证当时的劳动分工并不是特别地明显,因为在姜寨 M8、M12、M25、M32 这些男性墓葬中都随葬着锉子和纺轮等陶器,表明当时的男性也从事某种程度的纺织工作。而宝鸡北首岭 77—17 号男性墓葬则出土了用于家务劳动的研磨器,何家湾 M8、M13 也有出土该器物。姜寨的 M23 是一座女性墓葬,其中出土了骨镞;何家湾女性墓 M12 出土了石斧、镞,20 号出土了镞;紫荆遗址 M3 出土了石斧①。这些材料证明,仰韶时期的男女分工还并不是特别明显,男子也从事纺织与家务劳动,而女性也从事渔猎②。女性墓葬中出土的石斧和箭镞,一方面说明她们进行渔猎活动,另一方面也解释了仰韶女性死于暴力活动的原因。

　　江苏南部常州圩墩新石器时代遗址中的两座墓葬(M54、M55)的墓主皆为女性,但都失去了头骨③。可以推知,南方地区新石器时代的战争中,女性同样是战斗与猎头暴力的参与者。这种情况普遍存在于新石器时代的战争活动中。从遗骸的创伤判断,当时战斗的主要武器是石斧。石斧除了是一种生产工具,也兼有武器的进攻功能。这些死者的死因,多是头部受到重创,可见战斗中的石斧主要用于直接攻击头部。陕西临潼的零口遗址,相当于宝鸡北首岭文化时期,此遗址的 M21 墓主是一个 17 岁的少女。她的肘、膝均被扭断,左手无存,自头部到盆骨被插入了 18 件骨器④,应该是族群之间暴

① 严文明:《仰韶文化研究》,文物出版社,1989 年,第 289 页统计表。
② 女性也和男子一起从事渔猎的例子并不少,例如,古代日耳曼芬尼人(Fenni)中妇女就和男子一起打猎。见[古罗马]塔西佗:《日耳曼尼亚志》,马雍等译,商务印书馆,1997 年,第 80 页。
③ 吴苏:《圩墩新石器时代遗址发掘简报》,载《考古》1978 年 4 期,第 240 页。
④ 陕西省考古研究所:《陕西临潼零口遗址第二期遗存发掘简报》,载《考古与文物》1999 年 6 期,第 13 页。

力仇杀的牺牲者。参战者在被敌对族群生擒之后,遭到了报复性质的残害与折磨。此类例子在人类学材料中并不少见[1]。

　　在族群暴力冲突日渐频繁的仰韶时期,以表现战争为主题的艺术也出现了。河南临汝阎村的仰韶陶缸,是仰韶中期的文物。上面画着一幅名为《鹳鱼石斧图》的彩色作品。严文明认为,画面中的白鹳是死者本人所属氏族的图腾,鲢鱼则是敌对联盟中支配氏族的图腾。这位酋长生前必定英勇善战,高举石斧,率领白鹳氏族及其联盟同鲢鱼氏族战斗并获得胜利。所以在他死后,为了纪念他的功勋,白鹳氏族族人专门烧制了这件器物并作画[2]。此外,关于这一时期石斧的含义,严文明认为,仰韶后期以来,墓中普遍随葬石钺,说明这一时期的掠夺性战争已经成为社会的突出现象[3]。

　　石斧不仅可以用于猎取人头,也被广泛用于聚落之间的武装械斗,甚至作为参战妇女的武器。另外,石斧也被用于表现氏族军事首领的暴力气质,这一点体现在了仰韶时期的艺术品中。日本学者冈村秀典则根据陕西北首岭M4中有石斧还有82枚骨镞,M8中有42枚镞,M11

图 1-1　仰韶陶缸上的 "鹳鱼石斧图"

① [美]马文·哈里斯:《文化的起源》,黄晴译,华夏出版社,1988年,第95—96页。
② 严文明:《仰韶文化研究》,文物出版社,1989年,第306—307页。
③ 严文明:《略论中国文明的起源》,载《文物》1991年1期,第48页。

中有石钺和 28 枚镞等材料认为:"携带成束的镞,以镞武装起来的领导者的存在,也是仰韶文化前期集团斗争间的反映。"[①]

　　弓箭的使用,也为战争和暴力的扩大提供了技术手段。在与仰韶文化处于大致同一发展阶段的位于云南的元谋大墩子新石器时代遗址墓葬中,M3、M4、M7、M8、M9、M10、M11、M17 墓主均为中箭身亡,少者体内有一枚石镞,多者体内有十余枚箭镞,其中既有男子,也有怀抱幼儿的母亲[②]。这一处氏族墓地,大批包括了妇孺在内的非正常死亡情况,显然是遭受了敌方一次突袭的牺牲者,在死于战乱后被本族幸存者收葬。这一材料显示,新石器时代众多有环壕的防卫型聚落的出现不是偶然的,而是在弓箭等武器技术的发展与社会暴力的增加这一大背景下的产物。农耕聚落与氏族组织间的敌对、仇杀,逼迫族群内包括妇女在内的成员都不得不参与武装活动。而暴力活动的对象,包括敌方男女老少所有成员在内。

　　石斧和弓箭是仰韶时期战争中最主要的武器,其中弓箭的作用是远距离射击。这种武器的作用在龙山时代到商代发挥了越来越重要的功能。此外,仰韶时期已经出现了弹丸[③]。这也是一种远距离攻击性武器,在当时可能用于狩猎,但也不排除被用于战争的可能性,而这种武器在商代的战争中具有重要的实战与象征意义。

---

① [日]冈村秀典:《中国新石器时代的战争》,张玉石译,载《华夏考古》1997 年 3 期,第 107 页。

② 云南省博物馆:《元谋大墩子新石器时代遗址》,载《考古学报》1977 年 1 期,第 57 页。

③ 中国社会科学院考古研究所编著:《青龙泉与大寺》,科学出版社,1991 年,第 57 页。

四、战争的继续演进

进入仰韶晚期阶段,新石器时代的聚落和社会组织方式继续向着更加复杂的形态演进,很多地方都出现了复杂的酋邦[1],最具有代表性的例子是北方龙山文化和南方地区的良渚文化与长江中游地区的文化。伴随着社会组织形态的演进和复杂化进程,战争也随之以持续地演进。

复杂酋邦阶段的社会类型,有大汶口、良渚、屈家岭等。谢维扬指出:"但是在原始社会后期,尤其是酋邦形态下,战争无论在目的、手段和规模上都有了很大变化。功利的目的,包括对土地和财物的占有,对人力的俘获和对人口的吞并,逐渐变得重要起来。随之而来战争的残酷性也增加了。"[2]酋邦时期的暴力程度超过了此前村落之间武装冲突的水平。具体到物质形态的资料,则表现为一个社会防御系统的更加完善和扩大,最能体现这一现象的证据就是城池的出现。但对于酋邦时代古城功能的研究,却存在很多的争议,这使

---

[1] 20 世纪 50 年代人类学家奥博格(K.Oberg)根据研究墨西哥南部低地的印第安人群的经验,归纳并提出"酋邦"(Chiefdom)的概念,此后影响日渐广泛。经过美国人类学家塞维斯(Elman·R.Service)、萨林斯(M.D.Sahlins)、弗里德(M.H.Fried)等学者对酋邦的讨论,这一概念在国际上日益被更多的历史学家、考古学家和人类学家所运用并加以新的发展。早期进入中国大陆学术界的酋邦理论介绍是张光直在 20 世纪 80 年代初出版的《中国青铜时代》一书。后来的学者著作,如谢维扬的《中国早期国家》、王震中的《中国文明起源的比较研究》、易建平的《部落联盟与酋邦——民主·专制·国家:起源问题比较研究》、段渝的《酋邦与国家起源:长江流域文明起源比较研究》、陈淳的《文明与早期国家探源:中外理论、方法与研究之比较》、沈长云和张渭莲的《中国古代国家起源与形成研究》等都对中国史前的酋邦问题有着不同角度的论述和讨论,所以本书对酋邦的概念不多作赘述。

[2] 谢维扬:《中国早期国家》,浙江人民出版社,1995 年,第 59 页。

问题显得相当复杂。

城池不一定是武装冲突加剧的产物。世界上最早的城池遗址是在巴勒斯坦发现的杰里科古城,时间是公元前7800年前后。但关于这座古城是出于何种目的修建,目前还没有确定答案[①]。段渝师就认为,长江中游的几座屈家岭文化时期的史前古城建造的原因并不是战争的激化[②]。理由是,这些酋邦社会不惜成本投入大量劳动力进行玉器艺术品的生产,目的是加强领导者的神圣象征。这是酋邦社会区别于国家的核心——早期国家的统治者可以使用暴力完成对社会的整合与控制,但酋邦组织的暴力是有限的。它的组织力并非来自强迫,而是来自观念或宗教的力量。在对政治领袖或宗教观念的信仰力的支配下,民众被组织起来,他们不需要暴力强迫。

屈家岭文化时期的酋邦社会权力的基础正是建立在马克斯·韦伯(Max Weber)所说的非凡领袖"卡里斯玛"力量的基础之上的。"卡里斯玛"一词最早出现在《圣经·旧约》中,原义是"神恩赐的礼物"。获得这种神所赐予非凡禀赋的人,就可以成为犹太民族的领袖。韦伯借用了《圣经》中的这个词,并运用于学术领域。他对该词的学术定义是:"'卡里斯玛'(Charisma)这个字眼在此用来表示某种人格特质;某些人因具有这个特质而被认为是超凡的,禀赋着超自然以及超人的,或至少是特殊的力量或品质。这是普通人所不能具有的。它们具有神圣或至少表率的特性。某些人因具有这些特

---

① [德]罗曼·赫尔佐克:《古代的国家:起源和统治形式》,赵蓉恒译,北京大学出版社,2003年,第89—90页。
② 段渝:《酋邦与国家起源:长江流域文明起源比较研究》,中华书局,2007年,第174页。

质而被视为'领袖'（Fuhrer）。"① 显然，这种具有非凡神圣属性的领袖人物只有拥有非凡的卡里斯玛才能对酋邦社会进行有效的控制。屈家岭文化时期的酋邦政治体修建巨大城墙的目的，正是强化统治者的卡里斯玛。因为这些城墙有平缓的坡面，并不利于防御，却有利于敌人的进攻。因此，这些城墙的建造是为了"标志酋长权力的强大和尊严"②。这种强大与威严的力量，就是神权政治的卡里斯玛。

　　学者蒂莫西·厄尔指出，酋邦社会意识形态的控制，依靠于意识形态与其物质象征之体现。这些象征事物是观念、价值、传说、神话的转型，通过大型纪念性建筑、文字书写等象征对象转化为一种仪式性的真实③。显然，长江流域史前的巨大城垣建筑，就属于此类酋邦意识形态控制的礼仪大型建筑。

　　也有学者持不同的看法，认为长江中游古城壕是战争暴力下的产物。如郭立新就认为，从大溪文化晚期开始，象征军权的石钺出现了，到了屈家岭文化时期，社会冲突空前激烈，因此城址的修建是为了保卫中心聚落以及抵御来犯之敌。战争的激烈使本身用于渔猎

---

① ［德］马克斯·韦伯：《韦伯作品集Ⅱ：经济与历史支配的类型》，康乐、简惠美译，广西师范大学出版社，2004年，第353—354页。美国学者蒂莫西·厄尔（Timothy Earle）将这种个人能力或世系地位称为"威信"，有威信的首领不必通过强迫，民众就会自愿服从，这属于一种意识形态（陈淳：《文明与早期国家探源——中外理论、方法与研究之比较》，上海书店出版社，2007年，第208页）。笔者认为，对于酋邦或早期神权社会的领袖而言，"卡里斯玛"基本可被视为和"威信"属于同一概念的不同侧重的表达。

② 段渝：《酋邦与国家起源：长江流域文明起源比较研究》，中华书局，2007年，第154页。

③ Timothy Earle, *How Chiefs Come to Power:The Political Economy in Prehistory*, Stanford, Stanford University Press,1997, p.151.

的镞变为武器。镞的武器化完成于石家河文化早期[①]。对于这一观点,笔者认为似尚可商榷。第一,石钺在史前十分普遍,绝大部分时候都是作为普通的生产工具,并非一定就意味着石钺象征军权。第二,前面已经讲到,旧石器时代的战争已经普遍使用镞,镞的武器化可以上溯到旧石器时代,并非"石家河文化早期"。第三,这一观点不能解释屈家岭时期那些古城的构成形态,如果是为了军事防御,那为何要将城墙修建为陡坡面?

真正进入国家阶段,并且以军事防御为目的的城墙建造,必然要求垂直的墙体。例如,早期国家阶段的陶寺遗址所处时代充斥着动荡和大量的军事暴力,正是陶寺这样的社会,才建造了垂直的"直立式挡土墙"。陶寺的直立城墙在外部完全垂直,在内侧则为陡坡[②],显然有利于防御而不利于进攻。长江中游的史前城址不能证明当时的战争与防御是修建城池的根本原因,也并非所有的史前古城都是为了军事目的而建造的。但自仰韶晚期以来,确实开始出现了一些以防御功能为目的的史前城堡。

1993—1996年在郑州西山发现了距今5300—4800年的仰韶晚期古城址,面积大约3万平方米,城内最大的房屋有100平方米[③]。有学者认为,这座仰韶晚期古城的出现,说明了暴力冲突越来

[①] 郭立新:《长江中游地区初期社会复杂化研究(4300B.C.—2000B.C.)》,上海古籍出版社,2005年,第186—194页。
[②] 中国社会科学院考古研究所山西队、山西省考古研究所、临汾市文物局:《山西襄汾陶寺城址2002年发掘报告》,载《考古学报》2005年3期,第316—317页。
[③] 国家文物局考古领队培训班:《郑州西山仰韶时代城址的发掘》,载《文物》1999年7期,第4—14页。

越剧烈,而这座古城本身也是在外界压力的优势下遭到摧毁的[①]。除此之外,在与西山古城址同属仰韶晚期秦王寨类型的河南荥阳点军台遗址三期处发现了灰坑 H57。这处灰坑中互相叠压着散乱的十具人骨架,有的只有下肢,而有的缺少下肢[②]。河南濮阳西水坡仰韶遗址中 M45 墓主的左右各有蚌壳装饰的龙虎图案[③]。二里头仰韶时期遗址 F1 中有残存的人骨架[④],当为献祭与建筑奠基的人牲。

这些现象与后来龙山文化时期古城堡中的出土情况已经没有什么区别了,不难感受到仰韶晚期政治中心背后浓烈的军事暴力气氛[⑤]。一方面,这个社会可以组织大量的劳动力从事城墙的修建。而且值得注意的是,西山遗址的城墙不是屈家岭古城的那种斜坡体,而是具有实际军事防卫功能的墙体;另一方面,这个社会有能力捕获人牲用于建造房屋的奠基仪式,或者将敌对者置于死地,这就意味着,这一社会存在着某种有组织的、有计划性的群体暴力,有能力通过暴力手段实现某种资源的再分配和社会整合。

任式楠认为,这一时期古城址的出现,说明此一时期的社会已经区别于此前凝聚式、平等式的环壕聚落,而是开始形成了统治集团在强制性的色彩下驱使人们构筑城垣以巩固统治集团安全的状

---

① 李鑫:《西山古城与中原地区早期城市的起源》,载《考古》2008 年 1 期,第79 页。

② 郑州市博物馆:《荥阳点军台遗址 1980 年发掘报告》,载《中原文物》1982 年4 期,第 13 页。

③ 濮阳市文物管理委员会、濮阳市博物馆、濮阳市文物工作队:《河南濮阳西水坡遗址发掘简报》,载《文物》1988 年 3 期,第 3 页。

④ 中国社会科学院考古研究所二里头工作队:《偃师二里头遗址发现仰韶文化遗存》,载《考古》1985 年 3 期,第 193 页。

⑤ LiLiu, *The Chinese Neolithic:Trajectories to Early States*, Cambridge University Press,2004, p.167.

况[1]。这就意味着,这一时期黄河中游的发展状况和长江中下游的发展情况是不同的。有学者认为,早期国家的出现并不一定是最复杂酋邦演进的结果,恰恰相反,豫中地区简单的酋邦却可能发展为早期国家[2]。联系到长江流域酋邦社会的复杂和物质形态的精美繁复,再联系黄河流域中游龙山时期充斥着各种暴力的古城堡,这使线条索渐渐清晰起来。

五、酋邦社会的战争

尽管酋邦社会的组织力源自宗教观念与"卡里斯玛",酋邦政治体建造城市建筑的目的并非主要基于防御功能,但似乎不能说酋邦古城的修建完全排除了防御的功能。或者可以说,酋邦社会组织力的核心并非源自单纯和制度化的暴力,但酋邦社会的复杂程度决定了在这一阶段,战争的规模绝不会比仰韶村落之间的械斗更小。

中国目前最古老的城池是 1978 年在湖南澧县发现的城头山遗址。这座圆形的古城距今已经超过了 6000 年,面积 8 万平方米,城外绕有护城河。在这座城中还有一处祭坛,祭坛处有距今 5800 年的墓葬 M678,其中出土了一颗殉葬的人头[3]。

段渝认为,这一古城正是长江中游酋邦社会出现的标志之一[4]。而且从发展水平而言,这一处遗址显然比屈家岭时期的那些古城酋邦更加原始。但就是在这样一座早期的酋邦古城中,却发现了殉葬

---

[1] 任式楠:《中国史前城址考察》,载《考古》1998 年 1 期,第 13 页。

[2] 陈星灿:《何以中原?》,载《读书》2005 年 5 期,第 36 页。

[3] 湖南省文物考古研究所:《澧县城头山古城址 1997—1998 年度发掘简报》,载《文物》1999 年 6 期,第 4—16 页。

[4] 段渝:《酋邦与国家起源:长江流域文明起源比较研究》,中华书局,2007 年,第 152 页。

的人头,而且殉葬人头的墓葬分布于祭坛区域内。这些迹象显示,酋邦社会的神权控制者并不排斥暴力活动。在某种情况下,他们会将聚落时期的猎头活动与现实的神权宗教联系在一起,服务于酋邦组织的神权建构。

屈家岭文化时期的那些古城的修建,可能也具有一定的防御功能。例如,荆州市阴湘城的城墙内外侧虽为斜坡面,但城外有环绕的城壕,宽30—40米[1]。可以推测,屈家岭古城修建的根本因素虽然不是战争防御,但并不排除在一定程度上具有战争防御的功能。湖北宜城市的顾家坡墓地(时代为从大溪文化晚期到屈家岭文化时期)的墓葬中百分之六十的男子随葬石钺,很多人随葬箭镞,甚至小孩也随葬有石钺和骨镞。墓地中发现了死于颈部中箭的两具人骨,还有两例猎取人头的材料[2]。顾家坡墓地的情况较能代表屈家岭时期的族群冲突,说明屈家岭时期的武装冲突具有一定的规模。

山东、皖北的大汶口文化,也属于进入了复杂酋邦阶段的社会。这个社会集团不同于长江中下游的酋邦。一方面,大汶口晚期出现了规模巨大的史前城址——3.5万平方米的西康留古城,城中的灰坑里也有横死者的人骨[3],而花厅的墓葬祭坑中则有人牲与猪狗同埋的现象[4]。另一方面,这里的各种珍贵艺术品生产的规模以及豪酋

---

① 荆州博物馆、福冈教育委员会:《湖北荆州市阴湘城遗址东城墙发掘简报》,载《考古》1997年5期,第24页;荆州博物馆:《湖北荆州市阴湘城遗址1995年发掘简报》,载《考古》1998年1期,第25页。

② 贾汉清:《从顾家坡墓地的发掘看史前时代文化交叉地带的部落冲突》,载《华夏考古》2004年4期,第82页。

③ 山东省文物考古研究所鲁中南考古队、滕州市博物馆:《山东滕州市西康留遗址调查、发掘简报》,载《考古》1995年3期,第194—202页。

④ 段宏振:《中国古代早期城市化进程与最初的文明》,载《华夏考古》2004年1期,第81页。

墓葬营建的规模均不能与良渚相比。但有许多证据显示,这一地区的酋邦组织是好战的,其好战程度是长江流域酋邦所不能比拟的。

距今 5500—5000 年前的山东诸城呈子一期 M60 中已经有石钺出土。在距今 5200—5000 年前的邹县野店大汶口墓葬 M31 中出土了象牙矛头,M62 中出土了 9 件质地分别为玉、石、骨的矛头[1]。山东栖霞市古镇都大汶口遗址也出土了石矛[2]。矛是真正的战争性武器,战争中需要长短兵器的互相配合[3]。在大汶口的矛头中,象牙矛、玉矛是酋邦礼仪活动的宗教礼制武器,这类礼制武器也见于殷墟的墓葬中。而石矛、骨矛显然是实战中使用的武器装备。这样,大汶口酋邦的战争中必然使用了石钺、长矛的长短配合。

在皖北蒙城尉迟寺大汶口晚期遗址,M19 墓主生前便已下肢残断,左上肢肱骨上端嵌入了一枚蚌镞,M57 墓主也是生前便已下肢残断[4]。这两名死者都是 25—30 岁的男性,可以推知这两人死于战争暴力。下肢残断的原因是石钺的砍击,而蚌镞的伤痕则显示了大汶口酋邦社会战争活动中短兵器与远射兵器配合的战斗方式。

---

[1] 杜正胜:《从考古资料论中原国家的起源及其早期的发展》,《历史语言研究所集刊》第五十八本第一分,1987 年,第 52—53 页。

[2] 烟台市博物馆、栖霞牟氏庄园文物管理处:《山东栖霞市古镇都新石器时代遗址发掘简报》,载《考古》2008 年 2 期,第 16 页。

[3] 段渝:《酋邦与国家起源:长江流域文明起源比较研究》,中华书局,2007 年,第 386 页。《司马法·天子之义》云:"兵不杂则不利,长兵以卫,短兵以守。"见李零:《司马法译注》,河北人民出版社,1992 年,第 19 页。人类学材料也能证明矛是专门的战争性武器。在新几内亚原住民的暴力冲突中,使用木棒和竹尖是一个暴力等级,而使用有倒钩的矛则意味着更高程度的暴力冲突([英]格雷戈里·贝特森:《纳文——围绕一个新几内亚部落的一项仪式所展开的民族志实验》,李霞译,商务印书馆,2008 年,第 53—54 页)。

[4] 中国社会科学院考古研究所编著:《蒙城尉迟寺——皖北新石器时代聚落遗存的发掘与研究》,科学出版社,2001 年,第 216 页。

　　日本学者冈村秀典根据这一材料,以及江苏下邳大墩子 M316 中骨镞嵌入死者左大腿等材料,推断大汶口晚期的箭镞已经相当发达,这一时期的战争也已经趋于激烈[①]。此外,蒙城尉迟寺遗址有围壕,呈椭圆形,宽 25—30 米,南北 240 米,东西 220 米,深 4.5 米,房屋都在环壕之内,形成了一个封闭的建筑格局[②]。这种防御设施显示,当时的战争活动是比较激烈的。

　　从大汶口考古的玉矛、象牙矛来看,这些武器可能服务于神权礼制,这也可以暗示当时的战争是神权社会的一个组成部分,这一点与商王朝的情况相似。同时也有迹象显示,大汶口的社会出现了依靠暴力维系的社会组织与分配体系。暴力在这里是酋邦控制组成部分中的重要一环,古城址的存在很好地证明了这一点。这些情况为早期国家的出现提供了必备的条件。

　　酋邦社会的战争情形,也呈现在人类学材料中。例如,在新几内亚的特罗布里恩德群岛人(Trobriands),已经处于酋邦阶段。这一社会的酋长有一些臣属的村落。战争发生时,这些村落会向酋长提供同盟军,供酋长指挥[③]。酋长的组织力源自宗教观念的强化与卡里斯玛力量的获取,卡里斯玛决定了其有能力组织更多的资源参与战争。因此,可以说酋邦社会的战争形态较之村落、聚落之间冲突的水平,是一个演进的过程。

　　在南方环太湖周边区域,良渚酋邦高度的社会组织力量与大量

---

① [日]冈村秀典:《中国新石器时代的战争》,张玉石译,载《华夏考古》1997 年 3 期,第 105 页。

② 王吉怀:《尉迟寺聚落遗址的初步探讨》,载《考古与文物》2001 年 4 期,第 24 页。

③ [英]马凌诺斯基:《西太平洋的航海者》,梁永佳等译,华夏出版社,2002 年,第 56 页。

的神权艺术品,在物质层面显著地超出了同时代的中原地区水平。这个社会不惜成本,投入大量的劳动力与资源用于没有实用价值的艺术品生产,显然是神权社会中为了获取更多卡里斯玛政治资源的手段[①]。良渚社会内部各高级贵族家族之间通过将大量资源投入祭祀而进行剧烈竞争的机制,使大量资源服务于神权政治并被消耗殆尽,这正是良渚酋邦最终崩溃的原因所在[②]。这样的一个社会,尽管在物质形态上呈现为繁复而精美的大量神权礼器,而同时期的中原酋邦较之则显得相形见绌。但正是中原地区自仰韶晚期以来频繁的战争与暴力活动,反而加速了向早期国家迈进的步伐,致使三代王朝出现于黄河流域。可以说,良渚酋邦虽然存在着战争等暴力活动,但战争在这一区域的规模和在社会整合中的功能与黄河流域的情况是不同的。

　　有证据显示,良渚社会存在着战争活动。在良渚早期的张陵山墓地,M4 中随葬着三颗人头[③],这似乎是墓主生前攻击敌对村落获取的战利品。在江苏龙南遗址 M12 中,墓主左股上深嵌着一支骨镞。而镞这种武器的数量在龙南晚期有增多的趋势[④]。此外,此墓地还普遍随葬石斧[⑤]。尽管石斧在大多情况下是作为生产工具使用的,但这并不排除这种工具被大量用于战争活动的可能。

---

① 张光直:《美术、神话与祭祀》,郭净译,辽宁教育出版社,2002 年,第 38 页。
② 段渝:《酋邦与国家起源:长江流域文明起源比较研究》,中华书局,2007 年,第 125、363 页;陈淳:《考古学的理论与研究》,学林出版社,2003 年,第 569—570 页。
③ 南京博物院:《良渚文化"玉敛葬"述略》,载《文物》1984 年 2 期,第 24 页。
④ 高蒙河:《从江苏龙南遗址论良渚文化的聚落形态》,载《考古》2000 年 1 期,第 57 页。
⑤ 苏州博物馆、吴江县文物管理委员会:《江苏吴江龙南新石器时代村落遗址第一、二次发掘简报》,载《文物》1990 年 7 期,第 20—23 页。

在 1993—1994 年发掘的江苏常熟罗墩遗址中，M3 墓主缺少尺骨、桡骨;M7 墓中缺失头骨，但又埋着另一个人的头骨;M8 中缺尺骨、桡骨;M10 墓主上半身和下半身分离 1 米，且缺失头骨和大腿骨上部。这些墓葬中出土的石钺锋棱明显，当为实战武器。此外，还有 10 个没有人骨的墓葬，当为战死后找不到遗体的纪念墓[①]。浙江海盐良渚大墓 M9 出土 1 件玉钺和 10 件石钺，M28 出土 9 件钺和 53 枚镞[②]。上海金山区亭林墓 M22 的墓主也随葬刀、斧、镞，墓主胸腹正中有一枚箭镞，是其死因[③]。这些现象说明良渚也存在着仰韶时期那样用石钺和弓箭武装起来的人，但没有专门的武器。

这些材料表明，良渚酋邦社会存在着一定规模的战争，并且战争的形态也相当残酷。这一阶段也流行猎取人头的暴力形式，在比良渚略早的崧泽文化也存在猎取人头的现象[④]，说明这一阶段和区域的战争与具有巫术观念的猎头活动之间具有某种联系。可以说，良渚社会中战争的规模与程度超过了早期村落、聚落之间的武装械斗水平。但值得注意的有三点。首先，在良渚没有出现专门用于战争的矛、戈等武器，战争中使用的武器与仰韶早期的没有区别，说明战争还不够剧烈。其次，在良渚没有出现规模巨大的军事防卫性质的建筑，如城堡和古城之类。其三，没有出现仰韶晚期和龙山时期那样大量诛杀战俘、人牲的灰坑，只有一些类似于更早时期的猎头活动迹象。

---

① 苏州博物馆、常熟博物馆:《江苏常熟罗墩遗址发掘简报》，载《文物》1999 年 7 期，第 16—30 页。

② 浙江省文物考古研究所、海盐县博物馆:《浙江海盐县龙潭港良渚文化墓地》，载《考古》2001 年 10 期，第 45 页。

③ 上海博物馆考古研究部:《上海金山区亭林遗址 1988、1990 年良渚文化墓葬的发掘》，载《考古》2002 年 10 期，第 52 页。

④ 王芬:《崧泽文化聚落形态分析》，载《华夏考古》2010 年 1 期，第 76 页。

这些情况,与中原地区仰韶晚期和龙山时期的情形形成了较为鲜明的对比。战争在良渚酋邦中并不是完成整个社会控制与整合的关键因素。这个社会的基础,并非建立在制度性的暴力之上,而是更多依赖于祭祀和依靠艺术品生产增强政治领袖的卡里斯玛。这个社会中的暴力战争等活动不是支撑起社会整合的核心要素,而只是巫术或祭祀等精神观念的延伸,是对宗教意识形态的某种补充。

第二节　龙山、二里头时期的战争

从仰韶晚期开始,黄河中下游地区的暴力活动与战争愈加频繁,在进入龙山时代以后,具有军事防御功能的城堡大量出现于黄河中下游地区。这些现象与长江中下游地区主要依靠神权控制与艺术品生产、祭祀投入来实现社会控制与资源整合的社会形态形成了明显对比。蒂莫西·厄尔指出,战争活动是维系及创生大型政治体(诸如复杂酋邦、国家)的关键因素[1]。战争迭起的动荡局势,使迈向早期国家之路更为迅速:战争使群体内部内聚力与权力更加集中,也使战胜者获得更为丰富的资源[2],而这些要素正是早期国家超越复杂酋邦的质变基础。整个龙山时期的演进,奠定了中原地区的早期国家基石,二里头文化的出现,则代表了整个中国早期国家的最初演进水平[3]。

---

[1] Timothy Earle, *How Chiefs Come to Power:The Political Economy in Prehistory*, Stanford, Stanford University Press,1997, p.105.

[2] 王震中:《中国文明起源的比较研究》,陕西人民出版社,1998 年,第 366 页。

[3] LiLiu, *The Chinese Neolithic:Trajectories to Early States*, Cambridge University Press,2004, p.225.

在战乱频仍的这一时代,政治体的不断兼并与扩大,决定了参战者人数的上升、战争规模的扩大,进攻性武器大量出现。这一时期的战争观念与商代战争观念之间具有某些联系,但区别是明显的。

一、防御功能的城堡

从仰韶晚期开始,因军事目的而建造的城堡开始出现,到龙山时期而大量增加。这一时期大致类似于古埃及前王朝时代以一座城池为政治中心的诸多诺姆(nomos)小邦之间混战的阶段[1]。这些诺姆小邦各自有自己的城堡、领土与崇拜的神灵,上埃及和下埃及早期国家的形成,正是在这些诺姆之间长期争霸的结果。而在两河流域的乌鲁克(Uruk)文化期,这一地区出现了大量以城市为中心的政治实体。这些政治体的最高首领兼任军事首长,而维持对众神的祭祀和战争是这些政治体的主要职能[2]。

龙山时期的黄河流域,也正是处于这样一个类似的阶段,多个政治实体以防御性质的城堡为中心,进行剧烈的冲突,这一阶段也正是三代王朝产生的土壤,与《世本》记载的"鲧作城郭"[3]之说颇有可印证之处。目前在黄河流域,已经发现了一定数量的《吕氏春秋》、《淮南子》等文献中所记载的那些早期古城。

目前发现规模最大的龙山时代古城,是陕北神木的石峁遗址,城池面积在 400 万平方米以上,规模宏大,超过了大致同时期的良渚、陶寺城址。城池由统治集团居住的"皇城台"和内城、外城三部

---

[1] 刘文鹏:《古代埃及史》,商务印书馆,2000 年,第 66 页。

[2] 刘文鹏主编:《古代西亚北非文明》,中国社会科学出版社,1999 年,第 226—228 页。

[3]《世本·张澍〈粹集补注〉》,[汉]宋衷注,[清]秦嘉谟等辑:《世本八种》,中华书局,2008 年,第 22 页。

分构成。内外城墙上发现有防御功能的"马面"和角楼，外城东门遗址有复杂的"外瓮城"和"内瓮城"结构，显示出强烈的军事防御色彩与实战功能。石头累筑的城墙，显然增强了战争防御的功能；门塾的存在，意味着专职军事守卫的设置[①]。此外，鳄鱼骨板的发现，表明鼍鼓的存在，而根据陶寺考古的材料，鼍鼓属于类似"王墓"这一等级的对应礼器，这也暗示了石峁遗址统治者身份的显赫[②]。

在河南淮阳发现的平粮台遗址，城址呈正方形，面积有 3.4 万平方米，东西南北城墙都有城门，南门还配有门卫房。城市的地下有陶制的排水管道[③]。南门门卫房的发现，显示出平粮台龙山古城在这一时期已经出现了专门守卫城堡的职业武装人员[④]。

河南登封王城岗古城属于龙山中晚期，有东城和西城两个部分，占地 1 万多平方米。大城北城壕打破小城西北城墙，因此时代更晚。在城内重要的建筑物下皆有奠基坑，少则埋两具人骨架，多则埋有七具人骨架。在西城的夯土基址之下还埋着人头骨的奠基

① 陕西省考古研究院、榆林市文物考古勘探工作队、神木县文体局：《陕西神木县石峁遗址》，载《考古》2013 年 7 期，第 15—24 页。

② 陕西省考古研究院、榆林市文物考古勘探工作队、神木县文体局：《陕西神木县石峁遗址后阳湾、呼家洼地点试掘简报》，载《考古》2015 年 5 期，第 70 页。此外，陕西延安还有芦山峁遗址，发现有宫殿建筑等（陕西省考古研究院、西北大学文化遗产学院、延安市文物研究所：《陕西延安市芦山峁新石器时代遗址》，载《考古》2019 年 7 期）。陕西佳县石摞摞山石城，也有完备防御体系（张天恩、丁岩：《石摞摞山龙山古城及相关问题浅论》，载《考古与文物》2016 年 4 期，45—51 页）。

③ 河南省文物研究所、周口地区文化局文物科：《河南淮阳平粮台龙山文化城址试掘简报》，载《文物》1983 年 3 期，第 27—36 页。

④ 王震中：《中国文明起源的比较研究》，陕西人民出版社，1998 年，第 263 页。

坑。在 1 号奠基坑中埋着两个女青年、两个男青年和三个儿童①。王城岗发现的人牲中,奠基坑中埋入的在二十多人以上②。

1998—2000 年在河南新密发掘了一座龙山古城堡,城墙长 460米,高 13.8—15 米,在城内还分布着宫殿区,宫殿的建筑形制与二里头宫庙已非常接近③。这座城经历了从龙山到二里头文化的演进过程,在二里头期的遗址内还出土了杀殉坑④。河南新密的新砦遗址发现了龙山时期的城墙与护城河,一直使用到龙山晚期。在二里头时期这里还挖掘了壕沟⑤。

在河南省北部的博爱县,近几年来发掘了属于龙山中后期的西金城遗址。北墙长 560 米、西墙为 520 米、南墙 400 米、东墙 440 米,周长近 2 公里,面积达 30.8 万平方米。城墙除了有防御功能的城门之外,北、东、南墙外侧还发现有小河或排水沟环绕形成的防御壕沟,显示出较为明显的军事防御色彩。该城与温县徐堡龙山古城相距仅 7.5 公里,显示了豫西北的龙山城址较为密集⑥。河南辉县还发

---

① 河南省文物研究所、中国历史博物馆考古部:《登封王城岗遗址的发掘》,载《文物》1983 年 3 期,第 14—20 页;北京大学考古文博学院、河南省文物考古研究所:《河南登封市王城岗遗址 2002、2004 年发掘简报》,载《考古》2006年 9 期,第 3—15 页。

② 裴明相:《试论王城岗城堡和平粮台古城》,载《华夏考古》1996 年 2 期,第87 页。

③ 杜金鹏:《新密古城寨龙山文化大型建筑基址研究》,载《华夏考古》2010 年 1期,第 66—67 页。

④ 河南省文物考古研究所、新密市炎黄历史文化研究会:《河南新密市古城寨龙山文化城址发掘简报》,载《华夏考古》2002 年 2 期,第 53—60 页。

⑤ 中国社会科学院考古研究所河南新砦队、郑州市文物考古研究院:《河南新密市新砦遗址东城墙发掘简报》,载《考古》2009 年 2 期,第 18—21 页。

⑥ 河南省文物管理局南水北调文物保护办公室、山东大学考古系:《河南博爱县西金城龙山文化城址发掘简报》,载《考古》2010 年 6 期,第 22—35 页。

现了孟庄龙山古城址,面积有 16 万平方米 ①。郾城郝家台遗址属于龙山中期,城址平面呈长方形,面积约 2 万平方米,城外有壕沟 ②。此外,安阳后岗龙山古城墙发掘于 1934 年,全貌不明 ③。

　　黄河下游地区的龙山古城堡情况。这一区域最早的城址可以上溯到大汶口文化晚期的西康留古城,已经存在着制度性的暴力。到了龙山文化时期,城堡开始大量出现,战争活动愈演愈烈。

　　山东章丘城子崖遗址,面积 20 万平方米,是黄河流域面积较大的龙山古城址之一。在城子崖以东相距 50 公里左右,较为规律地分布着邹平丁公、淄博田旺、寿光边线王城遗址 ④。在边线王城中发现了多处埋有完整人、狗、猪骨架的奠基遗存 ⑤。

　　在山东日照的丹土村,发现了 25 万平方米的巨大龙山古城,大致呈椭圆形 ⑥。在山东阳谷县景阳冈,发现了面积 35 万平方米的龙山古城。城内有两个台基,在台基夯土中发现了人头骨。这是当时发现规模最大的龙山古城遗址 ⑦。

---

① 袁广阔:《辉县孟庄发现龙山文化城址》,载《中国文物报》1992 年 12 月 6 日;河南省文物考古研究所:《河南辉县市孟庄龙山文化遗址发掘简报》,载《考古》2000 年 3 期,第 1—20 页。

② 河南省文物研究所、郾城县许慎纪念馆:《郾城郝家台遗址的发掘》,载《华夏考古》1992 年 3 期,第 66 页。靳桂云:《龙山时代的古城与墓葬》,载《华夏考古》1998 年 1 期,第 40 页。

③ 尹达:《新石器时代》,生活·读书·新知三联书店,1979 年,第 54—55 页。

④ 任式楠:《中国史前城址考察》,载《考古》1998 年 1 期,第 2 页。

⑤ 杜在忠:《边线王龙山文化城堡的发现及其意义》,载《中国文物报》1988 年 7 月 15 日;杜在忠:《边线王龙山文化城堡试析——兼述我国早期国家的诞生、文化融合等有关问题》,载《中原文物》1995 年 2 期,第 31—37 页。

⑥ 中美两城地区联合考古队:《山东日照市两城地区的考古调查》,载《考古》1997 年 4 期,第 3 页。

⑦ 山东省文物考古研究所、聊城地区文化局文物研究室:《山东阳谷县景阳冈龙山文化城址调查与试掘》,载《考古》1997 年 5 期,第 23 页。

在滕州薛国故城内发现了面积 2.5 万平方米的龙山古城,城内似乎还有台城[1]。在山东费县防城也发现了龙山时期的城墙,属于龙山中晚期,古城面积大约 8 万平方米。城内出土的武器有石刀、石斧和箭镞[2]。此外,还有阳谷县的皇姑冢古城址和王家庄古城。在山东茌平和东阿县附近还有 5 座龙山古城[3]。新近发现的还有莒县薄板台、滕州西孟庄等古城[4]。整个黄河中下游的龙山古城,已经发现了数十座。

通过对黄河中下游龙山古城堡大致分布的描述,不难得出这样一种结论,即黄河中下游文明起源前夜的军事暴力氛围远比长江中下游剧烈。当屈家岭和良渚的酋邦统治集团在将大量资源消耗于为了获取神权卡里斯玛而进行的大量竞争活动之时,黄河中下游的统治集团则正在凭借暴力进行大规模的战争。最后的结果是,在黄河流域产生了三代王朝,而长江中下游的史前酋邦的整个社会则未能突破进入早期国家的瓶颈,在进入早期国家的门槛前瓦解了。只有长江上游的成都平原地区,才独立演进而进入了早期国家。而成都平原的情况恰恰与中原龙山阶段的情况类似——三代蜀王时期的战争剧烈,从而导致了王权统治基础的强化,鱼凫王朝这样的早

---

[1] 靳桂云:《龙山时代的古城与墓葬》,载《华夏考古》1998 年 1 期,第 40 页。

[2] 防城考古工作队:《山东费县防故城遗址的试掘》,载《考古》2005 年 10 期,第 29—36 页。

[3] 任式楠:《中国史前城址考察》,载《考古》1998 年 1 期,第 4 页。

[4] 中国社会科学院考古研究所山东队、中山大学人类学系、山东省文物考古研究院、日照市莒州博物馆:《山东莒县薄板台遗址的调查、勘探与试掘》,载《考古》2019 年 12 期,第 49—69 页;山东省文物考古研究院、枣庄市文物局、滕州市文物局:《山东滕州市西孟庄龙山文化遗址》,载《考古》2020 年 7 期,第 3—19 页。

期国家在此基础之上才得以产生①。

这些龙山古城堡的建造背后显示出明确的军事敌对含义,在一些区域之间,密集地分布着好几个类似的城堡政治体。可以推测,这些政治体之间长期处于军事斗争的状态。战争频繁,围城和攻城活动在这一时期已经出现。学者将龙山城墙的功能视为社会对抗性竞争的产物②。

从考古证据上讲,山西襄汾的陶寺遗址有龙山古城。这里用"碎石素填土"的填埋方式夯打的城墙修建不晚于陶寺中期,甚至可能是早期。但到了中期时,城墙遭到了局部的破坏。在遭受破坏之后,这处城墙得到了修补,并继续沿用。但在陶寺晚期则遭受到了全面的大破坏而被废弃,这些破坏还伴随着摧毁所有建筑物的行为。在一处陶寺晚期遗址 IHG8 中,有 30 多个受暴力致死的个体,或被砍杀,或者体内有大量的骨镞③。

这些证据显示,陶寺古城政治体在军事压力之下修建了城堡,到了陶寺中期,遭受了敌对政治体的讨伐,导致城墙被破坏了一部分。但这次讨伐并未导致陶寺政治体的毁灭,所以被毁的城墙又得到了修补,而到了陶寺晚期,才真正遭到灭国性质的讨伐。灭国的战争异常激烈,大量的人员战死,被抛尸沟壑之中,有一些参战者在战争中被乱箭射死。除了陶寺城堡之外,王城岗小城堡的最后结局

---

① 段渝:《酋邦与国家起源——长江流域文明起源比较研究》,中华书局,2007年,第 263—264 页。

② Li Liu and Xingcan Chen, "Sociopolitical Change from Neolithic to Bronze Age China", Edited by Miriam T. Stark, *Archaeology of Asia*, Blackwell Publishing, 2006, p.162.

③ 中国社会科学院考古研究所山西队、山西省考古研究所、临汾市文物局:《山西襄汾陶寺城址 2002 年发掘报告》,载《考古学报》2005 年 3 期,第 316—345 页。

也是遭到了敌方的毁灭,连基槽以上的全部墙体都被彻底摧毁了①。这些材料,正是当时战争"入其国家边境,芟刈其禾稼,斩其树木,堕其城郭,以湮其沟池,攘杀其牲牷,燔溃其祖庙"②的最好诠释。

　　龙山时代是中国早期国家诞生的关键时期,这一阶段也有些类似于弥生时代在日本古代国家起源问题上的重要意义。日本考古与中国文献记载的材料,也都印证了这一阶段进攻性与防御性战争的普遍。《三国志·魏书·倭人传》记载弥生时代的日本"居处宫室楼观,城栅严设",当时"倭国乱,相攻伐历年"③,这些情况与中国龙山时期非常接近。而日本九州发现的吉野ヶ里遗址,则很好地印证了中国古书对弥生日本的记载。从这处遗址中发掘了环壕、城栅和望楼,这些军事设施也符合《倭人传》对弥生古国"长有人持兵守卫"的记载。在遗址的墓葬中,有的人骨没有颅骨,有的腿骨折断,甚至有的骨骼内遗有 12 枚石镞,可见战争的激烈④。这些时刻有持兵守卫的城栅,与神木石峁古城、淮阳平粮台龙山古城有专职守卫城堡的士兵门卫房在功能上非常相似。可以推测,正是因为随时都有发生战争的可能才会出现这些专门的守卫设施。随时都可能发生战争,则意味着这一社会处于极度动荡的状态。这些龙山古城时期的政治体,正是处于这样一种随时都戒备战争状态的类似时代。这一充满了紧张与剧烈冲突的社会,将最终推动历史进入早期国家阶段的三代王朝。

①京浦:《禹居阳城与王城岗遗址》,载《文物》1984 年 2 期,第 69 页。

②孙诒让:《墨子间诂》,中华书局,2009 年,第 141 页。

③[晋]陈寿:《三国志》,中华书局,2005 年,第 856 页。

④安志敏:《吉野ヶ里遗址的考古发现——记日本最大的弥生文化环壕聚落》,载《考古与文物》1990 年 2 期,第 96—98 页。

二、龙山战争的形态

　　长江中下游各酋邦之间虽然存在着战争,而且战争在规模和激烈程度上超过了村寨聚落时期的氏族武装械斗水平,但均不能与龙山时期的黄河中下游情况相比。体现在武器装备的物质形态上,良渚与屈家岭仍使用与仰韶阶段差别不大的石钺、弓箭配合。而在黄河下游的大汶口文化,则随着战争的激烈化,开始出现了矛这样的专门性武器[①]。

　　到了龙山时代,除了传统的石钺与弓箭,枪矛开始上升为重要的武器装备[②]。这种武器既可以用作近距离格斗,也可以用作投射[③],因此具有比石钺更为灵活机动的战斗功能。而更为重要的是,矛作为一种长兵器,可以与短兵钺进行配合,长短兵器的有效配合,可以形成更为专业的战斗力量。在登封王城岗龙山古城的灰坑中,出土武器就有石刀、石镞、砺石、骨刀、骨镞、蚌矛、石矛[④],在河南汤阴白营龙山遗址中除了蚌矛,还出土了骨矛和骨匕首[⑤]。这些材料显示了龙山时代武器面貌呈现出的丰富程度,除了传统的钺与弓箭,各种质料的刀与矛开始大量出现并运用于战争活动之中,形成了长短兵器的某种固定组合,显示了战争活动的专门化。此外,砺石也开始

---

① 杜正胜:《从考古资料论中原国家的起源及其早期的发展》,《历史语言研究所集刊》第五十八本第一分,1987年,第52—53页。

② 马新、齐涛:《中国远古社会史论》,科学出版社,2003年,第241页。

③ 吴文祥:《"限制理论"与中国古代文明诞生》,载《华夏考古》2010年2期,第146页。

④ 河南省文物研究所、中国历史博物馆考古部编:《登封王城岗与阳城》,文物出版社,1992年,第42—48页。

⑤ 安阳地区文物管理委员会:《河南汤阴白营龙山文化遗址》,载《考古》1980年3期,第198—199页。

与武器配置在一起,这种工具被商代的士兵所广泛装备,用以磨砺武器的锋刃部。

除了刀、矛这些新式近战武器组合的出现,弓箭使用的箭镞数量在龙山时代也大量上升。箭镞的使用比例也发生了变化,杀伤力更有效的石镞数量开始超过骨镞[1],这时的箭头大多已是作为武器使用了[2]。笔者推测,这一时期武器镞的大量出现与龙山时代频繁的攻城战争之间有着密切联系。因为龙山时代大量出现防御功能的城堡,高耸的城墙与宽阔的壕沟决定了在攻城战活动中,无论是防守方还是进攻方,都需要大量投入对弓箭的使用。如在新密古城寨的城壕内,就出土有各类形制的骨箭镞和石箭镞[3],当与城池的攻防战有关。滕州西孟庄军事据点性质的古城中,"石器中以镞最多"[4]。

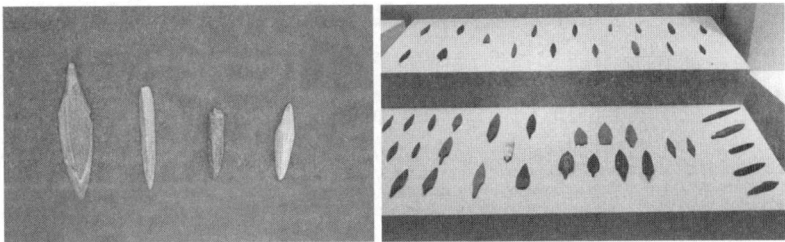

图 1-2　龙山时代的石镞

[1] 杨泓:《考古学与中国古代兵器史研究》,载《文物》1985 年 8 期,第 19 页。

[2] 吴文祥:《"限制理论"与中国古代文明诞生》,载《华夏考古》2010 年 2 期,第 145 页。

[3] 河南省文物考古研究院:《河南新密古城寨城址 2016—2017 年度发掘简报》,载《华夏考古》2019 年 4 期,第 7 页。

[4] 山东省文物考古研究院、枣庄市文物局、滕州市文物局:《山东滕州市西孟庄龙山文化遗址》,载《考古》2020 年 7 期,第 19 页。

　　在陶寺古城毁灭的沟壑中,出土了被乱箭射死的士兵。而山东城子崖谭国古城遗址中,也曾出土守城士兵被箭镞射中脊柱的遗骨①。战国时代韩国都城宜阳的西北角,也曾出土大量的青铜镞和尸骨,有的尸骨头颅上还残留着射入的箭头②。古埃及法老拉美西斯二世军队攻打赫梯人(Hittites)城池的图像中,攻守双方均大量使用弓箭作战③。《墨子·备城门》记载,城上九尺距离就要准备一件弩,两步之间就要设置一件木弩,"及多为矢"④。《战国策·赵策一》记载,晋阳城被包围,城郭完好,府库充足,但赵襄子却感到:"无矢奈何。"⑤对偃师早商城址的考古研究也表明,弓箭在商代守城战争中是"主要城防武器",因此城墙的筑造结构也呈现为尽可能将弓箭杀伤力发挥到最佳效果的凹凸曲折之形⑥。由此可见,守城之战中弓箭类的武器作用巨大,且多多益善,没有足够的箭矢则不能进行有效的守城战争,反之亦然,攻城方也需要投入大量弓箭与之对抗。正因为弓箭在龙山时期攻防战中的重要性,所以在某些龙山遗址中,甚至发现了青铜制造的箭镞⑦,这显示了龙山政治体已经开始将当

① 董作宾:《谭"谭"》,刘梦溪主编:《中国现代学术经典·董作宾卷》,河北教育出版社,1996年,第557—558页。

② 蔡运章:《韩都宜阳故城及其相关问题》,《甲骨金文与古史研究》,中州古籍出版社,1993年,第297页。

③ Barry J.Kemp, *Ancient Egypt:Anatomy of a Civilization*, Routledge,1989, p.226.

④ 孙诒让:《墨子间诂》,中华书局,2009年,第505页、513页。

⑤ [汉]刘向集录:《战国策》,上海古籍出版社,2009年,第588—589页。

⑥ 中国社会科学院考古研究所:《试论偃师商城小城的几个问题》,载《考古》1999年2期,第36页。

⑦ 例如,在山东禹城县邢寨汪龙山遗址中就出土了两件青铜镞(德州地区文物工作队:《山东禹城县邢寨汪遗址的调查与试掘》,载《考古》1983年11期,第972页)。

时最为先进的技术投入弓箭等武器的生产领域[1]。

在黄河下游的山东龙山文化地区，"一进入龙山文化时期，弓箭镞的出土数量突然急剧猛增……以上四处遗址出土各种箭镞资料证明，龙山文化时期各种箭镞的出土数量大增。镞是有力的远距离射杀武器。镞虽然也用来狩猎，但到龙山文化时期，更主要的是用在部落间的战争上。镞的数量大增，充分说明，东夷族发展到龙山文化时期，部落间的战争已经很频繁"[2]。刘莉也注意到，在黄河中下游的龙山遗址中，箭镞的数量急剧增加，而且出现了精制的矛。她明确地意识到了这两种武器的出现所表示的含义——政治体之间剧烈的武装冲突[3]。这两位学者都观察到了龙山时期弓箭大量出现与战争激化之间的密切联系。战争的加剧促进了武器的革新，作为重型杀伤武器的三棱箭镞在龙山文化时期也迅速扩散[4]。弓箭的大量使用，与城堡政治体之间的攻防战也颇有关系。随着历史的演化，到了商代，弓箭将在战争（特别是捕获人牲的活动）中发挥更为独特的作用。

除了刀、矛、弓箭在龙山战争中体现出的新信息，还有一些考古证据可以说明龙山时期战争的情况。在山东泗水尹家城龙山时期的 9 座房基中有 4 座发现了人骨，其中包括儿童 4 名、老人 1 名，都是身首异处。造成这种现象的直接原因是敌对政治体之间的战争，可能在成年人外出之际，有人乘机对村落进行突然袭击。此外，在

---

[1] 在登封王城岗和诸城呈子龙山遗址中也出土过铜残片，不排除这些政治体也拥有了生产铜制武器的可能（严文明：《论中国的铜石并用时代》，《史前考古论集》，科学出版社，1998 年，第 38—39 页）。

[2] 逄振镐：《东夷文化研究》，齐鲁书社，2007 年，第 454—455 页。

[3] LiLiu, *The Chinese Neolithic:Trajectories to Early States*, Cambridge University Press, 2004, p.64.

[4] 王清刚：《试论龙山时期的三棱镞》，载《江汉考古》2017 年 5 期，第 89—94 页。

尹家城的灰坑 H259 中还有一个儿童的颅骨，H812 中有三具人骨，其中一具是 5—6 岁儿童的[①]。此外，在 H259 中还发现了被肢解的上肢骨[②]。此种情况说明，尹家城地区的战争中，他们一方面袭击敌对势力，并将敌对方成员（包括老幼在内）处死于灰坑之中，另一方面，他们也遭到敌对方的偷袭。而敌对方也同样不择手段，将该处包括儿童、老人在内的成员全部杀害，一方面可见战争的残酷，另一方面也显示了暴力的使用毫无底线。此外，泗水尹家城的 5 座大墓墓主的骨骸，没有一具是完整的。一种观点认为，造成这种现象的原因是这些墓主都是非正常死亡的中年男性，因为尸骨不全，所以只能在墓中埋入部分遗骸[③]。另一种观点则认为，这是敌对方掘墓扬尸行为的结果[④]。笔者倾向于后一种观点，即该处遗址是被敌对方彻底摧毁之后的结果。在摧毁之后，敌对方还报复性地对该处的大墓进行有组织的破坏。

这些龙山时代的战争材料是值得重视的。因为这些材料都显示，当时的战争没有任何底线和仪式规范，在战争中可以不择手段，敌对方的所有成员都是战争中需要杀戮的对象。类似的情况也见于陶寺遗址的发掘中。2002 年在陶寺城址墓Ⅱ M22 填土中有被腰斩的人牲骨架，在Ⅱ H16 中埋着人颅骨 5 个[⑤]。在一处主体殿堂柱网

---

① 山东大学历史系考古专业教研室编：《泗水尹家城》，文物出版社，1990 年，第306、34—37 页。
② 山东大学历史系考古专业：《山东泗水尹家城遗址第四次发掘简报》，载《考古》1987 年 4 期，第 292 页。
③ 于海广：《山东龙山文化大型墓葬分析》，载《考古》2000 年 1 期，第 66 页。
④ 王震中：《中国文明起源的比较研究》，陕西人民出版社，1998 年，第 249 页。
⑤ 中国社会科学院考古研究所山西队、山西省考古研究所、临汾市文物局：《陶寺城址发现陶寺文化中期墓葬》，载《考古》2003 年 9 期，第 3—4 页。

区基础中发现了5处奠基的人牲遗存①。2003年陶寺的发掘中，墓葬Ⅱ M24墓主的第10节胸椎嵌有一枚石镞，显然墓主是中箭而战死的。在灰坑Ⅱ H23中则发现了一具无头的骨架②。2002年陶寺遗址发掘，在灰坑 IT5026中发现了人骨31具，多为颅骨，灰坑中还有与战争有关的废弃骨镞③。

　　陶寺的情况与尹家城是类似的，一方面，这个政治体在对外战争活动中大量捕获敌对方的成员作为人牲，或猎取敌方的人头；另一方面，敌对方也以同样的手段反过来施加于该群体。

　　2004年在山东茌平教场铺龙山城墙 JSK10的祭祀坑中发现了男性的盆骨、下肢骨和妇女儿童的头骨，下肢骨带有明显的打击折断痕迹④。在20世纪50年代，河北邯郸涧沟龙山文化一处房基内发现4个颅骨，两个乱葬坑，坑中有大小男女骨架10具，或身首分离，或作挣扎状⑤。在河南禹州瓦店龙山时期建筑的奠基坑中埋有不同个体的人颅骨、盆骨、肢骨⑥。禹州瓦店龙山遗址的瓮棺中也出土了

---

① 中国社会科学院考古研究所山西队、山西省考古研究所、临汾市文物局：《山西襄汾县陶寺城址发现陶寺文化中期大型夯土建筑基址》，载《考古》2008年3期，第6页。

② 中国社会科学院考古研究所山西队：《山西襄汾县陶寺城址祭祀区大型建筑基址2003年发掘简报》，载《考古》2004年7期，第16—17页。

③ 中国社会科学院考古研究所山西队、山西省考古研究所、临汾市文物局：《山西襄汾陶寺城址2002年发掘报告》，载《考古学报》2005年3期，第322—324、338页。

④ 中国社会科学院考古研究所山东队、山东省文物考古研究所、聊城市文物局：《山东茌平教场铺遗址龙山文化城墙的发现与发掘》，载《考古》2005年1期，第5页。

⑤ 北京大学、河北省文化局邯郸考古发掘队：《1957年邯郸发掘简报》，载《考古》1959年10期，第531—532页。

⑥ 河南省文物考古研究所：《河南禹州市瓦店龙山文化遗址1997年的发掘》，载《考古》2000年2期，第19页。

没有人头和下肢骨的遗骸①。说明在瓦店遗址的政治群落,也存在着和尹家城、陶寺同样的情况——对敌对者不择手段地杀戮,同时也被敌对者杀戮。

郑州阎庄龙山时期的灰坑 H6 中,人骨被砍去了下颚和下肢,上肢展开,属于惨死后被抛入的②。在河南洛阳孟津小潘沟龙山遗址中,存在着被断肢、腰斩和捆绑后活埋等形态的大量死者③。1990 年河南武陟大司马遗址的灰坑 H14 中发现了 4 具尸骨,其中 1、2 号的颅骨都有切割痕迹,说明被剥了头皮④。而河北邯郸涧沟的龙山灰坑中也有被剥取头皮的两个男性和两个女性⑤。这种剥取头皮的切割痕迹与美洲的情况是一致的,剥取头皮的现象说明了集团之间斗争的加剧⑥。

在用石头修筑城墙的神木石峁遗址,有马面、角楼、瓮城、门塾等防御设施,功能完备,显示出强烈的战争防御色彩。下层地面下有两处集中埋置的人颅骨遗迹,K1、K2 都埋有 24 个人颅骨,有明显砍斫痕迹,以年轻女性居多,可能与城墙修建的奠基和祭祀活动有关⑦。

---

① 河南省文物研究所、郑州大学历史系考古专业:《禹县瓦店遗址发掘简报》,载《文物》1983 年 3 期,第 42 页。

② 郑州市博物馆:《郑州阎庄龙山文化遗址发掘简报》,载《中原文物》1983 年 4 期,第 2 页。

③ 洛阳博物馆:《孟津小潘沟遗址试掘简报》,载《考古》1978 年 4 期,第 240—255 页。

④ 潘其风:《河南武陟大司马遗址出土人骨》,载《文物》1999 年 11 期,第 76 页。

⑤ 严文明:《涧沟的头盖杯和剥头皮风俗》,《史前考古论集》,科学出版社,1998 年,第 335 页。

⑥ 陈星灿:《中国古代的剥头皮风俗及其他》,载《文物》2000 年 1 期,第 53—54 页。

⑦ 陕西省考古研究院、榆林市文物考古勘探工作队、神木县文体局:《陕西神木县石峁遗址》,载《考古》2013 年 7 期,第 22 页。

龙山时代这些大量的暴力遗存向我们显示了这个时代的动荡与残酷,集团之间战争频繁、对抗加剧[①]。各个政治体之间频繁发生武装冲突,在军事活动中敌对双方均不择手段。在战争活动当中,双方也捕获到相当数量的敌对方成员,其中包括老弱妇孺。这些被捕获的敌方成员均在遭受不同程度的暴力对待之后被杀害,显示了在龙山时代的战争中,敌对方所有成员均为攻击对象。这也从某种程度上反映出,当时伴随着暴力与其他形式的交互活动中,那些作为"非我族类"的"他者"被视为"非人"的现象。

三、龙山时期战争的观念

龙山时期频繁的战争背后透露出了当时的战争活动,必然受某种观念支配。现在需要讨论的是,龙山时期的战争活动是为何种目的而展开,以及在当时一般统治群体与普通成员的观念中,"敌人"、"战争"这些概念都意味着什么。这样的推导将有助于进一步理解当时暴力与战争活动背后的制度化原因。

张光直认为,龙山时期国邑之间使用暴力的终极目的,是为了将敌国征服,然后将敌国的物质财富和人力资源据为己有[②]。张光直认为龙山时期的统治者之间频繁进行战争的动机是抢夺对方的财物与人力资源。笔者认为,张光直的思路是理解龙山时期战争观念的一个重要方面。因为龙山时期的政治体区别于长江中下游的酋邦政体,在长江中下游地区,统治集团依靠掌控沟通鬼神的精美艺术品、沟通神祇的各种祭祀来垄断权力,以此获取卡里斯玛。凭借

---

① [澳]刘莉:《龙山文化的酋邦与聚落形态》,星灿译,载《华夏考古》1998年1期,第102页。

② 张光直:《中国古代王的兴起与城邦的形成》,《中国考古学论文集》,生活·读书·新知三联书店,1999年,第387页。

着卡里斯玛力量,他们不需要使用过多的暴力就可以对整个社会完成控制,暴力在这些酋邦中只是辅助性质的手段①。而依靠卡里斯玛的神权对意识形态进行垄断,同样可以控制和组织大量的劳动力从事于各种巨大工程。德国学者罗曼·赫尔佐克(Roman Herzog)就曾经目睹印度锡克教徒修建黄金圣殿的情形。在神庙的号召下,成千上万的男女老少日夜劳动,但他们不是被军警强迫而来,而是自愿服从神庙的召唤②。

与此相区别的是,龙山社会诸集团之间完成社会整合与组织方式的手段除了传统的神权政治之外,组织化、制度化的暴力还占有极大的比重。暴力手段最重要的功能便是强制,使在观念上不服从者服从。在传统酋邦控制手段之下,统治集团依靠对服从者的意识形态进行控制来完成对社会控制的操作。但龙山时期残酷的兼并战争决定了传统的神权控制可以在政治体内部完成整合,而对他者的征服基本依靠纯粹的暴力。

在周代的征服活动中,战败方往往被战胜者完整地保留以前的氏族组织,这些被征服的氏族组织被称为"仆庸",他们多为降服的夷、狄等族人,从事于农业生产和各种服役③。这些降服的族群并不是古代地中海世界那样的奴隶,而是可以完整地保留着氏族组织和原有家庭结构。可以推测,在龙山时代的征服活动中,敌对方在覆亡之后,其氏族组织也是以类似的方式被新统治者纳入新的体系之

---

① 段渝:《酋邦与国家起源:长江流域文明起源比较研究》,中华书局,2007年,第254页。

② [德]罗曼·赫尔佐克:《古代的国家——起源和统治形式》,赵蓉恒译,北京大学出版社,2003年,第117页。

③ 裘锡圭:《说"仆庸"》,《古代文史研究新探》,江苏古籍出版社,2000年,第373—382页。

中,用服劳役等方式使这些族群生产并纳贡各种资源。龙山政治体对这些"仆庸"的控制往往依靠暴力来完成。而在政治体内部,神权的作用则仍具有核心的意义。战争一方面使资源的聚集和增加成为必然,另一方面也强化了原有的神权结构。

　　早在仰韶半坡时期,便已经出现了屈肢状身躯的人牲,在庙底沟、郑州大河村等仰韶遗址中也发现过人牲[1]。但人牲献祭作为一种数量众多、分布广泛和频繁存在的典型社会现象则是龙山时代的产物,龙山政治体已经开始有计划地捕获人牲并将之作为神权祭祀的牺牲品。

　　龙山时期,神权政治伴随着军事暴力手段日渐成熟和发展,商代神权国家在宗教、精神领域的诸多现象已经开始出现。在山东茌平教场铺遗址6号祭祀坑中出土了四块卜骨[2],在河南古城寨、洛阳孟津小潘沟、汤阴白营、山东曹县莘冢集新密黄寨等遗址都出土了沟通鬼神的卜骨,其中新密黄寨出土卜骨上还刻有两个文字,可能和"夏"有关[3],说明垄断了沟通鬼神权力的巫觋政治集团

---

[1] 王克林:《试论我国人祭和人殉的起源》,载《文物》1982年2期,第69页。

[2] 中国社会科学院考古研究所山东队、山东省文物考古研究所、聊城市文物局:《山东茌平教场铺遗址龙山文化城墙的发现与发掘》,载《考古》2005年1期,第6页。

[3] 河南省文物考古研究所、新密市炎黄历史文化研究会:《河南新密市古城寨龙山文化城址发掘简报》,载《华夏考古》2002年2期,第65页;洛阳博物馆:《孟津小潘沟遗址试掘简报》,载《考古》1978年4期,第255页;安阳地区文物管理委员会:《河南汤阴白营龙山文化遗址》,载《考古》1980年3期,第198—199页;菏泽地区文物工作队:《山东曹县莘冢集遗址试掘简报》,载《考古》1980年5期,第387页。河南省文物考古研究院:《河南新密黄寨遗址H1清理简报》,载《华夏考古》2021年3期,第51—52页。

之存在①。通过甲骨占卜垄断沟通鬼神权力并以此作为实现神权政治重要手段的活动在殷商时代得到了最大化的发展。除了沟通鬼神的占卜，神权精英集团垄断权力的重要方式——文字也开始大批出现了②。在王城岗灰坑的陶片上刻着文字，学者释读为"共"字③；在山东邹平丁公龙山城址的陶片上则发现了五行 11 字④；山东济宁程子崖龙山城址也发现了文字⑤，陶寺的器物上则发现了朱砂书写的"文"字⑥，此后又在陶寺中期大型建筑基址出土器物上发现了另一件朱书文字⑦。对于殷商的神权政治来说，垄断文字本身便是垄

---

① 张光直指出："卜骨及仪式用器的大量出现，指示专业的巫师。"（张光直：《中国远古时代仪式生活的若干资料》，《中国考古学论文集》，生活·读书·新知三联书店，1999 年，第 129 页）

② 中国古代的文字功能，最初便是宗教性质的占卜记录或神器铭文。Keightley 指出，殷人青铜神器铭文并非给人类观看，或至少不是所有人，其预设读者是天上的祖神。同样，甲骨卜辞，也是给神灵观看的（David N.Keightley, "Marks and Labels:Early Writing in Neolithic and Shang China", Edited by Miriam T.Stark, *Archaeology of Asia*, Blackwell Publishing, 2006, p.191）。商代的宗教精英集团垄断了对沟通诸神功能文字书写技术的控制，这样的一种模式，可以追溯到龙山时期的早期背景中。

③ 中国历史博物馆考古部：《王城岗遗址出土的铜器残片及其它》，载《文物》1984 年 11 期，第 74—75 页。

④ 冯时：《山东丁公龙山时代文字解读》，载《考古》1994 年 1 期，第 37 页。

⑤ 济宁市文物考古研究室：《山东济宁市程子崖遗址第二次发掘》，载《考古》1999 年 7 期，第 13 页。

⑥ 高炜：《陶寺出土文字二三事》，解希恭主编：《襄汾陶寺遗址研究》，科学出版社，2007 年，第 175 页。有学者认为，陶寺遗址扁壶上朱书文字"文"应该被释读为"文邑"，意思为"夏邑"（冯时：《"文邑"考》，载《考古学报》2008 年 3 期，第 286 页）。

⑦ 中国社会科学院考古研究所山西队、山西省考古研究所、临汾市文物局：《山西襄汾县陶寺城址发现陶寺文化中期大型夯土建筑基址》，载《考古》2008 年 3 期，第 6 页。

断沟通天地之工具的神权结构的重要部分①,这种现象的滥觞显然可以追溯到龙山神权政体,即巫觋神权集团与神权政治逐渐成熟的标志。

除了神权集团垄断的文字,在陶寺,还发现了观察天象与祭祀功能的宏大神权建筑遗址②,也说明了神权统治集团对解释宇宙意义与秩序的垄断。此外,龙山时期的宗教礼仪活动中也大量使用米酒、蜜酒、果酒等致幻饮料③。一直到商代,这些致幻饮料都对巫觋政治沟通鬼神的宗教活动具有重要意义④。服务于政治活动的专门性神权礼器也开始大量出现⑤,一些宗教神权礼器的组合与功能已经与殷商时代十分接近,音乐被用于宗教祭祀与神权政治活动⑥。这些

---

① 张光直:《美术、神话与祭祀》,郭净译,辽宁教育出版社,2002 年,第 61 页。

② 中国社会科学院考古研究所山西队、山西省考古研究所、临汾市文物局:《山西襄汾县陶寺城址祭祀区大型建筑基址 2003 年发掘简报》,载《考古》2004 年 7 期,第 22—23 页。

③ 麦戈文、方辉、栾丰实、于海广等:《山东日照市两城镇遗址龙山文化酒遗存的化学分析——兼谈酒在史前时期的文化意义》,载《考古》2005 年 3 期,第 82 页。

④ 张光直:《中国青铜时代二集》,生活·读书·新知三联书店,1990 年,第 63—64 页。

⑤ 例如,龙山时期的蛋壳陶器就是特权者使用的宗教礼器,而在陶寺还发现了最早的青铜礼器(杜在忠:《试论龙山文化的"蛋壳陶"》,载《考古》1982 年 2 期,第 180—181 页;中国社会科学院考古研究所山西队、临汾地区文化局:《山西襄汾陶寺遗址首次发现铜器》,载《考古》1984 年 12 期,第 1069 页)。

⑥ 例如,陶寺遗址大墓中出土鼍鼓、石磬,属于宗教礼仪的神器,与商代的组合与功能颇为相似(杜正胜:《从考古资料论中原国家的起源及其早期的发展》,中华书局编辑部:《"中研院"历史语言研究所集刊论文类编·考古编四》,中华书局,2009 年,第 3458—3459 页)。山西闻喜、襄汾也都出土了用于祭祀仪式使用的大石磬(李裕群、韩梦如:《山西闻喜县发现龙山时期大石磬》,载《考古与文物》1986 年 2 期,第 60、94 页;襄汾县博物馆:《山西襄汾县张槐遗址出土大型石磬》,载《考古》2007 年 12 期,第 86—87 页)。

现象都说明,商代那种成熟神权政治的主要现象在龙山时期就已经出现,这种发展中的神权政治内在性地需要通过不断献祭来巩固和进一步发展。

人牲的现象广泛见于平粮台、王城岗、陶寺、后冈、瓦店、边线王、景阳岗、教场铺等多处龙山政治体的遗址中心。说明当时捕获人牲也是进行战争活动的一项重要原因。正如张光直所说,龙山时代存在制度性地使用暴力,大量非正常死亡的人员即是被用于酋长或国王祭祀的牺牲[①]。制度性的战争与暴力使用,实际上也即是为制度性的神权秩序服务,这种制度结构与商代的情况已经较为接近。在安阳后冈龙山遗址整理者认为:"后冈遗址中所发现的各种奠基现象,说明流行于商代的这种祭祀仪式,其源可追溯到龙山时期。"[②]这一点正是把握住了龙山时代政治宗教活动在精神之维与商代之间的紧密联系。

龙山时期中原地区的古城建设开始大量出现平面成为方形的有意识规划,例如古城寨、王城岗、平粮台、孟庄等方形城址的出现。统治中心的建设被有意识地表现为神权社会精神世界中的四方宇宙模型,根本上是为了神权政治体的宗教礼制建设[③],是一种观念意识形态在战争防御设施工程上的表现。这一点也可以说明,龙山时期的战争与军事防御的观念笼罩在神权政治的架构之下,作为"世俗"的建设实际上是对某种"神圣"范式与象征的有意模仿。同样,

---

① 张光直:《中国相互作用圈与文明的形成》,《中国考古学论文集》,生活·读书·新知三联书店,1999年,第188页。
② 中国社会科学院考古研究所安阳工作队:《1979年安阳后冈遗址发掘报告》,载《考古学报》1985年1期,第42、84页。
③ 何军锋:《试论中国史前方形城址的出现》,载《华夏考古》2009年2期,第70页。

战争活动所伴随的许多相关行为也都被包含在这样一套神圣架构的内容之中,通过战争捕获"祭品"用于神权祭祀显然是龙山政治体中的重要环节。

龙山时代作战的武装者没有将敌对者与人牲视为完全意义上的"人类",这一点表现为在边线王城中大量人牲与猪、狗同埋的现象①。这意味着,龙山时代的战争观念中,敌方并不是完全意义上的人类,因此在进攻中可以不择手段地对付敌方成员。人类学家露丝·本尼迪克(Ruth Benedict)说:"对有些民族来讲,他们根本不可能想象和平状态的可能,在他们的观念中,和平简直等于把敌人纳入人类范畴,依照他们的定义,虽然被排斥的部落可能与他们的种族和文化相同,但他们仍不能算人。"②可以说,这是古代文化中广泛存在的一种观念,即将本共同体之外的"他者"视为非人。"他者"不属于人类和神权政治的献祭模式结合在一起,使战争中捕获人牲的行为具有了一种神权观念下的正当性。这些被捕获的人牲被广泛地用于建筑物的奠基或某种神灵的祭祀,这些"非人类"的他者被用于维护整个神权世界观中的秩序平衡,"献祭牺牲也正是基于这种宇宙生成的神话模式而进行的。假如一种'建构'世界的方式能够延续下去(如建造房子、庙宇、工具等等),那它一定是充满生命力的……简而言之,人类必须创造出自己的世界,并切实履行对这个世界保养和更新的责任"③。

---

① 杜在忠:《边线王龙山文化城堡的发现及其意义》,载《中国文物报》1988 年 7 月 15 日。

② [美]露丝·本尼迪克:《文化模式》,何锡章等译,华夏出版社,1987 年,第 24 页。

③ [罗马尼亚]米尔恰·伊利亚德:《神圣与世俗》,王建光译,华夏出版社,2002 年,第 25 页。

　　也有学者指出,龙山时期大量的人牲现象是以受害者的灵与肉为统治集团的私利服务①。这也正是构成龙山时期精英集团战争观念的一个重要组成部分。他们将"非人"的他者作为献祭品,作为维持这个世界的保养和更新或其他目的的养料,构成一套较为完整的、能自圆其说的行动与观念系统。

　　此前的战争虽然也存在着针对他者、敌人的猎头并服务于农耕巫术等活动的现象,但这些行为并不广泛,也不是深植于神权政治复杂化的内在结构之中,因此不是制度性的。而到了龙山时期,战争呈现出来的新观念区别于此,这一时期的战争除了获取财富与劳动力,还出现了组织性、计划性、制度性的国家暴力——将敌对者捕获,并用于对各种神灵的祭祀,维护既有宇宙和自然秩序的运转。

　　这种观念的出现与发展,与商代国家的战争观念之间具有着密切的联系,商代的战争观念正是这一基础上进一步发展的结果。将战争行为、祭祀和国家宗教视为一种整体行为的不同环节这样的观念,最终成熟发展于商代,并构成了商代战争的意识形态基础。

四、二里头时期的战争

　　二里头文化被一些学者视为中国历史真正意义上进入早期国家阶段的考古遗存②。而更多学者则倾向于将之视为古书文献中夏王朝国家的真实遗存,将之与传世文献中的城市地名相对应③,或者

---

① 任式楠:《中国史前城址考察》,载《考古》1998 年 1 期,第 13 页。

② LiLiu, *The Chinese Neolithic:Trajectories to Early States*, Cambridge University Press,2004, p.225.

③ 这是国内学界的最主流观点,例子很多,如李学勤:《"夏商周断代工程"——方法和成果》,《中国古代文明研究》,华东师范大学出版社,2005 年,第 334 页;俞伟超:《中国古代文化的离合及其启示》,《古史的考古学探索》,文物出版社,2002 年,第 70 页;谢维扬:《中国早期国家》,浙江人民出版(转下页)

将龙山时代的王城岗等处遗址也都归入夏朝的范围之内①。而关于夏王朝的历史存在，国外学者多持保留态度，或以夏代为周人杜撰出来的一个历史的"倒影"②。并且否认二里头遗址就是传说中的"夏朝"遗存。由于涉及学术范式与方法论背景的差异，长期以来，对于文献中"夏"是否为真实历史王朝的争议，尤其体现在国内学界与国际汉学的分歧之上。"有人说凡是黄皮肤的都说'有夏'，白皮肤的都说'无夏'。可见这才是'古史'拉锯战的前沿。"③

　　当然，"黄皮肤"学界中"无夏"的声音，其实一直存在。日本学者白川静就认为"迄今仍无法确证夏王朝的真实性"④。而在国内，早

（接上页）社，1995年，第346页；宋镇豪：《夏商社会生活史》，中国社会科学出版社，2005年，第198；晁福林：《夏商西周的社会变迁》，北京师范大学出版社，1996年，第58—59页。孙华认为，二里头遗址"很可能就是夏都平阳"（孙华：《关于二里头文化》，载《考古》1980年6期，第525页）。刘莉、陈星灿总结，在中国接受早期教育经历的学者，普遍将二里头文化视为"夏代晚期"的遗存（Li Liu and Xingcan Chen, "Sociopolitical Change from Neolithic to Bronze Age China", Edited by Miriam T.Stark, *Archaeology of Asia*, Blackwell Publishing, 2006, p.163）。香港著名学者饶宗颐，也持有"夏代文化"之说，他认为卜辞中的先公先王，在时间上就属于"夏代"（饶宗颐：《谈"十干"与"立主"：殷因夏礼的一二例证》，《饶宗颐史学论著选》，上海古籍出版社，1993年，第17—21页）。此类文本甚多，兹不赘述。

① 赵芝荃：《夏代前期文化综论》，载《考古学报》2003年4期，第477—479页。也有学者认为，河南龙山文化是"早期夏文化"，而到了二里头一至四期才是真正的夏文化（牛克成：《二里头文化一、二期遗存的性质问题》，载人大复印报刊资料《先秦、秦汉史》1985年8期，第15页）。王玉哲认为二里头一、二期为夏文化（王玉哲：《中华远古史》，上海人民出版社，2003年，第162页）。

② ［英］艾兰：《龟之谜——商代神话、祭祀、艺术和宇宙观研究》，汪涛译，四川人民出版社，1992年，第80页。

③ 李零：《说考古"围城"》，载《读书》1996年12期，第9页。

④ ［日］白川静：《中国古代文化》，加地伸行、范月娇译，台北文津出版社，1983年，第29页。

在民国时期,中国一些学者就对"夏朝"的存在表示怀疑,这当然可以追溯到顾颉刚倡导的疑古思潮阶段,最著名的莫过于大禹为虫的说法。古史辨学派的杨宽就认为"夏史大部为周人依据东西神话辗转演述而成者"[1]。陈梦家则认为"夏世即商世",夏王即商先王[2]。因此,他认为"夏"并不是一个真正的王朝。当代海外学者许倬云也认为:"我个人认为夏不是一个朝代,夏是周人的投影,投射过去的,使他自己的政权合法化。"[3]

当代国内学者中反对将二里头遗址视为夏文化的学者代表为陈淳,他的《二里头、夏与中国早期国家研究》一文刊登在《复旦学报》2004 年 4 期上,他也认为"夏代"是周人杜撰出来的一个王朝,用以证明"汤武革命"的合法性,以此为周人取代商王朝寻找历史的依据。沈长云则针对陈淳的观点撰文指出,夏代是真实的历史存在,甲骨卜辞中的"杞"就是夏的后裔,说明商代时期"夏后氏"存在的史实。因此,夏代是真实存在过的一个王朝,并坚持二里头遗址是夏代晚期的都邑[4]。在讨论中,也有学者持保留态度,认为需要更多新材料的发现,才可能接近史实。例如,张光直就认为:"二里头是不

---

① 杨宽:《中国上古史导论》,《古史辨》第七册上,上海古籍出版社,1982 年,第
　　281 页。
② 陈梦家:《商代的神话与巫术》,载《燕京学报》第 20 期,第 491—497 页。
③ 许倬云:《自述成长岁月》,http://www.aisixiang.com/data/detail.php?id=26359。
　　但许倬云的弟子邢义田,则主张有夏,他认为:"自河南偃师二里头遗址发现
　　以后,传说中的夏朝已非子虚。"(邢义田:《天下一家:皇帝、官僚与社会》,中
　　华书局,2011 年,第 85 页)
④ 陈淳、龚辛:《二里头、夏与中国早期国家研究》,载《复旦学报》(社会科学版)
　　2004 年 4 期,第 82—91 页;沈长云:《夏代是杜撰的吗——与陈淳先生商榷》,
　　载《河北师范大学学报》(哲学社会科学版)2005 年 3 期,第 89—96 页;又
　　见沈长云、张渭莲:《中国古代国家起源与形成研究》,人民出版社,2009 年,
　　第 176—188 页。

是夏,将来有了新的考古材料以后,必定能够有所定夺。我们现在不需要刻意地对这个问题下个定论。"① 也有学者说:"我们还没有证据去证实或否定古代文献中关于夏和早商的历史。"② 持保留意见。蒲慕州也持类似的保留观点,他认为:"中国古史上的夏代究竟是否存在? 如果存在,在考古遗址中是否能找到证据? 这些都是考古学者迄今尚未完全解决的问题。"③ 吴锐则说:"西方学者不愿意认定二里头是夏代有他们的考虑,而这样的考虑也是出于做学问的谨慎态度。这是可取的,我们不需要批评。从学术研究的立场来讲,在材料还不完备的时候,不同的说法是可以同时存在的,我们不需要去排斥异说或判定谁是谁非。"④

关于二里头是否为夏代遗存及夏王朝是否为真实存在过的朝代这一争议,属于目前学术界长期争论的前沿问题。这一问题的纷争,涉及长期以来学术范式、观念、学派、潮流,甚至是文化心理的问题。既有学术史的源流,也有当代国外汉学、考古学和国内主流学术范式之间的差异。

笔者认为,传世文献中的夏王朝之存在,不能轻易加以否定。所谓夏朝是周人"发明"出来的一段历史之说,似乎过于强调社会中某种人群主观理性设计的力量。实际上,哈耶克(Hayek, Friedrich August)曾批评考古学家柴尔德《人创造了自己》一书,因为柴尔德相信,通过人类的理性可以创造出一种革命性或支配性的新的积极

---

① 李永迪:《与张光直先生谈夏文化考古》,三联书店编:《四海为家——追念考古学家张光直》,生活·读书·新知三联书店,2002 年,第 181 页。
② 许宏、刘莉:《关于二里头遗址的省思》,载《文物》2008 年 1 期,第 50 页。
③ 蒲慕州:《墓葬与生死:中国古代宗教之省思》,台北联经出版事业公司,1993 年,第 39 页。
④ 吴锐:《中国思想的起源(第二卷)——社稷守时代》,山东教育出版社,2002 年,第 531 页。

力量,理性可以自觉地设计社会与历史进程①。而实际上,哈耶克认为,历史与社会的演进过程高度复杂,是一种类似于自然法则的自发秩序,natural 一词的拉丁语词根和希腊语中同义词 physical 的词根,都是来自描述各种成长现象的动词的。传统的、自发衍化而来的历史、道德,完全是自然的而非人为的。因此,古人不可能运用现代人的"理性设计",通过有意识的主观设计、大规模的理性建构,去编造一个王朝,创造一段子虚乌有的历史,来服务于现实的政治需要。中国文化有漫长的历史传统,延绵不绝的历史记忆与历史书写,正是中国本土文明自发秩序传统中的一部分。用理性编造一段"历史",只不过是现代理性主义者自己思维的古代投射而已。夏朝的存在,不可能是子虚乌有,理性"发明"的结果。

正如张国硕所说,周初距离夏代不过五六百年,犹如今人谈明、清王朝,不必借助文献,仅靠口头传承,一般人甚至文盲也能略知一二。周人不可能凭空绕开这些在一般社会中印象深刻的历史记忆,而去"杜撰"出一个王朝出来②。所谓文明突然在商朝出现"大爆发",实现了各项领域的革命性突破,正是哈耶克批评柴尔德强调人类历史中各种"革命突破"——诸如农业革命、城市革命之类的思路。

尽管夏朝的存在,不能轻率加以否定,但二里头是否就一定是"夏墟",则属于另一个问题。实际上,即使是在二里头文化和夏的关系方面,存异也颇大,学界至少有十几种意见,最主要的就有三种。一种认为二里头文化的一至四期都是夏文化,一种认为二里头文化

---

① [英]弗里德里希·奥古斯特·哈耶克:《致命的自负》,冯克利、胡晋华等译,中国社会科学出版社,2011 年,第 20—21 页。
② 张国硕:《"周代杜撰夏王朝说"考辨》,《先秦历史与考古研究》,科学出版社,2016 年,第 164 页。

的一部分与河南龙山文化晚期合起来为夏文化,一种认为二里头一至三期与龙山晚期、新砦期合起来为夏文化①。在此,笔者持谨慎态度,暂不将二里头遗址与夏墟之间进行直接简单对应,而是将其视为一处比龙山文化更晚、比商文化更早的遗存。笔者也同意刘莉的观点,即二里头政治体已经达到了国家的水平。换言之,二里头遗址所代表的社会复杂化水平,已经迈入了"文明"的门槛,也可能是夏代某同姓诸侯的遗存。因此,笔者行文至此,只是讨论二里头文化阶段的武器和战争问题。除了二里头时期政治体的战争主题,其余问题均不在探讨范围之内。

二里头文化时期,除了传统的石质、骨质武器之外,龙山时期开始出现的新式青铜武器逐渐在军事贵族中得到装备。二里头遗址一期出土了青铜削刀、石质、骨质和蚌质的箭镞②。这种青铜削刀可以用于削制箭杆和修理武器装备。削刀的出现,正说明了二里头时期对武器装备的技术投入开始出现新的面貌。

在二里头三期的军事贵族墓葬中,则出土了青铜戈(Ⅲ采:60)和青铜箭镞,在二里头二号宫殿遗址也出土了青铜镞③。在一座中型墓葬(VIKM3)中则出土了青铜钺和青铜戈,此外还有一件玉戈④。礼制武器与实战武器同出一墓,这种现象与商代军事贵族的墓葬随葬武器情况已经完全一致,意味着战争与宗教献祭之间有紧密联

① 王震中:《中国古代国家的起源与王权的形成》,中国社会科学出版社,2013年,第407—408页。
② 中国社会科学院考古研究所编著:《偃师二里头——1959年~1978年考古发掘报告》,中国大百科全书出版社,1999年,第41—44页。
③ 中国社会科学院考古研究所二里头队:《河南偃师二里头二号宫殿遗址》,载《考古》1983年3期,第215页。
④ 中国社会科学院考古研究所编著:《偃师二里头——1959年~1978年考古发掘报告》,中国大百科全书出版社,1999年,第169、241页。

系。青铜钺和青铜戈的出现,意义重大。按照柴尔德(V.G.Childe)的意见,"石器的主要缺点在于磨损太快","正是战争凸显了铜或青铜比易碎火石和其它石料的优势"[1]。因此,磨损很小,可以反复和长期使用的青铜近战武器,意味着武器的专业化,也意味着使用这些武器的人本身已经专业化。在龙山时期,神权政治与征服战争演进的日趋激烈和复杂化,导致青铜箭镞被引入军事领域,这与城堡的攻防战具有紧密联系。而到了二里头三期,青铜戈、青铜钺的出现,则意味着近战领域出现了专业化的青铜武器。这种青铜武器完全取代了传统的那些容易磨损,无法长期被专门性地投入战争领域的各类石制武器,可以被武装贵族长期使用。近战、远射的青铜武器配合,意味着整个战争领域的全面专门化。此种专门化武装贵族群体的出现,也伴随着二里头神权政治的高度复杂化,呈现出二者之间的紧密联系。

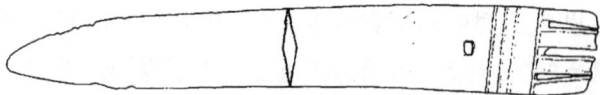

图 1-3　二里头三期直援青铜戈

　　新式的青铜武器被装备于军事贵族,而传统的远射武器弹丸仍是二里头时期的一种装备,这里发现的三枚弹丸都是用陶烧制的[2]。在属于二里头文化的东下冯遗址出土了青铜斧和青铜镞[3]。大型青

---

① [英]戈登·柴尔德:《人类创造了自身》,安家瑗、余敬东译,上海三联书店,2012 年,第 93、102 页。
② 中国社会科学院考古研究所编著:《偃师二里头——1959 年～1978 年考古发掘报告》,中国大百科全书出版社,1999 年,第 195 页。
③ 孙淼:《夏商史稿》,文物出版社,1987 年,第 131 页。

铜武器的出现,显示了武器装备技术更新的速度很快。在二里头一期只有青铜小削刀用以修理武器,而到了三期,与一、二期相比,最大的变化是出现了军事贵族使用的大型青铜武器①。2000年时在二里头遗址又出土了一件青铜钺,是迄今为止最早的青铜钺②。这些例子都显示了二里头政治体的武装军事贵族拥有了当时最先进的武器装备——青铜武器,因此可以推测这一时期已经进入了青铜时代③,这些武器的专门化程度与杀伤力又比龙山时期更为强大,在技术层面上与商代武器已较为接近。

此外,在二里头宫殿区南侧大路(03VT61)早期路土之间还发现了车辙的痕迹,两辙之间的距离约为1米④。这是中国古代目前发现的最早使用车辆的痕迹,比1996年在偃师商城发现的商代早期双轮车车辙痕迹早了两百多年。此外,在洛阳皂角树二里头遗址三期出土的一块陶片上刻着一枚陶文,字形与甲骨文的"车"非常接近,研究者推测为"车"字⑤。这些材料都显示,二里头到早商阶段,是中国古代开始使用车辆的关键时期。只有在学会了使用车辆之后,车战的作战方式才会出现。

---

① 袁广阔:《河南二里头文化墓葬的几个问题》,载《考古》1996年12期,第65页。
② 中国社会科学院考古研究所二里头工作队:《河南偃师市二里头遗址发现一件青铜钺》,载《考古》2002年11期,第31—32页。
③ 孙华:《关于二里头文化》,载《考古》1980年6期,第521页。
④ 中国社会科学院考古研究所二里头工作队:《河南偃师市二里头遗址宫城及宫殿区外围道路的勘察与发掘》,载《考古》2004年11期,第11页。
⑤ 洛阳市文物工作队编:《洛阳皂角树——1992—1993年洛阳皂角树二里头文化聚落遗址发掘报告》,科学出版社,2002年,第74页。

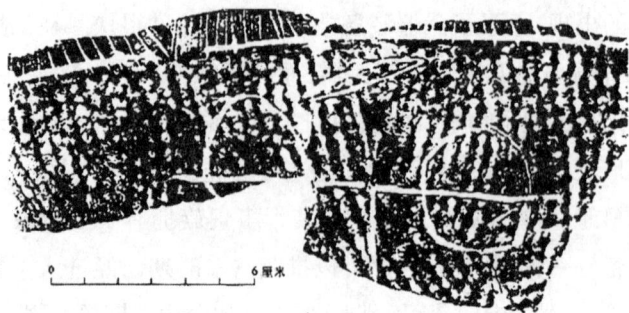

0　　　　　　　　　6 厘米

图1-4　洛阳皂角树二里头遗址三期出土陶片上的"车"字

尽管二里头时期的武器装备技术更新速度相当快,也有学者认为当时已经出现了车战[1],或称为"车战的初始阶段"[2]。但是否可以因此而推断二里头时期已经出现了战车和车战,则尚需分析。

殷墟地区出土的典型商代战车的两轮之间均有 2.2—2.4 米的距离。而早商时期的偃师车辙间距离只有 1.2 米,显示了与车战时代不同的车制[3]。因此,学者推断早商时期的车为人力推动,而非车战时期的畜力车[4]。另外,在 2008 年殷墟刘家庄北地发现殷代车辙轮距多为 1.3—1.5 米,2010 年郑州小双桥遗址发现车辙为 1.4 米,也有学者推测有这些 1—1.4 米车辙的可能是牛车[5]。笔者认为,并没有任何材料显示在马车传入中国之前有"牛车"的存在,这些狭窄轮距的车辆,应当均为人力手推车。联系到二里头的车辙比早商

---

[1] 詹子庆:《夏史与夏代文明》,上海科学技术文献出版社,2007 年,第 136 页。

[2] 石晓霆、陶威娜:《夏商时期的戈与野战方式浅说》,载《中原文物》2003 年 5 期,第 41 页。

[3] 中国社会科学院考古研究所:《试论偃师商城东北隅考古新收获》,载《考古》1998 年 6 期,第 13 页。

[4] 冯好:《关于商代车制的几个问题》,载《考古与文物》2003 年 5 期,第 38—39 页。

[5] 胡洪琼:《殷墟时期牛的相关问题探讨》,载《华夏考古》2012 年 3 期,第 53 页。

的车辙还要狭窄,可以推测二里头和早商时期的车都是人力小型车辆,用于运输土方或其他材料,当时还没有被运用于战争活动。而至于商代车战和马的传播与使用,将在后文中论述。这种小推车在商代的民间一直被使用着,安阳花园庄南地 H27 就曾发现两辆距离为1.5 米的双轮小车,是用人力或牲口拉动的民间工具,与战车不同[①]。二里头的车显然与商代的这种民间运输工具属于同一类型。这就意味着,二里头时期出现了用于建筑或运输的小车,但这种车并不是战车,现在还没有足够的证据说明当时已经出现了商代意义上的车战。

尽管还没有证据显示二里头时期已经出现了车战,但当时武器装备的技术更新速度则远非龙山时期所能比拟。除了出土军事贵族使用的青铜武器,二里头遗址还发现了规模庞大的青铜工业区,面积有 1 万平方米,除此之外,这里也有骨器制造区[②]。这些证据说明,二里头的统治集团控制着规模相当巨大的战争资源,可以生产大量的青铜武器与骨质武器,为大量武装者提供武器装备,用于战争活动。而二里头早期的铸造技术已达到了相当的水平[③],可以保证这些武器装备的作战能力。

在二里头,除了在军事贵族的墓葬中发现青铜武器之外,还有一批小型土坑竖穴墓共 15 座,但在这些代表了平民氏族成员的墓

---

① 中国社会科学院考古研究所安阳工作队:《1986—1987 年安阳花园庄南地发掘报告》,载《考古学报》1992 年 1 期,第 124 页。殷墟郭家庄则发现了两只用于拉小车的羊(中国社会科学院考古研究所编著:《安阳殷墟郭家庄商代墓葬:1982 年—1992 年考古发掘报告》,中国大百科全书出版社,1998年,第 158 页)。

② 中国社会科学院考古研究所:《二里头遗址聚落形态的初步考察》,载《考古》2004 年 11 期,第 26 页。

③ 马承源主编:《中国青铜器》,上海古籍出版社,1988 年,第 3 页。

葬中均未发现武器①。笔者因此推测，二里头政治体的统治精英对战争资源实现了垄断和控制，这也就意味着他们可能也实现了对武器的集中生产和管理。这些武器在被精英集团控制之后，往往在战争爆发或政治动乱等活动中向一般平民"授兵"。这种现象正说明了武器和战争的专门化，已经完全区别于生产工具，另一方面也显示了早期国家控制的强化。此后的商代，一直到春秋时期，很多武器都控制在国君和氏族首领的手中。

从二里头的宫殿、宗庙遗迹以及青铜礼器、绿松石青铜兽面牌②和交通鬼神的卜骨③来看，这一政治体的神权建构是继承了龙山神权政治体的路数演进而来。而二里头文化又是龙山政治体与商代国家之间的过渡阶段，因此可以判断，这一神权政治体的战争活动包含了一项重要的活动——捕获献祭使用的人牲。

在二里头二期灰坑 VH216 中，埋藏着姿势极为不自然的人骨，Ⅱ M53 人骨上身扭曲，而且没有下肢。很多个体尸骨不全，1 号宫殿 1 号坑内，有的是被捆绑后活埋的④。二里头三期分布了多座人牲坑，四期ⅣM21 的人牲，右手被砍掉了，ⅤM62 是人牲与兽骨架同埋，而ⅤM204 的人骨扭曲，四周分布着零散的残骸。在四期还有 4

① 中国社会科学院考古研究所编著：《偃师二里头——1959 年～1978 年考古发掘报告》，中国大百科全书出版社，1999 年，第 242—245 页。
② 中国社会科学院考古研究所二里头工作队：《1987 年偃师二里头遗址墓葬发掘简报》，载《考古》1992 年 4 期，第 295 页—296 页。
③ 在二里头东下冯类型的东马铺头、感军遗址都出土了卜骨（中国社会科学院考古研究所山西工作队：《晋南二里头文化遗址的调查与试掘》，载《考古》1980 年 3 期，第 206—207 页）。
④ 中国社会科学院考古研究所编著：《偃师二里头——1959 年～1978 年考古发掘报告》，中国大百科全书出版社，1999 年，第 125、149 页。

具没有下肢骨的人牲遗骸,在Ⅷ T11 内还有被砍下的人头[①]。而在二里头东下冯遗址[②]的灰坑中也发现了十余具人骨架,其中有些尸骨不全[③],在翼城感军遗址灰坑中也有人骨架出土[④]。洛阳涧滨二里头遗址的灰坑中,M13 人骨架没有右下肢骨,左上肢骨被砍断;M17 中人骨架没有右上肢骨,一下肢骨被砍断[⑤]。山西垣曲小赵遗址二里头时期灰坑 H6 也叠埋着三具人骨架[⑥]。很明显,这些都是被作为人牲献祭的牺牲者。

可以肯定,二里头文化时期这些埋藏着人骨与兽骨的灰坑是宗教活动的祭祀坑,死者是被作为献祭的牺牲埋葬的[⑦]。二里头一号宫殿基址周围分布着大量的祭祀坑,说明这是一座专门用于神权政治活动献祭的礼仪建筑[⑧]。这些现象说明,二里头这一早期国家政治体的神权宗教相当发达,在国家宗教与国家意志的支配下形成的战

① 中国社会科学院考古研究所编著:《偃师二里头——1959 年～1978 年考古发掘报告》,中国大百科全书出版社,1999 年,第 245、339、341 页。

② 二里头文化的东下冯遗址中,很多材料在时间上属于早商时代,故也被学者称为"早商文化的东下冯类型"(王立新:《早商文化研究》,高等教育出版社,1998 年,第 170 页)。

③ 东下冯考古队:《山西夏县东下冯遗址东区、中区发掘简报》,载《考古》1980年 2 期,第 99—100 页。

④ 中国社会科学院考古研究所山西工作队:《晋南二里头文化遗址的调查与试掘》,载《考古》1980 年 3 期,第 206 页。

⑤ 中国社会科学院考古研究所编:《洛阳发掘报告:1955—1960 年洛阳涧滨考古发掘资料》,北京燕山出版社,1989 年,第 56 页。

⑥ 中国社会科学院考古研究所山西工作队:《山西垣曲小赵遗址 1996 年发掘报告》,载《考古学报》2001 年 2 期,第 218—219 页。

⑦ 刘绪:《谈一个与早期文明相关的问题》,载《中国历史文物》2009 年 4 期,第6 页。

⑧ 杜金鹏:《二里头遗址宫殿建筑基址初步研究》,刘庆柱主编:《考古学集刊》第16 集,科学出版社,2006 年,第 195 页。

争—祭祀已较为完备,宗教、战争与献祭构成了一整套有机的政治链条。正是在这一背景之下,如学者所指出:"龙山文化时期已在奠基和置础时用人牲,至二里头文化时期,开始形成一套完整的典礼仪式。"① 说明了神权政治趋近成熟。

这种精英集团依靠神权与暴力对政治体实现有效控制的典型,正是此后的殷商王朝。此种控制涉及神权统治者对宇宙论、世界观、秩序和整个现象世界的解释,他们的统治也正是建立在对这样一套完整世界秩序的整合与有效把握的基础之上的。战争活动的展开可以有效地为神权政治的献祭活动服务,并通过捕获人牲与祭祀来巩固与强化这一套已有的神圣观念。人骨与兽骨同埋的现象暗示着在二里头统治精英的世界观之中,敌人、他者是类似于动物的存在。

可以得出这样的阶段性结论:二里头文化已经进入了早期国家的阶段。在这一时期,武器装备的技术比龙山时代得到了更大提升,出现了代表战争完全专业化的近战、远射青铜武器配合,意味着职业性军事贵族的存在。车辙的发现,不能表明战车已经出现,可以推测,二里头时期的战争,包括贵族首领在内,仍是进行步战。二里头的统治集团控制着大量武器与生产武器的资源,在战争时期用以武装氏族平民。这个社会进行战争活动的动机除了为获取资源,也包括宗教观念与神权政治的内在要求。这一政治体的运作模式与战争观念,与殷商时期已经非常接近了。

---

① 董琦:《虞夏时期的中原》,科学出版社,2000 年,第 221 页。

第二章 商代的战争观念

在进入商代之后,随着早期国家复杂化的演进与神权政治的发展,为献祭活动与国家利益而进行的战争在规模程度上也持续向纵深发展。青铜武器得以在殷商军队中广泛装备,而战车技术也在殷墟时期得到普及与广泛运用,王朝的历史伴随着各种规模不等的战争与武装暴力活动。因此,可以这样表述:商代的历史也可以被描述为一部战争史。而要讨论商代的战争活动,就不得不首先分析殷人的战争观念——回归到商代人自身的世界观与宇宙观中去理解他们的活动。

如果用现代人的一种"祛魅"之后的眼光去理解商代战争与世界观,就更可能从具体物质利益和经济技术层面切入,而这样就很难把握到殷人战争观念的实质。实际上,即使是现代战争,尽管不排除有大量各式的现代世俗利益诉求,但战争的行为背后也必然涉及一整套的观念基础和世界观,如为了自由而战,或是为了独立,或是为了经济平等,或是为了民族利益,甚至为了推动历史和世界的"进步",等等。但无论具体是哪一种现代价值观念,其战争的观念背后同样都是一种世俗经济人的理性计算精神①,因此经济利益与资

---

① 刘小枫:《金钱、性别、生活感觉:纪念西美尔〈货币哲学〉问世一百年》,《刺猬的温顺——讲演及其相关论文集》,上海文艺出版社,2002年,第54页。

源再分配必然具有真正核心的意义，而不再具有前现代战争观念中具有核心意义的超世俗价值。

在古代人的世界观中，各种超自然力量，巫术、神灵这一套宇宙秩序是无可置疑的真实存在，对神灵和各种宇宙秩序的维护就是生活本身的意义，或者说二者之间被划出边界本身就是现代思想的产物。米尔恰·伊利亚德在《神圣与世俗》的序言中说："对于早期人类而言，神圣就是力量，而且归根结底，神圣就是现实。这种神圣被赋予现实的存在之中。"[①] 因此，古代人的世界观与祛魅之后的现代理性经济人的是不同的。例如，在先秦时代如果要建造宫室建筑，首先就需要建造祭祀祖先的宗庙，然后才是马厩和仓库，最后才是自己的居室。而器物的生产则需要以祭器为先，最后再生产生活用具[②]。在古代的价值维度中，祭祀与神圣的构筑显然统摄了人们日常生活中作为"世俗"的部分。而在地中海地区古典时代的观念中，"爱国、爱名、爱钱，这些情感无论如何强烈，但与畏神相比都甘拜下风"[③]。因此可以说，这种"神圣与世俗"的观念原则显然是现代理性经济人难以理解的。

同样，古埃及修建金字塔的行为曾长期被现代人视为国王暴政和奴役民众的见证。可是，在理解了古埃及社会的世界观之后可以发现，修建金字塔是国王对民众的一种福利行为，可以使这些

---

① ［罗马尼亚］米尔恰·伊利亚德：《神圣与世俗》，王建光译，华夏出版社，2002年，"序言"第 4 页。

② 《礼记·曲礼下》："君子将营宫室，宗庙为先，厩库为次，居室为后。凡家造，祭器为先，牺赋为次，养器为后。"（李学勤主编：《十三经注疏·礼记正义》，北京大学出版社，1999 年，第 114 页）

③ ［法］库朗热：《古代城邦——古希腊罗马祭祀、权利和政制研究》，谭立铸等译，华东师范大学出版社，2006 年，第 205 页。

民众获得起码的工资与生活保障①。而民众则将国王灵魂中的"卡"
（Ka）②视为自己灵魂"卡"的来源，国王在自然中的发展与全埃及人
的利益之间是一种协调关系③。因此，民众也将为国王服役视为有意
义的工作。因此，只有进入古埃及人特有的宇宙观和精神世界之后
才能理解历时长久的修建金字塔行为。同样，古代玛雅的政治也是
深深根植于宇宙观、宗教与周而复始的时间观念这样的信念基础之
上的④。他们的政治行为与根植于宗教观念的世界观之间根本无法
进行区分。脱离了这一"神圣"背景，要理解玛雅的政治观念与活动
就成为一项困难的工作。

　　因此可以说，古代社会，尤其是早期文明时期的神权社会中，
"神圣"与"世俗"之间没有明确的边界，世俗的活动在观念上却往
往服从于"神圣"。殷人也是"把整个世界当作神圣世界来看"⑤。在
此意义上，殷人的战争行为与宗教观念之间根本无法被清晰地剥离
开，笔者尝试在进入商代人的精神世界后再对他们的战争观念与战
争行为进行分析与理解。

① Barry J.Kemp, *Ancient Egypt:Anatomy of a Civilization*, Routledge, 1989,
　　pp.135-136.
② 古埃及人的观念中，人类有三个灵魂，分别为卡（Ka）、巴（ba）、阿克（Akh）。
　　其中卡是死者肉身与复活的重要载体，巴是一只鸟的形象，守护木乃伊。阿
　　克则是"一个转变了的灵魂"，属于三者中最精神化的层面。
③［美］亨利·富兰克弗特:《王权与神祇——作为自然与社会结合体的古代近东
　　宗教研究》，郭子林、李凤伟等译，上海三联书店，2007年，第112页。
④ Prudence M.Rice, *Maya Political Science:Time, Astronomy, and the Cosmos*,
　　University of Texas Press ,2004, p.56.
⑤ 方东美:《原始儒家道家哲学》，台北黎明文化事业股份有限公司，1983年，第
　　106页。

第一节　商代战争还没有出现"贵族传统"

在这一节,笔者尝试讨论的问题是,一个战争活动如此频繁且深入社会生活的王朝,是否已经建立起来了区别于龙山和二里头时期那样不择一切手段地进行战争活动的"贵族传统"。这一问题的讨论,是进入商代战争观念的一项背景。

李零认为,春秋时代的宋国人是商王朝的后裔,所以宋国喜欢讲"老礼儿",典型代表是宋襄公,死守古代军礼,"不鼓不成列",结果被楚人击败。按照此说,宋襄公死守的军礼正是商代的礼制[1]。从三代(包括商代和西周)开始,都贯穿着同一种军事礼制精神和贵族习惯。这种传统到了春秋时代才逐渐随着整个社会的"礼崩乐坏"而崩溃。但笔者认为中国古代的军事贵族传统产生于宗周,商代还没有出现这一战争文化。西周以来的军事贵族礼仪传统是伴随着周公的制礼作乐与整个周代精神思想的奠定而逐渐形成的。

一、春秋宋国坚持的军礼是周代礼制

余英时认为:"宋为殷后,宋襄公的可笑作法如果不是殷商故物,当然就是周代礼乐传统的畸形产品了。"[2] 余英时对宋襄公死守军礼的理解,分析为两种可能性:一种是此种军礼为殷商传统,而另一种则是"周代礼乐传统"的产物。那么,对于宋襄公所坚守的军礼究竟是殷商还是宗周的战争文化,这两种可能性需要得到进一步的具体分析。这样的探讨与结论,则有助于理解商代的战争观念。

---

[1] 李零:《丧家狗:我读〈论语〉》,山西出版集团、山西人民出版社,2007年,第11页。

[2] 余英时:《士与中国文化》,上海人民出版社,2003年,第81页。

　　宋国是商王帝乙之子微子启的封国,继承了商王朝的血脉而在宗周社会继续存在。在宋国,的确保存着一些商代的遥远的历史痕迹。例如,《左传·襄公十年》记载了晋侯在观看了宋国传统的殷商舞蹈《桑林》之后"惧而退入于房"①。由此可知,宋国宗庙中保存的商代舞蹈残存着一些远古时期凌厉与不可思议的成分,在习惯了宗周礼乐的诸侯看来,这些成分是令人恐惧的。

　　《左传·僖公十九年》又记载,宋襄公曾经在睢水杀死了鄫国的国君用于祭祀,来讨好东夷、淮夷部落支持他的争霸②。在周代,东夷、淮夷文化圈仍然顽固地存在着商代的人祭现象③,宋襄公杀死一位国君来迎合淮夷地区的宗教文化习俗,虽然不排除这种行为背后可能存在着殷商风俗的残余动力,但更应该看到的是,这种行为是一种政治策略,是为了迎合东夷、淮夷部落的传统宗教习俗④。宋襄公将鄫君献祭这一政治实用目的行为,遭到了宋国公室贵族子鱼的猛烈批评,理由是:"小事不用大牲,而况敢用人乎? 祭祀,以为人也。民,神之主也。用人,其谁飨之?"⑤从子鱼的批评可知,此种人本主义的周代伦理精神已经渗透在宋国公室的文化氛围之中,并且自觉地作为限定自身行为的重要标准。因此,春秋时宋国公室的伦理精神,具有鲜明的宗周礼乐品质。

---

① 李学勤主编:《十三经注疏·春秋左传正义》,北京大学出版社,1999年,第886页。
② 李学勤主编:《十三经注疏·春秋左传正义》,北京大学出版社,1999年,第393页。
③ 王晖:《商周文化比较研究》,人民出版社,2001年,第383页。
④ 王宇信、陈绍棣:《关于江苏铜山丘湾商代祭祀遗址》,载《文物》1973年12期,第58页。
⑤ 李学勤主编:《十三经注疏·春秋左传正义》,北京大学出版社,1999年,第394页。

宋襄公夫人死后葬礼所用陪葬也不过是"醯醢百瓮"这样的一些食物[①],与殷商风俗截然不同。这可以证明,宋襄公在日常状态礼制活动中所坚持的正是宗周礼乐精神熏染过的思想文化资源。春秋时代的宋国毕竟已经不同于殷商时代,从西周开始,宋国文化已经逐渐开始被宗周的礼乐规训。从考古的材料来看,至迟到西周中晚期,安阳殷商腹地一带的旧有文化习俗就已经最终被周人的风俗取代[②]。

《公羊传·僖公二十五年》记载宋国"三世内娶"的风俗[③],而这种内婚制就是殷商婚制的传统[④]。但恰恰通过这条材料能够反映出,宋国在建立初期还保留着商代的内婚制,而"三世"之后,却主动放弃了内婚而实行周人的同姓不婚制度。这种文化转变的背后所反映出来的内容,正是宋国在宗周礼乐的文化氛围中逐渐被潜移默化的历史背景。

《左传·襄公九年》记载,宋国发生了火灾,宋国的宗、祝神职人员认为这是祖先盘庚的鬼魂作祟,于是在宋国西门举行了祭祀仪式[⑤]。但可以注意到,宋国祭祀活动使用的牺牲是马,而不是商代礼制中频繁使用的人牲。《左传·成公二年》记载,宋文公去世之后,宋国"始用殉"。孔疏:"言'始用殉',则自此以后,宋君葬常用殉。"[⑥]值得

---

① 《礼记·檀弓上》,李学勤主编:《十三经注疏·礼记正义》,北京大学出版社,1999年,第237页。

② 中国社会科学院考古研究所、美国明尼苏达大学科技考古实验室:《洹河流域区域考古研究初步报告》,载《考古》1998年10期,第22页。

③ 李学勤主编:《十三经注疏·春秋公羊传注疏》,北京大学出版社,1999年,第250页。

④ 王晖:《商周文化比较研究》,人民出版社,2001年,第358—360页。

⑤ 李学勤主编:《十三经注疏·春秋左传正义》,北京大学出版社,1999年,第865页。

⑥ 李学勤主编:《十三经注疏·春秋左传正义》,北京大学出版社,1999年,第701—702页。

注意的是,宋国使用人殉制度恰恰是在宋襄公死去多年之后才出现的。一个"始"字揭示出宋国在宗周礼乐兴隆的时代是没有人殉制度的。这一点也可以证明宋国的礼乐是经过周代改造后的殷商传统,恰恰是在宗周礼乐崩坏之后,宋国文化中的殷商残余才死灰复燃。

据孔子所说"殷礼吾能言之,宋不足征也"[1],可以推知,在殷商灭亡之后的数百年中,宗周礼乐以各种潜移默化的方式置换掉了在宋国保存的早期殷商传统,到了春秋中后期,甚至连以博学广闻而著称的孔子也已经搞不懂宋国的"殷礼"是怎么回事了。傅斯年曾经谈到:"年来,殷墟发掘团在清理历代翻毁之殷商墓葬群中所得最深刻之印象,为其杀人殉葬或祭祀之多……是春秋晚期已似完全忘却五六百年前有如此广溥之习俗,虽博闻如孔子者,犹不得于此处征殷礼。数百年中,如此善忘,其变化之大矣,其变化之意义尤大。吾疑此一变化之关键在于周之代商。"[2]傅斯年的论述很能说明问题的关键,那就是宗周取代殷商之后,对殷商残余使用了一种渐变的方式,造成包括宋人在内所有周代人的"善忘",在数百年之间便完全遗忘了早期的殷商文化与礼制,只是零星地保存着类似于《桑林》之舞这样的残存文化。

因此,在春秋时代推崇复古的孔子才会对古代的殷商礼制产生一种想象,将其视为和周礼较为类似的存在,即"行夏之时,乘殷之辂,服周之冕"[3]这样的三代礼制观念。具体到战争领域就是:"古之侵伐者,不斩祀,不杀厉,不获二毛。"[4]但是从考古学的证据来说,从

----

[1]《论语·八佾》,[宋]朱熹:《四书章句集注》,中华书局,1983年,第63页。

[2] 傅斯年:《性命古训辨证》,广西师范大学出版社,2006年,第90—91页。

[3]《论语·卫灵公》,[宋]朱熹:《四书章句集注》,中华书局,1983年,第163—164页。

[4]《礼记·檀弓下》,李学勤主编:《十三经注疏·礼记正义》,北京大学出版社1999年,第286页。《淮南子·氾论》的记载是:"古之伐国,不杀黄口,不获二毛。"(刘文典:《淮南鸿烈集解》,中华书局,2006年,第431页)

仰韶时期到龙山时代再到二里头，战争越来越酷烈，杀戮对象包括敌方老弱妇孺在内的整个部族。战争行为除了屠杀和捕获人牲献祭，还包括对敌方进行掘墓扬尸等报复行为。

商代的战争和神权政治，正是顺着中原地区从仰韶晚期出现的武力活动及其神权建构轨迹这一脉络渐进发展而来的。商代的军事贵族与神权精英并不知道后来的军事封建贵族礼仪为何物。中国先秦时代的军事贵族传统是宗周礼制文化的产物，它的出现不仅体现在军事领域，还包括了商周之交背后剧烈的世界观、宗教结构、文化形态与礼制传统变革，贵族传统是伴随着宗周军事贵族的封建制度与军事礼仪一起出现的，也必然伴随着宗周的军事贵族分封礼制的崩溃而"礼崩乐坏"。

关于宋襄公与楚国泓水之战，《左传·僖公二十二年》记载，宋国军队在列阵之后，楚军还没有济河，这时"司马曰：'彼众我寡，及其未济也，请击之。'公曰：'不可。'既济而未成列，又以告，公曰：'未可。'既陈而后击之，宋师败绩。公伤股，门官歼焉。国人皆咎公，公曰：君子不重伤，不擒二毛。古之为军也，不以阻隘也。寡人虽亡国之余，不鼓不成列"①。对此，《公羊传·僖公二十二年》记载："宋公曰：不可，吾闻之也，君子不鼓不成列。"在被击败之后，《公羊》的评价是："故君子大其不鼓不成列，临大事而不忘大礼，有君而无臣。以为虽文王之战，亦不过此也。"②

从文献的记载来看，宋襄公的确坚持着古老的贵族战争法则。这个法则是来自"古之为军"的传统，其原则与《礼记·檀弓下》对

---

① 李学勤主编：《十三经注疏·春秋左传正义》，北京大学出版社，1999年，第403—404页。
② 李学勤主编：《十三经注疏·春秋公羊传注疏》，北京大学出版社，1999年，第246页。

古代战争礼仪的观念是完全一致的。但如果按照新石器时代到殷商的战争法则，宋襄公完全没有必要以封建军事贵族的君子礼仪要求来限制自己，他完全可以不择一切手段地攻击对方，包括对方的"二毛"——老人与小孩，杀戮或把他们抓获作为祭品。马王堆帛书《春秋事语·宋荆战泓水之上章》记载，宋国的士匄批评宋襄公的贵族军礼，认为战争的意义在于："伐，深入多杀者为上，所以除害也。"[①]士匄认为战争的意义是应该多杀人，因为这样做才能"除害"。这一观念，反倒与早期的战争形态比较接近。而士匄对宋襄公的批评，恰恰反衬出宋襄公所坚持的战争礼仪，是更接近周代君子的贵族文化。

正是宋襄公所坚守的军礼是宋国历史文化传统中被宗周礼乐潜移默化改变后的贵族传统，因此才会被以《公羊》为代表的那些推崇宗周先王之制的儒生赞美，并将宋襄公坚守宗周礼乐的精神与伟大的周文王相比。也许包括宋襄公本人在内的春秋人物会相信他坚持的传统来自商代，但这种礼乐在源头上并不是史前到殷商的古老传统，而是在历史过程中被宗周礼乐浸润和改变了的仪式。

无论如何，宋襄公在宗周礼乐渐次崩坏的时代仍高举着周文化仁义传统的大旗，在某种意义上具有悲壮的色彩，被有些学者称为"捍卫正义战的悲剧人物"[②]。吕思勉甚至根据泓水之战中宋襄公所表现的礼乐精神而得出"则春秋时犹有能行仁义者"的高度评价[③]。

---

① 《马王堆汉墓帛书》整理小组：《马王堆汉墓出土帛书〈春秋事语〉释文》，载《文物》1977 年 1 期，第 35 页；《马王堆汉墓帛书》整理小组编：《马王堆汉墓帛书》(叁)，文物出版社，1983 年，第 24 页。

② 吴锐：《中国思想的起源(第三卷)：诸子时代》，山东教育出版社，2003 年，第938 页。

③ 吕思勉：《先秦史》，上海古籍出版社，2006 年，第 387 页。

二、贵族传统与军事贵族

从世界史和跨文化比较的视野看,贵族传统的产生都是出现在某种军事性质的贵族文化与整个礼仪制度的大框架之下的。这种军事贵族的战争礼仪包含了一整套涉及精神价值层面的文化传统,其中包括对如何理解"敌人"和"荣誉"等概念,其背后涉及一群分享了共同礼乐文化与习俗的军事贵族共同体之存在。

在一个没有形成关于军事贵族的世袭荣誉观念,并将交战方视为与自身分享了共同荣誉规则的群体中,很难形成真正意义上的军事贵族传统。石器时代村落之间战斗的规则与仪式并不是贵族传统,因为军事贵族传统不仅包括仪式和暴力底线,还有一整套文明时代的"礼乐"。只有那些具有世袭贵族制度,并分享了共同的文化资源和遵守共同荣誉规则的军事贵族政治体才会产生出这一传统。最为典型的例子,除了中国的宗周礼乐,还有印度的雅利安军事贵族和欧洲的日耳曼封建贵族。

在古代近东地区的早期文明,并没有产生出军事贵族传统。军事史学家杰弗里·帕克(Geoffrey parker)等说:"古代的近东,既没有什么固定的军事原则,也没有任何约定俗成的战争仪式能限定那些战斗者们自身之间的战争,并因此而缓和这些王国的毁灭趋势。"[①] 在近东的亚述军队,频繁将各种酷刑与战争暴力施加于敌方之上,包括屠城、屠杀、酷刑等行为[②]。而在古代埃及,同样也没有出

---

① [美]杰弗里·帕克等:《剑桥战争史》,傅景川等译,吉林人民出版社,1999年,第21页。

② [捷]赫罗兹尼:《西亚细亚、印度和克里特上古史》,谢德风等译,生活·读书·新知三联书店,1958年,第186页;刘文鹏主编:《古代西亚北非文明》,中国社会科学出版社,1999年,第286—307页。

现过军事贵族传统,敌人被视为宗教观念中象征着混沌与黑暗的阿波菲斯蛇(Apophis)[①]。古埃及文化中没有尊重对手和战争礼仪的传统。在古埃及统治者看来,战争中将敌对者杀戮或折磨是值得夸耀的功业,早在上下埃及之争时期的纳尔迈调色板上便多有表现国王对战俘的蹂躏和折磨[②]。新王国的艺术中则表现着法老在阿图姆(Atum)神面前猛击闪米特战俘的画面[③]。在新王国时代的战场上统计战死的敌军,则是通过统计割下敌人尸体的生殖器或手来完成的,因此法老也被表现为数着大堆敌人阴茎数量的形象。此外,古埃及贵族将掠夺敌人的妇女、臣民,杀死敌人的牛,收割和焚烧其庄稼视为荣誉[④]。这类充满了杀戮与暴力无限色彩的艺术图像在古埃及的考古中是一种常见现象。

　　但是在雅利安军事贵族的印度和日耳曼化之后的欧洲却出现了战争礼仪上的贵族传统。在雅利安化之后的印度,军事贵族之间的战争长期维系着古老的规定与仪式准则,并反映在古典作品之中。在古印度史诗《摩诃婆罗多》中记载了雅利安军事贵族的战争法则:"遵守传统习惯,不会出现欺诈,即使战斗结束,双方都会满意。如果用语言挑战,就用语言应战;退出战斗行列的人,不应遭杀害。车兵对车兵作战,象兵对象兵作战,马兵对马兵作战,步兵对步兵。按照勇气、胆量和年龄,发出警告,不应杀害没有防备或惊慌失措的人。不应

---

① [美]米尔恰·伊利亚德:《宗教思想史》,晏可佳等译,上海社会科学院出版社,2004 年,第 91 页。
② 刘文鹏:《埃及考古学》,生活·读书·新知三联书店,2008 年,第 37 页。
③ Barry J.Kemp, *Ancient Egypt:Anatomy of a Civilization*, Routledge,1989, P.224.
④ 李晓东译注:《埃及历史铭文举要》,商务印书馆,2007 年,第 43、268、102 页。埃及武装者攻击运载妇女与小孩货车的材料参见 Barry J.Kemp, *Ancient Egypt:Anatomy of a Civilization*, Routledge,1989, p.227。

杀害与别人作战的人、疯癫的人、转过脸的人、兵器损坏或失去铠甲的人。不应杀害那些鼓手和号手、车夫、牲口或运送兵器的人。"[1]

从雅利安军事贵族的史诗中可以得知,这些武装人群的文化观念受到一整套法则的制约。分享了这种军事文化的交战双方严守贵族战争的礼乐秩序,正如同中国的宋襄公尊奉宗周文化的军礼而不袭击半渡之军和老弱病残一样,雅利安军事贵族对战争中的游戏规则也有着详细的规定,此种规定甚至具体到不能杀死与武士没有正面相对的敌人。

古印度吠陀时代的经书《摩奴法典》第七卷中也明文对刹帝利这一武士种姓的战争礼乐进行了严格的规定:"战士在战斗中决不应该对敌使用奸诈兵器,如内藏尖锥的棍棒,或有钩刺的,涂毒的箭,或燃火的标枪。自己乘车时,不要打击徒步敌人,也不要打击弱如女性或合掌求饶,或头发苍苍,或坐地,或说'我是你的俘虏'的敌人。或在睡眠,或无甲胄,或裸体,或解除武装,或旁观而未参加战斗,或与他人厮斗的人,或武器已坏,或苦于忧伤,或负重伤,或怯懦,或逃走的敌人;要记取勇兵的义务。"[2]

结合这两则材料来看,中国周代军事贵族的战争传统"不斩祀,不杀厉,不获二毛"、"不重伤"、"不鼓不成列"等规定在古印度同样存在,而且在经书中有着更为详细的记载。而古代中国的贵族战争礼乐则在精神上与古印度的十分接近。正如孔子所说,至迟在春秋时代晚期,"杀人之中,又有礼焉"[3]仍是受到推崇的,宗周的战争礼

---

[1] [印度]毗耶娑:《摩诃婆罗多——毗湿摩篇》,黄宝生译,译林出版社,1999年,第4—5页。
[2]《摩奴法典》,[法]迭朗善译,马香雪转译,商务印书馆,1985年,第153—154页。
[3]《礼记·檀弓下》,李学勤主编:《十三经注疏·礼记正义》,北京大学出版社1999年,第301页。

制在成书于战国的《司马法》中有较为详细的记载。

宋襄公坚守周代的军事贵族之礼虽然失败,但受到了以《公羊》等系统为代表的战国儒生的赞美。而史料显示,宋襄公之后的军事贵族仍有一些在坚守古老的游戏规则。例如,晋文公城濮之战前,询问得胜的方法,咎犯提议使用"诈",季雍则认为行诈"非长术也"。在战后,晋文公给季雍以上赏,理由是:"季雍之言,百世之利也。"[①]而多年之后的鲁襄公二十七年,晋国、楚国会盟,楚国令尹子木想乘机偷袭晋卿赵武,楚太宰针对这一破坏贵族传统的行为提出批评并认为"令尹将死矣"[②]。据《韩诗外传》记载,赵简子死后中牟发生叛乱,赵襄子进攻时中牟城墙崩坏,其便停止进攻,直到中牟修补好城墙后再进行攻击。他依据的理由是春秋君子叔向所坚持的贵族原则:"君子不乘人于利,不厄人于险。"[③] 这显示出与宋襄公非常接近的贵族战争价值观。这些材料都说明,在礼崩乐坏的大背景下,宗周礼乐的军事贵族传统在精英中仍然具有一定的影响力。

再来看日耳曼军事贵族的传统,这一传统与中古欧洲的骑士传统之间具有密切联系。在欧洲中古时代之前的古希腊罗马时期,尚不知"贵族传统"为何物。在城邦制度的知识与观念中,战争是与敌方进行殊死搏杀,只要对自己的城邦有利,一切手段皆为合理与正义。如在伯罗奔尼撒战争中雅典使者对米洛斯人(Melians)所说:"强者可以做他们能够做的一切,而弱者只能忍受他们必须忍受的一

---

① 许维遹:《吕氏春秋集释》,中华书局,2009年,第329页。

②《左传·襄公二十七年》,李学勤主编:《十三经注疏·春秋左传正义》,北京大学出版社,1999年,第1059页。

③ 屈守元:《韩诗外传笺疏》,巴蜀书社,1996年,第578页。相似记载亦见于《淮南子·道应》:"君子不乘人于利,不迫人于险。"刘文典:《淮南鸿烈集解》上,中华书局,2006年,第394页。

切。"[1]在欧洲的古典文明中，战争不仅是对敌军作战，也是对敌方的神灵、全体人民——男人、女人、儿童、奴隶，以及包括田地、禾稼、房屋、树木在内的一切事物作战，对暴力的使用完全没有任何边界和限制[2]。

　　与古希腊、罗马的古典文明相区别，日耳曼军事贵族在征服古典世界的过程中，又结合了基督教所规定的一些礼仪规范，逐渐形成了中古西欧的军事贵族传统。早在古罗马时代，日耳曼卡狄人（Chatti）部落便以"严明的纪律"著称，这些人作战时很少进行抄掠和突击，而考契（Chauci）部落则"从不抄掠他族"[3]。在克洛维时代的法兰克人，战争之前双方要首先指定一片战场，约定好再进行战斗[4]，可知中古早期的法兰克军事贵族就已经存在一些战争的礼乐规则了。在中古的欧洲封建制度便是包括军事传统在内的一整套文化，这一套包括"封臣制"、"授爵制"和军事贵族服役、分封土地的骑士贵族制度形成于加洛林王朝（Carolingians）时期[5]。在加洛林时代的基督教国家，战争根据《耶经》的精神确立秩序，包括爱你的敌人和不可使用剑，战争的展开必须符合基督教的正义[6]。在欧洲中古军事制度下骑士的一般观念除了效忠于封君，还包括保护穷人和教

---

① ［古希腊］修昔底德：《伯罗奔尼撒战争史》，徐松岩、黄贤全译，广西师范大学出版社，2004 年，第 313 页。

② ［法］库朗热：《古代城邦——古希腊罗马祭祀、权利和政制研究》，谭立铸等译，华东师范大学出版社，2006 年，第 194 页。

③ ［古罗马］塔西佗：《日耳曼尼亚志》，马雍、傅正元译，商务印书馆，1997 年，第 70—72 页。

④ ［法兰克］格雷戈里：《法兰克人史》，［英］O.M. 道尔顿英译，寿纪瑜、戚国淦译，商务印书馆，1996 年，第 81 页。

⑤ ［英］佩里·安德森：《从古代到封建主义的过渡》，郭方、刘健译，上海人民出版社，2001 年，第 140—141 页。

⑥ Philippe Contamine, *War in the Middle Ages*, Translated by Michael Jones, Basil Blackwell, 1986, pp.263—264.

会①。在战争中，军事贵族必须遵守的原则是：不伤害俘虏、不攻击没有披挂整齐的骑士。有时还要遵守教会的"上帝和平"、"上帝休战"一类的规定。此外，也不能攻击非战斗人员，如妇女、儿童、商人、农民、教士等②。

以 1023 年某地一位军事贵族的誓词为例："我决不带走公牛或母牛或其他任何驮兽；我决不捕捉农民或商人；我决不从他们那里拿取分文；也不迫使他们付赎身金；我不愿他们由于他们的领主所进行的战争，而丧失他们的货物；我也决不殴打他们来获得他们的食物。我决不从牧场捕捉马、骡和驹；我决不破坏或焚烧他们的房屋；我决不借口战争连根拔除他们的葡萄藤或收集他们的葡萄；我决不破坏磨坊，也决不拿走那里的面粉，除非他们在我的土地上，或者除非我是在服军役。"③ 实际上，按照西欧军事贵族的原则，他们甚至有义务与破坏教堂、抢夺农民或穷人财产作为战利品的人对抗④。

在这种贵族传统的战争规则中，战斗双方被视为与己方分享了共同文化精神与军事荣誉感的武装贵族，属于同一个礼乐文化共同体，因此双方的战斗才可能在某种观念的范式之下进行，维系着古老的游戏规则并将之延续多年。西方战争传统中贵族精神的崩溃，要迟至美国独立战争和法国大革命时期⑤。而西方贵族传统战争礼

---

① ［美］米尔恰·伊利亚德：《宗教思想史》，晏可佳等译，上海社会科学院出版社，2004 年，第 1019 页。

② Philippe Contamine, *War in the Middle Ages*, Translated by Michael Jones, Basil Blackwell, 1986, pp.271—274.

③ 黄春高：《西欧封建社会》，中国青年出版社，1999 年，第 84 页。

④ Philippe Contamine, *War in the Middle Ages*, Translated by Michael Jones, Basil Blackwell, 1986, p.271.

⑤ ［美］杰弗里·帕克等：《剑桥战争史》，傅景川等译，吉林人民出版社，1999 年，第 309—313 页。

仪的崩溃，与现代民族国家的崛起和全民总体战的动员方式有关。

在维护贵族战争的礼仪规则与守护暴力底线等方面，宗周的军礼与古印度、日耳曼军事贵族传统极为相似。《司马法·仁本》中记载周人在战争之前，要由冢宰与百官向军队发布训令，内容包括：不破坏敌方的土木工程；不烧毁房屋；不砍伐林木；不抢夺牲畜、粮食与器物；不伤害老人、小孩；不抵抗的壮年人也不应被视为敌人；敌人如果受伤，则应得到治疗并被放回①。这些精神也正是宋襄公所坚持的贵族战争原则。

从这个意义上来分析，可以更好地理解先秦中国的军事贵族传统。这套传统的产生要求相关的文化、制度和伦理基础配套下的内在规定，其中既有尚武精神，也有对弱者使用暴力的底线等一系列限制与游戏规则。但是从商代考古的情况来看，商代的战争从观念到实践上都是暴力无限原则，攻击范围包括敌方所有成员在内的人群和牲畜，暴力手段层出不穷，在甲骨卜辞中甚至记载着殷商武装乘着敌方在吃饭时便发动偷袭的战争方式②，说明攻击与暴力完全不择手段，也没有任何规则与底线。清华楚简《尹至》中记载，商王对军队下令，对参战敌方的"民"采取"一勿遗"的杀戮③。这一切的战争现象正是承续了龙山、二里头以来的古老传统。

三、先秦战争贵族传统的出现

宗周文化孕育出了先秦的军事贵族传统，那么这一传统是否伴随着周王朝的建立而出现？如果不是，那又是出现在怎样的时期和思想背景之下？首先把历史视野放回到商周之交的鼎革战场进行

---

① 《司马法·仁本》，见李零：《司马法译注》，河北人民出版社，1992年，第10页。
② 裘锡圭：《释"祕"》，《裘锡圭自选集》，河南教育出版社，1994年，第43页。
③ 沈建华：《清华楚简〈尹至〉释文试解》，载《中国史研究》2011年1期，第71页。

回顾。根据《史记·周本纪》的记载,牧野之战中殷商军队溃败,商王纣便登上鹿台,身上穿着各种玉器自焚而死①。在他死亡之后,周武王向商王的尸体射了三箭,再用剑刺,最后砍下商王的头颅,悬在白旗上。他也将同样的行为施加在了商王的妃妾身上。

值得注意的是,商王在战败之后的行为并不是如同宗周时代那样肉袒请降,而是选择了巫术性的自杀,甚至连他的妃妾也都自杀而死。这一点与周代国君战败后往往选择投降颇为不同。据《左传·宣公十二年》记载,楚人攻克郑国之后,郑国国君便"肉袒牵羊"投降,而楚君则有礼貌地宽恕了郑君②。《左传·僖公六年》记载,许国向楚国投降,许国的国君绑住自己,嘴里衔着玉璧,许国的大夫穿着丧服"衰绖",许国的士则抬着棺材,集体出来投降,楚国国君则按照礼仪焚烧了棺材,并赦免了许国③。《左传·昭公四年》记载,楚国灭赖国,赖国国君也"面缚衔璧",赖国的士肉袒着上身,抬着棺木跟随在国君身后,这一行人同样得到了宽恕④。此种肉袒面缚的形象,也见于出土的晋侯铜人,肉袒上身而跪,双手反绑⑤。《左传·襄公二十五年》记载,郑国讨伐陈国,陈国战败,陈侯亲自穿着丧服,抱着木主,和国人一起投降。投降后,郑国的军事统领子展对陈侯"再拜

---

① 《正义》引《周书》云:"甲子夕,纣取天智玉琰五,环身以自焚。"([汉]司马迁:《史记》,中华书局,1982年,第124—125页)

② 李学勤主编:《十三经注疏·春秋左传正义》,北京大学出版社,1999年,第634页。关于郑伯的投降礼仪,《韩诗外传》记载为:"郑伯肉袒,左把茅旌,右执鸾刀。"(屈守元:《韩诗外传笺疏》,巴蜀书社,1996年,第556页)

③ 李学勤主编:《十三经注疏·春秋左传正义》,北京大学出版社,1999年,第348页。

④ 李学勤主编:《十三经注疏·春秋左传正义》,北京大学出版社,1999年,第1202—1203页。

⑤ 李学勤:《晋侯铜人考证》,《新出青铜器研究》,人民美术出版社,2016年,第306页。

稽首，承饮而进献"，表现出军事贵族的敬意与风度，而陈国的投降者则全部得到了宽恕①。

从这些材料可以看出，周代军事贵族传统也包括了投降的礼仪，投降礼仪的存在恰恰是封建军事贵族礼仪文化中暴力存在底线的证明。华夏诸侯之间在战败后按照传统仪式投降，而接受了华夏周人文化的楚人也按照这一原则接受投降，并宽恕敌方。这种投降礼与宗周礼乐和宗法制度都存在密切联系。周代投降礼仪式中的"肉袒"，即是对丧礼的模仿。其中也体现了周人观念中"尊尊"、"亲亲"的原则，并且与宗法制度具有密切关系②。这就意味着，周代投降礼的精神内涵与知识背景很大程度上是建立在宗法礼乐的伦理架构与基础之上的③。

回归到这一背景中，可以看出商王纣在战败之后根本就没有使用投降礼，而周王发也显然没有想到宽恕商王，而是对商王自杀后的尸体继续使用暴力，甚至还对商王的妃妾尸体使用暴力。对于这

---

① 李学勤主编：《十三经注疏·春秋左传正义》，北京大学出版社，1999 年，第 1019 页。

② 王进锋：《"肉袒"降礼考》，载《文博》2008 年 2 期，第 72 页。

③ 许倬云认为，周人之间的战争行为，已经具有了一种基于宗法情谊之上的游戏规则，这种规则"在某种程度上减轻了战争的残忍"，因为交战双方是周人宗法制内的宗亲（许倬云：《中国古代社会史论——春秋战国时期的社会流动》，邹水杰译，广西师范大学出版社，2006 年，第 63—66 页）。笔者认为，宗周军事贵族的礼乐传统固然与宗法伦理之间具有密切联系，但不能说此种传统的出现，全部是基于宗法伦理原则展开的结果。例如，楚人对宗周国家自称"蛮夷"（《史记·楚世家》），但楚人军事贵族照样以贵族传统的标准对待宗周国家，而宗周国家（如晋国）的军事贵族也同样按照这一标准对待楚国。类似例子不少，因此可以推知，周人军事贵族传统作为一种战争观念与文化，已经不仅仅限于"宗亲"之内，而是一整套如何对待敌方和战争规则的文化伦理。

一暴力行为,吕思勉早就有过思考:"而亲戮敌国帝后之尸,则又暴秦之所不为……周之为德,亦可见矣。"①吕思勉将周王发的暴力理解为比"暴秦"还残酷的行为,实际上已经发现了周初的战争行动背后还没有出现一套限制暴力底线的规则。因此可以推知,商周之交时期还没有出现军事贵族传统以及相关的礼制。

此外,商王穿着玉器自焚这一行为不仅与贵族传统没有关系,反而与远古神权政体中的焚玉巫术之间存在着密切联系。焚烧玉器的巫术观念出现于良渚文化时期,良渚墓葬中许多玉璧曾被焚烧②,商王战败穿玉环身自焚,与此种巫觋文化有密切关系③。此外,他身上所穿的玉器是五件,"五"这个数字在殷商宇宙观念和宗教象征中具有十分重要的意义④。关于作为殷人神圣象征的数字范式在后文中将详细论述,在此至少可以窥见商王自焚的行为与玉器的配置都不是随意为之的,而是一种宗教性的考虑。这就意味着,商代一直到最后一位国王统治时期也没有出现后来的军事贵族传统,而是以一种神权政治的巫术观念来理解战争活动。

值得注意的是,周人一方也没有显示出任何军事贵族传统的迹象,周王砍下商王的人头,恰恰与新石器时代以来包括卜辞中商代诸多暴力的行为一致。根据《逸周书·世俘》的记载,周王还将商王与商王妻的人头带入周庙之中作为祭品⑤。

---

① 吕思勉:《先秦史》,上海古籍出版社,2006年,第119页。

② 南京博物院:《良渚文化"玉敛葬"述略》,载《文物》1984年2期,第29页。

③ 张光直:《中国青铜时代二集》,生活·读书·新知三联书店,1990年,第62页。

④ 除了"五"之外,"三"在殷商的宇宙观中也是一个极为重要的神圣数字,很多时候"三"与"五"会被配合在一起,使用在宗教祭祀和军队编制之中,后文中将论述。

⑤ 黄怀信、张懋镕、田旭东:《逸周书汇校集注》,上海古籍出版社,2007年,第440页。

　　再来看周武王是怎样对待捕获的殷商俘虏的。根据《逸周书·世俘》的记载,周王"荐殷俘王士百人"①,可见商周之交的周人也和殷商一样,存在着将捕获敌方的人员用于祭祀的行为。《逸周书·世俘》记载,周王是在宗庙的南门杀死这些战俘的,《逸周书汇校集注》引孔晁的观点说这是为了"以示众也"②。周人使用人牲祭祀祖先神这一行为是故意在公共空间进行,造成公开展示的效果,说明周人早期试图在公共领域扮演殷商继承者的角色,因此也采用杀戮人牲祭祀祖先神的方法。

　　到了周公东征时期,战争仍然被浓厚巫术的观念支配。根据《禽簋》的铭文,周公东征伐奄之后,即举行了驱逐强鬼的巫术仪式③。在殷墟已经发现的八座亚字形商王大墓,即M1001、M1002、M1003、M1004、M1217、M1500、M1550、M1400都是被盗掘过的。而最早的古代盗坑呈圆形,直接挖在墓室中部,深及棺椁之内,盗坑面积与椁室面积差不多大。如此大规模的掘墓行动,挖掘地点又如此之准确,显然是周人的官方破坏,属于政治报复。这些商王墓葬被挖掘也是发生在周公东征平息武庚之乱的时期④。周人将士有组织地发掘了商王室的大墓,取走了随葬宝器,还将墓主尸骨扰乱,最后将棺椁付之一炬。有学者认为,这种做法有损于周公的伟大形象,所以史官才对此避而不书⑤。实际上,周公东征对殷人进行政治报复,纵

① 黄怀信、张懋镕、田旭东:《逸周书汇校集注》,上海古籍出版社,2007年,第426页。
② 黄怀信、张懋镕、田旭东:《逸周书汇校集注》,上海古籍出版社,2007年,第439页。
③ 唐兰:《西周青铜器铭文分代史征》,中华书局,1986年,第37—39页。
④ 杨宝成:《殷墟文化研究》,武汉大学出版社,2003年,第57页。
⑤ 井中伟:《殷墟王陵区早期盗掘坑的发生年代与背景》,载《考古》2010年2期,第88页。

火焚烧商王墓的行为可能也带有浓厚的巫术背景,即通过焚烧殷商先王的尸骨与坟墓来实现对其祖神与族运的有效打击,这种巫术政治的思维方式也与殷人接近。在当时的语境中,这种政治巫术观念与行为是正常的、有效的"常识",并不损害周公形象。在周初《何簋》中,周公这种将殷国毁灭为废墟的行为被称为"公夷殷",并用以纪年[①]。只是到了宗周礼乐逐渐制定和礼乐道德精神确立之后,这段历史才因为有损于周公形象而被周人遗忘。

　　从这些现象可以看出,一直到周公平定武庚叛乱的时期,军事贵族的战争礼乐仍没有建立,周人一方对殷人不择手段进行打击和报复,政治暴力的施加对象甚至包括死去的历代商王。这种不择手段对敌方进行掘墓诅咒的行为,倒是和龙山时代颇为接近,具有一脉相承的关联[②]。在殷墟王陵大墓之上,还埋有一些西周早期的瓮棺。周人在殷商王陵上埋夭折的婴儿,也是一种对殷人从巫术到心理的打击[③]。由此可见,当时周人的战争活动也带有浓厚的政治巫术色彩而非礼乐精神。因此也可推知,至迟到周公东征时期,军事贵族礼仪传统仍未出现。

---

① 李学勤:《何簋与何尊的关系》,中国文化遗产研究院编:《出土文献研究》第 9 辑,中华书局,2010 年,第 2 页。

② 以陶寺文化为例,陶寺文化中期的贵族墓葬在陶寺晚期便遭到了敌对者的全面捣毁和扬尸,这些对贵族墓葬的挖掘方式都是在墓中央直接挖大坑直达棺椁底部,进行全面破坏(张国硕:《陶寺文化性质与族属探索》,载《考古》2010 年 6 期,第 72 页)。此外,龙山时代泗水尹家城的大墓也都遭受过敌对方掘墓扬尸的破坏(王震中:《中国文明起源的比较研究》,陕西人民出版社,1998 年,第 249 页)。由此可见,从龙山时代开始,有计划和有组织地破坏敌方贵族祖先墓葬已经成为一种传统。显然,周公东征时对殷王陵的破坏与龙山时代所见材料高度一致,均为不择手段的暴力无限,而掘墓扬尸的政治行为还包含着浓厚的巫术诅咒意义。

③ 何毓灵:《殷墟王陵早期被盗年代研究》,载《考古》2014 年 6 期,第 97—98 页。

　　根据《逸周书·世俘》的内容,周人灭殷之后的行为与殷商文化非常相似。其中有三点:第一,祭祀对象包括直系与旁系;第二,宗庙中献俘,并以人为献祭牺牲;第三,告祭祖先用牛而祭祀百神水土用羊、犬、豕等小牲[①]。可见,周武王时期以商的继承者自居。晁福林也认为,武王时期的政治路线是追求作“诸侯之长”而非诸侯之君,试图走殷商老路。但武庚与殷遗民的大规模叛乱,致使商代的联盟制已经走不通,因此才出现了平定叛乱之后的周公制礼作乐与分封制度[②]。

　　显然,周公东征以来的新局面是此前商人、周人都没有面对过的。周人需要重建一整套关于宇宙论、制度结构与观念的秩序和相关文化。王晖认为,周公制作礼乐的内容核心是嫡长子继承制、分封制,在此基础之上的政治秩序呈现为真正意义上的君臣关系[③]。在政治合法性构建上,殷商和接受了商文化的部族都认为商王族是太阳神的子孙,神圣不可侵犯[④]。因此武王试图成为天下盟主,重走殷商老路的实践并不受到殷遗民和东方诸族的承认,因为周王室并不具有太阳神王族背景的卡里斯玛。由于殷文化中母舅血统同样具有某种意义上的继承合法性,武王克商时曾经尝试以商王族的母系子孙自居。如王晖所说:“而自殷周联姻后,周文王、武王亦为殷先王之子孙,故殷人上帝先王革殷纣之名而册封周王之命,这就是《召诰》所说的‘皇天上帝册周方伯’。”[⑤]周宣王时一件青铜器鼎铭中将武王称为“珷帝日丁”。李学勤指出:“周武王有日名丁,这是以往大

① 刘源:《商周祭祖礼研究》,商务印书馆,2004 年,第 149 页。
② 晁福林:《夏商西周的社会变迁》,北京师范大学出版社,1996 年,第 264、355 页。
③ 王晖:《周初改制考》,《古文字与商周史新证》,中华书局,2003 年,第 208—215 页。
④ 王晖:《殷商十干氏族研究》,载《中国史研究》2003 年 3 期,第 39 页。
⑤ 王晖:《商周文化比较研究》,人民出版社,2001 年,第 141 页。

家不了解的。"这件西周晚期器铭,恰是一种复古[1]。这件器物对周初的叙事,可证三点:第一,周初武王伐殷后自诩等同于殷末称"帝"的商王,如文武帝(文丁)、帝乙等;第二,试图采用殷王族的日名,将周王族与太阳神王宗教拉上关系;第三,这个尝试后来显然失败了,因此后世根本不知道武王竟有称"珷帝日丁"的尝试。周人记忆中所保留的一个很模糊的点滴,在后来的复古艺术中表现了一下而已。这就足以证明,周人的武装征服并试图自称商王族母舅血族神圣继承者的努力,并不能获得一般殷人与东方诸夷的认同。在他们眼中,周人不过是野蛮的"窃位者"与大言不惭的太阳神宗教玷污者而已。因此,他们会全力支持武庚的反周战争。

　　因此,东征过程中,周人必须将殷王室的太阳神王族坟墓破坏、诅咒,让殷人的原有宗教结构受到致命性摧毁。在东征之后,周人在政治思想上提出了"天"的概念来取代殷人的太阳神王族信仰,将先王与上帝分开来[2],周人的"天"不再是神秘莫测的巫术卡里斯玛,而是具有"德"这种政治伦理判断的神圣仲裁[3]。这样,就产生了以下逻辑:正因为周人遵守德性,所以重视德性的上天才会支持周王战胜残暴的殷商,周王自然获取了"皇天无亲,惟德是辅"的天命合法性,而不必再诉诸殷王母系子孙身份以立威。正如卡西尔(Ernst Cassirer)所说:"人们不再靠巫术的力量而是靠正义的力量去寻求或接近上帝。"[4]

---

[1] 李学勤:《新出应公鼎释读》,《通向文明之路》,商务印书馆,2010 年,第 146—148 页。

[2] 侯外庐:《中国古代社会史论》,河北教育出版社,2002 年,第 210 页。

[3] 张光直:《中国青铜时代》,生活·读书·新知三联书店,1983 年,第 306—307 页。

[4] [德]恩斯特·卡西尔:《人论》,甘阳译,上海译文出版社,1986 年,第 129 页。

东征和制礼作乐之后的宗周观念与此前发生了很大变化,《尚书·洛诰》记载周公对成王说:"王肇称殷礼,祀于新邑,咸秩无文。"孔疏:"言王当始举殷家祭祀,以礼典祀于新邑,皆次秩不在礼文者而祀之。"① 而实际上这次迁都成周所举行的"殷礼"只不过是"文王骍牛一,武王骍牛一",然后"王入太室裸"。可以看出,这时的周人祭祀与此前已经完全不同,人牲制度已经消失,而且规模较为简朴。其目的似乎也印证了所说的"是文武使己来慎教殷民"和孔疏所说的"殷乃长成为周","知其有德,而归其德矣,此则长成为周"②。表面上仍号称"殷礼",实际上已经是在使用全新的政治礼乐来教化殷民,以宗周的意识形态对殷人进行规训。

殷商的人牲、残杀传统也在这一新出现的观念系统中受到批评与指责。《左传·昭公十年》记载,在宗周礼乐崩坏的时期,鲁国发生了"始用人于亳社"的祭祀活动,这件事便受到了笃信宗周礼乐的君子臧武仲的批评:"周公其不飨鲁祭乎! 周公飨义,鲁无义。"③ 从此可见,周公的礼乐系统是反对人牲祭祀的。这种反对精神被上升到了"义"的高度,以周公礼乐为代表的宗周贵族君子明确反对人牲祭祀。

战国秦汉时学者所说商纣菹醢侯伯的行为,并不是战国好事之徒的编造,而是殷商的一种文化传统,并非纣王个人的劣迹败行④。实际上,殷商的整个社会文化充满了人牲和人殉的杀戮传统,这是在整个殷商精神文化传统架构上的延伸。但周人制礼作乐之后,

---

① 李学勤主编:《十三经注疏·尚书正义》,北京大学出版社,1999年,第407—408页。
② 李学勤主编:《十三经注疏·尚书正义》,北京大学出版社,1999年,第418页。
③ 李学勤主编:《十三经注疏·春秋左传正义》,北京大学出版社,1999年,第1281页。
④ 王晖:《古文字与商周史新证》,中华书局,2003年,第317—318页。

只突出殷商最后一位国王的杀祭行为,显然是有政治用意的。《尚书·无逸》中将殷商的大戊、武丁、祖甲等国王与周文王并称,塑造成敬天保民、修德尊礼的形象[①],与卜辞中大量"伐羌"、举行人祭的商王形象完全不同。周人统治者提出了殷商被周取代是因为缺失了"德"的修养,所以才发生了天命的转移。显然,周人最后只是将殷商的神权社会杀人祭祀风俗巧妙地转移到了被他们直接推翻的那一位商王身上——于是杀祭风俗就成了商王纣个人的人品问题,"尊德"、"尚义"便成了"自古以来"便存在的传统。于是,杀人祭祀的传统成为被批评的对象,甚至是违背"古代商王"精神的。这样,礼乐的新生便披着古代的外壳,推动一系列的观念革新在精神领域持续发展。

反映在考古学上,进入西周时期之后,此前长时间大量见于各类遗址的人牲、人殉现象变得罕见,可知人牲、人殉不是周王朝所提倡的[②]。此外,周民族本身的文化传统是没有人殉、人牲制度的[③],这是在周人取得天下统治权之前便具有的传统文化,人殉和人牲制度是殷商与东夷的传统[④]。以周公"制礼作乐"为代表的宗周礼乐体系的逐渐建立并非凭空产生,宗周礼乐的精神有很多成分也是来自更早的周人传统[⑤]。周公东征之后,不过是在制礼作乐的过程中,将这些传统观念转化和整合为一整套遍及天下的普遍礼制。

---

① 李学勤主编:《十三经注疏·尚书正义》,北京大学出版社,1999年,第430—433页。

② 刘绪:《谈一个与早期文明相关的问题》,载《中国历史文物》2009年4期,第7页。

③ 黄展岳:《古代人牲人殉通论》,文物出版社,2004年,第146页。

④ 张学海:《试论鲁城两周墓葬的类型、族属及其反映的问题》,中国考古学会编辑:《中国考古学会第四次年会论文集》,文物出版社,1985年,第95页。

⑤ 郭伟川:《两周史论》,北京图书馆出版社,2006年,第28页。

宗周军事贵族区别于此前龙山时代、二里头时代和殷商时代为了捕获人牲而战的神权精神传统,信服"德"的礼乐精神与贵族文化。战争在政治思想维度被理解为一种"天"借以支配并在人间实现正义的手段,因此被注入了某种道德精神。

另外,分封制度不断展开,出现了一系列的军事封建贵族。这些分享了共同制度结构与精神观念的贵族武装群体之间按照宗周礼乐的原则展开互相的关系。西周史官(如仲虺、周任、史佚等人)所尊奉的宗周礼乐精神成为这些军事贵族信奉的观念原则[①]。这些交互原则包括诸如"先王耀德不观兵"[②]、"无始祸、无怙乱、无重怒"[③]、"陵人不祥"[④]、"动莫若敬、居莫若俭、德莫若让、事莫若咨"[⑤]等要点,充满了礼让、节制与限制暴力的特点。春秋时代战争中引用的经典《军志》,在观念上尤其强调要"允当则归",杜注"无求过分",又说"有德不可敌"[⑥],也是宗周军事贵族战争精神原则的体现。

对于在宗周礼乐大背景中发展出的周人战争观念,余英时也有论述:"周人当然也不能不依赖武力以巩固其统治。但他们毕竟是具有高度的文化教养;在他们价值系统中,赤裸裸地'以力服人'是最不足取的。因此虽属征战之事也必须'文之以礼乐'。"[⑦]余氏的论述,

---

① 陈来:《古代思想文化的世界——春秋时代的宗教、伦理与社会思想》,生活·读书·新知三联书店,2002年,第143页。
② 徐元诰:《国语集解》,中华书局,2006年,第1—2页。
③《左传·僖公十五年》,李学勤主编:《十三经注疏·春秋左传正义》,北京大学出版社,1999年,第378页。
④《左传·僖公十五年》,李学勤主编:《十三经注疏·春秋左传正义》,北京大学出版社,1999年,第378页。
⑤ 徐元诰:《国语集解》,中华书局,2006年,第102页。
⑥《左传·僖公二十八年》,李学勤主编:《十三经注疏·春秋左传正义》,北京大学出版社,1999年,第445页。
⑦ 余英时:《士与中国文化》,上海人民出版社,2003年,第81页。

很好地总结了宗周文化对待战争与使用暴力的新观点——赤裸裸的暴力最不足取,暴力的使用与程序必须在礼乐规定的限度之内。

正是在这样的背景下,经历过宗周军事贵族文化熏陶之后的春秋时代对"武"字的理解才会与商代观念之间存在巨大的差异。在甲骨文中,"武"字由"戈"和"止"(趾)两部分组成,意思是步行作战。朱芳圃说:"戈,兵器;止,足趾,所以行走,象挥戈前进也……《春秋元命苞》'武者伐也',此本义也。"[1] 王梦华指出:"从古文字看,'止'象人足,并不表示停止、制止义,象人荷戈行进,恰恰是出发征讨。"[2] 白川静也指出甲骨文"武"字意为"持戈而战时的步伐"[3],诸说均可见甲骨文中的"武"是对征伐、进攻的暴力描述。到了东周时代,"武"却被解读成了"止戈为武"[4],将暴力进攻的原始字义解释成了贵族传统的理解——对暴力的限制才是真正的勇者所应秉承的德行。

在以"周公制礼作乐"为象征的宇宙观、政治架构、社会秩序巨大变革和重建的大背景之下,传统的原始礼仪被充实了德性的内容,各种古老的礼仪被伦理化[5],新的战争观念和战争礼仪必然在此基础之上产生,并区别于此前神权政治体背景下的战争观念与战争形态。

正是这样一个分享了共同政治伦理、政治架构与文化框架的"诸夏"群体之出现,决定了这一系统内部的各政治体在交互原则上遵守礼乐与"德"的原则,战争军礼的贵族传统属于其中的重要部分。这一新形势下的殷商后裔宋国不可能再继续坚守过去的殷商古老传统,在

---

① 朱芳圃:《殷周文字释丛》,中华书局,1962年,第163页。

② 王梦华:《说文解字释要》,吉林教育出版社,1990年,第76页。

③〔日〕白川静:《常用字解》,苏冰译,九州出版社,2010年,第384页。

④《左传·宣公十二年》,李学勤主编:《十三经注疏·春秋左传正义》,北京大学出版社,1999年,第652页。

⑤ 杨向奎:《宗周社会与礼乐文明》,人民出版社,1992年,第332页。

"诸夏"之中,它只能按照诸夏列国的交互原则来重建自身的游戏秩序。

　　在具体的战争活动中,西周和春秋中期以前的车战双方都需要事先选择在平坦而开阔的地上,排成一列横队作战。这种队形缺乏灵活性,一个回合战败了就很难重新整顿队伍继续作战,所以胜负很快就见分晓,而战胜的一方也不敢轻易打乱队形去追赶敌军[①]。正如《司马法・仁本》所记载的"古者逐奔不过百步",李零注释为:"要保持队形整齐,必须进退一致。这个节奏是很难掌握的。如果追击敌人超过百步,就很难保持队形整齐。"[②] 这里所说的"古"是指西周军事贵族战争的情况。因为双方都是配置战车和习惯阵法程序的军事贵族,因此战争活动的展开和程序都在稳定和有效的规则之内进行。王船山也指出,周代"以车战而不以徒战,追奔斩馘,不过数人,故民之死也不积"[③]。

　　除了战车贵族的阵法规则,宗周的军礼还包括"不鼓不成列"与不攻击老人、未成年人等具体规定[④]。《左传》中宋襄公坚持的"君

---

① 孙机:《有刃车軎与多戈戟》,载《文物》1980 年 12 期,第 85 页。

② 李零:《司马法译注》,河北人民出版社,1992 年,第 4—5 页。《太平御览》卷二七○引《六韬》"古者逐奔不过百步,纵绥不过三舍,是以明其礼也",也体现出了军事贵族传统中的"礼"之精神。

③ [清]王夫之:《读通鉴论》卷一七,中华书局,2020 年,第 523 页。

④ 夷王时器《禹鼎》中提到过周人的"西六师"和"殷八师"征讨敌方,周夷王对军队下达了"勿遗寿幼"的命令,即将敌对者的老弱全部屠杀(陈梦家:《西周铜器断代》,中华书局,2004 年,第 269 页)。通过这一材料可知:一方面,这样积极明确鼓励军人进行大规模杀戮活动的史料确实并不构成周代战争的主流,宗周战争的核心精神仍然在贵族礼乐的基本框架之内,否则周王没必要专门下令强调此次军事行动的特殊政策;另一方面也显示,"王师"严格按照礼乐的战斗模式是一种观念上的理想状态,而在具体战争实践中,并不意味着所有的战争活动都符合这样的理想标准。管燮初、赵平安则读《禹鼎》"勿遗寿幼"中的"遗"字为"珍",意思是不伤害老弱(赵平安:《"君子不重伤"正解》,《新出简帛与古文字古文献研究》,商务印书馆,2009 年,第 303 页)。若按照此说,《禹鼎》的记载,反而更进一步证实了宗周贵族战争的精神。

子不重伤",实际上就是"君子不童伤",意思是君子不能伤害未成年人①。《司马法·仁本》记载的"哀怜伤病"、"成列而鼓"②正是宗周战争军事贵族传统的原则。对敌方的"抚弱",可以取得"抚养而取之,未必皆攻伐以求之也"③的政治效果,正符合宗周政治推崇"尚德"之精神。在这样的贵族战争中,暴力的使用、攻击的对象与杀伤人数均被限制在一个较小的范围之内。例如,《左传·宣公二年》记载,郑国讨伐宋国获胜,活捉了宋国贵族华元与司寇乐吕,战果为"甲车四百六十乘,俘二百五十人,馘百人"④,四百乘战车以上的大战,死者也不过上百人。《公羊传·宣公十二年》,楚国攻打郑国,围攻了三个月零十七天,损失军队不过是"诸大夫死者数人,斯役扈养死者数百人"⑤。正如梁启超所说,《左传》中的五大战役,其实都是在一天之内结束的,战线不超过百里之外,其实质只不过相当于现今闽南、广东两村之间的械斗水平⑥。

在河南濮阳西水坡发现的东周时代排葬坑,是一场战争之后收葬的死亡士兵墓地。东西共四排,南北共八列,每个排坑多为 18 具士兵遗骨⑦。按照材料推知,这里埋葬的死亡士兵大约为 216 人,整

① 赵平安:《"君子不重伤"正解》,《新出简帛与古文字古文献研究》,商务印书馆,2009 年,第 302 页。

② 李零:《司马法译注》,河北人民出版社,1992 年,第 4 页。

③《左传·宣公十二年》孔疏,李学勤主编:《十三经注疏·春秋左传正义》,北京大学出版社,1999 年,第 639 页。

④ 李学勤主编:《十三经注疏·春秋左传正义》,北京大学出版社,1999 年,第591 页。

⑤ 李学勤主编:《十三经注疏·春秋公羊传注疏》,北京大学出版社,1999 年,第352 页。

⑥ 梁启超:《中国历史研究法》,上海古籍出版社,2011 年,第 78 页。

⑦ 濮阳西水坡遗址考古队:《1988 年河南濮阳西水坡遗址发掘简报》,载《考古》1989 年 12 期,第 1064—1066 页。

理者认为这是东周时期某战役后一方死亡士兵的埋葬地。按此推
知,这一战役双方死亡人数是数百人。这些材料说明,正是因为宗
周军事礼乐的战争方式与相关传统,决定了在礼崩乐坏的时代中,
杀戮与暴力的使用仍受到限制,因此战死者不会超过一定的限度。

图 2-1　濮阳西水坡发现的东周时代阵亡士兵排葬坑

　　这种军事贵族的军礼还包括对敌方的某种敬意,例如,《左传·僖
公二十八年》记载,晋楚城濮之战前,晋国认为:"我则无礼,何以战
乎?"[1] 于是有了对楚军"退避三舍"的军礼表现。朱熹认为,晋国军
队退避三舍是因为楚国强大,所以需要"依旧委曲还他许多礼数"[2],
并将这一行动理解为政治斗争的权谋。但如果回归到春秋战争的礼
乐语境之中,就不难发现晋国的军礼表现在根本上是来自精神文化
传统,体现出的精神核心是战争礼乐中对敌方的敬意。《左传·宣公
十二年》记载,晋国和楚国在郑国交战,楚将伯乐在一次军事行动中
受到了晋国军队的追击,在逃跑过程中,伯乐用最后一支箭射杀了
一头麋鹿,将之献给晋将鲍癸。鲍癸认为"其左善射,其右有辞,君

---

① 李学勤主编:《十三经注疏·春秋左传正义》,北京大学出版社,1999 年,第
　　446 页。
②《朱子语类》卷一三四,[宋]黎靖德编,王星贤点校:《朱子语类》,中华书局,
　　2004 年,第 3210 页。

子也"①,因此而停止了对楚将的追击。而在另一次楚军对晋将的追击中,晋将也射死了一头麋鹿谨献给追击者,楚将也因此停止了追击。敌对双方即使在追击与战斗中仍然保持着对敌方"君子"的尊重与敬意。《左传·成公二年》记载,晋国讨伐齐国,双方发生了鞌之战。战斗中齐国的国君拒绝射杀对方驾车的"君子",认为这是"非礼也"。而当齐国国君被晋国的韩厥俘获之后,这位晋国将领则向敌国国君恭敬地"再拜稽首,奉觞加璧以进",表现出对敌方"君子"的敬意②。从这些材料中可以看出,春秋时代的贵族传统尽管正在逐渐崩溃的过程中,但尊重敌方这一贵族传统仍然没有立即消失。

可以看出,宗周君子礼乐框架背景下的军事贵族战争礼仪,与古印度雅利安贵族和中古西欧军事贵族的战争法则之间有许多相似之处,其核心内容便是通过一系列约定俗成的文化来形成对暴力使用的各种限制,划定出游戏规则的底线。这些军事法则产生的背景都是相关的宗教、文化、精神传统演化和架构下的产物。从新石器时代到殷商,中国都还没有出现军事贵族传统,从龙山到商代战争的观念中没有"限制暴力"和"游戏规则"这样的思想。要理解殷商的战争观念,必须进入商代的神权宗教结构中去进行分析,而不能依照宗周的战争礼乐观念来进行解读。

第二节　商代神权政治的背景

周代的祖先崇拜与宗教礼乐被限定在有一个具有伦理精神判

---

① 李学勤主编:《十三经注疏·春秋左传正义》,北京大学出版社,1999 年,第647 页。
② 李学勤主编:《十三经注疏·春秋左传正义》,北京大学出版社,1999 年,第695 页。

断、禀赋着"德"的"天命"之内,鬼神与祖先在原则上与统治精英之间存在着依靠政治道德维系的互动基础,被傅斯年和许倬云称为"人道主义的萌芽"①。正是在这一精神背景中,周代君子才可能建构军事贵族的礼乐文化。而于商代文化和观念而言,这种贵族战争礼仪是不可思议的。如果不理解商代神权政治礼制的背景,就不能理解商代战争与祭祀之间的密切关系,也不能进一步理解商代战争的观念基础。

作为前轴心时代的早期文明,商代神权宗教与古埃及宗教一样,都缺乏"罪恶"与"美德"这样的伦理判断与精神考问②。商代宗教礼仪是一种极具实用主义的态度,商代统治精英也以同样的态度来推测他们的神灵与祖先的意愿。在这个意义上,战争需要神灵的庇佑才能获胜,而要取得这种庇佑就需要进行周期性的血食与献祭。在战争获胜之后,献祭规模扩大,就需要进一步扩大战争的规模,如此则会导致更多的献祭。当然,史实不一定如此模型化,但神权宗教与战争动机之间具有紧密的交互关系这一点是没有疑问的。

一、商王室的诸神

在商代的统治精英与普通氏族成员看来,他们与众多的神灵生活在同一个世界就是一种事实。这些大小不等的神祇——其中的核心部分是祖先神——不但对人间的各项事务能够进行操作,而且具有凡人的一般属性,如对各类食物、酒精饮料、音乐舞蹈和各种稀

---

① 傅斯年:《性命古训辨证》,广西师范大学出版社,2006年,第92页;许倬云:《西周史》,生活·读书·新知三联书店,2001年,第110页。

② 古埃及宗教中缺乏"罪孽"这样的观念,参见［美］亨利·富兰克弗特:《古代埃及宗教》,郭子林、李凤伟等译,上海三联书店,2005年,第53—60页;李晓东:《古埃及传记文献研究》,商务印书馆,2022年,第473—486页。

奇珍宝等享乐的需求。正如古希腊的诸神也是缺乏比较深的观念，与凡人一样追求各种本真生命享乐并为了利益而不择手段那样[1]，商代信仰的诸神也具有与凡人非常相似的趣味。

商代神权宗教观念中的神灵主要是祖先神，甲骨卜辞也显示，商代统治精英也认为"帝"这位神祇能有效地影响人间事务与天气状况。可是甲骨卜辞中从未记载"帝"是商代王室祭祀系统中分享了献祭的一员[2]。对于殷商宗教中没有祭祀"帝"的这一现象，日本学者岛邦男认为卜辞中记载的献祭的"丁"便是"帝"[3]，因此推测商代存在向"帝"献祭的宗教现象，但笔者认为，卜辞中的"丁"是指人王，而非上帝。非王卜辞中记载：

> 丁出狩（《合集》21729）
> 丁乎求麂五，往，若（《合集》21566）
> 丁涉，从东兆狩（《花东》28）
> 丁归才（在）川人（《合集》21661）

在这些非王卜辞语境中，这位既能狩猎又能祭祀的"丁"显然不是作为神灵的"帝"，而是一位人王。正如刘桓分析的，商代人王中的祖丁和武丁都曾被称为"丁"，祖庚时期放弃了祖丁中"丁"的称谓，而康丁之后则放弃了对武丁中"丁"的称谓[4]。因此，岛邦男推测

---

[1] ［古希腊］柏拉图：《理想国》，郭斌和、张竹明译，商务印书馆，2002 年，第 72—73 页。

[2] 胡厚宣：《甲骨学商史论丛初集》，河北教育出版社，2002 年，第 215 页。

[3] ［日］岛邦男：《殷墟卜辞研究》，濮茅左、顾伟良译，上海古籍出版社，2006 年，第 329—330 页。

[4] 刘桓：《关于殷墟卜辞中"丁"的问题》，《甲骨集史》，中华书局，2008 年，第 68 页。

商代有祭祀"帝"的宗教现象这一观点是不能成立的。

　　"帝"这一观念在商代宗教中非常复杂,因此有学者试图将之解释为祖先神的统称或是祖先观念的一个抽象①。这一观点并不是毫无道理的,实际上,这正好切中了商代神祇系统的核心——上帝、太阳神、凤鸟与四方甚至自然神之间的模糊关系。

　　商王室信仰的诸神系统以太阳神的上帝为中心,分为十个太阳,祖先神帝喾被视为众日之父,也是太阳之精的神鸟,商王室自认为太阳神的子孙,轮流统治人间。帝喾及其妻子"东母"、"西母"则分别是太阳与月亮的母亲,也是高祖高妣。"因此殷人的上帝崇拜是把祖先神与自然神合为一体。"②宇宙空间被理解和表现为一个十字形(或称"亚字形")的形状,包含着东、西、南、北、中这五个方位。根据《合集》14295片卜辞的记载,这五个方位都对应着神圣的祖神"凤",并被按照祖先神的规格致以"禘"的祭祀。在这个神圣的十字形宇宙中,商王室所在的祭祀中心也正是宇宙的"中"方位所在③。实际上,"五"这个数字在商代宗教与宇宙观念中具有极其重要的象征含义,这一点对理解后文所分析的商代战争与祭祀的关系是重要的。

　　宇宙的五个方位都对应着神圣的凤鸟,这些凤鸟与五个方位都使用对祖先规格的"禘"祭④。这些与祖先神、太阳神边界模糊的凤鸟在卜辞中被称为"帝史凤",这意味着它们与"帝"这一观念有复

---

① 张光直:《中国青铜时代》,生活·读书·新知三联书店,1983年,第264页。

② 王晖:《商周文化比较研究》,人民出版社,2001年,第32页。

③ [英]艾兰:《龟之谜——商代神话、祭祀、艺术和宇宙观研究》,汪涛译,四川人民出版社,1992年,第98页。

④ 杨树达:《卜辞求义》,上海古籍出版社,2006年,第88页。

杂关系①。此外,甲骨文中还有表现凤鸟头顶着宇宙十字模型的宗教文字②。而"天命玄鸟,降而生商"③的神话则透露出商王室的祖先神除了太阳神的品质,也可以被理解为神圣的鸟。例如,远祖王亥的名字便被写作成鸟的形象④。实际上,殷人的太阳神就也被表现为一只三足的神鸟,三足神鸟的"三足"也对应了包括历法、宇宙和一系列关于神圣结构的象征,这一点在后文中将有论述。

这种边界模糊、用现代逻辑思维难以理解的观念,恰恰是神话思维的体现。这种前逻辑的思维方式,一方面表现为语词越为古老则同义词越为丰富⑤;另一方面则呈现为一种 A 即是 B、B 即是 A的思维关系,即神话思维的类比逻辑⑥。

了解到这一背景,就不难理解为何商王室的宗教祭祀活动中没有关于祭祀上帝的卜辞内容了。因为商王室的神权祭祀围绕着祖先神这一群体进行展开,也同时对自然神进行祭祀。但关键在于,祖先神与自然神在商王室看来,就是上帝的某种呈现,或者说在某种语境中就是上帝本身。商王室没有必要对"帝"这个概念进行祭祀,因为"帝"在不同语境中呈现为凤鸟、祖先神、太阳神,而祭祀必须紧扣主题,围绕着某种具体语境中的对象进行祭祀。实际上,"帝"

---

① 胡厚宣:《甲骨学商史论丛初集》,河北教育出版社,2002 年,第 235 页。

② 黄锡全:《甲骨文字释丛》,载《考古与文物》1992 年 6 期,第 78 页。

③ 李学勤主编:《十三经注疏·毛诗正义》,北京大学出版社,1999 年,第 1444 页。《商颂·长发》记载"帝立子生商",显示了王室是"帝"的后裔。"玄鸟"既是"帝史",也是帝的某种表现。

④ [英]艾兰:《龟之谜——商代神话、祭祀、艺术和宇宙观研究》,汪涛译,四川人民出版社,1992 年,第 52 页。

⑤ [德]恩斯特·卡西尔:《国家的神话》,范进等译,华夏出版社,2003 年,第20—21 页。

⑥ 叶舒宪:《中国神话哲学》,中国社会科学出版社,1992 年,第 305—306 页。

并不是一个具体的伟大神灵,古代文献中经常出现"众帝"、"群帝"这样的统称①,可见"帝"可以是多个,并不一定是一位"至上神"。从商代中后期开始,一些商王也被直接称为"帝"②,显示了祖先神具有"帝"的神圣含义。换言之,祖神与凤鸟、方位之神在一定语境中皆可被称为"帝",但它们这些神祇又具有一些共同的含义,因此又是"帝"的体现。

随着时间的推移,商王室的祖先群体诸神祭祀逐渐形成了一套有规律的谱系,这套谱系与神圣时间"年"以及神圣数字"三"和"五"之间都构成了一组框架。商代的周祭制度即是对以历代直系与旁系男女祖先为代表的诸神进行一整套的祭祀,历时跨越以"年"为单位③,分为三个祭祀组,每个祭祀组有五种祭祀的庞大献祭系统④。

对商代的统治精英与氏族领袖而言,诸神所对应的神圣宇宙与神圣时间是一个复杂而庞大的客观事实,是支配和操纵人间事务和各种祥瑞与灾难的力量根源。要治理好这个国家首先就需要满足这些神灵的各种愿望,因此献祭被视为统治者的第一要务。不断地通

---

① 《淮南子·地形》"建木在都广,众帝所自上下";《吕氏春秋·本味》"群帝所食",许维遹云:"群帝,众帝,先升遐者。"(许维遹:《吕氏春秋集释》,中华书局,2009年,第320页)

② 例如,武丁称父王小乙为"父乙帝"(《合集》2204),祖庚、祖甲称父亲武丁为"帝丁"(《合集》24982),廪辛、康丁称祖甲为"帝甲"(《合集》27437),武乙时称康丁为"帝丁"(《合集》27372),帝乙时称文丁为"文武帝"(《合集》35356),帝辛时称帝乙为"文武帝乙"(《四祀邲其卣》)。这些材料都显示了商王作为祖神,也具有了"帝"的意义。

③ 周期性的神圣仪式体现了一种神话时间的永恒复归,参见[美]米尔恰·伊利亚德:《神圣的存在:比较宗教的范型》,晏可佳、姚蓓琴译,广西师范大学出版社,2008年,第368—372页。

④ 常玉芝:《商代周祭制度》,中国社会科学出版社,1987年,第175—191页。

过献祭来愉悦诸神才能保障人间秩序的有序展开,否则整个宇宙—
国家将陷于混沌与混乱的灾祸之中。

在此意义上,国家的战争行为显然是服务于祭祀与维系宇宙秩
序的一种义务。这种祭祀与战争之间密切互动并促使双方不断升
级的典型例子也见于古代中美洲的阿兹特克文明。阿兹特克的神
灵系统之稳定被视为需要依靠不断的祭祀来维持的,战争行为在阿
兹特克与祭祀活动的互动最后形成了一种循环关系,因为神灵向阿
兹特克人提供帮助,而阿兹特克人就需要向神灵献祭战俘,以使神
灵继续保佑和庇护他们。阿兹特克的国家昌盛又有很大一部分原
因要归于军事成果,因此,最合适的祭品就是敌人的心脏。"但是,这
是件最难办的事,因为如无军事上的胜利,就抓不到俘虏。另一方
面,要想取得一次战争胜利,就只有讨好神灵的庇护。这样,祭祀引
起战争,战争又重新引起祭祀的不断升级。"①

当然,不能简单地将殷商的情况与阿兹特克做类比,但阿兹特
克的神权政治与宗教观念在很多情况下,确实存在着大量与殷商文
明相同或相似的地方。古代中美洲文明与上古中国文明之间分享
着共同或极为相似的宇宙观与巫术思想,这些精神观念同样呈现
在它们各自不同的文明进程中,因此张光直才提出了"玛雅—中
国连续体"这一观点,将古代中美洲与上古中国所分享的所有古
老观念之底层追溯到旧石器时代文化②。因此,至少中美洲古代文
明的材料有助于对共同的商代神权祭祀与战争关系的理解。

要维系一个规模如此巨大的诸神系统,以便庇护商王国的稳定

---

① [美]乔治·C.瓦伦特:《阿兹特克文明》,朱伦等译,商务印书馆,1999年,第
213页。

② 张光直:《中国古代文明的环太平洋的底层》,《中国考古学论文集》,生活·读
书·新知三联书店,1999年,第363—364页。

与繁荣，就决定了献祭必然构成政治生活的核心内容之一。而战争除了被用于获取具体的各种资源，在实践与观念上显然也可以被理解为献祭的延伸，或至少是为献祭服务的一种活动与义务。

二、"相互给予"的人神关系

商代祖先神灵为代表的诸神系统不同于宗周的道德天命，"伦理"这一观念在商王祖先神的名号中并没有得到体现。周王谥号的"文"、"武"两字虽然也见于商王武丁以后的王号，但是这两个字是到了宗周礼乐的精神语境中才具有了新的道德判断含义[1]。商代的诸神并不具有深刻的伦理含义，这些神祇与人间统治者之间的关系更多是依靠一种冰冷的实用理性[2]来维系的。

蒲慕州将商代人神之间的这种冰冷的利益关系称为"相互给予"（I give so that you give）模式[3]，这种建立在纯粹利益基础之上的交互原则广泛见于各种古代文明之中。涂尔干（E. Durkheim）将这种古老的人神关系称为"我付出为的是你付出"原则[4]；柴尔德则

---

[1] 侯外庐：《中国古代社会史论》，河北教育出版社，2002年，第268页。另，一些学者认为周代金文中的谥号是一种生称，而不是后来周礼意义上具有道德评判标准的规范。但实际上，这是对金文称呼语境的错误理解，因为这些铭文铸造于"生称谥"者谢世之后，才得以用其谥号追述前朝旧事。周人的谥号制度创作于周初，确实是具有一种伦理判断的内在含义（杜勇：《金文"生称谥"新解》，载《历史研究》2002年3期，第3—12页）。

[2] "实用理性"将有用性作为真理的标准，认定真理在于功用、效果（李泽厚：《关于"实用理性"》，《实用理性与乐感文化》，生活·读书·新知三联书店，2005年，第325页）。

[3] 蒲慕州：《追寻一己之福——中国古代的信仰世界》，上海古籍出版社，2007年，第34页。

[4] ［法］爱弥儿·涂尔干：《乱伦禁忌及其起源》，汲喆、付德根、渠东译，上海人民出版社，2006年，第70页。

将这种交互利益的祭祀原则称为"贿赂献祭"或"交易性巫术"①。大量材料能够证明,商代宗教正是这种"贿赂献祭"模式的典型例子。可以说,在伦理型宗教出现之前的古代信仰中,"诸神"与人类之间的关系都建立在交互利益的基础之上。

这样的信仰模式广泛地见于各种考古与人类学材料中。例如,澳大利亚的原住民马杜人(The Mardudjara)认为,要派出信使以献祭的食物作为礼品才能催促守护精灵为人类做事②。在古代克里特文明的宗教信仰中,必须通过饮食的招待才能从墓中召唤起死者的亡魂③,魂灵与献祭者之间依靠利益原则被联系在一起。非洲的布须曼人认为,如果活着的人对祖灵的宴飨招待不周,祖灵就会通过隐形的箭给生者带去疾病、死亡与不幸④。非洲的恩登布人也相信,如果忘记将捕猎到的牲血献祭给猎手的坟墓,那么猎手鬼魂就会作祟⑤。在古希腊罗马信仰中,人们最大的恐惧,就是得罪诸神,"神不爱人,人也不爱他的神……古人一生,都在想方设法避免神的怨怒"⑥。在古罗马还存在一种献身仪式,即通过人祭来取悦神灵。伊

---

① [英]戈登·柴尔德:《历史发生了什么》,李宁利译,上海三联书店,2008年,第176页。

② Robert Tonkinson, *The Mardudjara Aborigines：Living The Dream In Australia's Desert*, Holt, Rinehart and Winston, Ing., 1978, p.96.

③ J.D.S.Pendlebury, *The Archaeology of Crete：An Introduction*, Methuen & Co.Ltd., 1939, p.275.

④ Marjorie Shostak, *NISA：The Life and Words of a! Kung Woman*, Harvard University Press, 2000, p.259.

⑤ [英]维克多·特纳:《象征之林——恩登布人仪式散论》,赵玉燕、欧阳敏、徐洪峰译,商务印书馆,2006年,第9—10页。

⑥ [法]库朗热:《古代城邦——古希腊罗马祭祀、权利和政制研究》,谭立铸等译,华东师范大学出版社,2006年,第156—157页。

利亚德指出，这种献身仪式"就是用生命当作祭品换取某种利益"①，这也正是"互相给予"宗教模式中的人神交互关系。

在伦理型宗教价值确立之前的文化中，向诸神献祭，不是因为对神灵的爱，而是因为对神灵的巨大恐惧。这种心态显然是伦理型宗教出现之前普遍存在的现象。

宾一、典宾类卜辞记载：

> 王梦兄丁，惟咎②？王梦兄丁，不惟咎？（《合集》892正）
> 王疾身，惟妣己害③？……贞：惟妣庚？（《合集》822正）
> 祖甲崇王？祖辛崇王？（《合集》17409正）
> 疾齿，惟父乙害？（《合集》13649）
> 惟父庚害王？（《合集》2037正）
> 惟父庚害（《合集》2151）

第一条卜辞反映了武丁梦见自己死去的哥哥"兄丁"，便卜问自己是否会被哥哥的鬼魂诅咒。第二条卜辞反映了商王询问自己得病

---

① ［美］米尔恰·伊利亚德：《宗教思想史》，晏可佳等译，上海社会科学院出版社，2004年，第541页。使用人献祭的现象广泛存在于古代环地中海世界的各种文化中，包括埃及、腓尼基、克里特、罗马等，这种献祭活动遭到了早期基督教的强烈抨击（［古罗马］阿塔那修：《驳异教徒》，《论道成肉身》，石敏敏译，生活·读书·新知三联书店，2009年，第41—42页）。

② 此字于省吾释读为"咎"（于省吾：《甲骨文字释林》，中华书局，2009年，第253页）。

③ 杨树达认为，此即"它"字，"上古相问以无它……殆相沿以为无事故之通称矣"。按照此说，则"它"字的意思是"制造事故"（杨树达：《卜辞求义》，上海古籍出版社，2006年，第29页）。裘锡圭将此字释为"𡉚"，读为"害"（裘锡圭：《释"𡉚"》，《裘锡圭自选集》，河南教育出版社，1994年，第21页）。无论哪种解释，这个字意味着祖神给人间制造灾害和事故的含义是毋庸置疑的。

是不是某位女性祖先作祟的结果。第三条卜辞反映了商王怀疑祖先小辛或祖甲的神灵在诅咒自己。第四条卜辞是商王武丁得了牙病，他怀疑父亲小乙神灵的诅咒是自己得病的原因。第五条和第六条卜辞则是商王武丁询问叔叔盘庚的亡魂是否会使自己遭受灾祸。

又如宾一卜辞云：

　　　祖辛祟王（《合集》1734）
　　　祖辛害王（《合集》1739）

是以祖辛作祟，为害于王。

典宾卜辞还记载："王梦妇好，不惟孽。"（《合集》17380）"孽"字在古文中有制造灾害的意思，例如，《诗经·小雅·十月之交》"下民之孽"，郑玄笺："孽，妖孽，谓相为灾害也。"[1]《吕氏春秋·遇合》"反而孽民"，高诱注："孽，病也。"[2] 这意味着，商王武丁在夫人妇好死去之后，担心夫人的灵魂要给自己制造病患的灾难。因此，这条卜辞并不是如有的学者所认为的"足见妇好与商王感情之深"[3]。恰恰相反，这反映了商王室的一种根深蒂固的信念与价值判断——只要是鬼神，即使是至亲，也只与人间存有利益关系。因为卜辞显示了国王的祖先、父亲、母亲、哥哥、妻子在死后都会给他制造各种麻烦，借此以获得王室的关注，进而获得各种献祭。在这里，"凡人与诸神都不是道德理想的化身，而是特殊的精神能力和倾向的体现"[4]。

上一节提到过在春秋时期的鲁襄公九年，殷商的后裔宋国发生

---

① 李学勤主编：《十三经注疏·毛诗正义》，北京大学出版社，1999年，第728页。
② 许维遹：《吕氏春秋集释》，中华书局，2009年，第346页。
③ 李雪山：《商代分封制度研究》，中国社会科学出版社，2004年，第179页。
④ ［德］恩斯特·卡西尔：《人论》，甘阳译，上海译文出版社，1986年，第126页。

了火灾,便在西门举行了祭祀先王盘庚的仪式。一方面,说明经过宗周礼乐洗涤的宋国已经没有了人牲祭祀活动;另一方面,说明还保留着源自商代的"相互给予"宗教精神原则。宋国的统治精英显然还是与他们的祖先一样,相信祖先神会通过降下灾祸来迫使人间统治者对其进行献祭。正如艾兰所描述的:商代这些接收祭祀的祖先和神灵都是贪得无厌的好食者 ①。

宾组、历组等卜辞显示,商王室垄断的神权宗教需要频繁地向这些不断对人间制造麻烦的神灵进行献祭,以免除各种不幸。例如:

疾身,御于父乙(《合集》13688 正)

乙亥祭于祖乙,亡害(《合集》22931)

王宾南庚,亡尤(《合集》23079)

侑 ② 升于唐(汤),亡害(《合集》27150)

父丁羌五、牛三,亡害(《合集》32087)

其有祟,勿于上甲燎(《合集》10111)

第一条是商王向小乙献祭,请消除降在自己身上的疾病;第二条是商王向祖神献祭,希望消除灾害;第三条是商王宾礼祭祀南庚,希望消除灾害;第四条是商王向祖先神商汤劝进饮食,希望消除灾害;第五条是商王祖庚或祖甲向死去的父亲献祭五个羌人、三头牛,希望消除灾害;第六条是商王占卜询问发生了灾祸,是否要对上甲这位祖先神举行"燎"祭。这一类的例子在卜辞中相当常见,如《屯南》

---

① [英]艾兰:《龟之谜——商代神话、祭祀、艺术和宇宙观研究》,汪涛译,四川人民出版社,1992 年,第 158 页。

② "侑"的意思是向神灵劝进饮食。《诗经·小雅·楚茨》"以妥以侑",毛传:"侑,劝也。"

1046 反复卜问,是否有祖庚为害? 祖辛为害? 祖乙为害? 祖□为害? 这里不再赘述。正如刘源所归纳的那样:"商人认为祖先作为死者,可怕甚于可敬,为祸甚于降福。"[1] 这些可怖的诸神与人间统治者之间唯一的关系便是现实的、冰冷的交互利益原则。

　　除了直接对王族成员进行骚扰和攻击,这些神灵还对整个王国的自然与社会进行扰乱,破坏宇宙的正常节律。例如,神灵会通过对降雨量或大风的控制来破坏农耕与正常的秩序:

其宁风雨(《屯南》2772)

宁风巫九豕(《合集》34138)

于土宁风(《合集》32301)

其宁风于方,有雨(《合集》30260)

侑岁于祖乙,不雨(《屯南》761)

于河求雨,燎(《合集》12853)

求雨于上甲(《合集》672)

惟岳先酒,乃酒五云,有雨(《屯南》651)

　　类似的卜辞材料数量众多,见于师组、宾组、历组等卜辞,说明商王室所垄断的解释和操作代表了自然宇宙的神灵世界经常遭遇灾害。这些风灾、水灾或干旱的制造者是五个方位的神灵"方",这种方位对应的神灵也对应了具有祖神品格的五个凤鸟,即"帝史凤"、"帝五臣"或"帝五工臣"。《屯南》930 片甲骨记载,"帝五工臣"降下了虫灾,王室因此使用三套太牢这样的贡品来祭祀和满足这些神灵。显示了作为十字形宇宙"五方"对应的神灵系统会通过制造

---

[1] 刘源:《商周祭祖礼研究》,商务印书馆,2004 年,第 249 页。

灾害来迫使人间对其进行献祭。除此之外,作为自然神的远祖和其他一些近祖神灵也会通过影响降水来破坏自然周期,这些神灵包括"岳"、"河"、"祖"等。因此,要消除这些祸患的唯一方法就是向这些神灵献祭。

根据陈梦家统计,这些神灵会破坏"年"——丰收,也会破坏正常的降雨和风向。不同的自然神或祖神有着不同倾向干预自然或制造灾害的能力,因此王室会举行各种祭祀来讨好这些神灵,以便获得正常的降雨和谷物丰收[1]。这就意味着,建立在"互相给予"原则上的神、人关系代表了商代人所理解的根本宇宙秩序,献祭的基础也是根植于这一基本秩序之上的。只有通过不断的努力,才能获得更多的祭品献给诸神,以保持世界周期的正常运转。在这一语境中,献祭的功能与意义不仅是王室的权力和福利,更是整个社会与宇宙稳定的重要保障。

当然,我们知道这种"互相给予"的人神关系在商代之后也曾长期存在于历史之中。例如,周公制礼作乐之前,面对武王将死,也曾对鬼神祈祷,但对鬼神提出的条件是,如果鬼神不能满足自己提出的要求,他将撤回奉献的玉器[2]。在春秋时代,一位叫"泰山山阳侯天使"的神灵对赵襄子许诺,如果用一百座邑来供奉和祭祀他,他将赐给赵襄子林胡的土地[3];战国时期的秦惠王祭祀华山神的玉牍也表示,如果能治好自己的病,就用玉璧、牺牲、车马乃至活人献祭给大

---

① 陈梦家:《商代的神话与巫术》,载《燕京学报》第 20 期,第 515—516 页;陈梦家:《殷虚卜辞综述》,中华书局,2004 年,第 347—352 页。

②《尚书·金縢》,[清]孙星衍:《尚书今古文注疏》,中华书局,2007 年,第 329—330 页。

③[西汉]司马迁:《史记》,中华书局,1982 年,第 1795 页。

神①，除此之外，还可以举出一定数量的例子。可以说，在整个春秋时代，这种现象也并不少见②。

可是，这种现象不能与殷商相提并论，因为在宗周文明的礼乐精神中，宇宙的根本决策者"天"也是伦理的监护者，天对人间的仲裁不以利益的交换为转移，所谓"皇天无亲，惟德是辅"③，"鬼神非人实亲，惟德是依"④。宗周文化中的神具有更多伦理品质，而不是充满自然生命激情的利益交换者。作为前伦理信仰精神的"互相给予"原则，在宗周观念中一直受到批评。例如，赵婴梦见一位"天使"告诉自己"祭余，余福女！"但这一神灵的交换利益行为遭到了君子贞伯的反对，他所坚持的理由就是宗周精神中"神福仁而祸淫"的原则⑤，对"互相给予"的价值进行了批评。在宗周的价值精神中，要获得神的庇佑与"福"，只能通过"聿修厥德，永言配命"才能达到"自求多福"的目的⑥。宗周精神世界的核心是基于德性的践行，而不是人神之间的交换利益。

至于秦国文化中"互相给予"的例子，则是因为秦文化的落

① 李学勤：《秦玉牍索隐》，《中国古代文明研究》，华东师范大学出版社，2005年，第174页。
② 蒲慕州：《追寻一己之福——中国古代的信仰世界》，上海古籍出版社，2007年，第68—70页。
③ 《尚书·蔡仲之命》，李学勤主编：《十三经注疏·尚书正义》，北京大学出版社，1999年，第453页。
④ 《左传·僖公五年》，李学勤主编：《十三经注疏·春秋左传正义》，北京大学出版社，1999年，第344页。
⑤ 《左传·成公五年》，李学勤主编：《十三经注疏·春秋左传正义》，北京大学出版社，1999年，第719页。
⑥ 《诗经·大雅·文王》，李学勤主编：《十三经注疏·毛诗正义》，北京大学出版社，1999年，第964页。

后①,而不是宗周文化的产物。从整个情况来看,宗周在制礼作乐之后完成了祭祀的伦理化与政治的道德化转型,此后虽然仍长期或多或少在一些地方存在着"互相给予"的人神关系,但这种模式已经不是整个时代的基本思想骨架了。

可是,商代的情况恰恰是人神之间只存在"互相给予"原则,祖先神所代表的诸神系统,每年都需要从人间索取大批的祭祀资源。殷人祭祀的目的就是获得利益,这些祭祀行为背后皆是出于"实利的观念"②。在商代人看来,诸神除了饮用酒精饮料与观赏音乐歌舞,还要大量地食用各种能提供生命力量的血液和肉食品,除了牛羊猪狗鸡鱼,还要食用人牲。因此,殷人大量用人牲献祭这一现象,属于一种向鬼神奉献肉食的行为③。只有通过不断向这些神灵奉献饮料、肉食才能平息它们的暴怒,获得它们的庇护,使整个世界和商朝既有的秩序得到和谐与周期性的运转。米尔恰·伊利亚德认为:"但是人牲还有其他目的,我们这方面知之甚少;但可以推断,人牲所追求的目标是时间的周而复始或王朝的更新。"④

---

① 李学勤:《简帛佚籍与学术史》,江西教育出版社,2001年,第138页。另,正因为秦国文化的落后,所以秦国地区的这种祭祀观念特别发达,从出土的《日书》来看,秦国人普遍认为要向鬼神献祭才能得到鬼神亡灵的欢心(吴小强:《论秦人宗教思维特征——云梦秦简〈日书〉的宗教学研究》,载《江汉考古》1992年1期,第92—97页)。

② 王浩:《商代人祭对象问题探讨》,载《文博》1988年6期,第37页。

③ 黄展岳:《殷商墓葬中人殉人牲的再考察——附论殉牲祭牲》,载《考古》1983年10期,第935页;胡进驻:《殷墟晚商墓葬研究》,北京师范大学出版社,2010年,第205页。

④ [美]米尔恰·伊利亚德:《宗教思想史》,晏可佳等译,上海社会科学院出版社,2004年,第465页。

维护世界既有秩序的祭祀体系是一个庞大的工程,需要源源不断地提供各类"血食"。商朝拥有较为发达的畜牧业传统[1],这固然是献祭肉食的来源之一,但田猎也是获取献祭肉食的一种重要方式。实际上,在包括殷商在内的整个先秦时代,田猎与战争的边界往往十分模糊。另外,战争中捕获的"半兽人"则被作为某种肉食品献祭给诸神,但在商代人的观念中,这些"他者"很难被理解为真正意义上的人类,而是野兽与鬼魅精怪,并将捕获的异族猎物用以杀戮献祭。据不完全统计,殷墟时代被用于献祭的人牲数量高达一万五千多人[2],而实际数量则远远不止此数。

祭祀在商文明的精神文化内核中,具有核心的意义。"同其他的古代统治者相比,祭礼任务在商代诸国王(也包括他们的贵族藩属诸侯)那里显得尤为突出。"[3]这也正体现了商代文明独特的精神观念,理解这种战争行为首先需要进入殷人独特的精神观念之中。在现代文明的价值理性审视下,商文明独特的宇宙—献祭政治模式呈现出强烈的"野蛮"与"残酷"特点。可是在面对这一现象时,需要进入古代人的世界观与宗教背景基础之上产生的价值中去进行理解。伊利亚德指出:"如同在古代东方文明中一样,对诸神的模仿并不是如田园诗般的轻松所表达的。恰恰相反,它暗示着一种令人敬畏的人类的责任。在判断一个'野蛮'的社会时,我们决不能忽视这样的事实:甚至在最残暴的行为和最反常的举止中也都蕴含着神圣

---

① 朱彦民:《商族的起源、迁徙与发展》,商务印书馆,2007 年,第 374—375 页。
② 黄展岳:《中国古代的人牲人殉问题》,载《考古》1987 年 2 期,第 160 页。
③ [德]罗曼·赫尔佐克:《古代的国家——起源和统治形式》,赵蓉恒译,北京大学出版社,2003 年,第 249 页。

的、超越凡人的模式。"①

　　因此可以说，通过战争来捕获奉献给诸神的"半兽人"等资源来维护神权政治与相关世界秩序的稳定性是商代战争观念的核心基础，战争在很大程度上是祭祀的延伸，战争与祭祀之间的密切关系决定了二者在殷人观念中可能被理解为同一项事务的不同程序。正是人神之间"互相给予"的实用主义原则存在，才决定了商代战争为献祭服务的重要特点。这也是商代战争不可能产生出军事贵族礼仪传统的根本原因。这种非道德化的宇宙观和宗教尽管冰冷而残酷，但在殷人世界观中确是现实有效和真实唯一的存在，对诸神的敬畏与恐惧的背后正是这样一个充满了力量的"神圣"模式。

　　在此，笔者借用亨利·富兰克弗特（H. Frankfort）在讨论古代美索不达米亚宗教时得出的一个结论来帮助描述商代政治宗教的本质："对于美索不达米亚人来说，神的法令只是限定人类的奴役状态。对于他们而言，宗教的发展处于伦理范畴之外。"② 在这个意义上，商代宗教中凡人所处的位置恰恰更接近奴役状态，宇宙中的诸神伟大而可怖，宗教活动与献祭不是基于关爱或友谊，而是处于对报复或强大超自然力量的畏惧。人与作为自然象征的诸神之间只有"互相给予"原则，因此没有轴心时代以来的那种道德可言。人类遭受奴役，参与这些"神圣"行为背后的动力是巨大的恐惧感，而这种神权宗教确实还处于前轴心时代的阶段。

_____

① ［罗马尼亚］米尔恰·伊利亚德：《神圣与世俗》，王建光译，华夏出版社，2002年，第 55 页。
② ［美］亨利·富兰克弗特：《王权与神祇——作为自然与社会结合体的古代近东宗教研究》，郭子林、李岩、李凤伟译，上海三联书店，2007 年，第 405 页。

第三节 战争的目的——祭品与资源

明确了商代战争与祭祀之间的复杂联系,就有必要梳理商代人观念中通过战争捕获祭品的性质以及他们是如何捕获"祭品"的。首先,要说明狩猎与战争都是为了获取祭品,而战争与狩猎被视为同一种性质的活动。其次,讨论战争行为中将要获取的资源,其中对人牲的猎取则是观念中的核心部分。只有通过源源不断地向诸神提供肉食与饮料才会保证获得更多的军事胜利,而军事胜利则会给祭祀带来更多的祭品,这两者的关系是如此紧密,以至于在春秋时代仍存留着这样的观念:"国之大事,在祀与戎。"① 这句著名的话语背后,显示战争与祭祀是一个系统内部同体的两面。

当然,这并不是说猎取"祭品"是商代进行战争的唯一目的,因为战争必然伴随着对各种具体土地、物资、资源、奢侈品的掠夺。但具体到观念层面,则需要回归到商代人自身的世界观与宇宙观中去理解他们的活动。

一、战争与狩猎被视为同一性质的活动

福山(Francis Fukuyama)说狩猎与战争有共同的起源,可以追溯到甚为久远的史前:"就黑猩猩和人类而言,狩猎似乎是战争的源泉。黑猩猩组织起来,成群结队地追捕猴子,再以同样技术追捕其他黑猩猩。人类也是如此,只不过人类的猎物更大、更危险,所以要求更高度的社会合作和更精良的武器。将狩猎技术用于杀人是司

①《左传·成公十三年》,李学勤主编:《十三经注疏·春秋左传正义》,北京大学出版社,1999 年,第 755 页。

空见惯的，我们有历史记录。例如，蒙古人的骑术和马背上打猎，正好用来对付敌人。"[1]

在商周时期，战争活动总是伴随着狩猎同时进行。有时是先战争再举行狩猎，有时则是通过狩猎来进行战争，或者通过狩猎来对战争进行军事训练。狩猎在观念上被理解为战争，此外就是军事行动被称为狩猎。越是趋近于古老的材料，就越是很难将战争与狩猎清晰区分开来。这种迹象显示，在商代的观念中，根本没有后世意义上的"战争"概念。

在甲骨卜辞中有一条记载了商王和妇好讨伐敌方，在取得胜利之后，商王又亲临妇好所在之地和她一起举行陷鹿的狩猎活动。于省吾进而得出结论，即商周时期的统治者在战争之后往往还举行"大蒐"的狩猎活动[2]。此外，周武王在与殷商的大战中获胜之后，也举行了大规模的田猎，猎获了 22 只虎、2 只野猫、5235 只麋鹿、12 只犀牛、721 只牦、151 只熊、118 只罴、352 只野猪、18 只貉、16 只驼鹿、50 只麝、30 只獐，另外还有 3508 只鹿[3]。《左传·昭公四年》记载"成有岐阳之蒐"，杜预注："成王归自奄，大蒐于岐山之阳。"[4] 可见成王东征也曾举行狩猎。此外，《左传·昭公四年》还记载"商纣为黎之蒐，东夷叛之"[5]，说明商王对东夷的征伐也伴随着"蒐"这样的田猎

---

① ［美］弗朗西斯·福山：《政治秩序的起源——从前人类时代到法国大革命》，毛俊杰译，广西师范大学出版社，2015 年，第 71 页。

② 于省吾：《释战后狩猎》，《甲骨文字释林》，中华书局，2009 年，第 298—299 页。

③ 黄怀信、张懋镕、田旭东：《逸周书汇校集注》，上海古籍出版社，2007 年，第 433—434 页。

④ 李学勤主编：《十三经注疏·春秋左传正义》，北京大学出版社，1999 年，第 1200 页。

⑤ 李学勤主编：《十三经注疏·春秋左传正义》，北京大学出版社，1999 年，第 1201 页。

活动。《左传·宣公十三年》记载晋国讨伐郑国之后也举行了大规模狩猎活动才撤回 [1]。

非王卜辞还记载:

> 辛酉卜:丁先狩遄又伐。
> 辛酉卜:丁其先又伐遄出狩(《花东》154)

从这条卜辞中可以看出商代战争与狩猎之间的紧密关系。实际上,商王室并不仅仅是在战后举行狩猎,卜辞证明王室有先狩猎再出战或是先出战再狩猎两种选择。

除了战争要伴随狩猎之外,战争也被视为狩猎。《史记·周本纪》记载周穆王对犬戎部落发动战争,得到了4只白狼和4只白鹿 [2]。这说明周穆王在进行战争的同时也举行狩猎,而战争的成果被描述为狩猎的成果。《史记·殷本纪》记载商王武乙在河渭之间举行狩猎,却被一阵"暴雷"击打而死 [3]。正如学者分析,武乙是看到了周民族逐渐强大,便发动了对周国的征伐。"武乙不是死于雷震,而实是死于与周之战争。" [4] 当然,也有学者认为武乙不是死于与周人的战争,而是死于征伐召方 [5]。但不管武乙之死符合哪一种说法,他发动的战争被描述和理解为狩猎行为是没有问题的。《史记·秦本纪》记载

---

[1] "夏,晋侯伐郑,为郊故也。告于诸侯,蒐焉而还",见李学勤主编:《十三经注疏·春秋左传正义》,北京大学出版社,1999年,第660页。

[2] [汉]司马迁:《史记》,中华书局,1982年,第136页。

[3] [汉]司马迁:《史记》,中华书局,1982年,第104页。

[4] 王玉哲:《中华远古史》,上海人民出版社,2003年,第487页。

[5] 许进雄:《修定武乙征召方日程》,吉林大学古文字研究室编:《古文字研究》第二十辑,中华书局,2000年,第33页。

秦文公三年,秦文公用七百名士兵向东狩猎①,这也是战争活动被描述为狩猎的例子。古本《竹书纪年》记载,夏王柏杼东征,获得了一只九尾的狐狸②。这也显示了战争与狩猎的一体,战争成果即狩猎成果。《白虎通·绂冕》中也是"战伐田猎"③并举,说明这两种活动被视为具有同一性质。这种将战争视为狩猎的现象并不是早期中国特有的,例如在古埃及早期,上埃及对下埃及的战争也是表现为猎人对动物的攻击④。在人类早期观念中,"战争与狩猎之间丝毫无根本上的差异"是一种广泛存在的现象⑤。

除了战争被理解为狩猎,狩猎也被理解为战争。《尔雅·释天》"春猎为蒐,夏猎为苗,秋猎为狝,冬猎为狩",邢疏:"此说田猎习武之事。"⑥可见古人通过田猎来进行习武和军事演习。《穀梁传·昭公八年》"秋蒐于红",传云:"因蒐狩以习用武事,礼之大者也。"⑦《周礼·夏官·大司马》则详细地记载了蒐猎的纪律、布兵、战车与步兵的配合等内容,使用了与战争活动完全一致的程序、命令、赏罚与术语⑧,可见围猎在观念上确实被视为与战争具有同一性质的活动。

---

① [汉]司马迁:《史记》,中华书局,1982年,第179页。
② 张玉春:《竹书纪年译注》,黑龙江人民出版社,2003年,第13页。
③ [清]陈立:《白虎通疏证》,中华书局,2007年,第497页。
④ 刘文鹏:《埃及考古学》,生活·读书·新知三联书店,2008年,第37页。
⑤ [日]白川静:《中国古代文化》,加地伸行、范月娇译,台北文津出版社,1983年,第231页。
⑥ 李学勤主编:《十三经注疏·尔雅注疏》,北京大学出版社,1999年,第183—184页。
⑦ 李学勤主编:《十三经注疏·春秋穀梁传注疏》,北京大学出版社,1999年,第284—285页。
⑧ 李学勤主编:《十三经注疏·周礼注疏》,北京大学出版社,1999年,第768—782页。

有学者认为,甲骨文中的"大田"就是"大蒐"的意思[1],但甲骨文中确实还没有发现准确的"蒐"字。尽管还没有发现军事演习性质活动的"蒐"字,但商代存在"蒐"这样的军事性活动是毋庸置疑的。商代的田猎可以说就是征战,而征战可以说就是田猎。在田猎中"获羌"、"获印"等亦为常见[2]。因此,商代的大蒐田猎献禽与战争献俘都分享了同一套仪式程序[3]。

甲骨文中有一个字,詹鄞鑫释读为"获",读为后世军事祭祀的"禡"字。表示用狩猎或战争中擒获的野兽或俘虏祭祀祖神,献祭俘获的动物与献祭俘虏在本质上没有两样[4]。关于詹先生对这个甲骨文的释读,"获"上古音在匣母铎部,"禡"在明母鱼部。鱼、铎之间虽然能够韵转,但声纽相差太远,是否能够读为"禡",尚可存疑。但是,这个字的意思表示用动物、人牲献祭是没有问题的。狩猎是为了献祭,战争同样也是献祭的延伸。

狩猎行为往往是为了满足祭祀的需求,猎获各种动物作为献祭神灵的用品。《礼记·王制》明确记载,天子和诸侯无事就需要每年举行三次狩猎,第一就是为了"乾豆",郑注:"乾豆,腊之以为祭祀豆实也。"[5]《礼记·月令》则记载"天子乃教于田猎……命主祠祭禽于

---

① 钟柏生:《卜辞中所见殷代的军礼之二——殷代的大蒐礼》,《甲骨文献集成》第二十七册,四川大学出版社,2001年,第152页。

② 寒峰:《甲骨文所见的商代军制数则》,《甲骨文献集成》第二十七册,四川大学出版社,2001年,第50—51页。

③ 高智群:《献俘礼研究(上)》,中华书局编辑部:《文史》第三十五辑,中华书局,1992年,第3页。

④ 詹鄞鑫:《神灵与祭祀——中国传统宗教综论》,江苏古籍出版社,1992年,第436—438页。

⑤ 李学勤主编:《十三经注疏·礼记正义》,北京大学出版社,1999年,第373页。

四方"，郑玄注："以所获禽祀四方之神。"[1]《周礼·夏官司马·大司马》记载，通过"蒐田"，可以"献禽以祭社"[2]。由这些记载可知，田猎是为祭祀神灵获得各种祭品[3]。《穆天子传》卷一记载"天子猎于渗泽，于是得白狐玄貉焉，以祭于河宗"[4]，卷五则记载"天子射兽……得二虎九狼，乃祭于先王，命庖人熟之"[5]，说明猎获的动物既被献祭给自然神，也被献祭给祖先神。《合集》27339 也记载，殷人用捕获的虎祭祀祖甲、父甲两位祖神。《白虎通·田猎》则有明确的记载，狩猎的重要意义在于"上以共宗庙"[6]。中山国青铜器上也记载了用田猎捕获来祭祀先王的活动[7]。这些材料都说明，古代田猎与献祭各种神灵之间具有密切关系。

另外，宾组、黄组等卜辞也反映了殷人广泛通过狩猎获取祭品：

> 王贞往狩，禘（《合集》10939）
>
> 兹御获鹿六狐十（《合集》37410）
>
> 兹御获狐八十又六（《合集》37471）
>
> 兹御获狐一（《合集》37497）
>
> 其田往来亡灾，兹用（《合集》24502）

---

[1] 李学勤主编：《十三经注疏·礼记正义》，北京大学出版社，1999 年，第 539 页。

[2] 李学勤主编：《十三经注疏·周礼注疏》，北京大学出版社，1999 年，第 768 页。

[3] 钟柏生：《卜辞中所见殷代的军礼之二——殷代的大蒐礼》，《甲骨文献集成》第二十七册，四川大学出版社，2001 年，第 160 页。

[4] 王贻樑、陈建敏：《穆天子传汇校集释》，华东师范大学出版社，1994 年，第 23 页。

[5] 王贻樑、陈建敏：《穆天子传汇校集释》，华东师范大学出版社，1994 年，第 268 页。

[6] ［清］陈立：《白虎通疏证》，中华书局，2007 年，第 590 页。

[7] 李学勤、李零：《平山三器与中山国史的若干问题》，载《考古学报》1979 年 2 期，第 161 页。

豕禽(擒),于祖辛 [①]

　　此外,济南大辛庄殷邑出土的甲骨卜辞中也记载了使用猎获的野猪对"母"进行祭祀 [②]。卜辞材料显示了狩猎获取动物与祭祀活动之间的密切关系,田猎所获取的猎物被用于各种献祭。因此,正如学者所言:"自古殷王之田猎,实与祭祀有密切关系,以祭祀为'国之大事',亦断可知矣。" [③] 而奉献给诸神的祭品除了狩猎捕获的动物,还包括战争中捕获的人牲。战争同样也紧密围绕着祭祀的主题展开,甚至反映在战争使用的武器上,也表现出这样的观念。青铜钺的纹饰大多都是大张的兽口和刀刃,祭祀中饮食与杀戮献祭的主题就这样被联系起来。"这种纹饰只是暗示出祭祀的主题,而并非在为故事做插图。" [④]

　　正因如此,所以在甲骨卜辞中,征伐异族的战争经常使用狩猎的用语"田",而狩猎动物则有时也会使用战争术语"正(征)",例如:

　　　　王狩□,禽(擒)伐夷? 不禽……(《合集》33384)
　　　　王其田羌,亡灾? 禽(擒)鹿十又五(《合集》41351)
　　　　多臣乎田羌(《合集》21532)
　　　　狩正(征),禽(擒)获鹿百六十二,百十四豕(《合集》10307)
　　　　我弗其正(征)麋?(《东京》99a)

---

① 胡厚宣编集:《苏德美日所见甲骨集》,四川辞书出版社,1988 年,第 129 页。
② 山东大学东方考古研究中心、山东省文物考古研究所、济南市考古所:《济南市大辛庄遗址出土商代甲骨文》,载《考古》2003 年 6 期,第 5—6 页。
③ 陈槃:《古社会田狩与祭祀之关系(重定本)》,《历史语言研究所集刊》第三十六本,1965 年,第 325 页。
④ [英]艾兰:《龟之谜——商代神话、祭祀、艺术和宇宙观研究》,汪涛译,四川人民出版社,1992 年,第 162 页。

　　第一条材料中,讨伐敌方的战争被称为"狩",第二、三条中不但征伐羌部落的战争被称为"田",而且战果中除了人牲还要统计捕获的动物。这种将征伐羌部落的行动称为"田"的捕猎用语之例还见于《合集》37400、37408、37409、37416、37421等黄组卜辞材料。第四、五条卜辞则反映了捕获麋、鹿与野猪也会使用战争用语。还有的卜辞中,战争词![字]与捕猎词"狩"并举(《屯南》3920)。

　　闻一多早已指出:"古者田猎军战本为一事……田物谓之丑,敌众亦谓之丑,即获之后,田物谓之禽,敌众亦谓之禽。是古人视田时所逐之兽,与战时所攻之敌无异,禽与敌等视,则田而获禽,犹之战而执讯矣。"[1]明确了商代观念中战争与狩猎之间的边界是模糊的。《合集》10198显示,在一次狩猎中商王便捕获了一只虎、40只鹿、164只野狗[2]、159只麋,规模之大,与战争不相上下。

　　既然战争与狩猎在商代人的世界观念中属于同一性质的活动,则可以推知商代人同样视敌方与动物为同一性质的存在,并不是严格意义上的人类。

---

① 闻一多:《周易义证类纂》丁"田猎",袁謇正整理:《闻一多全集》10,湖北人民出版社,1993年,第201页。

② 卜辞此字从"亡"从"犬",商承祚释为"狼",郭沫若释为"狐"(中国科学院考古研究所编辑:《甲骨文编》,中华书局,1965年,第408页)。甲骨文中有"尨"字(徐中舒:《甲骨文字典》,四川辞书出版社,2005年,第1098页)。笔者认为,此字"亡"表音,"犬"表意。"亡"古音在明母阳部,又"尨"古音也在明母阳部,古音完全相同,故笔者认为该字也可以读作"尨",意思是狗,正好对应表意的"犬"旁。《说文·犬部》:"尨,犬之多毛者。"《诗·召南·野有死麕》"无使尨也吠",毛传:"尨,狗也。"因此,卜辞中记载商王猎获的"尨"应为野狗。《合集》10254的材料记载,殷人曾使用这种猎获的野狗祭祀祖神"丁"。

二、敌方不被视为人类

现代知识和术语意义上的"人类"这一概念是很晚出现的。在此之前,作为"他者"的异族,是很难被理解为人类的。不但作为他者的异族不被视为完全意义上的人类,甚至在一些民族,在履行某些仪式或规定之前小孩也不被视为真正的人类①。除了这个布须曼人的例子之外,在中古时代的欧洲,七岁之前的儿童则差不多被视为动物②。将异族的他者视为非人类更是一种普遍的现象,16世纪的欧洲人成立了一个专门的调查委员会去研究海地与圣多明各(Santo Domingo)的原住民到底是人还是"一些古怪可怕的生物或野兽"。同样,印第安人也在研究白人,不同的是,白人认为印第安人是野兽,印第安人则怀疑欧洲白人可能是神③。

安达曼岛人用 Lau(精灵)一词称呼白种人与亚洲人,认为这些"他者"来自另一个精灵的世界④。而在一份早期的葡萄牙人手抄本中提到了有一种"印第安人",浑身长满毛发,以牙齿作为武器,以野果和植物根茎为食物。可实际上,作者所说的"印第安人"是一种大黑猿⑤。在《罗摩衍那》史诗时代古印度雅利安征服者的观念中,印

---

① Marjorie Shostak, *NISA:The Life and Words of a! Kung Woman*, Harvard University Press, 2000, p.60.

② [英]彼得·伯克:《法国史学革命——年鉴学派,1929—1989》,刘永华译,北京大学出版社,2006年,第62—63页。

③ [法]列维-斯特劳斯:《忧郁的热带》,王志明译,生活·读书·新知三联书店,2005年,第80—81页。

④ [英]拉德克利夫-布朗:《安达曼岛人》,梁粤译,广西师范大学出版社,2005年,第99页。

⑤ [英]爱德华·泰勒:《原始文化——神话、哲学、宗教、语言、艺术和习俗发展之研究》,连树声译,广西师范大学出版社,2005年,第311—312页。

度原住的黑色人与猿猴没有什么区别①。此外,缅甸人把未开化的克伦人(Karens)称为"狗人";马可·波罗则把安达曼群盗的原住民描述为残暴、蒙昧的食人者,长着狗头。"艾利安说,印度的狗头人,其表部就说明了他们是蒙昧民族。"② 这是将非我族类的他者理解为半人半兽的例子。甚至在 18 世纪的欧洲学者看来,不同文化的人群乃属于不同的物种,美洲的原住民是比欧洲人低劣的物种③。非洲的黑人,也被近代西欧殖民者视为一种半人半兽的特殊物种④。

　　除了将异族、他者视为动物或半兽人,还常常把异族视为一种亚人类,即并非真正意义上的人类群体。例如,在亚马孙盆地的亚诺阿玛人(Yanoa-ma)便自称只有自己的族人才是"人",而其他所有的人都是"低级的亚人"(naba),他们强调方言中的区别,以便与其他村庄的亚诺阿玛人相区别,这样就可以嘲笑他们不是正宗的人类,而是某种低贱的亚人类了⑤。甚至早期人类学家仍然将"低级阶段的人或蒙昧人"与动物做比较,认为"低级阶段"人的大脑"还没有使他达到文明地步"。在早期人类学家看来,原住民的大脑与智力还介乎欧洲人与猿类之间⑥。这说明了人类对"他者"作为低级种类

---

① [德]马克斯·韦伯:《印度的宗教——印度教与佛教》,康乐、简惠美译,广西师范大学出版社,2005 年,第 152 页。

② [英]爱德华·泰勒:《原始文化——神话、哲学、宗教、语言、艺术和习俗发展之研究》,连树声译,广西师范大学出版社,2005 年,第 317 页。

③ Alan Barnard, *History and Theory in Anthropology*, Cambridge University Press, 2004, p.19.

④ Alden T. Vaughan, *Roots of American Racism: Essays on the Colonial Experience*, Oxford University Press, 1995, p.66.

⑤ [美]布鲁斯·林肯:《死亡、战争与献祭》,晏可佳译,上海人民出版社,2002 年,第 215 页。

⑥ [英]爱德华·B. 泰勒:《人类学——人及其文化研究》,连树声译,广西师范大学出版社,2004 年,第 46 页。

的想象具有怎样根深蒂固的传统。

　　这些例子都说明在前现代社会的世界各地,动物、非人与异族"他者"之间的边界十分模糊,这是一种在人类历史文化中相当常见的现象。正如人类学家列维－斯特劳斯所说:"我们所称的大部分原始部落,为自己起的名字都有'真正'、'好'、'杰出'或至少是'人'的含义,不承认别人有人的地位,叫他们'土狼'或者'虱子蛋'。"[1]蒙默也提到:"笔者在研究西南古族时,发现笮人之'笮'其读音与笮人后裔彝族、纳西族的'人'字读音相同,因而提出原始民族可能有用'人'字音读为族称的习俗。后读国外民族学资料,得知爱斯基摩人自称'依纽特'(Inuit),英属哥伦比亚的'海达'(Haidds)人,哥伦毕业的'穆伊斯卡'人,其意都是'人'。"类似的,中国古代苗瑶族群的自称,也都是"人",而古代汉字中人方、夷方之相似,也是因为他们都以"人"自称[2]。

　　在此意义上,可以考察一下甲骨文中殷商人自称的"商"字含义。根据张光直的分析,这个字的上半部代表着戴礼官的祖先神,中间则是一个祭坛,底部的符号是一个口在念诵咒文,可以引申为祭祀中心及其城镇,最后成为祭祀中心权力群的象征[3]。张光直的观点是将商代统治者的自我确认放置到宗教观念的系统中进行理解,可备一说。但无论如何,商王室自信有力量支配"世界"的神圣体系这一点则是毋庸置疑的。商王室不但自信是真正的人类,而且是神圣的太阳神子孙[4]。除了王室统治者之外,商朝贵族及其各族的普通

---

[1] ［法］列维－斯特劳斯:《遥远的目光》,邢克超译,中国人民大学出版社,2007年,第 7 页。

[2] 蒙默:《南方古族论稿》,商务印书馆,2015 年,第 79—80 页。

[3] ［加］海基·菲里:《与张光直交谈》,［美］冷键译,张光直:《考古人类学随笔》,生活·读书·新知三联书店,1999 年,第 221 页。

[4] 王晖:《殷商十干氏族研究》,载《中国史研究》2003 年 3 期,第 39 页。

氏族成员都被称为"众"和"人"，这两个甲骨文的构造可以显示他们自信是真正的人类。至于商人之外的那些异族，则不在"人类"范畴之内。傅斯年说："古者本无'人'之一个普遍概念，可以两事征之。第一，征之于名号。'人'、'黎'、'民'在初皆为部落之类名，非人类之达名也……古者并无人之普遍概念，除征之于名号外，更可据典籍所载古昔论人诸说征之。盖古者以为圆颅方趾之辈，非同类同心者，乃异类异心者。"①

《尔雅·释地》描述了中土之外的怪诞世界，东方有比目鱼，南方有比翼鸟，西方有比肩兽，最后提到"北方有比肩民焉，迭食而迭望"，郭注："此即半体之人，各有一目、一鼻、一孔、一臂、一脚，亦犹鱼鸟之相合，更望备惊急。"② 这代表了某种先秦古人对异域、异族的他者想象。到了东周时代，异族也不被视为真正的人类，《公羊传·僖公十八年》"冬，邢人、狄人伐卫"，何休注："狄称人者，善能救齐，虽拒义兵，犹有忧中国之心。"③ 这就是说，蛮族的"夷狄"不是真正的人类，但如果他们能够帮助华夏，那么他们可以在某种语境中被上升为"人"。《周礼·秋官司寇·夷隶》中则记载夷隶负责饲养动物和记录"鸟言"，理由如郑玄注："夷狄之人或晓鸟兽之言。"此外，还有一种貉隶，掌管饲养动物和记录"兽言"，贾公彦疏认为"夷貉相近，是以亦解兽言"④。这些异族显然被理解为介于人类与动物之间的某种过渡物种，因此既能使用人类的语言也能使用动物的语

① 傅斯年：《性命古训辨证》，广西师范大学出版社，2006年，第106—108页。
② 李学勤主编：《十三经注疏·尔雅注疏》，北京大学出版社，1999年，第195—196页。
③ 李学勤主编：《十三经注疏·春秋公羊传注疏》，北京大学出版社，1999年，第238页。
④ 李学勤主编：《十三经注疏·周礼注疏》，北京大学出版社，1999年，第965—966页。

言。宋代的朱子也明确认为：“到得夷狄，便在人与禽兽之间。”[1]

　　内容古老的《山海经》中，中土周边世界也大多为半人半兽甚至是精灵鬼魅的群体。[2]　“一直到元代周致中的《异域志》、明代的《三才图会》，都曾经或写或画了很多这样的怪物，像‘狗国’、‘女人国’、‘无腹国’、‘奇肱国’、‘后眼国’、‘穿胸国’、‘羽民国’，这些形象被当做异域人的形象看待。我们说，这体现了古代中国一种相当傲慢的、把外夷视为‘非人’的观念。”[3]　这就意味着，古中国曾长期将异域、他者想象为非人和半人半兽，这种观念一直延续到明代以后。

神槐　　　　　　赢民　　　　　　鸟氏

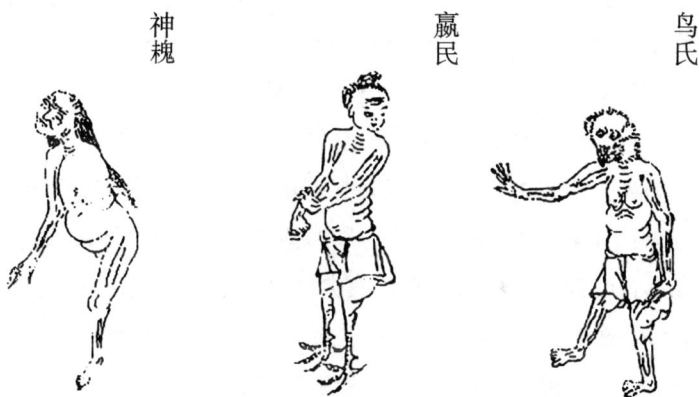

图 2-2　《山海经》中被想象为半人半兽的“他者”

[1]《朱子语类》卷四，[宋]黎靖德编，王星贤点校：《朱子语类》，中华书局，2004年，第 58 页。

[2] 例如，《山海经·大荒北经》中将异族“犬戎”称为“白犬”、“人面兽身”，又将苗民称为“有翼”（袁珂校注：《山海经校注》，巴蜀书社，1996 年，第 495—498 页）。可见这些异族都被视为半人半兽。此外，还有一些异族被描述为精灵或甚至是鬼怪，也就是说，在《山海经》所代表的古代观念中，作为异域的“他者”与动物、精灵、鬼魅之间没有清晰的边界。

[3] 葛兆光：《思想史研究课堂讲录——视野、角度与方法》，生活·读书·新知三联书店，2005 年，第 169 页。

以元代周致中的《异域志》为例,与《山海经》中大量半人半兽的域外异族记载一样,这本书中也有大量对外族的想象。如"大阇婆国"有的人的头能够离开身体飞行;"苏都识匿国"则"其人皆如夜叉";"近佛国"则是"其国人性与禽兽同……非人类比也";"大食国"则是在树枝上长着人头,但不会说话;"奇肱国"的居民则只有一只手臂;"后眼国"的居民只有一只眼睛;"狗国"中的男子全部是狗,不会使用语言;"羽民国"的居民长着鸟喙,身体上长着羽毛,还能够飞行与卵生。此外,还有的国家的异族长着三个头,或是三个身体,还有的是长臂或长脚,或者身体长满毛①。显然,这些作为他者的众多异族很难被视为真正意义上的人类。他们或者是兽,或者是半人半兽,或者最多只能算一种亚人类②。根据柯文(Paul A. Cohen)的研究,直到近代的义和团运动时期,由华北农民组成的义和团仍将西方人视为半人半兽的动物或是羊③。既然中国近代时期民间社会的世界观尚且如此,远古殷商时代对周边他者的想象就可想而知了。

在远古时期中原地区以真正人类身份自诩的世界观中,"异种殊族,为之特立异名……被以犬及虫豸之形,谓其出于兽类"④。"羌为羊种,闽蛮为虫种,貉为豸种,猃狁、獯猃、狄为犬种,皆不得侔于人"⑤。

---

① [元]周致中:《异域志》,商务印书馆,1936年,第21—82页。对异域他者的非人想象,如"交股"、"羽民"、"三头"、"豕喙"、"一目"等四域异族的记载,也见于《淮南子·地形》,刘文典:《淮南鸿烈集解》,中华书局,2006年,第147—148页。

② Nicola Di Cosmo, *Ancient China and It's Enemies:The Rise of Nomadic Power in East Asian History*, Cambridge University Press, 2002, p.93.

③ [美]柯文:《义和团、基督徒和神——从宗教战争角度看1900年的义和团斗争》,载《历史研究》2001年1期,第25页。

④ 章太炎:《国故论衡》,上海古籍出版社,2006年,第32页。

⑤ 蒙文通:《古史甄微》,刘梦溪主编:《中国现代学术经典·蒙文通卷》,河北教育出版社,1996年,第397页。

这样的远古世界图景很能说明商代观念中对"他者"的理解:西部居住着半羊半人的怪物,东南居住着蛇虫异类,而北部的群体则是半人半犬的种类。这种异类,都不是属于中土"商"的人类。

通过对殷墟祭祀坑中人牲的头骨进行分析表明,这里存在着与蒙古人种不同的亚人种类型,"它暗示这些头骨中的大部分可能就属于来自不同方国的异族战俘"[1]。除了蒙古人种的不同亚类型,这里甚至还发现了因纽特人种和高加索人种、大洋洲棕色人种的头骨[2],显示了殷商周边族群人种构成的复杂程度。这些体质形态明确区别于殷商族属的人群分布于商王国的四周各地。在殷商人的观念中,这些体质的差异明显也是种类的差异,这些异类的性质与狩猎中捕获的动物接近,而绝非人类。

从殷人如何对待这些异域的他者也可以看出,在殷人观念中这些异类意味着什么。早在商代二里冈时期的骨料作坊中,就有一半以上的骨料是人骨,这些人骨与猪、牛、羊、鹿的骨头混杂在一起,被作为生产各种工具的原料[3]。这说明在殷人的观念中,这些异族的敌人与猪、牛、羊、鹿没有本质上的区别,因此他们的骨料就是简单的动物骨骼,他们的肢骨被用于生产骨笄、骨镞、骨针等[4]。除此之外,

---

① 韩康信、潘其风:《殷墟祭祀坑人头骨的种系》,中国社会科学院历史研究所、中国社会科学院考古研究所:《安阳殷墟头骨研究》,文物出版社,1985年,第106页。

② 张光直:《商文明》,张良仁、岳红彬、丁晓雷译,辽宁教育出版社,2002年,第322—323页;刘梦溪主编:《中国现代学术经典·李济卷》,河北教育出版社,1996年,第673页。

③ 郝本性:《试论郑州出土商代人头骨饮器》,载《华夏考古》1992年2期,第94页。

④ 刘绪:《谈一个与早期文明相关的问题》,载《中国历史文物》2009年4期,第5—6页。

殷人也将敌方的骨头进行钻灼之后用于占卜，与牛的肩胛骨混用 [1]，这也能说明他们将周边异类族群理解为与动物没有区别的存在。

　　这些被捕获的"半兽人"还经常与动物一起被杀死和掩埋。在安阳刘家庄祭祀坑 H524 中，第一层埋着 3 个人、2 匹马，第二层埋着 3 个人、14 匹马、9 头牛、5 头猪，多是被肢解的 [2]；在河北藁城台西村商代遗址 H3 灰坑中人骨与马、猪的骨骼混杂在一起 [3]；在郑州小双桥遗址有将婴儿与羊头埋在一坑之内的现象 [4]；在郑州商城灰坑 C5.1H171、C9.1H111 和 C9.1H110 中均有混在一起的人、兽骨架，"有的坑内掷埋的人、兽骨架还相当多" [5]；小屯南地祭祀坑 H33 中 5 个人与马埋在一坑之中 [6]；二里冈遗址也存在人、猪骨架叠埋一坑之中的现象 [7]。这些现象与龙山和二里头时期大量出现的人牲骨架与动物同埋的现象完全一致，充分显示了从龙山时期到殷商的战争观念中，征伐的异族被理解为动物或类似于动物的非人。

　　甲骨历组等卜辞也显示，商代的祖神献祭活动中，这些牺牲与

[1] 中国社会科学院考古所安阳队：《1982—1984 年安阳苗圃北地殷代遗址的发掘》，载《考古学报》1991 年 1 期，第 116 页。
[2] 中国社会科学院考古研究所安阳工作队：《河南安阳市殷墟刘家庄北地 2008 年发掘简报》，载《考古》2009 年 7 期，第 34—35 页。
[3] 河北省文物管理处台西考古队：《河北藁城台西村商代遗址发掘简报》，载《文物》1979 年 6 期，第 36 页。
[4] 宋国定：《商代中期祭祀礼仪考——从郑州小双桥遗址的祭祀遗存谈起》，王宇信、宋镇豪、孟宪武主编：《2004 年安阳殷商文明国际学术研讨会论文集》，社会科学文献出版社，2004 年，第 418 页。
[5] 河南省文物考古研究所编著：《郑州商城——一九五三年——一九八五年考古发掘报告》，文物出版社，2001 年，第 484 页。
[6] 中国社会科学院考古研究所安阳工作队：《1973 年小屯南地发掘报告》，《考古》编辑部编：《考古学集刊》第 9 集，科学出版社，1995 年，第 62—63 页。
[7] 河南省文化局文物工作队：《郑州二里冈》，科学出版社，1959 年，第 11 页。

各种动物经常被一同作为祭品：

　　　　四羊、五豕、五羌(《合集》30448)

　　　　伐三十羌,卯三十豕(《合集》32048)

　　　　羌三十、十牢(《合集》32051)

　　　　伐三十羌,三牢(《合集》32054)

　　　　羌三十、牛十(《合集》32058)

　　　　一牛,羌其三(《合集》32085)

　　　　其三羌三牛(《合集》32107)

　　　　于唐(汤)三十羌,卯三十牛(《合集》22546)

　　　　三羌又九犬(《屯南》1059)

　　　　太牢、三羌(《屯南》2310)

　　　　其五牢、羌十人(《屯南》2343)

　　"羌"是殷商时期用于献祭杀死最多的牺牲之一,这个字的甲骨文是一个头戴着羊角的人形。"羌"并不是一个具体族群或政治实体,而是殷人用作西部方向非我族类的通称,是殷人对他者的想象与建构。在殷人的世界观中,这些"羌"即是殷商西面以游牧为生的半兽人,这种半兽人似乎介于人类与羊之间,所以殷人在造字时给这些异类的头部安上羊角。因此,这些西面的"羌"如同牛羊一般被宰杀,显示了殷人对这些"非人"的态度[①]。殷人的敌对群体为"鬼方",这一名称即意味着该群体被视为非人的"恶灵"一类[②]。而"㚔"

---

① 王明珂:《华夏边缘——历史记忆与族群认同》,社会科学文献出版社,2006年,第147页。

② 蒲慕州编:《鬼魅神魔——中国通俗文化侧写》,台北麦田出版,2005年,第25—26页。

字则是指在战争或田猎中被擒获的俘虏①,形状是被对手制伏的半兽人。这些被制伏、猎获的对象,也如同半兽人羌俘一样与动物一起被宰杀,献祭给诸神。

可以肯定,商代人对于"敌人"的价值观念,与禽兽牲畜没有什么区别②。如果敌方不是动物,也至少是半兽人或亚人类。甚至在某些时候,这些"他者"的身份可能接近充满敌意的鬼怪或精灵。

三、猎获"半兽人"的战争

殷人的活动一般集中在点状的宗教政治中心内,而这些据点大量散乱呈蜂巢状地与异族或敌对者胶混在相近的空间中③。在商代人看来,商王国的周边除了服从商王室的属邦据点和诸族的军事城堡之外,便是游离着精灵、鬼魅、动物与半兽人的域外世界④。他们在这些区域的所有活动都伴随着武装行动一起展开,其中就包括了武

---

① 徐中舒主编:《甲骨文字典》,四川辞书出版社,2005 年,第 291 页。

② 张秉权:《祭祀卜辞中的牺牲》,《历史语言研究所集刊》第三十八本,1968 年,第 231 页。

③ David N. Keightley, *The Ancestral Landscape:Time*, *Space*, *and Community in Late Shang China*, *ca.1200—1045B.C*, Institute of East Asian Studies, University of California, Berkeley, 2000, p.81.

④ 《左传·文公十八年》记载舜曾经:"流四凶族,浑敦、穷奇、梼杌、饕餮,投诸四裔,以御螭魅。"杜注:"螭魅,山林异气所生,为人害者。"《左传·昭公九年》也记载:"先王居梼杌于四裔,以御螭魅。"这说明春秋时代的观念中,城堡与农田之外的异域地区仍被视为充满了精灵与鬼魅的恐怖世界。《汉书·王莽传中》记载:"敢有非井田圣制,无法惑众者,投诸四裔,以御螭魅。"则说明甚至到了两汉之间的观念中,异族居住的陌生土地仍被视为恐怖的荒蛮世界,那里居住着可怕的鬼魅。结合卜辞材料与传世文献可知,在商代的世界观中,商王国之外的区域同样是恐怖与陌生的,那些殷人居住区域之外的世界充满了怪兽、精灵与鬼魅。

装开荒农田与武装放牧[①]，在开荒与放牧时也不时地捕获到一些类似于"羌"这样的半兽人[②]，作为额外收获并带回神庙用于献祭。

除了通过武装的生产活动零星地猎捕半兽人作为祭品之外，王室与诸族首领显然也经常有意地发动战争——狩猎活动，主动袭击域外的野生世界，捕获猎物与半兽人。甲骨中多问获羌，见于宾组类等卜辞：

获羌十（《合集》163）

其获羌？（《合集》164）

不其获羌？（《合集》176）

师不其获羌？（《合集》181）

贞：光获羌？（《合集》182）

师获羌？（《合集》39489）

我获羌？（《合集》39491 反）

"师"指商王国的军队[③]，"光"则是一位氏族首领，"我"则是商王的自称。看来，商王国的国王、军队与氏族首领都从事捕获这些半兽人的武装行动。

除了猎获，宾组卜辞中也多称"执"，例如：

呼执？（《合集》176）

---

① 朱凤瀚：《商周家族形态研究》，天津古籍出版社，2004 年，第 187 页。于省吾：《甲骨文字释林》，中华书局，2009 年，第 284 页。

② 例如《合集》39490 条"牧获羌"就是武装放牧时对羌的捕获。

③ 杨升南：《略论商代的军队》，胡厚宣等：《甲骨探史录》，生活·读书·新知三联书店，1982 年，第 342 页。

贞:呼妇好执(《合集》176)

卅马其执羌?

卅马弗其执羌?(《合集》500正)

乎逆执?(《合集》185)

执羌……获二十又五而二(《合集》499)

甲骨文中"执"字作"🔆",是用一种木制械器将俘虏双手械系起来[1]。上面的卜辞中,有商王夫人捕获人牲的记载,也有骑马武装群对人牲捕获的记录。这些人牲被捕后,其中一些会被木制械器缚住双手。这种桎梏器械的形象可见于小屯358号深窖中出土的商代陶俑,这些被桎梏束缚着双手的男女形象正是被俘获者的描绘[2]。这种桎梏用具即是甲骨文中的"幸"字,作"🔆",可以看出那些被"执"的人牲正是戴着这种木枷,如《屯南》2148记载以"▓"祭祀雍己,祭品正是戴木枷的形象。卜辞显示:

正(征)幸羌(《合集》39495反)

我幸▓(《合集》6910)

卜辞中的"幸"是名词作为动词使用,指通过战争捕获这些半兽野蛮人。非王卜辞中还有"多臣乎田羌"的记载(《合集》21532),是殷人贵族家族武力以田猎方式捕获羌。这种工具将他们束缚住。

前面已经论述,商代观念中的狩猎与战争边界十分模糊,在异族生活的鬼魅世界中,捕获动物与半兽人被视为同一种活动。因此,

---

① 徐中舒分析该字字形为"象人两手加梏之形"(徐中舒主编:《甲骨文字典》,四川辞书出版社,2005年,第1169页)。

② 宋镇豪:《夏商社会生活史》,中国社会科学出版社,2005年,第586页。

卜辞中对异族战争行为的描写很难与捕猎行动区分开来：

　　征获羌(《合集》191)
　　登获羌(《合集》205)

　　"征获羌"指通过征伐行动获得"羌"，而"登"的古音与"徵"通，读为"徵集"的"徵"[1]。"徵获羌"的意思是将战争中捕获的羌集中到一起。除了获羌，各类宾、师宾间类等卜辞中，还有大量征伐与擒获人牲的材料：

　　贞:弗其禽(擒)土方?(《合集》6450)
　　贞:获征土?
　　贞:弗其获征土方?(《合集》6451正)
　　今出,羌有获征?(《合集》6605)
　　其获征羌(《合集》6608)
　　获征方(《合集》6750、6751)
　　我获(《合集》6909)
　　贞:雀弗其获征微?(《合集》6986)
　　雀弗[其]获缶?(《合集》6834正)
　　□弗执缶(《合集》20528、20529)
　　征获……百四十……(《合集》7643)
　　征获不其百?(《合集》7636)
　　今出,羌有获征(《合集》39901)

① 杨树达:《积微居甲文说》,上海古籍出版社,2006年,第38页。

　　弗其获征方 ①

　　这些材料显示,通过战争活动捕获人牲是王室与诸族对外进行征伐行动的核心目的,战争—狩猎的目标即是为诸神的祭祀提供大量血食与肉食以达到取悦神灵的效果。甲骨文中有"系"字,这个字的构造字形是用绳索绑在俘虏的颈上,牵之而行 ②,此外,商代人牲最主要的群体——"羌"在甲骨文中也被描述为颈系绳索的形象 ③。由此可知,战争结束之后那些被捕获的异族战俘或是双手戴上木枷,或是在颈上用绳索串联,由殷商王国的武装者带回"大邑商"的神庙与祭祀区进行献祭:

　　　　来羌用于……(《合集》240)
　　　　贞:用来羌(《合集》244)
　　　　惟鬼饿 ④ (《合集》1114 正)
　　　　今日用方(《合集》8699)

　　除了捕获王畿以西地区大量的游牧人群"羌",商王国也捕获北

---

① 胡厚宣编集:《苏德美日所见甲骨集》,四川辞书出版社,1988 年,第 132 页。关于"方"字,杨树达认为,古音中"方"、"彭"发音相同,考证"方"即古书中记载的"大彭"部族(杨树达:《释方》,《积微居甲文说》卷下,上海古籍出版社,2006 年,第 65—66 页)。
② 于省吾:《甲骨文字释林》,中华书局,2009 年,第 320 页。
③ 徐中舒主编:《甲骨文字典》,四川辞书出版社,2005 年,第 416—417 页。
④ 这个字读为"胣",意思是肢解(杨树达:《卜辞求义》,上海古籍出版社,2006 年,第 29 页;于省吾:《甲骨文字释林》,中华书局,2009 年,第 183—186 页)。这条卜辞是指将捕获的鬼方人牲肢解用于祭祀。

部的土方①和鬼方的部落人员。此外,"印"也是商王室经常捕获的对象,这个字的构造意为被一只手揪住头部而跪在地上的俘虏②,所属位置也接近"羌"所代表的西部游牧者的活动范围。

在甲骨卜辞中描述这种群体的成员被以网捕"▓▓"的方式俘获(《合集》21768),这个字的意思是:"卜辞占卜主体之贵族令其下属像猎兽类一样去捕捉印,印即印方之人。"③可以推知,这个群体也同样被视为动物一样的存在而遭受战争猎取。

> 弗克以印? 其克以执(《合集》19779)
>
> 执不印? 九月(《合集》19785)
>
> 其以执印?(《合集》19789)
>
> 执弗其羌、印?(《合集》20449)
>
> 羊、印不执?(《合集》20468)
>
> 在义田,来执羌(《屯南》2179)

从上述卜辞材料中可知,这个群体也遭到了殷人的武装捕获(田)。这个群体不仅与西羌一样被抓获,还与动物(羊)一起被抓获。除了羌、土、印、缶经常通过战争活动被捕获,还有一些被视为半兽人或亚人类的他者遭到过殷商的征伐。如有被称为"大"的群体,卜辞中有"册大"、"取大"、"以大"的记载。这些作为他者的社会群体

---

① [日]岛邦男:《殷墟卜辞研究》,濮茅左、顾伟良译,上海古籍出版社,2006年,第815页。

② 徐中舒主编:《甲骨文字典》,四川辞书出版社,2005年,第1011—1012页。

③ 朱凤瀚:《商周家族形态研究》,天津古籍出版社,2004年,第161页。

都曾遭受殷商的征伐,并有一些成员被捕获成为人牲[①]。

这些殷商征伐的对象中,"夷方"的"夷"写作"🏹",叶玉森、陈梦家等学者释读为"人方",郭沫若、董作宾释读为"夷方"[②]。无论怎样解释这个甲骨文,这个字描述了一个人的形状是无疑的。这个人形的描述显示了这个群体在殷人观念中是一种亚人类。卜辞中捕获的人牲有时被称为"人"[③],但这个字的字形也可以理解为"夷",因此可知卜辞中的"人"并不是现代人生物学观念中的人类共同体,而只是一种半人或亚人类。

商代武装者有一整套专业的技术用于在战争中既能使敌方丧失战斗力,又能将之生擒带回用于祭祀活动。笔者在一些考古材料中发现了一些蛛丝马迹:在20世纪30年代所发掘的商代祭祀坑中,有10座坑出土了青铜镞和骨镞,这些镞大多是紧贴着人腿骨的,似乎是人牲生前就已经受伤带箭,这些人牲都是在战争中俘获的敌人[④]。笔者进而推测,这些被用于献祭的人牲为何都是腿部中箭?在商代的祭祀中偶尔会使用一种射杀献牲的方法,这种仪式也保留在宗周的礼仪中[⑤]。这些腿部中箭的人牲是不是死于射牲的祭祀仪式呢?答案是否定的,因为既然是射牲,距离必然非常近,弓箭手即使技术再低劣,无论如何也不会每一箭都正好射在人牲的腿部。况且

① 姚孝遂:《商代的俘虏》,吉林大学古文字研究室编:《古文字研究》第一辑,中华书局,1979年,第342—350页。
② 李学勤:《商代夷方的名号和地理》,《文物中的古文明》,商务印书馆,2008年,第186页。
③ 如《合集》36481危方"廿人四"、而人"千五百七十",《合集》7771记载献祭杀死了"二千六百五十六人",都可以被理解为"夷"。卜辞中的"人"并不被理解为殷人的同类,而只能是一种亚人类。
④ 杨宝成:《殷墟文化研究》,武汉大学出版社,2003年,第105页。
⑤ 杨树达:《卜辞琐记》,上海古籍出版社,2006年,第4页。

这些箭如果只是射在腿部,显然也不会对这些人牲有致命伤害,与射牲祭祀的方式不同。因此,答案只能是,商代的职业武装者受过使用武器的专门精良训练,其中包括对弓箭、弹丸等远射武器的射击精确性训练,因此在战争活动中有意识地射击敌方"半兽人"的腿部等不致命位置,就能够达到既能使对方丧失战斗和逃亡能力的目的,又能够生擒并带回用于献祭。

　　这样的蛛丝马迹不止一处出现过,在1971年安阳小屯南地祭祀坑H33中有一名人牲的左腿内上踝处有一枚青铜镞[①];1989年发掘的一座基址门前建筑祭祀坑89M3中有三具被砍头的人骨,其中一具的腿骨旁有一枚骨箭镞;1991年发掘的小屯建筑1号房祭祀坑M15中,有人骨腰间,也有人骨手边有骨镞[②];1995年发掘殷墟大型建筑F1中有一祭祀坑M2,其中北边人骨腿骨旁有两枚骨镞,M18祭祀坑中的一具人骨的上肢旁有骨镞,而另一具人牲骨架的臂骨旁也有骨镞[③];垣曲商城的二里冈下层灰坑H353中,有一具人牲的骨架左下胫骨和腓骨之间嵌着一枚青铜镞[④];2004年孝民屯东南商代大墓的一个祭祀坑中,一具人骨的手腕上嵌着一枚锋刃镞[⑤];安阳后

① 中国社会科学院考古研究所安阳工作队:《1973年小屯南地发掘报告》,《考古》编辑部编:《考古学集刊》第9集,科学出版社,1995年,第63页。
② 中国社会科学院考古研究所编著:《安阳殷墟小屯建筑遗存》,文物出版社,2010年,第67—68页,第83页。
③ 中国社会科学院考古研究所安阳工作队:《河南安阳殷墟大型建筑基址的发掘》,载《考古》2001年5期,第23—24页。
④ 王月前、佟伟华:《垣曲商城遗址的发掘与研究——纪念垣曲商城发现20周年》,载《考古》2005年11期,第11页。
⑤ 岳洪彬、岳占伟:《殷墟的镞与甲骨金文中的"矢"和"射"字》,载《文物》2009年8期,第50页。

冈圆形祭祀坑的第一层人骨中也出土了一枚青铜镞[①]；安阳孝民屯祭祀环状沟中出土的人骨盆骨下（臀部处）也有一枚青铜镞[②]。这些迹象均可以表明，商代用弓箭武装起来的贵族与战士们可能都接受过射击的专门训练，他们射击敌人的部位多为腿、脚、手腕、手臂、臀部等非致命位置，以便于将这些"半兽人"擒获。李硕在其《翦商》一书中，对笔者的这一推论表示过质疑[③]。但卜辞材料也能印证殷人以"射"获羌之事。

宾组卜辞中也有关于使用弓箭捕获人牲的记载：

贞：射伐羌（《合集》6618 正）

射……获羌十（《合集》163）

乎射井（幸）羌？（《合集》7076 正）

学者对卜辞中以"射"获羌的材料系联也进行了整理，有时以射能获十羌[④]。这些卜辞显示了商王国的武装者的确曾经使用弓箭这种远射武器作为捕获人牲的方法。其中"乎射井羌"这一条卜辞，笔者将之读为"乎射幸羌"，因为"井"古音在精母耕部，"幸"在匣母耕部，双声叠韵，音通可互借。这条卜辞表明，商代武装者用弓箭精确射击对方非致命部位捕获人牲，再用木制桎梏"幸"将捕获者押解带

---

① 中国社会科学院考古研究所编著：《殷墟发掘报告：1958—1961》，文物出版社，1987 年，第 272 页。

② 殷墟孝民屯考古队：《河南安阳市孝民屯商代环状沟》，载《考古》2007 年 1 期，第 39 页。

③ 李硕：《翦商——殷周之变与华夏新生》，广西师范大学出版社，2022 年，第 256 页。

④ 彭裕商主编：《殷墟甲骨文分类与系联整理研究》，四川辞书出版社，2023 年，第 384—385 页。

回,用于献祭。战国兵书《吴子兵法》记载"进弓与弩,且射且虏"[1],正显示了弓箭射击可以高效率地捕获敌方。商代战争中弓箭使用的考古材料,正印证了古兵书中的记载。卜辞中有关羌"不死"、"其死"的占问(《合集》22134、22135),当为擒获后也有因箭伤而死的可能。

除了使用弓箭,能够飞射的弹丸也是一种很有效的远距离杀伤性武器,能够射伤人牲,使之丧失反抗与逃亡能力。但目前笔者还没有发现被弹丸击中非致命部位的人牲考古材料,原因是弓箭锋利的箭镞可以射入身体,甚至嵌入骨骼并因此保留下考古证据,但是石质与陶质的弹丸不能够像箭镞那样保留在考古证据中。但笔者有理由推测殷商的武装力量曾经较为频繁地使用这种远射武器捕获人牲,相关论述将在后文中展开。

除了弓箭、弹丸这类远射武器之外,商代步兵的戈也是较为有效的攻击武器,殷人还有战车、战象与武装骑手,相信这些装备在经过一定的排列与有效组合之后能够在击溃敌方与捕获人牲的战争—狩猎活动中起到重要作用。

前面分析了,商代国家延续了从龙山、二里头时期一路演化而来的战争观念战争与献祭配套,因此没有形成军事贵族传统。所以军事贵族传统中不伤害老弱妇孺的原则在商代战争观念中是不存在的,因为商代战争更类似狩猎。这就意味着,战争中捕获的敌方参战人员固然会被用于诸神的献祭,而敌方村落与聚邑中的老弱妇孺同样不能免于被殷商武装捕获而作为祭品的命运,这样的材料在考古证据中并不少见。

---

[1]《吴子兵法·应变第五》,骈宇骞等译注:《武经七书》,中华书局,2007年,第124—125页。

　　到了殷商最后一位国王帝辛对祖先的祭祀中,仍使用女性人牲与猪、羊一起杀死献祭[①],可见这种行为贯穿了整个商代。在安阳后冈圆形祭祀坑中埋着三层被献祭的人骨,第一层到第三层皆有捕获的异族妇孺[②]。河南柘城孟庄商代遗址房屋使用少女作为奠基牺牲,H8灰坑还有一个女性的人头骨[③]。在郑州商城二里冈遗址 C5M73 坑中则掩埋着两个被用作人牲的骨架[④]。在 1976 年殷墟祭祀坑北部发现了两组集中的女性坑,一共有 31 具女性人骨,其中最小的 20 岁,年龄最大的 35 岁[⑤]。此外,祭祀坑的 M221、M222、M227、M229、M230 都掩埋着未成年儿童的遗骨,"儿童的比例如此之大,显然不是自然死亡而与人祭有关"[⑥]。这类例子在殷墟多有发现,显示了商代战争的传统是新石器时代晚期龙山、二里头以来的延续。正如有学者所描述的那样:"在安阳殷墟遗址内的考古发掘中,作为人祭性埋葬的有不少是妇女和儿童,有的甚至是一个家庭的人被杀祭而埋于一个坑中。"[⑦]

---

① 吕静:《春秋时期盟誓研究——神灵崇拜下的社会秩序再构建》,上海古籍出版社,2007 年,第 61 页。

② 中国社会科学院考古研究所编著:《殷墟发掘报告:1958—1961》,文物出版社,1987 年,第 267—269 页。

③ 中国社会科学院考古研究所河南一队、商丘地区文物管理委员会:《河南柘城孟庄商代遗址》,载《考古学报》1982 年 1 期,第 68—69 页。

④ 河南省文物考古研究所编著:《郑州商城——一九五三年——一九八五年考古发掘报告》,文物出版社,2001 年,第 591 页。

⑤ 中国科学院考古研究所体质人类学组:《安阳殷代祭祀坑人骨的性别年龄鉴定》,中国社会科学院历史研究所、中国社会科学院考古研究所编著:《安阳殷墟头骨研究》,文物出版社,1985 年,第 111 页。

⑥ 中国社会科学院历史研究所、中国社会科学院考古研究所编著:《安阳殷墟头骨研究》,文物出版社,第 114 页。

⑦ 马季凡:《商代中期的人祭制度研究——以郑州小双桥商代遗址的人祭遗存为例》,中国社会科学院历史研究所编:《古史文存·先秦卷》,社会科学文献出版社,2004 年,第 201 页。

　　将敌对异族部落的家庭成员（包括男、女、老、幼在内）完整捕获
并杀祭,可以推知,商代战争—狩猎的过程不仅仅包括战场,除了战
场上杀死和捕获敌方参战的"半兽人"之外,敌军溃败之后继续进攻
并深入"半兽人"的聚邑、村落,捕获、猎取敌方的所有成员作为祭品
都属于战争—狩猎过程的组成部分,实行犁庭扫穴。无名组、黄组
卜辞材料记载:

　　王族其敦夷方邑旧,右左其□(《屯南》2064)
　　[右]左其敦柳邑(《合集》36526)

　　这两条卜辞记录了商王国的武装力量对他者聚邑的袭击。
"敦"字的意思是"袭击"或"攻击"。《诗经·鲁颂·閟宫》记载
牧野之战"敦商之旅",意思是攻击殷商的军队[1];《淮南子·兵
略》"敦六博,投高壶"[2],用作"敲击"的意思;银雀山出土竹简《孙
膑兵法·十阵》"鼓噪敦兵"[3],这些都说明了"敦"字的攻击含义[4]。
在金文中,直接就有"敦伐"之称[5],可证"敦"与"伐"意思相近。殷
人氏族武装通过"敦"这一方式对半兽人"羌"的袭击,也见于花园

① 李学勤主编:《十三经注疏·毛诗正义》,北京大学出版社,1999年,第1410—
　　1411页。
② 刘文典:《淮南鸿烈集解》,中华书局,2006年,第514页。
③ 张震泽:《孙膑兵法校理》,中华书局,2004年,第131页。
④ 在里耶秦简中,发现迁陵守丞的名字叫"敦狐"(李学勤:《初读里耶秦简》,中
　　国社会科学院历史研究所编:《古史文存·秦汉魏晋南北朝卷》,社会科学文
　　献出版社,2004年,第72页)。秦汉时人名有一种是攻击动物的意思,如凤
　　凰山10号汉墓中有人名"击牛"(简814)。再结合古汉语中"敦"的用法,"敦
　　狐"的意思应是"攻击狐狸"。可见"敦"字的"攻击"含义。
⑤ 陈梦家:《西周铜器断代》,中华书局,2004年,第311页。

庄东地出土的甲骨卜辞①。

这几条卜辞显示了商代的氏族武装袭击敌对异族的聚邑，当然，这些聚邑中的所有成员——包括男、女、老、幼，都成为他们攻击和捕获的对象。在殷人强有力的攻击之下，那些遭受进攻的异族往往只能尽力逃散。例如，有卜辞材料显示，在一次殷人的进攻中，"鬼方"的人群迅速溃散，快速逃亡②。

殷人这种针对敌方所有成员的暴力活动与宗周的战争不同，却与龙山、二里头的情况一致。总之，敌方所有成员皆非人类，是秩序的破坏者，是殷人狩猎的对象，他们都是可以被用作献祭的牲畜、精怪或半兽，对应着野蛮、混沌、黑暗。这是商代战争活动的基本观念之一。这也意味着，商代战争的"战场"这一存在的边界十分模糊。

四、战争与资源掠夺

笔者分析了商代战争观念的核心思想是祭祀之延伸，因此捕获人牲是战争的目的，但这并不意味着商代战争活动没有获取各种资源的动机与行动，因为战争行为同时也必然带来资源等经济利益的再分配。但这种资源获取与再分配行为同样与神权政治的架构之间有紧密联系。

对于殷人来说，战争是获取铜材的重要手段③。商王国对西北地区的战争活动，就在山西地区掠取铜、铅等金属资源，另外也夺取山

---

① 根据卜辞图片，卜辞内容为："曰：众勿敦羌？"释文少一"羌"字（中国社会科学院考古研究所编著：《安阳殷墟花园庄东地商代墓葬》，科学出版社，2007年，第28页）。

② 于省吾：《释"鬼方易"》，《甲骨文字释林》，中华书局，2009年，第446—447页。

③ 商艳涛：《西周金文中与俘获相关的几个问题》，载《华夏考古》2010年2期，第135页。

西地区的池盐资源[1]。晋南地区垣曲、东下冯等商城的筑造,也与殷人在该地区控制铜矿资源有密切的关系[2]。而商朝对东方的军事活动也伴随着对鲁北地区盛产海盐资源地的经营,因此殷人也为了盐资源而向东扩张。在产海盐地区建立了济南大辛庄、桓台史家、青州苏埠屯等军事城邑作为据点,派武装力量戍守。商代晚期对夷方的征伐也与对盐资源的掠取有关[3]。而商代中期向长江中游地区的发展则很可能与铜矿资源有关[4]。例如,湖北的盘龙城就是殷人为了控制南方铜矿资源并将其运回北方首都而建立的一个重要据点[5]。在经营和巩固了长江中游地区之后,基于赣西北地区盛产的铜、锡矿等资源,殷人继续沿鄂东南下,进入赣北地区获取炼制青铜所需的矿产[6]。而到了商代晚期,殷人则显示出向东南淮夷地区进行军事扩张的趋势,并为此而进行过大量的战争。王晖就认为,商代晚期对淮夷的战争,实际上是因为中原地区气候发生变化,因此需要在东南方掠取更多适合农耕的肥沃土地[7]。这些情况,都可以说明战争与资源掠夺之间的交互关系。

---

① 杨升南:《从"卤小臣"说武丁对西北征伐的经济目的》,《甲骨文献集成》第二十七册,四川大学出版社,2001年,第252—253页。

② 佟伟华:《商代前期垣曲盆地的统治中心——垣曲商城》,李伯谦编:《商文化论集》,文物出版社,2003年,第464—465页。

③ 方辉:《商周时期鲁北地区海盐业的考古学研究》,载《考古》2004年4期,第64页。

④ 湖北省文物考古研究所:《夏商时期中原与长江中游地区的文化联系》,载《华夏考古》2006年3期,第57页。

⑤ 陈朝云:《商代聚落模式及其所体现的政治经济景观》,载《史学集刊》2004年3期,第21页。

⑥ 岳洪彬:《殷墟青铜礼器研究》,中国社会科学出版社,2006年,第425页。

⑦ 王晖:《商末气候环境的变化与社会变迁》,《古文字与商周史新证》,中华书局,2003年,第330页。

　　战争活动也包括对资源的掠取与再分配,这固然是一个常识,但具体在商代人的观念语境之中,他们是否能够如同现代人一样,将一切社会行为均视为理性经济人的精密计算活动则是一个疑问。在商代观念中,掠取行为与代表了自然存在的宗教世界之间没有清晰的边界,殷人也并不会如现代人那样在观念上区别"神圣"与"世俗"之间的关系,并通过理性知识来划定清晰的边界。要理解商代战争中对资源掠夺的意义,也必须被放置到作为祭祀、权力整合功能的整个结构中去。例如,获取铜、铅是为了炼铸青铜器,而青铜器又是为神权政治与军事行动服务的。青铜祭器为神权献祭服务,也是神权宗教的象征品,而武器则装备武装者使之在战争中捕获人牲。控制资源即是为了垄断对艺术品和祭品的生产,而获取艺术品则又成为建构神权政治的一个组成部分。早在二里头文化时期,扩张与便于获取青铜资源的目标之间具有密切关系,而青铜资源的获取与祖神祭祀、神权合法性之间具有内在联系[1]。因此,很难将殷人"世俗"的社会经济活动从作为"神圣"的精神观念中剥离出来。也就是说,当现代知识人在分析古人夺取资源这一行为之时,可以将这些行为还原到当时世界观与价值基础的语境中去进行处理。

　　殷人的战争行为被理解为与狩猎属于同一性质,而狩猎捕获的猎物被理解为奉献给诸神的祭品。在这个意义上,战争—狩猎行为是一体的,而战争猎获人牲"半兽人"也是为了奉献给诸神,进而获得诸神的庇佑,以便确保世界运转的有序与稳定。动物、人牲与炼制青铜器的金属一样,都是一种服务于神权政治观念下的资源。在商王室看来,这些资源所具有的意义并不是矛盾的,并非一些属于

---

① Li Liu, *The Chinese Neolithic:Trajectories to Early States*, Cambridge University Press,2004, p.234.

"神圣"而另一些属于"世俗"。所有在现代观念看来属于"世俗"的
行为在殷人的世界观中均在不同程度上指向"神圣",而维护"神圣"
的种种努力又是为了捍卫"世俗"生活的有效与稳定。

不包含经济活动的战争是不存在的,但这并不意味着商代的战
争观念是一种现代式的理性经济活动。商代的战争观念,在本质上
不能与宗教表征的自然世界分割。区别在于,在殷人看来是"一"的
问题,在现代观念中则被分割为"二"。

用一种现代的政治思维来解释商代战争的基本观念,是笔者所
不敢认同的。例如,美国学者何弩(Gary W. Pahl)将商代宗教与献
祭的活动理解为一种带有政治目的的"恐怖主义"国策,目的是给敌
对者造成心理恐慌。他最后指出:"从本质上讲,与其说是恐吓对手
以达政治目的,还不如说不过是一剂为恐怖主义者自己虚弱内心壮
胆的心理强心剂。如果企图用恐怖主义手段来吓倒对手以谋取政
治胜利,那么古往今来的恐怖主义的实质便注定了这个目的永远也
不能达到!"[1]

殷人的战争手段与宗教祭祀对于敌对者来说的确可以形成一
种压力与威慑,甚至可以造成一种恐怖的社会心理。但需要指出的
是,交织着宗教祭祀的殷人战争活动本身并不是为了制造恐怖政
治,殷人政治集团也不是现代恐怖分子,商代的战争活动总是紧密
围绕着神权政治及其相关宇宙论背景下的献祭信仰而展开的,其终
极目的是维系现有世界的秩序。这种精神与文化的背景与现代性政
治实践之间是否可以进行某种程度的类比,还是一项尚需商榷的问
题。美国学者何弩对商王朝战争观念的理解似乎太过于"后现代",

---

[1] [美]何弩:《商王朝恐怖主义策略起源与兴衰背景——同中美洲阿兹特克帝
国恐怖主义策略比较分析》,载《江汉考古》2005年1期,第59页。

将之与现代性的"恐怖主义"政治现象进行比附,并最后得出恐怖主义者最终不会阴谋得逞的结论。用过于贴近现代政治或经济的思维方式去理解上古观念,显然是不太适合的。

第三章　武装者

商王朝理解的世界基础建立在王室、诸族与诸神的利益交互原则之上,为了维护世界基础与秩序的稳定与有效,商王室与诸族需要大规模和周期性地举行献祭活动。战争是获取重要祭品的手段,因此祭品是战争的延伸。频繁的献祭必然会带来频繁的武装活动。军事、武装活动在商代社会中是一种常态,许多家族即是按照武装形式组织而成,而农耕与游牧也必须伴随以武装行动。在一个高度武装化的社会中,职业、专门化的武装者显然是这一社会的重要力量。在战争活动中,他们将带领由氏族农民组成的非职业武装者进行战斗活动。

值得注意的是,这些武装人员中包括贵族将领、猛兽模仿者、普通氏族农民,还有相当数量的女性战士,显示了神圣的武装活动在殷人社会中之普及。战争具有献祭的性质,或者说属于献祭的一个环节,带有神圣的性质。而武装者的编制背后均能体现出这种神圣与世俗的紧密扣合关系——殷人武装者的组织方式均是严格按照一套宇宙论的象征来进行展开的。而具体到散布在王畿之外各地殷人的武装城堡或据点,武装化的程度都相当高。散布于"四方"的各地殷人,实际上在地理空间上组成了一个十字形的宇宙结构,这一结构同时也是以王室为核心的祭祀网络。

第一节　武士

这一节将讨论商代的武士群体,需要指出的是,"武士"指接受过专门军事训练,以专门化的武装活动作为职业或职业中重要部分的人。他们之中既有王室贵族,也包括地位普通的氏族成员,其中有一些甚至是女性。他们是商代战争—祭祀活动的重要构成部分。

一、贵族武士与普通武士

专业武士是完全脱离了一般产业,而将战争活动作为一种职业的武装者。这种战争职业人员的出现一方面是战争剧烈化和日常化的产物,另一方面也标志着社会控制力与专业精英的出现。在龙山时期,便开始出现了专门化的军事领袖,陶寺墓地的甲种大型墓葬墓主便被学者理解为职业领导军事权的首领,在战争中带领宗族武装作战[1]。龙山时期的墓葬中流行随葬石钺,除开作为生产工具的功能,在某种情况下,钺一方面标志着王权的专制权力,另一方面还可能代表着神权[2]。在甲骨文中,用来指武器的专门字"兵"就是双手持斧钺的形象[3]。这证明至迟到商代,钺仍被视为兵器的代表与象征。龙山时期随葬的专门性武器中,并不排除其中有一些是被作为职业军事首领之兵器与武装权力象征的。可以说,最早是在龙山时期出现了专门化和脱离了生产的职业武装者,这种武装者同时也是武装贵族,控制着社会中其他方面的权力。

---

① 王震中:《中国文明起源的比较研究》,陕西人民出版社,1998 年,第 370—371 页。
② 钱耀鹏:《中国古代斧钺制度的初步研究》,载《考古学报》2009 年 1 期,第 29—30 页。
③ 徐中舒主编:《甲骨文字典》,四川辞书出版社,2005 年,第 239 页。

　　20 世纪 80 年代发现的二里头三期十座墓葬中,出土玉兵器者
有八座,铜兵器者至少有两座,"故到二里头三期,武士贵族阶级之
形成大概不必怀疑了";1983 年仅大司空村出土四十八座墓葬,其中
武士贵族的墓葬就占到百分之九十①。这些迹象显示,延续了龙山
时代职业武装首领的演进,到了二里头时期,出现了专门性的武士
贵族群体。到了殷商时期,这种群体的数量显著扩大,在贵族群体
中占有非常高的比例。从龙山到殷商,战争的规模不断扩大,而神
权政治祭祀与战争的产业链条也日渐成熟和制度化,职业性的武装
贵族数量与所占比例也相应地不断上升。在龙山和二里头时期,专
门化的职业武装者群体仅限于统治社会的少数精英,而商代的职业
武装者数量除了在普通贵族群体中占有较高比例之外,甚至还有许
多普通的氏族成员成为职业武装者。这不但说明商代是一个武装
化程度相当高的社会,也显示了职业武士在商代社会与战争中的重
要性。

　　李济总结了商代职业武士的装备:"3300 年前,一位出发到前线
的战士,他的装备可以包括:(1)青铜盔;(2)皮甲;(3)强弓大矢;(4)
青铜戈、矛;(5)斧、钺;(6)卷头大刀;(7)兽类小刀及磨刀的砺石。
上级将领可能有一辆车。"②李济对商代武士配备军事装备的描述是
较为精确的,显示了商代职业武装力量的专门化,武士的装备大多
较为齐备,从重兵器到远射武器直到最小的削刀与砺石等工具,形
成了职业战争人员的配套武装。

① 杜正胜:《从考古资料论中原国家的起源及其早期的发展》,《历史语言研究所
集刊》第五十八本第一分,1987 年,第 54—55 页。
② 李济:《殷商时代的历史研究——并由此窥测中国文化的渊源及其所代表之
精神》,张光直等编:《李济考古学论文选集》,文物出版社,1990 年,第 826 页。

　　李济所归纳的商代武士装备中的"卷头大刀",一般是为具有较高指挥职位的武士群体所使用。从墓葬出土的卷头大刀来看,这种武器与青铜斧钺一样,在数量、质量与大小上同墓主的政治地位高低与军事统率权之大小有密切关系,属于一种高级武士的专用重兵器[①]。普通的武士与一般氏族战士多使用戈、矛与弓箭而不使用这种重兵器。例如,1986 年安阳郭庄村出土商代墓葬的墓主即是一位贵族武士,他的墓葬中出土武器装备由一件青铜大刀、一件青铜戈、一件青铜钺与十枚青铜镞构成[②]。这些使用青铜斧钺与大刀的贵族武士身份较高,其中有一些还是构成商王国社会基础的诸多氏族的族长,显示了商代氏族的高度武装化。历组卜辞记载有商王命令各氏族首领(如子尹、介、[字形]等)率领其家臣及氏族武力在战场推进或驻扎[字形]、[字形]等地(《屯南》341),显示了武装氏族首领及其武装家臣作为武士在商代战场上的重要性。

　　2001 年发掘的安阳花园庄 54 号殷墓的墓主,是一个叫"长"族的氏族首领,在他的墓中出土了 170 件武器,其中有 71 件戈、76 件矛、7 件青铜钺,还有 7 件玉钺[③]。显然,一位武士并不需要数量如此众多的武器,而这位氏族首领随葬了足够武装一百多人的武器,表明了他实际上控制着其氏族的大量武器装备。一般的适龄男性氏族成员可能会拥有属于自己的武器,但很多人可能没有武器,而是在需要参与武装活动时在族长那里领取装备。

　　除了这一氏族首领的墓葬,还有郭家庄 M160 殷墓出土了矛、戈、

① 刘一曼:《殷墟青铜刀》,载《考古》1993 年 2 期,第 157 页。
② 安阳市文物工作队:《河南安阳郭庄村北发现一座殷墓》,载《考古》1991 年 10 期,第 903 页。
③ 中国社会科学院考古研究所安阳工作队:《河南安阳市花园庄 54 号商代墓葬》,载《考古》2004 年 1 期,第 14—19 页。

钺等一千多件武器[①]，这一墓葬的墓主是一个叫"亚址"氏族的族长，随葬武器中有119件戈、97件矛、906枚镞[②]。显然，这些武器装备也是这位贵族武士族长所控制和收藏的，在战时可以武装二百人左右。

花园庄M54的那位氏族首领，除了控制着大量的武器装备，他的墓中也随葬着车马器，可见作为氏族首领的贵族武士也拥有战车。他的墓葬中出土了881枚青铜镞、6件弓形器。关于这种弓形器的用途，学界有不同观点，但大多数的观点认同这是附着于弓箭上的构件，后文中将有论述。大量弓箭射击武器的出土，可以说明这位作为氏族首领的贵族武士擅长射箭。根据对其遗骨的分析，发现这位墓主年龄在三十五岁左右，死因是战死。他的髂骨骨质已经疏松，是伤口感染后引起的发炎症状，左侧股骨有一处砍伤，生前其左臂曾经遭受连续打击，有三处锐器攻击痕迹，左侧肋骨有锐器砍痕，左后方的一处锐器穿透骨骼则是他的死亡原因[③]。

根据这些材料，我们可以知道这位贵族武士拥有战车，他本人则擅长使用弓箭。商代作战的战车，车厢中可以容纳三人，左边的战斗者负责射箭[④]。因此这位族长在战争中站立在战车的左侧开弓，但他们的战车遭到了敌方的围困进攻[⑤]，敌方在他的左侧和左后侧

---

① 刘一曼：《论安阳殷墟墓葬青铜武器的组合》，载《考古》2002年3期，第71页。

② 中国社会科学院考古研究所编著：《安阳殷墟郭家庄商代墓葬——1982年—1992年考古发掘报告》，中国大百科全书出版社，1998年，第106—110页。

③ 中国社会科学院考古研究所编著：《安阳殷墟花园庄东地商代墓葬》，科学出版社，2007年，第75—161页。

④ 北京大学历史系考古教研室商周组编著：《商周考古》，文物出版社，1979年，第76页。

⑤ 《左传·隐公九年》记载郑国与戎人作战，郑国担心"彼徒我车，惧其侵轶我也。"《左传·昭公元年》晋国魏舒和狄人作战也说"彼徒我车，所遇又阸"。由此可见，使用战车对步战的敌方来说固然可以起到强大的机动冲击效果，但战车一旦因地形等原因遭受步战者围攻，则是非常危险的。

进行攻击,因此对他造成的伤害都是在这些方位。在车下的敌方步兵砍他的手臂,是为了使他手中的弓箭脱手,丧失战斗能力,但他似乎仍在坚持作战,直到最后一件锐器从左后方穿透他的身体,切断了他的股动脉,最后大出血而死。从他的髂骨发炎症状来看,这位贵族武士死前就已经受了伤,受伤后伤口发炎,说明他受伤后还存活了一段时间。但他在受伤后并没有撤退,而是继续坚持作战,直到最后战死。这些蛛丝马迹透露出的信息是:商代贵族武士具有极端勇武好战的精神,这也从另一个侧面展示了商代是一个极端崇尚暴力的时代[①]。

这位贵族武士的遗骸周围散布着大量的芳香料花椒(Zanthoxylum Simulans),即现代的商品花椒,他残存的干化肌肉组织中还有碳化的植物种子。花椒具有防腐功能[②],研究人员也认为大量的花椒与死者死后的防腐措施有关[③]。因此可以推测,这位武士在距离殷墟较远的地区作战,在"壮烈成仁"之后,因为距离商都还较远,所以尸体被进行了防腐处理,最后被运回殷墟的家族墓地,在举行了盛大礼仪纪念的葬礼之后埋葬。这一个贵族武士的例子,较有代表性地说明商代的贵族武士是如何崇拜暴力与威猛好战的。

殷墟西区 M1713 随葬了大批高规格的青铜祭器,据器铭可知,墓主是"鱼"氏族的首领,并多次受到国王的赏赐。他的身份除了氏

---

① 传世古籍中也对商代贵族极端崇尚暴力的文化有所记载。《诗·商颂·长发》记载商汤是:"有虔秉钺,如火烈烈。"《晏子春秋·内篇谏上》:"殷之衰也,有费仲、恶来。足走千里,手裂兕虎,任之以力,凌轹天下,威戮无罪,崇尚勇力,不顾义理。"《史记·殷本纪》记载,商王帝辛能够"手格猛兽"。

② 时振东、杜洪生、苏延友:《生姜、花椒及黄伞提取物抑菌效果评价》,载《中国公共卫生》2009 年 1 月 25 卷 1 期。

③ 中国社会科学院考古研究所编著:《安阳殷墟花园庄东地商代墓葬》,科学出版社,2007 年,第 75 页。

族长,还是军事首领"亚"。他的墓中随葬着象征军事权力的青铜大刀、斧钺,还有用于武装氏族战士的戈30件、矛30件[①]。殷墟大司空M303墓主则是"马危"氏族的首领,他的墓中随葬着完整的车马器、弓箭,还有30件戈、38件矛[②]。这个氏族同样也是族长乘车作战,氏族战士使用戈、矛尾随步战。这几例说明殷人的一些氏族规模较小,理想状态下的武装人员是60名左右,分别使用戈和矛,在族长的率领下进行战斗。

　　除了氏族首领,商代还有一些人群也构成了贵族武士的组成部分。安阳大司空村M539墓中出土了青铜鼎、甗等祭器,说明墓主是一位贵族。他的墓中随葬的武器有1件青铜斧、1件青铜钺、1件环首刀、1件矛、13件戈、1件弓形器、50枚镞。这位武士属于"出"氏族,身份是一位武士"亚"[③]。这位贵族武士的墓中随葬着一定规格的青铜祭器,说明其具有较高的身份。但他又不是氏族首领,他墓中随葬的13件步兵武器"戈"可以武装属于他自己的一支卫队,但不足以武装整个氏族。这位贵族武士既能使用刀、斧、矛近战,也能使用弓箭远射。此外,安阳薛家庄M3也出土了青铜祭器,但墓主身份比氏族长低,随葬的武器也正好是13件戈[④],可以武装自己的卫队。安阳郭家庄东南M26的墓主也是一位拥有较多青铜祭器的贵

---

① 中国社会科学院考古研究所安阳工作队:《安阳殷墟西区一七一三号墓的发掘》,载《考古》1986年8期,第703—712页。

② 中国社会科学院考古研究所安阳工作队:《殷墟大司空M303发掘报告》,载《考古学报》2008年3期,第378—389页。

③ 中国社会科学院考古研究所安阳工作队:《1980年河南安阳大司空村M539发掘简报》,载《考古》1992年6期,第509—517页。

④ 中国社会科学院考古研究所安阳工作队:《安阳薛家庄东南殷墓发掘简报》,载《考古》1986年12期,第1068页。

族,他墓中随葬武器有 10 件戈和 11 件矛 [①],可以武装起一支 20 人左右的小队伍。殷墟戚家庄东 M269 墓主也拥有一定数量的祭器,随葬武器有 13 件戈、12 件矛 [②],可以武装起 25 人的小队。殷墟西区 M613 墓主也拥有祭器,墓中随葬着 10 件青铜戈 [③]。殷墟这几位武士可以被视为身份为首领之外的贵族武士代表,他们是氏族长手下的军事头目,以战争为职业,并拥有足以装备自己卫队的武器,卫队人数 10—25 人,平均为 16.4 人。此外,祭器与武器并出,也能说明这些下级贵族武士同样将战争与祭祀紧密地结合在一起。

在商代中期的郑州商城二里冈上层 MGM2 墓中出土的武器有青铜刀、青铜戈、玉戈和骨刀;BQM1 出土的武器有玉戈、青铜刀、骨镞与石戈;BQM2 出土的武器有青铜刀、石戈;C7M25 出土了青铜刀、两枚青铜镞以及占卜的卜骨 [④]。在人民公园期 C7M3 中出土的武器有青铜戈、石斧;C7M7 出土的武器有青铜戈、青铜矛、青铜钺、石斧、两枚骨镞;C7M54 出土的武器有三件青铜戈、玉戚、玉璧、卜骨 [⑤]。这些商代中期的贵族武士墓葬中,出土了一些神权社会中宗教礼仪的物品,如玉制武器、玉璧等,还有一些墓葬中出土了巫师占卜用的卜骨。这些材料说明,在商代这样的神权社会中,贵族武士也是神权

---

① 中国社会科学院考古研究所安阳工作队:《河南安阳市郭家庄东南 26 号墓》,载《考古》1998 年 10 期,第 37 页。

② 安阳市文物工作队:《殷墟戚家庄东 269 号墓》,载《考古学报》1991 年 3 期,第 342—344 页。

③ 中国社会科学院考古研究所安阳工作队:《1969—1977 年殷墟西区墓葬发掘报告》,载《考古学报》1979 年 1 期,第 51—52 页。

④ 河南省文物考古研究所编著:《郑州商城——一九五三——九八五年考古发掘报告》,文物出版社,2001 年,第 574—578 页。

⑤ 河南省文物考古研究所编著:《郑州商城——一九五三——九八五年考古发掘报告》,文物出版社,2001 年,第 887—893 页。

政治活动的参与者,他们其中有一些既是武士也是巫师。在河北藁城台西商代遗址的墓葬中,也有一些出土武器装备的墓葬中出土巫师的卜骨[①]。可见一些贵族武士具有巫师身份是一种较为普遍的现象。在早期文明的"英雄时代",巫师、祭司兼任武士的情况较为常见。例如,"荷马史诗"《伊利亚特》中,就曾记载一位祭司在战斗中战死[②]。巫师兼任武士的现象显示,商代的战争活动与神权宗教之间具有紧密的联系。因此,正如上一章所总结的那样,有必要在商代神权架构的背景中去理解商代的战争—狩猎活动。

商代社会是一个高度军事化的社会组织,因此除了上层的贵族武士,还有一定数量的氏族成员具有职业武士的身份。大司空殷墓一共有 11 座出土武器,这些只出土武器的墓葬显然是氏族组织中的职业武士。而有的墓葬既出土武器又出土生产工具,则说明有的氏族成员既是战士又是生产者[③]。可以推知,商代氏族墓地中一定数量随葬武器的墓葬的墓主是专门性的职业武士。

这些职业武士不同于贵族武士,因为后者往往身份地位较高,作为氏族首领,指挥一定数量的氏族武装[④],或者是氏族内身份较高的成员,担任下级指挥者,或者还具有巫师的身份,一定程度上参与了神权政治的实践活动。氏族中的职业武士与之不同,他们虽然属于专门性的战斗者,但身份较为低下,一般多属于被指挥的角色。

---

① 河北省文物研究所编:《藁城台西商代遗址》,文物出版社,1985 年,第 147—157 页。

② [古希腊]荷马:《伊利亚特》,罗念生、王焕生译,人民文学出版社,2005 年,第 99—100 页。

③ 中国社会科学院考古研究所安阳工作队:《1984—1988 年安阳大司空村北地殷代墓葬发掘报告》,载《考古学报》1994 年 4 期,第 492 页。

④ "氏族首领(族尹)往往就是一个族的军队的首领。"(杨宝成、杨锡璋:《从殷墟小型墓葬看殷代社会的平民》,载《中原文物》1983 年 1 期,第 33 页)

在一些宗教仪式或活动中,他们还可能成为神权宗教的牺牲品——尽管在商代的历史语境中,他们可能是以一种光荣的身份被用于宗教活动,与人牲具有完全不同的性质。

在安阳小屯的宫殿宗庙区乙组基址中,E、F之间埋着一人、一犬,人跪对北面,身上穿着144枚贝壳,拿着一件石戈;F、G之间埋着一人,带着一件石戚、一件石刀;G门东M411埋着一人、一犬。报告认为:"这些人牲似为武士。"[①] 实际上,这些武装人员的身份的确是职业武士,但并不是人牲。正如前面所分析的,人牲是一种被献祭给神灵的肉食,其性质属于动物或半兽人。但这些武装者安然而平静地跪在坑中被埋葬,他们显然是作为宫殿、宗庙的地下卫士而被送入地下世界的。对他们来说,能够被挑选出成为王室宗庙的地下卫士,为先王、神灵效劳,显然属于一种荣誉,甚至也是本氏族的荣誉。因此他们平静地接受了这一荣耀使命,身穿大量珍贵的贝壳,手持具有巫术力量的石质武器进入地下世界。

为什么石质武器被视为具有巫术力量? 在侯家庄M1001大墓埋葬保卫先王卫士的坑穴中,每一个卫兵和卫队长都有一件石戈。李济推断:"无可置疑的,石制的武器更受重视,因为在那个时候也被视为古物。"[②] 显然,形态古旧的武器或器物在古代观念中往往被视为具有更多巫术或象征意义。例如,近代的景颇族已经使用新式的步枪,但他们作战时仍要推选先锋,由这些先锋在前面挥舞古老的刀、矛与盾牌,认为这是决定胜负的关键[③]。此外,希腊古典时代的神庙往往保存和崇拜一些史前的木质偶像,认为这是古代从天上掉

① 中国社会科学院考古研究所安阳工作队:《河南安阳殷墟大型建筑基址的发掘》,载《考古》2001年5期,第26页。
② 李济:《中国文明的开始》,江苏教育出版社,2005年,第46—47页。
③ 杨向奎:《宗周社会与礼乐文明》,人民出版社,1992年,第271页。

下来的神像,对其十分尊敬①。在古希腊和古罗马人的观念中,"凡古老的东西都是可尊重的和神圣的"②。认为古老的遗物拥有超自然魔力的观念,广泛分布于易洛魁人、中古的欧洲、前现代的日本、玛雅和阿兹特克等文化中③。这些例子说明古人将古旧形态的武器或事物视为具有特别巫术含义的功能。正因为如此,可知这些作为保卫宗庙在地下世界安全的武士配备着具有巫术功能的石质击鬼武器,牵着警犬,进入陌生的地下世界——黄泉,去护卫宫殿与宗庙。

图 3-1　从容持戈而跪进入
地下世界的武士遗骸

　　体现在宗教领域之中的任务与职责,同时也能体现这些普通氏族武士在日常生活中的任务与工作。可以肯定,这些普通氏族武士所承担的就是武装任务以及与此类相关的工作。他们需要经常负责守卫宫殿、宗庙、大门,以及盘查与巡逻,有时也作为宗教礼仪活动的仪仗护卫人员。

　　宫殿的安门仪式,通常需要在大门外埋入四名武士。这四名武士一人居前,左手持着盾,右手持着戈,身旁带着警犬,他的身后是

① [古希腊]欧里庇得斯:《伊菲革涅亚在陶洛人里》注释第 23,罗念生:《罗念生全集第三卷——欧里庇得斯悲剧六种》,上海人民出版社,2004 年,第 319 页。

② [法]库朗热:《古代城邦——古希腊罗马祭祀、权利和政制研究》,谭立铸等译,华东师范大学出版社,2006 年,第 158 页。

③ [加拿大]布鲁斯·G. 特里格:《考古学思想史》,陈淳译,中国人民大学出版社,2010 年,第 36—37 页。

三名武士手持武器列为一排,他显然是这个武士小队的队长。这种跪葬的武士,大多是四个人一组[①]。这些从容跪地、平静入土的武士也是负责在地下世界保卫王室的人员。由此可知,现实世界中的普通氏族武士也负责承担保护王室的任务。此外,甲骨文中有以戈武装卫队的记载,于省吾将之释读为商代祭祀的仪仗队,仪仗的武器为一件戈、九件斧[②]。这些武器的数量"一"、"九"都是单数,单数在商代宗教观念中具有重要的含义。这些由武装人员构成的仪仗队自然也是由那些负责警卫工作的普通武士组成。

这些能够在商王室的宫室与宗教仪式中承担任务的氏族普通武士,大多来自各个氏族,是各个氏族挑选出的武装精锐,无论是承担人间任务还是在地下追随先王,都被他们视为荣誉。他们的武装训练程度与战斗专业水平必然高于普通的氏族成员,商王室愿意让他们在地下世界护卫先王与宫庙,也说明了对这种普通武士的信任。因此,可以说他们也是商代国家最主流观念的坚定信奉与执行者,代表了最为主流的、官方的观念形态。因此,有理由推测这些氏族武士在战斗中也是作战与捕猎中较为积极的人群。

二、女性武士

在第一章的研究中,通过从旧石器时代到新石器时代武装暴力冲突的材料梳理中证明,参与战斗的成员中包括女性。在新石器时代的仰韶与龙山阶段的材料中,都不难发现女性广泛参与战争活动的证据。王子今说:"中国新石器时代墓葬中随葬品类别的资料,可

---

① 石璋如:《小屯殷代的跪葬》,《历史语言研究所集刊》第三十六本,1965年,第252—255页。
② 于省吾:《释斧》,《甲骨文字释林》,中华书局,2009年,第366页。

以反映当时的妇女在战争活动中是扮演了参与者的角色的。"[①] 在上海福泉山良渚文化遗址 T27、M2 中,琼与纺轮共存,有学者认为,良渚时期的某些女性也拥有军权[②]。这种推论的确信与否,目前还不好下定结论,但从新石器时代广泛存在的女性参战情形来看,也并非没有可能。

随着战争活动的激烈和专门化,职业武士应运而生。从世界范围内来看,武士群体并非仅仅只有男性,在一些文化中,女性也是构成武士群体的重要组成部分。例如,在古希腊传说中,在小亚细亚(Anatolia)北部生活着一群勇猛善战的阿玛宗(Amazones)女武士群体,擅长射箭[③]。"荷马史诗"《伊利亚特》中记载,"那些强似男子的阿玛宗人来进攻的时候";"那些与男子匹敌的阿玛宗人"[④]。古希腊史学家希罗多德在《历史》中称,阿玛宗女战士"她们也作战并且穿着和男子同样的衣服"[⑤]。这些记载从侧面反映出古希腊人对远古时期妇女参加战争活动的模糊记忆。

除了殷商之前的例子,殷商之后的战国、秦汉时代也存在许多关于女性战士的历史材料。在《史记·孙子吴起列传》中记载,孙武曾经将吴国宫殿中的一百八十名"妇人"分为两队,进行军事操练[⑥],这些历史内容也见于 1972 年出土于银雀山汉墓的竹简《孙子

---

① 王子今:《中国女子从军史》,军事谊文出版社,1998 年,第 11 页。

② 萧兵:《良渚文化"神人兽面"的兼体造型和意蕴》,载《考古与文物》2003 年 6 期,第 47 页。

③ M.R.Lefkowitz, *Women in Greek Myth*, Johns Hopkins, 1986, p.20.

④ [古希腊]荷马:《伊利亚特》,罗念生、王焕生译,人民文学出版社,2005 年,第 66 页、第 137 页。

⑤ [古希腊]希罗多德:《历史》,王以铸译,商务印书馆,1997 年,第 310 页。

⑥ [汉]司马迁:《史记》,中华书局,1982 年,第 2161 页。

兵法》中 ①。《墨子·备城门》中则记载了战国时代的守城时期需要将"丁女"编入战斗序列 ②。《史记·平原君虞卿列传》记载战国时一些贵族的妻妾也被编制在士卒中 ③。《商君书·兵守》记载了秦国建立的三军之中,"壮女"构成了其中的一军 ④。秦简《日书》中,甚至记载了"盗,女子也",显示了女子也从事"盗"这一类暴力活动 ⑤。此外,汉景帝阳陵南区从葬坑出土了两百余件骑马的彩陶女俑,有少女、中年妇人,甚至老妇人,她们都穿着盔甲,显然是汉代女骑兵的形象 ⑥。汉代西南夷地区的考古中,也能见到妇女墓随葬青铜兵器的材料 ⑦。

这些历史材料说明的情况是,女性参与战争活动的现象,除了新石器时代,还一直持续到战国、秦汉。正如吕思勉所说"则古女子亦从军……则楚、汉之间,女子犹可调集" ⑧。了解这一背景,有助于理解商代武士群体中的女性身份。王子今认为,战国秦汉时期一些女子参战的材料显示了"下层民众中妇女"参与军事行动是一种相当普遍的情况 ⑨。同样,大量的古文字与考古材料透露的信息是,无

---

① 银雀山汉墓竹简整理小组:《银雀山汉墓竹简(壹)·孙子兵法》,文物出版社,1976 年,第 106 页。

② 孙诒让:《墨子间诂》,中华书局,2009 年,第 528 页。《史记·田单列传》也记载了田单在即墨保卫战中"使老弱女子乘城"的史实。

③ [汉]司马迁:《史记》,中华书局,1982 年,第 2369 页。

④ [战国]商鞅等著,章诗同注:《商君书》,上海人民出版社,1974 年,第 41 页。

⑤ 吴小强:《秦简日书集释》,岳麓书社,2000 年,第 257—258 页。

⑥ 王学理:《骑马彩俑与汉代女兵——由阳陵著甲木臂乘马女彩俑说起》,咸阳市文物考古研究所:《文物考古论集》,三秦出版社,2000 年,第 19—23 页。

⑦ 云南省博物馆文物工作队:《云南剑川鳌凤山墓地发掘简报》,载《文物》1986 年 7 期,第 4 页。

⑧ 吕思勉:《先秦史》,上海古籍出版社,2006 年,第 388 页。

⑨ 王子今:《古史性别研究丛稿》,社会科学文献出版社,2004 年,第 95 页。

论是商代的普通民众还是贵族群体,都有相当数量的女性参与了战争活动。

在典宾卜辞中,有一种叫"女史"的人物:

> 王曰:"侯虎,□女史[图]。"
> 王曰:"侯虎,余其□女史,受……"(《合集》3297 正)

这条卜辞中商王对一位诸侯提到了"女史",这种"女史"即是商代的一种女性武士。在宾一卜辞中,"史"经常参与战争活动:

> 贞:方其[图]①我史? 贞:方弗[图]我史?(《合集》9472)
> 贞:在北,史有获羌?(《合集》914 正)
> 乞令我史步伐[图]②方?(《合补》1804 正)

上面第一条卜辞是询问神灵敌方是否会攻击"史";第二条卜辞则是"史"捕获作为人牲之羌俘的记载;第三条卜辞则是史带领步兵武装袭击邛方的记录。这些资料证明在商代社会中,"史"是一种武装人员,经常带领武装者参与战争活动,属于一种与巫职有关的贵

---

① 这个字是"伤害"的意思,见杨树达:《卜辞求义》,上海古籍出版社,2006 年,第 59 页。
② 这一个方国名,笔者认为应释读为"邛"。字由上部"工"与下部"口"组成,在甲骨文中,"邑"的上部作"口",表示城堡。因此可知,这个字应为"工"和"邑"部组成,即"邛"。于省吾认为,这个族群即传世文献中所说的"鬼方"(于省吾:《双剑誃殷契骈枝三编》,中华书局,2009 年,第 251 页)。也有学者认为,这个族群是对北方胡族的泛称(赵芳志主编:《草原文化——游牧民族的广阔舞台》,内蒙古自治区文化厅、香港:商务印书馆,1996 年,第 3 页)。

族职业武士①。因此，"女史"的意思是女性职业武士。

最为著名的商代女性贵族武士自然是武丁时期的妇好，她是商王武丁的一位重要的夫人。她的墓葬于1976年在安阳被发掘，一共出土了134件武器。其中有四件象征着军权的青铜钺，其中一件大钺上铸造着"妇好"两个字，还标识着虎食人的图纹，显示了与战争、献祭主题的关系。除了青铜钺，还出土了91件戈、37枚镞，镞为两束，每束十枚，这显示了她对军事力量的控制。此外，还有六件弓形器与一组马器②，说明这位贵族女武士不但能开弓射箭，还拥有自己的战车。除了实战武器，她的墓葬中还出土了宗教仪式中使用的玉制象征式武器，有玉戈、矛、戚、大刀等。

甲骨卜辞中记录了妇好生前曾带领武装者袭击那些"半兽人"的社会：乎妇好伐土方？（《合集》6412）；《合集》6478片甲骨还显示她曾袭击"巴方"，除此之外，她还攻打过夷方③、卲方④。《合集》176片甲骨"乎妇好执"的记载则表明她在袭击活动中捕获人牲。她拥有一处自己的领地，这处领地叫"庞"，在卜辞中也被称为"好邑"（《合集》32761）。《合集》39953片甲骨"勿乎妇好先登（征）人于庞"证明她是在自己的领地上征集氏族农民作为士兵。此外，她的封地还向国王提供大量的弓箭手（《合集》41527）。《合集》39902片记载，一次战争中，商王带领了一万名士兵，而妇好从她的封地率领了

---

① 关于殷代的"史"：冯时指出，史掌天时，事关兵祷，所以史也参加战争。"史"的原意是"取执灵旗兵祷"（冯时：《前掌大墓地出土铜器铭文汇释》，中国社会科学院考古研究所：《滕州前掌大墓地》，文物出版社，2005年，第587页）。

② 中国社会科学院考古研究所编著：《殷墟妇好墓》，文物出版社，1980年，第105—110页。

③ 胡厚宣：《甲骨学商史论丛初集》，河北教育出版社，2002年，140页。又"王惟妇好令征夷"（《合补》332）。

④ 卜辞记载："丁惟好令从白或伐卲。"见《花东》237（6）。

三千人,组成了一万三千名士兵的武装力量。她墓中出土大量的青铜戈表明,她也像那些氏族首领一样,控制着一定数量的武器,在战争发生时用于武装氏族农民。

从她的墓葬中出土的多件弓形器和箭镞判断,这位女武士擅长射箭,她的封邑也盛产弓箭手。如学者所阐述:"在殷周时代,'射'可能并非男子专职,女子也会参加此活动。在《射女壶》铭文中,有'射女'一语可以为证。殷周时代女人习武习射参加战事和祭祀是常例。"①

由于战功显赫,这位女贵族在死后埋葬于小屯宫殿宗庙区近旁,其墓葬22米处还埋葬着另一位女将。她们没有被葬入王陵区,而是以战功身份葬于宗庙区,表明殷人可能希望这些善战的贵族女武士在地下世界继续保卫宫庙②。

除了战争活动,宾组卜辞还表明这位贵族女武士多次主持对祖神的祭祀:

> 妇好侑册于多妣酒③(《合集》2607)
>
> 妇好不往[于]妣庚?(《合集》2643)
>
> 乎妇好酒(《合集》2716)
>
> 勿乎妇好往燎(《合集》2641)

这些祭祀的活动对应了她墓葬中出土的那些玉制武器,显示出祭祀与战争之间的紧密联系。正如前面所论述的,商代观念中的战

---

① 刘正:《金文庙制研究》,中国社会科学出版社,2004年,第154页。

② 胡进驻:《殷墟晚商墓葬研究》,北京师范大学出版社,2010年,第106页。

③ "酒"的用法与"侑"接近,用来表示向神祇的进献含义(刘源:《商周祭祖礼研究》,商务印书馆,2004年,第116页)。

争并不是一种孤立的行为，战争是为了维系整个社会与宇宙秩序正常、周期、良性运转而服务的，是祭祀诸神这一庞大社会工程的有机延伸与组成部分。因此，战争既是义务，也是统治精英的权利。拥有战争指挥权也必然对应祭祀的主持权，而所有参与战争的人员则相当于均在不同程度上参与了伟大的祭祀工程。

这一位贵族女武士的情况体现了战争与祭祀之间紧密的对应关系，而另一位贵族女武士也广泛地参与战争和猎取人牲的活动。这位女武士就是妇妌。她的受封领地为古邢国，在今河北邢台一带①，靠近北部的龙方。她曾经参与捕获献祭的动物或人牲的战争——狩猎活动：

　　　　乎妇妌田于□（《合集》10968）
　　　　妇妌田获（《合集》9607 正）

商代的战争与狩猎之间的边界十分模糊，战争也使用"田"等狩猎术语，而狩猎很多时候使用"征"、"伐"等战争术语，捕获的猎物与人牲都使用"获"这一类的共同用词。这些卜辞证明，这位贵族女武士参与过捕获献祭动物—人牲的狩猎—战争活动。由于她的封邑靠近北部的龙方，因此她也组织和指挥过袭击龙方的战争活动：

　　　　惟妇妌伐龙方（《合集》6584）
　　　　勿乎妇妌伐龙方（《合集》6585 正）
　　　　妌伐（《合补》390）

---

① 李雪山：《商代分封制度研究》，中国社会科学出版社，2004 年，第 175 页。

这些战争必然会擒获人牲,印证了她捕获有所得的记录。由此可见,商王国上层社会中有一些贵族女性同时有武士的身份,她们经常参与战争活动并捕获人牲用于献祭。宾组卜辞中除了"执"、"获"这样的捕获人牲记录,还有一种"妇"向王室提供"屯"的记载:

妇好示十屯(《合集》2631)

妇宝示二屯(《英国》430)

妇庞示二屯(《合集》17393)

妇良示七屯(《合集》966)

妇杏……三屯(《合集》17523)

妇杞示七屯又一(《合集》17525)

妇喜示四屯(《合集》17517)

妇息示二屯(《合集》2354)

这些材料显示,商王室的女贵族群体向王室大量提供一种被称为"屯"的贡献品。这种贡献品可能包含比较丰富的含义,有时被用来指示占卜使用的甲骨①,但"屯"在很多时候也被用来代指人牲是确证无疑的:

王**②多屯(《合集》808、809 正、810 反)

禽来屯,**(《合集》824)

用多屯(《合集》813)

---

① 裘锡圭认为,殷人将占卜使用的牛肩胛骨和龟背甲称为"屯(纯)"(裘锡圭:《说"嵒""严"》,《裘锡圭自选集》,河南教育出版社,1994 年,第 62 页注释①)。

② 这个字的意思等同于"伐",意思是斩首(黄展岳:《古代人牲人殉通论》,文物出版社,2004 年,第 78 页)。

羌立示四屯(《合集》6385)

![字形]字为钺加"奚"之形,这里可见"屯"确实是王室用于祭祀的人牲,甲骨卜辞中记载的大量女性贵族向王室提供"屯",一方面反映出她们拥有较为独立的经济生活,另一方面则可以说明她们曾向王室提供猎获的人牲。这就意味着,武装捕获人牲的活动广泛存在于商代贵族女性的群体中,她们之中的确有一部分人具有武士的身份。

商王的配偶"妇"除了参与征伐及猎获人牲的活动,卜辞记录也表明她们还承担过战争活动中的警卫职责。卜辞中记载了一种叫作"扞"的活动:

王扞卫受佑(《英藏》612)

扞幸(《合集》7055)

《左传·文公六年》"亲帅扞之",杜注:"扞,卫也。"① 《左传·成公十二年》"此公侯之所以扞城其民也",正义认为,"扞"的意思是"扞御寇难"②。《商君书·赏刑》"千乘之国,不敢捍(扞)城"③;《史记·韩长孺列传》"扞吴兵于东界"④;《广韵·翰韵》"以手扞又卫也"⑤。由此可见,"扞"字的意思是守卫或警戒保卫,守城也被称为

① 李学勤主编:《十三经注疏·春秋左传正义》,北京大学出版社,1999年,第516页。

② 李学勤主编:《十三经注疏·春秋左传正义》,北京大学出版社,1999年,第751页。

③ 〔战国〕商鞅等著,章诗同注:《商君书》,上海人民出版社,1974年,第53也。

④ 〔汉〕司马迁:《史记》,中华书局,1982年,第2857页。

⑤ 〔宋〕陈彭年等编:《宋本广韵》,江苏教育出版社,2008年,第116页。

"扞"。上面两条卜辞,第一条反映了商王亲自负责战争活动中的警卫工作,第二条则显示在巡守戒卫活动中还偶尔能捕获到人牲,说明警戒守卫活动也伴随了零星的战斗。

有师宾间组卜辞记载:

妇允其扞(《合集》7006)

妇不扞于█(《合集》7007)

第一条是卜问妇能否进行守卫,第二条是卜问妇能否在█地进行武装守卫活动。可见商王的配偶"妇"作为一种要参与战争活动的角色,也参与到了武装警戒或保卫战的行动中。

除了这些身份高贵的女武士,普通的女武士也存在于商代社会与封国之中。安阳刘家庄商代墓地 M9 的墓主是一位女性,墓中随葬着戈、矛、弓形器、镞等十多件武器①。说明这一位女武士在生前既能近战,又能像阿玛宗女战士那样开弓射箭。此外,刘家庄 M5 墓主也是一位女性,且无左臂,可能是在战争中致残,墓中随葬铜戈。大司空村 1953 年发掘 M171 女性墓中出土有一件戈和五件矛②。大司空村 2004 年发掘 M215、M373 等女性墓亦出土铜戈、铅戈等武器③。

河北藁城台西遗址氏族墓葬中,出土了一批包括武装首领、占

① 安阳市文物工作队:《1983—1986 年安阳刘家庄殷代墓葬发掘报告》,载《华夏考古》1997 年第 2 期,第 9—11、第 26 页。

② 马得志、周永珍、张云鹏:《一九五三年安阳大司空村发掘报告》,载《考古学报》1955 年第九册,第 88 页。

③ 中国社会科学院考古研究所编著:《安阳大司空——2004 年发掘报告》,文物出版社,2014 年,第 256、第 272、第 635、第 636 页。

卜者在内的武士墓葬,其中 M38 的墓主是一名三十岁的职业女性武士,她的墓葬中出土了青铜戈、青铜镞和三只警犬的尸骨[①]。她应该是一名"士"等级的职业武士。在山东滕州前掌大商代遗址墓葬中,M119 的墓主是一位三十至三十五岁的女性,她的墓中随葬着青铜戈、青铜镞、玉戈以及磨砺武器的砺石。M120 的墓主也是一位女性,墓中出土有青铜刀、戈、斧和磨砺武器的砺石;M17 的墓主是一位三十岁的女性,墓中随葬两件青铜戈。而 M49 的墓主是一位二十五至三十岁的女性,她的墓葬中出土了整个前掌大墓地中最大的一件青铜戈[②]。这几位女性墓葬中随葬着武器装备,也属于女性武士,这里的女性武士甚至使用最大的青铜戈作战,可见她们尚勇好战。据专家对人骨进行的体质测量分析,有相当一部分女性肢骨"呈现男性特征",如 M120、M104 的"肢骨极其粗壮"[③],又随葬青铜武器,显示出女性战士的强大力量与良好战斗素质。

由于女性武装者较为广泛地参与战争活动,因此也常有人受伤。根据对殷墟氏族成员遗骨进行研究,发现有的女性上颌门齿被锐器击伤,有的女性左侧股骨被锐器击伤,并有愈合痕迹,还有的右侧肱骨外侧有锐器击伤痕迹[④]。这些体质人类学材料说明,广泛参与战争活动的殷人女战士也存在一定的伤亡。

---

① 河北省文物研究所编:《藁城台西商代遗址》,文物出版社,1985 年,第 147—157 页。

② 中国社会科学院考古研究所编著:《滕州前掌大墓地》,文物出版社,2005 年,第 84—104 页。

③ 王明辉:《前掌大墓地人骨研究报告》,中国社会科学院考古研究所编著:《滕州前掌大墓地》,文物出版社,2005 年,第 682 页。

④ 原海兵:《殷墟中小墓人骨的综合研究》,吉林大学博士学位论文,2010 年 5 月,第 70 页。

图 3-2　前掌大墓地 M49 女战士墓葬

此外,在商王陵殉葬的士兵中,都是二十至三十岁的壮年人,其中大部分为男性氏族战士,但"女的也有"[1]。这些追随先王于地下的氏族战士中,也包括一定数量的女性武装者,她们能够享有在黄泉追随商王的荣誉,则必然是值得信任和具有一定战斗力的忠诚战士。这些证据都说明,商代的女性武士广泛存在于社会各个层面,是构成商代神权国家战争—祭祀的一个有机组成部分[2]。

三、虎皮战士

伊利亚德曾指出:"标准的武士要像肉食动物那样行动。"[3] 伊利亚德的弟子布鲁斯·林肯(Bruce Lincoln)也在《死亡、战争与献祭》

---

[1] 董作宾:《甲骨学六十年》,刘梦溪主编:《中国现代学术经典·董作宾卷》,河北教育出版社,1996 年,第 176 页。

[2] 郑慧生:《甲骨卜辞研究》,河南大学出版社,1998 年,第 157—158 页

[3] [美]米尔恰·伊利亚德:《宗教思想史》,晏可佳等译,上海社会科学院出版社,2004 年,第 34 页。

一书中描述东非的武士以狮子或豹自居,印度和伊朗则以"两条腿的狼"自称,斯堪的纳维亚的狂暴战士则被称为"那些穿熊皮的"。前面我们分析了古人观念中的异族与他者被视为非人、半兽甚至是鬼魅,正印证了布鲁斯·林肯的观点:"敌人既然被目为鬼怪,自当以鬼怪待之。"而战争与武士的二律背反在于,一个武士也应该将自己非人化,如模仿食肉动物之后才能真正成就自己战士的身份 ①。

这也就意味着,武士的战争行为背后实际上被视为具有巫术含义的活动,对方被视为半兽、鬼魅,武士则化身为凶暴的食肉动物,这种神话性的食肉动物能够对半兽、鬼魅的敌方构成真正的威胁。伊利亚德也认为,通过化身为神话性的动物,人类相信自己能够成为远比自身强大的存在 ②。

武装者将自身"食肉动物化",本身就是凸显和强调了凶暴与酷烈的杀戮力量。叶舒宪指出,职掌刑杀的西王母形象具有虎豹之类猛兽的特征即与此有关。此外,非洲尼日利亚东南部的伊博人中专门为祭祀而杀人的刽子手也是身穿豹皮的"豹人" ③。"食肉动物化"的象征与心理含义,明显与狂暴的战斗力与祭祀杀戮的力量有关。在中国纳西族的神话中,远古的武士米利董主曾穿着虎皮作战,他的后代董若赠金同样穿着虎皮作战,而他们的后代也都穿虎皮作战 ④。

---

① [美]布鲁斯·林肯:《死亡、战争与献祭》,晏可佳译,上海人民出版社,2002年,第219—220页。另,古代北欧的战士还有披上狼皮的习俗,中世纪"狼人"传说的产生因此而来([美]米尔恰·伊利亚德:《宗教思想史》,晏可佳等译,上海社会科学院出版社,2004年,第575页)。

② Mircea Eliade, *Shamanism:Archaic Techniques of Ecstsy*, Translated from the French by Willard R.Trask, Princeton University Press, 2004, p.460.

③ 叶舒宪:《中国神话哲学》,中国社会科学出版社,1992年,第88页。

④ 白庚胜:《东巴神话研究》,社会科学文献出版社,1999年,第192页。

"荷马史诗"中则记载有穿着狼皮的战士①。

　　既然通过披猛兽皮将自己"食肉动物化"来成就武士身份是一种普遍的现象,那么商代的武士自然也并非特例。在商代社会中,武士经常模仿的食肉动物是虎。在甲骨文中有一个"虤"字,其上半部是"冒",经胡厚宣考证释读,这个字即"蒙",含义是穿着虎皮的勇士②。这片非王卜辞记载:甲戌卜,虤获印(《合集》21768),说明贵族家族中这种披着虎皮的猛士是要参与猎获人牲活动的。

　　《史记·周本纪》记载武王伐商时的军队中有"虎贲三千人"③。《逸周书》佚文"古有虎贲士千人,以牛投牛,以马投马,以车捧车"④,可见"虎贲"是凶暴而有战斗力的武士。《风俗通·正失》中也解释,"虎贲"的意思是"言猛志怒如虎之奔赴也"⑤,用凶暴的食肉动物比拟武装者的狂暴攻击力。《周易·贲》孔颖达疏:"贲,饰也。"⑥《荀子·尧问》"贲于外",王先谦集解:"贲,饰也。"⑦可见,"贲"是一种装饰物,"虎贲"显然就是用虎皮装饰自己的武士。联系到《逸周书·世俘》中记载武王伐商之时,曾经试图重走殷商老路,所以根据在牧野之战中捕获殷商战士作为人牲的记载,可知在武王时期的周人也曾经像殷人那样用虎皮武士捕获人牲用于祭祀。所不同的是,

---

① [古希腊]荷马:《伊利亚特》,罗念生、王焕生译,人民文学出版社,2005年,第231页。
② 胡厚宣:《甲骨文虤字说》,《甲骨探史录》,生活·读书·新知三联书店,1982年,第36—41页。
③ [汉]司马迁:《史记》,中华书局,1982年,第121页。
④ 黄怀信、张懋镕、田旭东撰:《逸周书汇校集注》,上海古籍出版社,2007年,第1169页。
⑤ 王利器:《风俗通义校注》,中华书局,2010年,第124页。
⑥ 李学勤主编:《十三经注疏·周易正义》,北京大学出版社,1999年,第104页。
⑦ [清]王先谦:《荀子集解》,中华书局,1997年,第547页。

周人很快便放弃了模仿殷商的计划,而代之以周人特色的"制礼作乐"。此后,虎皮战士便不再被用于捕获人牲,但作为一种猛兽模仿者的武士形象却在后世长期得以延续。

武王伐商的战争结束之后,三千名虎皮战士的武器装备便被收回府库之中。《礼记·乐记》记载伐商之后:"车甲衅而藏之府库而弗复用,倒载干戈,包之以虎皮。"[①] 说明周人虎皮武士的武器主要是戈和盾,这些武器在战争结束之后被收回府库,甚至连虎皮也被收回府库,说明武装虎皮战士的全套装备——戈、盾包括虎皮在内都由国王统一管理和收藏,在战争之前分发给战士。《周礼·夏官司马·司戈盾》"授旅贲及虎士戈盾"[②],可见一种叫"虎士"的武装者需要从府库管理者那里领取全套的武器装备。笔者认为,"虎士"就是"虎贲"[③],虎士从府库中领取了武器装备之外还要领取虎皮,披在自己的身上。

这种"虎士"又称"虎臣","虎臣"之名也见于《诗·大雅·常武》《鲁颂·泮水》《书·顾命》等文献中[④]。根据《礼记·玉藻》"君之右虎裘,厥左狼裘"[⑤],《礼记·郊特牲》"虎豹之皮,示服猛也"[⑥],可知先秦时期的武士与其他文化中的武士一样身披虎、豹、狼等猛兽的外皮,用以表征自己的凶暴与强大战斗力。西周的金文中也曾记

---

① 李学勤主编:《十三经注疏·礼记正义》,北京大学出版社,1999年,第1135页。

② 李学勤主编:《十三经注疏·周礼注疏》,北京大学出版社,1999年,第842页。

③ 《周礼·夏官·序官》:"虎贲氏下大夫二人,中士十有二人,府二人,史八人,胥八十人,虎士八百人。"

④ 裘锡圭:《说"仆庸"》,《古代文史研究新探》,江苏古籍出版社,2000年,第378—379页。

⑤ 李学勤主编:《十三经注疏·礼记正义》,北京大学出版社,1999年,第899页。

⑥ 李学勤主编:《十三经注疏·礼记正义》,北京大学出版社,1999年,第778页。

载周王给贵族赏赐"虎裘"①。除了身披虎皮之外,《诗经·国风·小戎》"虎韔镂膺",疏:"其弓则有虎皮之韬。"可见商周时期的虎贲战士,连武器装备上也装饰了虎皮。而《左传·庄公十年》和《僖公二十八年》的记载则表明春秋时期仍流行在战争中用虎皮进行装饰,不过这一时期是用虎皮来装饰战车与战马②。

商代还有一名军事首领的名字也叫"虎":

庚戌卜:王其比虎师,惟辛亡灾。

王其比虎师惟辛。(《英国》2326)

卜辞如《合集》20710,以及村中村南甲骨中还有殷人捕虎和"大虎"的记载③。通过捕虎,亦可获取虎皮。

商代的青铜武器上经常表现的主题便是虎食人,虎食人的纹饰母题指向了杀戮与献祭④。此外,跪葬武士的盾牌上也装饰着双虎的图案,这种武士盾牌上装饰虎纹的现象非常普遍,安阳侯家庄M1003大墓中发现了大量商代盾牌痕迹,大多装饰虎纹,或为虎纹面向上/向下,或虎纹相向,或虎纹相背,但均不离虎与武士的主题⑤。手持武器跪在坑中进入地下世界,是职业武士的一种标准姿

① 陈梦家:《西周铜器断代》,中华书局,2004年,第190页。

② 《左传·庄公十年》记载鲁国公子偃"自雩门窃出,蒙皋比而先犯之",杜注:"皋比,虎皮。"《左传·僖公二十八年》记载晋国"胥臣蒙马以虎皮,先犯陈、蔡"。

③ 中国社会科学院考古研究所编著:《殷墟小屯村中村南甲骨》,云南人民出版社,2012年,第701—702页。

④ [英]艾兰:《龟之谜——商代神话、祭祀、艺术和宇宙观研究》,汪涛译,四川人民出版社,1992年,第162页。

⑤ 成东:《先秦时期的盾》,载《考古》1989年1期,第72—74页。

图 3-3　殷人盾上的虎纹

势。而商代一些雕刻的玉、石虎的形象也表现为武士跪坐的姿态[1]。这说明武士在某种层面上不但模仿虎，而且被视为虎，或者也可以说虎被理解为武士。

此外，在商代最能显示勇武的行为则是以戈与虎进行搏斗，称为"虓虎"[2]。普林斯顿大学艺术博物馆收藏的一件商代青铜瓟上，就表现有武士持戈、盾与虎搏杀的"虓虎"形象[3]。这些都说明，"虎"的象征与含义在殷商观念中意味着勇猛和战斗精神，也是武士的象征，有的军事首领以"虎"为名，而武士在某些时候也被视为虎。正如古书所描述的："殷以虎，尚威也。"[4]在这一观念背景下，披着虎皮的战士，是殷商武装力量中的重要组成部分。或者说，虎的装饰与商代军事活动、武装者之间的关系相当密切。

实际上，将武士装扮为虎的现象也广泛存在于中美洲古代文

---

① 石璋如：《小屯殷代的跪葬》，《历史语言研究所集刊》第三十六本，1965 年，第 272 页。

② 裘锡圭：《谈谈古文字资料对古汉语研究的重要性》，《古代文史研究新探》，江苏古籍出版社，2000 年，第 165 页。

③〔美〕杨晓能：《另一种古史——青铜器纹饰、图形文字与图像铭文的解读》，唐际根、孙亚冰译，生活·读书·新知三联书店，2008 年，第 167—168 页。

④《司马法·天子之义》，李零译注：《司马法译注》，河北人民出版社，1992 年，第 22 页。

明。古代阿兹特克的武士中就有一种"猛虎武士团",表现为美洲虎的形象①。这种传统可以追溯到玛雅古典时期,许多古典时期的玛雅武士表现为美洲虎的形象,他们头上戴着美洲虎头饰,缠着虎皮绑腿,他们的盾牌上也装饰着美洲虎的形象,那是一位掌管战争与下界的玛雅神灵②。

广泛存在的武士作为食肉动物模仿者这一现象能够说明一种普遍的远古信念:"某些人每次披上动物(如虎、狼、熊等)的皮时就要变成这个动物……这样一来,他们就比那些只是人的人或者只是老虎的老虎更可怕。"③在商周时代或更古老的时期,战斗者模仿成动物是一种常见的现象,武士在观念与象征中普遍被理解为凶暴的食肉动物。《史记·五帝本纪》中记载黄帝"教熊、罴、貔、貅、貙、虎"与炎帝在阪泉之野进行战争。这些猛兽显然都属于远古时期装饰为动物的武士。《尚书·牧誓》记载武王在讨伐商王国的战场上告诉战士们要"如虎如貔,如熊如罴",即像虎、豹、熊这些猛兽一样战斗④。《太平御览》卷二七一引《六韬》:"大人之兵,如虎如狼。"⑤此外,《周礼·夏官·方相氏》记载:"方相氏,掌蒙熊皮,黄金四目,玄衣朱裳,执戈扬盾,帅百隶而时难,以索室驱疫。大丧,先櫃,及墓,入圹,

---

① [美]乔治·C.瓦伦特:《阿兹特克文明》,朱伦等译,商务印书馆,1999年,第224页。

② [美]林恩·V.福斯特:《探寻玛雅文明》,王春侠、宗巍、阴元涛等译,商务印书馆,2007年,第202—203页。

③ [法]列维-布留尔:《原始思维》,丁由译,商务印书馆,1997年,第93页。

④ [清]孙星衍:《尚书今古文注疏》,中华书局,2007年,第288—289页;《史记·殷本纪》作"如虎如罴,如豺如离",[汉]司马迁:《史记》,中华书局,1982年,第123页。

⑤ [宋]李昉等:《太平御览》,中华书局,2006年,第1266页。

以戈击四隅,驱方良。"[1] 这种叫作方相氏的巫觋披着熊皮,手持戈、盾,与鬼魅、精灵进行战斗。熊皮、虎皮在功能上都能强化他们的战斗力,使这些武士、巫师具有超越这些凶猛动物所象征的能力。而敌人被视为非人,甚至在某种意义上具有鬼魅的性质,因此化装为猛兽攻击这些精怪也在某种意义上具有巫术的含义。

在此意义上,我们了解到上古时代的中国武士,与其他地区的古代文明一样,都通过在观念上以凶猛的食肉动物自居来强化自己武士的角色。在商代,最为主流的方式便是披上虎皮,或是在武器装备上描绘虎的形象,虎也被塑造成跪坐的守卫者。武士在将自己"食肉动物化"之后投入捕获人牲的战斗中,将这些猎物贡献给诸神。虎在商王室的军事象征系统中是一种极为流行和重要的战争符号,既能表征武士的暴烈精神,又带有巫术的意义。

古代中国这种通过穿着猛兽皮革以达到"食肉动物化"的文化传统在后世也一直残留着,《后汉书·舆服志》就记载,东汉的虎贲军也还用"黄室虎文"装饰,"其将白虎文"[2],《汉书·王莽传》中王莽将九位将军称为"九虎"[3],这些正是对上古时代虎皮武士和战士"食肉动物化"的遥远记忆与传承。所不同者在于,商代虎皮武士穿着真正的虎皮战斗,并在观念中自视为暴烈的猛兽,而这一武装活动的背后是巫术性质的献祭精神。后世的武装者虽然仍对上古虎皮武士传统具有某种遥远的记忆,但早已经失去了这一传统内在与核心的宗教精神和相关信仰。

---

[1] 李学勤主编:《十三经注疏·周礼注疏》,北京大学出版社,1999 年,第 826—827 页。

[2] [南朝宋]范晔:《后汉书》,中华书局,1998 年,第 320 页。

[3] [东汉]班固:《汉书》,中华书局,1962 年,第 4188 页。

第二节 氏族战士

商朝的武装者除了职业的武士,还包括大量的氏族战士。从基本情况而言,商代社会的基础便是建立在各个氏族族群的血缘组织之上,虽然已经进入了早期国家的阶段,但社会的基层单位并未被地缘性的国家基层组织取代,而是长期保留着血缘性的氏族组织,这一状况直到春秋时代才逐渐发生变化[1]。这一社会基础决定了构成商代武装力量主体的人群是由各个氏族组织中最广泛的氏族成员组成的。这些氏族战士不同于职业武士,他们并非以武装活动作为职业。在日常生活中,他们一般按照"族"为单位,在氏族首领的管理与安排下从事农耕、渔猎或各类手工业等劳作[2],在死后也被按照一定顺序有秩序地排列埋葬在氏族的公共墓地中[3]。可以说,商代社会中大多数的人"从摇篮到坟墓"都是在氏族血缘组织的统摄之下生活的。

这些大小不等的诸族在卜辞中多有记载,如瘦族(《合集》4415)、生族(《合集》5622)、犬延族(《合集》9479)、戈族(《合集》8398、8399)、挛族(《合集》11006正)等[4],殷代金文中单一的族名有六百个左右,而由单一族名组合而成的复合族名有三四百个[5],可见

---

[1] 朱凤瀚:《商周家族形态研究》,天津古籍出版社,2004年,"绪论"第2页。
[2] 张光直:《商文明》,张良仁、岳红彬、丁晓雷译,辽宁教育出版社,2002年,第223—224页。
[3] 朱凤瀚:《商周家族形态研究》,天津古籍出版社,2004年,第101页。
[4] 除了卜辞之外,《左传·定公四年》记载周人分封之初,曾将"殷民六族"分封给鲁君作为臣民,它们是条、徐、萧、索、长勺、尾勺这六个氏族。此外,还给康叔分封了七个殷商的氏族。这些都是传世文献中对殷商氏族名称的记录资料。
[5] 陈絜:《商周姓氏制度研究》,商务印书馆,2007年,第137页。

殷商氏族数量的众多。

　　当战争或武装行动需要展开时,商王的武装力量会以氏族为基本单位组合在一起,在氏族首领、职业武士的带领下投入对"半兽人"的征伐活动中,并参与捕获人牲的"围猎"。这些氏族武装的征发与调动,都是以某种神圣观念下的数字系统为单位进行的。这就意味着,"世俗"背后存在着一个有系统的"神圣"观念作为殷人理解战争—献祭行为的依据。对于商代最大多数的氏族普通成员而言,他们同样参与了神圣的宗教活动,并为维系这个使世界持续运转的有效秩序而做出了贡献。对他们而言,"神圣"并不高远,"神圣"就蕴藏和体现在最日常的生活之中。

一、神权宗教与政治语境中的"众"

　　在殷人的世界观中,世界的中心是商王室所在的"大邑商",这个中心所象征的政治群体即代表了整个人类。殷人宇宙观亚字形结构的五方,见于师组、宾组、历组、黄组等卜辞,时代跨度颇大,很能反映殷人的一般世界观:

　　　　王贞:受中商年(《合集》20650)

　　　　勿于中商(《合集》7837)

　　　　王贞:于中商乎……方(《合集》20453)

　　　　南方,西方,北方,东方,商(《屯南》1126)

　　　　贞:□岁商受〔年〕? 王占曰:吉。东土受年? 南土受年? 吉。

　　西土受年? 吉。北土受年? 吉(《合集》36975)

　　这些甲骨文材料表明了在商人的世界观中,宇宙模型被分为五块:南、西、北、东和中央的商腹地,殷商王室所在的地区也被称为

"中商",是世界的中心。这种将本民族的宗教—政治中心视为世界中心的观念普遍存在于大量古代民族的文化中[1]。伊利亚德指出,神庙、王城、王宫所在的区域在萨满性质的远古文化中通常被视为通天的神圣所在,也被理解为"世界的中心"[2]。在此意义上,诸神祭祀与神圣王族、宫庙的中心——商之所在,显然在殷人观念中也正是沟通诸神的神圣中心,也是宇宙的中心[3]。

也正如众多民族的前现代观念一样,商代人认为居住和在组织、血亲上隶属于这个宇宙中心的人群是真正的人类。除了商王室的氏族成员是太阳神子孙外,殷人的其他氏族则为真正的人类。殷人之外的其他族群则被排除在人类之外,或被视为精灵、鬼魅,或被视为半兽人。

商代的诸氏族普通成员一般被称为"众人"[4],这个称谓显示"众"被视为真正的人类。商王朝的统治被理解为神王家族带领真正人类与环绕四周的精灵、鬼魅、野蛮半兽人之间进行斗争的事业。神王家族不但带领这些真正的人类进行生产活动,而且需要通过战争—狩猎活动不断取得祭品奉献给诸神,进而取得诸神庇佑下这个世界运转的有效稳定,没有灾害发生,真正人类的利益得到保护。

除了"众人"的称谓,氏族成员群体也多被直接称为"众"。除

---

[1] 朱狄:《信仰时代的文明——中西文化的趋同与差异》,中国青年出版社,1999年,第36—52页。

[2] Mircea Eliade, *Shamanism:Archaic Techniques of Ecstsy*, Translated from the French by Willard R.Trask, Princeton University Press, 2004, pp.264—265.

[3] 日本学者伊藤道治也指出,殷人观念中"大邑商"即为世界的中心([日]伊藤道治:《中国古代王朝的形成——以出土资料为主的殷周史研究》,江蓝生译,中华书局,2002年,第136页)。

[4] "众人"称谓在甲骨卜辞中常见,如《合集》第1、第10、第22、第50片、《合补》32等。

了卜辞作为证据，《尚书·汤誓》《尚书·盘庚》中也表明商王将族众称为"众"①。商王对这些神王家族统领下的人类氏族表现出了相当的关注与重视，这一点学者论之甚详②。商代的"众"也可以被视为周代"国人"的前辈③。但二者所不同的是，商代的"众"这一群体具有相比宗周"国人"更为浓厚的宗教含义。对"众"的理解除了作为一般社会身份的"世俗"考察，实际有必要回归到神权政治的语境中去进行分析。

在甲骨文中，"众"写作"▨"（《屯南》4489）或"▨"（《合集》28）。丁山根据这个字的字形为"日下三人"④结构而分析为："日为殷商民族的大神，众人在日下，应作'受日神保护的民众'解释。"⑤这个字的构型确实能够反映殷人观念中对构成商王国社会主体的多数氏族民众的认识和心态。丁山将上部分解读为"日"字，并引申出商代太阳神信仰的背景。于省吾则认为这是一个会意字，"从日，乃是露天从事劳动的人"⑥。晁福林则将该字的上半部分理解为火塘，将这个字解读为"意指在火塘旁共同居住生活的众多的人，即殷商时代的氏族成员"⑦。徐六符则将其上半部分理解为"邑"，意思是

---

① [清]孙星衍：《尚书今古文注疏》，中华书局，2007年，第216—241页。
② 晁福林：《夏商西周的社会变迁》，北京师范大学出版社，1996年，第252—253页。
③ 聂玉海：《卜辞中"众"与周之"国人"比较》，载《殷都学刊》1985年4期，第13页。
④ 郭沫若根据"日下三人"的字形，将这个字解释为太阳下从事劳动的奴隶（郭沫若：《奴隶制时代》，人民出版社，1973年，第23页）。此说最为荒唐。
⑤ 丁山：《甲骨文所见氏族及其制度》，中华书局，1988年，第38页。
⑥ 于省吾：《释量》，《甲骨文字释林》，中华书局，2009年，第437页。
⑦ 晁福林：《补释甲骨文"众"字并论其社会身份的变化》，载《中国史研究》2001年4期，第12页。

居住在同一个邑中的人群①。笔者认为，无论怎样解释这个字，都不应只注意其上半部分。这个字最核心的部分实际上是三个人，表达的信息是："众"是聚族而居的群体，而且这个群体是真正的人类，区别于头上戴着羊角的那些半兽精怪。商王国的社会基础，就是建立在若干个这样大小不同的血亲族群凝聚的网络之上的。

　　这些氏族组织也被称为"单"，与商王室有血缘联系的一些氏族——"王族"②中就有"东单"、"南单"、"西单"、"北单"的划分，这种划分实际上对应了宗教和宇宙论祭祀系统中的四方空间，代表了诸神的"社"和"方"。不仅仅是王族，包括很多一般氏族也多被称为"单"③。除此之外，卜辞证明一个好战的"戈"氏族也是按照这一原则被分为"四戈"（《合集》8396、34120、34122），按照东、南、西、北的象征结构被分为"东戈"、"南戈"、"西戈"、"北戈"（《合集》33208），对应"四方"④。在神权宗教与政治语境中的氏族作为一种世俗组织，却在观念上被投射在一整套被囊括了四方空间、四方诸神与相关结构的"神圣"叙事之中。作为与太阳神王室有更为紧密联系的"王族"、"多子族"固然分享了与神圣政治之间更多的联系，但这个范围之外的诸氏族也在不同程度上围绕着这个神圣中心。作为神权宗教与政治语境中的诸族"众"在组织空间与分布结构上都

① 徐六符：《商代的"众"、"众人"问题探讨》，载《福建师范大学学报》（哲学社会科学版）1992年1期，第94页。
② "'王族'当是商王所由产生的商人的核心氏族，'多子族'则是由王族派生出来的众多晚辈氏族"（沈长云：《殷契"王作三师"解》，《上古史探研》，中华书局，2002年，第58页）。
③ 俞伟超：《中国古代公社组织的考察——论先秦两汉的单—僤—弹》，文物出版社，1988年，第40—41页。
④ 参见于省吾：《释四戈》，《双剑誃殷契骈枝三编》，中华书局，2009年，第249页。

展示了以宇宙论为中心的一套框架。可以说,对"众"的理解在某种意义上也需要被放置到这一宗教图示的背景中去。

在商王国的神权政治结构中,以商王室为代表的神王统治家族对构成殷商社会主体的诸族"众"表现出相当的关心与重视。裘锡圭认为商代的族众包括"统治阶级"和"平民"两种人群[1];朱凤瀚则认为:"尽管'众'内有时含有某些中、小贵族,但总的讲,有关'众'的卜辞还可以认为是主要反映了殷代平民阶级状况。"[2] 两位的分析与归纳,都可以解释商王室对这一重要群体重视的原因。

胡厚宣通过对卜辞的研究就得出了"殷代农业及军事之直接劳动者,既皆为众及众人"的结论[3]。"众"既是农业生产者,也是兵役的负担者[4]。在早期国家,兵役的义务往往与劳役不相分割,德国学者罗曼·赫尔佐克(Roman Herzog)就提出:"我们甚至不得不问一问:古代国家是否真的将兵役和劳役非常严格地区分开来?"[5] 在甲骨卜辞中甚至有这样的记录:商王在取得战争胜利之后,又举行了狩猎。方法是动用士兵挖掘坑堑,再殴兽赶围[6]。这些氏族战士除了参与战争活动,还有义务进行土木工程的劳役。在此意义上,商代兵役与劳役之间确实具有密切联系。

但回归到商王朝的神权政治与宗教语境的观念中,作为多数平

① 裘锡圭:《关于商代的宗族组织与贵族和平民两个阶级的初步研究》,《古代文史研究新探》,江苏古籍出版社,2000 年,第 311—330 页。
② 朱凤瀚:《商周家族形态研究》,天津古籍出版社,2004 年,第 125 页。
③ 胡厚宣:《甲骨学商史论丛初集》,河北教育出版社,2002 年,第 144 页。
④ 张永山:《论商代的"众人"》,胡厚宣等:《甲骨探史录》,生活·读书·新知三联书店,1982 年,第 218 页。
⑤ [德]罗曼·赫尔佐克:《古代的国家——起源和统治形式》,赵蓉恒译,北京大学出版社,2003 年,第 290 页。
⑥ 于省吾:《释战后狩猎》,《甲骨文字释林》,中华书局,2009 年,第 298 页。

民的普通氏族成员同样是诸神祭祀与异族征伐的参与者,他们的生死与安危也关系到殷商政治体的稳定与献祭诸神以维护世界有效运转这一事业的有效展开。在此意义上,参与战争除了作为一种兵役、劳役,还具有某种属于观念的"权利"色彩。

在宾组卜辞中,有一种关于"丧众"、"丧众人"的记载:

其丧众(《合集》61、63)

我其丧众人(《合集》50)

禽不丧众(《合集》39481)

长其丧[众](《合集》4564)

钺其丧人(《合集》1083)

众作籍,不丧(《合集》8)

《左传·宣公十二年》"丧师无日矣"[1];《国语·周语上》"宣王既丧南国之师"[2];古本《竹书纪年》"昭王……丧六师于汉"[3];卜辞中有"允丧师"(《合集》32914)、"众人败"(《合集》66)的记载。由此可见,"丧"指的是军队战败覆亡,关于这一点裘锡圭也早有阐述[4]。

构成商代战争力量主体的人群便是这些由各氏族组织成员组成的军队。"丧众"的语义显然是卜问这些氏族战士是否会在征伐异族的战争—狩猎活动中失败。在上面列举的卜辞中,除了商王以

① 李学勤主编:《十三经注疏·春秋左传正义》,北京大学出版社,1999年,第647页。

② 徐元诰:《国语集解》,中华书局,2006年,第23页。

③ 张玉春:《竹书纪年译注》,黑龙江人民出版社,2003年,第31页。

④ 裘锡圭:《关于商代的宗族组织与贵族和平民两个阶级的初步研究》,《古代文史研究新探》,江苏古籍出版社,2000年,第325页;又见刘风华:《甲骨新缀八例》,载《考古与文物》2007年4期,第23页。

"我"的身份卜问氏族战士的安危,还有卜问氏族族长率领其族众作战安危的记录。如卜问族长"禽"的族众、族长"长"的族众[①]、族长"钺"的族众、族长"束"的族众等。还有一例卜辞(《合集》8)显示氏族平民在野外进行"籍田"这样的农业活动时也会接触到某种程度的武装遭遇,因此同样在"丧众"的担忧与关注之下。这也印证了前文所说的,殷人在武装开荒与放牧时也会遭遇异族,并会通过武力捕获人牲。

在商代神权与政治语境中的"众",在服务于"神圣事业"的工程中具有相当重要的作用。在商代人神话式的世界观中,这些诸氏族的平民被视为在太阳神王族带领下的真正人类,神王家族需要通过他们进行战争活动来捕获献祭品和扩大战争资源,而献祭的结果又保证了诸神对商王国的庇佑,真正的人类因此而得以较为安定地生活。一些与王族有远祖血缘关系的氏族需要参与王室的祭祀,而与王室没有血缘关系的氏族则除了对外战争的义务,也需要对本族祖先进行献祭[②]。献祭作为一个宇宙论背景下有层次的复杂结构,关系到作为"世界中心"的神圣商王国安危。在这样的语境中,我们才能更好地理解作为社会主体最多数人群的"众"之意义,也能更好理解他们作为战争参与者在"神圣与世俗"背景下努力的意义。

二、征发氏族战士

商代的军事力量除了职业武士,主要由各个氏族中大量的普通成员征集组成。"这些临时征调的众人,也就是族众,是商政权依

---

① "长"族一位族长的墓葬曾经在 2001 年被发掘,其中出土了足够武装一百五十名氏族战士的武器(中国社会科学院考古研究所安阳工作队:《河南安阳市花园庄 54 号商代墓葬》,载《考古》2004 年 1 期,第 14—19 页)。

② 刘源:《商周祭祖礼研究》,商务印书馆,2004 年,第 318—321 页。

靠的主要武装力量。他们平时是生产劳动者,到战时才组成武装力量。"①在早期国家阶段,除了极为少数和有限的职业武士贵族,并没有常设的常备军,当战争需要时,大量的普通民众或氏族组织会被征召而组织成军队,这是一个普遍的现象。

在中古的日耳曼早期国家,军队都是临时组织而成。在史诗《尼伯龙根之歌》中,当勃艮第(Burgund)王国面对进攻时,武臣首先担心的便是形势紧急,没有足够的时间征召民众组成军队②。古罗马建国之初,全国一共有三千名战士,他们分别来自三个库利亚(Curiae)血族部落③。古代玛雅则是由贵族担任军职,并带领自己的宗族成员投入战斗④。同样类似的是,古代通古斯人群建立的女真国家和后金国家所实行的"猛安·谋克"制度和"八旗"制度,均是以血缘氏族为单位,由氏族中的生产者形成武装力量⑤。这些例证或为早期国家阶段没有常备军的证据,或为早期国家的武装力量常是由血缘族群组织为单位构建的证据。实际上,甲骨文中的"族"字构形便是以旗下置武器"箭矢"作为其象征,表明氏族组织同时也是军事性的社会单位。古代女真部落与突厥民族也都以"旗"或箭矢作为族的象征⑥。血族组织也被作为军事性单位的现象,广泛见于古代的各种材料中。

商代还没有出现后世意义上的常备军。常备军的出现需要以

① 王玉哲:《中华远古史》,上海人民出版社,2003年,第275页。
② 佚名:《尼伯龙根之歌》,曹乃云译,华东师范大学出版社,2005年,第30页。
③ *Dio's Roman History*, with an English translation by Earnest Cary, PH.D., Cambridge, Mass:Harvard University Press,1970,p.21.
④ [美]林恩·V. 福斯特:《探寻玛雅文明》,王春侠、宗巍、阴元涛等译,商务印书馆,2007年,第201页。
⑤ 何炳棣:《读史阅世六十年》,广西师范大学出版社,2006年,第356页。
⑥ 丁山:《甲骨文所见氏族及其制度》,中华书局,1988年,第33页。

一个比较稳定的民事官僚机构的存在为先决条件,而商代国家的宗教神权组织,还没能产生出一个独立完整的民事官僚机构。实际上,直到周代,才开始出现"东八师"、"西六师"这样的常备军[①]。这就意味着,宗周国家组织的机动军事能力和职业战争水平具有更高的效率,而殷人的战争活动则更为依赖各个普通氏族组织内部的武装化人群。

　　1969—1977 年殷墟西区发掘了 1003 座聚族而居的氏族墓葬,分属大约二十四个氏族。到 20 世纪 80 年代,这里发掘的墓葬数量达到了 1500 座,其中有六分之一都随葬着武器[②]。整理者认为,这些氏族于不同时期迁入殷墟,是武装化的氏族。虽然这些氏族也进行一些农业生产,但它们"极可能具有商王朝带原始性的常备军的性质。他们以家庭的形式长年在殷墟'聚族而居',闲时农垦,战时出征"[③]。尽管当时还没有出现常备的军事力量,但这种材料显示出的趋势是商代的一些宗族表现出较之其他族群更为武装化的特质。有的氏族直接以武器名作为氏族名称,如"戈"氏族[④]。这个氏族参与田猎(《合集》33378、10713),征伐邛方(《合集》39868),捕捉人牲(《合集》6951 反)。这种在武装活动方面较为积极的氏族,又以武器为族名,显然比其他氏族更加好战,在商王国的神权—政治活动中扮演了某种积极的角色。殷人的很多族名都是用武器或武装者的形象来表示的,以显示这些氏族都以能征惯战作为荣誉。而在氏族

---

① 李峰:《西周的政体——中国早期的官僚制度和国家》,吴敏娜、胡晓军等译,生活·读书·新知三联书店,2010 年,第 84 页。
② 杨锡璋:《商代的墓地制度》,载《考古》1983 年 10 期,第 931 页。
③ 韩建业:《殷墟西区墓地分析》,载《考古》1997 年 1 期,第 62—72 页。
④ 沈长云认为这个氏族是属于商王族中的一支(沈长云:《说殷墟卜辞中的"王族"》,《上古史探研》,中华书局,2002 年,第 69 页)。

内部,参加氏族武装是一定社会地位与政治地位的表现,因此作为氏族平民的"众"也乐于参与氏族武装①。在商代的观念中,战争与神圣的祭祀之间具有不可分割的紧密联系。参与战争,不仅仅具有社会与政治的"世俗"含义,同时也分享了"神圣"。正因为如此,商王国虽然没有一支常备军的建制,却可以发动和维系强大的战争。

尽管许多氏族组织以善战作为荣誉,但具体到普通氏族战士上,这些在日常生活中从事各种劳动生产的民众毕竟不同于常备军和职业武士。因此,王室在组织和征发氏族武装之前需要对一些氏族民众进行军事训练。卜辞记载:

王教众伐于莞方受有佑,
王勿教众莞方弗其受有佑(《合集》32 正)

这条卜辞表明,商王国在征伐莞方之前对氏族战士进行过"教学",教学内容自然是对各种武器使用技巧的熟练掌握与阵形排列等战争技术。当然,在殷人观念中与战争属于同一性质的狩猎活动,实际上也可以被理解为一种经常性的军事训练。

商王室在对外发动战争的情况下,会以王族和其他氏族为单位征集氏族战士。卜辞材料:

三千乎伐邛方(《合集》6173、6174)
登人乎伐邛(《合集》6174)
登人乎往伐邛方(《合集》6177 正)
登人乎伐(《合集》6180)

---

① 朱凤瀚:《商周家族形态研究》,天津古籍出版社,2004 年,第 130 页。

勿登人五千(《合集》6167)

登人三千乎伐土方(《合集》6407)

王登三千人乎伐█方(《合集》6639、6640)

勿登人三千(《合集》39861)

五族戍,弗雉王众(《合集》26879、26880)

右旅□雉□众(《屯南》2064)

王其令右旅暨左旅……不雉众(《屯南》2328)

其雉王众(《屯南》4200)

伐□方,不雉众(《屯南》873、3655)

令以戈人伐邛(《合集》39868)

王令禽氏众……伐召方(《合集》31973)

王令禽登众伐(《屯南》4489)

王勿令禽氏众伐邛方(《合集》28)

在这些卜辞中,征集氏族武装使用了三个动词:"登"、"雉"、"氏"。这里的"登"字即"征发"的"征"[1]。另外,"氏"作"█"(《合集》12896)、"█"(《合集》9062),该字"于省吾释'氏',云卜辞氏字应读作底,底致也。卜辞氏字皆有致义"[2],这就意味着这个字即"致"。"致"的意思是"招集"。《周易·需》"需于泥,致寇至",王弼注"所以招寇而致敌也"[3];《周礼·秋官·小司寇》"以致万民而询焉",郑玄注引郑司农云"致万民,聚万民也"[4];《国语·越语上》:"乃致其父

---

[1] 杨树达:《积微居甲文说》,上海古籍出版社,2006年,第38页。
[2] 中国社会科学院考古研究所编辑:《甲骨文编》,中华书局,1965年,第487页。
[3] 李学勤主编:《十三经注疏·周易正义》,北京大学出版社,2004年,第43页。
[4] 李学勤主编:《十三经注疏·周礼注疏》,北京大学出版社,1999年,第912页。

兄昆弟而誓之。"① 可见，"氏"（致）的意思是招集民众。此外，"氏"古音在禅母支部，"致"在端母质部，而"雉"则在定母脂部。韵部的支、质、脂皆能旁转，而声纽的禅、端、定皆在舌音，因此笔者认为，"雉"也可读为"氏"（致），意思是招集民众 ②。由此可知，商王室通过"征集"（征）与"招集"（致）这样的方式组织氏族武装力量。

除了直接征发王族和氏族长的族众形成武装力量，贵族的封邑也向国王提供武装者：

乎妇好先登（征）人于庞（《合集》7283）

征妇好三千人，征旅万乎伐（《合集》39902）

令多射于庞（《合集》41527）

这些卜辞中，妇好在封地"庞"征集氏族战士参与战争，"庞"地还向王室提供弓箭手。非王卜辞中也记载，贵族的武装家臣、族众等参与"田羌"等战争—狩猎活动（《合集》21532、22043）。氏族首领也率领本族的氏族战士投入战争：

旨伐薛 ③（《合集》947 正）

禽伐邛方（《合集》6293）

---

① 徐元诰：《国语集解》，中华书局，2006 年，第 571 页。
② 葛英会也认为 "'雉众' 即典籍中的 '致众'"；"总之，殷卜辞之雉众与夷伤人众无关，这类卜辞乃商王面对兵寇之难的占卜记录。其中心内容是聚集人众而谋之以成守征战之事，它是原始民主政治在商代社会中的一种遗留"（葛英会：《"雉众"卜辞之我见》，北京大学考古系编：《考古学研究（三）》，科学出版社，1997 年，第 105—106 页）。
③ 这个字是 "伤害" 的意思，见杨树达：《卜辞求义》，上海古籍出版社，2006 年，第 59 页。

子商🔲基方(《合集》6570)

妇妌伐龙方(《合集》6584)

这些贵族或族长对异族的战争,都是通过招集本氏族或由自己控制的氏族战士进行的。直到春秋时代,贵族在战争中仍带领本宗族的成员作战。《左传·僖公二十八年》记载,晋国与楚国城濮之战中,楚将子玉的军队由西广、东宫两处的战士组成之外,还有"若敖之六卒",杜注"六卒,子玉宗人之兵六百人"[①],正是春秋时代楚国仍在战争中投入宗族武装的例证。在春秋时代,尽管宗族武装力量仍具有较为重要的意义,但这一时期氏族血缘组织正处于逐渐瓦解的过程中,因此宗族武装的重要性已经远不能与商代相提并论。而在商代,"宗族武装实已具有商王朝军事支柱的作用"[②],原因就在于氏族组织是这个社会的核心力量。

被招集参加战争的氏族战士均来自各氏族组织,参与战争活动既是一种义务,也是一种权利。这就决定了参战的人员不可能是这一氏族的全部成员,而应该只是氏族中在能力和荣誉等方面更为活跃的成员。大司空殷墓有十一座出土了武器,可见其墓主是氏族战士。有的既出土生产工具又出土武器,则墓主既是生产者又是战士,也有的墓葬只随葬生产工具。发掘者认为,这是氏族内部的分工所致[③]。笔者认为,这种墓葬的格局一方面的确是氏族内部的分工所致,但另一方面需要思考的是:是何种原因导致了这种分工,即有的

---

① 李学勤主编:《十三经注疏·春秋左传正义》,北京大学出版社,1999年,第445页。

② 朱凤瀚:《商周家族形态研究》,天津古籍出版社,2004年,第195页。

③ 中国社会科学院考古研究所安阳工作队:《1984—1988年安阳大司空村北地殷代墓葬发掘报告》,载《考古学报》1994年4期,第492页。

成员只从事生产,而有的成员则可以拥有武器。再联系到上一节中讨论的职业武士,其中有一些低级武士来自各氏族,但他们将进入地下世界守卫宫庙视作荣耀,平静地跪入坑中,排列成队形并手持武器,身上还装饰着珍贵的贝壳。这只能说明,殷人各氏族的成员均将武装化和参与神圣的战争视作荣誉和权利。越是等级高的人,武装化程度越高,所谓"古贵战斗而贱生产"①。殷人那些甚至包括大量女性在内的贵族群体均以武装活动为重要工作,殷人的氏族平民也和贵族分享了同样的价值观念。能作为氏族战士参与战争,确实有兵役、劳役的色彩,但在殷人的观念中,参与战争又是某种社会地位和社会权利的体现,因为这一"世俗"活动分享和参与了"神圣"世界。

总体而言,殷墟地区代表氏族平民的小型墓葬出土青铜戈的占总墓葬数的十分之一②。戈作为商代最为普遍和典型的步兵武器,从小型墓葬中出土的比例,似乎可以说明参战人员在氏族群体中所占的比例。从殷墟小型墓葬的情况来看,越是低等级的族众,随葬的武器也就越少,赤贫的氏族成员连随葬品都没有③。这就意味着,参与战争这一项与"神圣"具有密切联系的"权利",确实也与氏族内部成员的地位有着密切联系。

朱凤瀚曾统计,贵族群体的甲型墓出土武器者占总数的54%,而小贵族的乙型墓出土武器者占30%,小型墓出土武器者占6%④。殷墟西区随葬武器的墓葬共160座,占随葬有武器的大、中型墓(260

---

① 吕思勉:《先秦史》,上海古籍出版社,2006年,第272页。
② 商言:《殷墟墓葬制度研究述略》,载《中原文物》1986年3期,第85页。
③ 北京大学历史系考古教研室商周组编著:《商周考古》,文物出版社,1979年,第91—92页。
④ 朱凤瀚:《商周家族形态研究》,天津古籍出版社,2004年,第129页统计表。

座)的 61.5%,而有一些宗族出土武器墓葬比例占大、中型墓葬总数的 70%[1]。笔者也对山东滕州前掌大商代墓地进行过统计[2],大型墓 8 座墓葬中 7 座随葬着武器,占 87.5%;中型墓共 8 座墓,全部随葬着武器;小型墓共 33 座,随葬武器墓 8 座,占 24.2%。数据见表 3-1:

表 3-1 山东滕州前掌大商代墓葬各等级出土武器比例

墓葬型号	墓葬号数与数量	出土武器的墓葬号数	出土武器墓葬的数量(左)	出土武器墓葬所占比例(%)
大型墓	BM4、M201、M214、BM3、M203、M205、M206、M215 (共8座)	BM4、M201、M214、M203、M205、M206、M215	7	87.5
中型墓	M211、M213、M11、M18、M21、M38、M119、M120 (共8座)	M211、M213、M11、M18、M21、M38、M119、M120	8	100
小型墓	BM9、M2、M13、M14、M15、M17、M24、M25、M26、M30、M31、M34、M39、M44、M46、M48、M49、M101、M103、M104、M108、M110、M111、M112、M114、M118、M121、M122、M123、M124、M127、M128、M130 (共33座)	BM9、M14、M17、M44、M49、M108、M110、M121	8	24.2

可以看出,这个殷人东土据点的武装化程度相当高,原因或许在于这样远离殷墟地区的军事化据点,要在四边充满敌意的环境中

---

[1] 韩建业:《殷墟西区墓地分析》,载《考古》1997 年 1 月,第 72 页。

[2] 资料出处见中国社会科学院考古研究所:《滕州前掌大墓地》,文物出版社,2005 年,第 56—121 页。

立足,就更加迫切地需要高度的武装化。前掌大墓地是商代边邑的一个例子,其随葬武器的格局也体现出了社会规格或等级越高则武装化程度越高的趋势。具体到作为氏族普通成员的"众人"内部,也表现出这样的原则:1997 年安阳王裕口出土 21 座商代小型墓,都是属于"众人"这一群体,其中有 4 座墓葬出土武器,而这 4 座墓葬的随葬品也比其他墓葬更加丰富。发掘整理者认为,这个现象"反映了武士在氏族中享有较高的地位"①。

　　无论是安阳的殷墟地区还是作为商代政治体组成部分的东土边邑,都体现出了一条原则:武装化与社会地位或荣誉之间成正比关系。这一般人武装人群与身份的关系,也正如学者所言:"战士资格可能是优先向高等级人群开放的。"② 这条原则背后透露的殷人观念是,战争—狩猎是祭祀诸神的延伸,战争与祭祀也是殷商政治体面对的最大课题,这一课题涉及神圣、祭祀、宇宙论。参与战争即是参与"神圣"的祭祀。商王室作为沟通诸神的神王家族,是所有大型战争与大型祭祀的指挥者,而族长与宗族首领担负着指挥族众参战、猎获祭品和祭祀本族祖先等神圣工作。至于氏族中的普通族众,则也将参与战争、捕获祭品视作一种带有荣誉色彩的权利,因此乐于将使用过的武器用于随葬。这些能够参战的"众"在光荣方面仅次于职业武士,而老弱病残和地位低下的族众没有参与"神圣事业"的权利,在荣誉方面只能感到遗憾。

三、步兵与武器

　　战车作为一种昂贵的武器装备和需要长时间精心训练才能掌

---

① 中国社会科学院考古研究所安阳工作队:《河南安阳市王裕口南地殷代遗址的发掘》,载《考古》2004 年 5 期,第 15 页。
② 郜向平:《商系墓葬研究》,科学出版社,2011 年,第 180 页。

握的贵族装备,在商代军队中并不普及,只有王室贵族及诸族首领武士才能驾驶这种重武器。而骑战象与骑马作为需要一定投入和高度技巧的作战技艺,也只是体现在作为战争冲锋或零星和小规模的战斗及狩猎行动中,因此并不是普遍的。对于最广大的商代武装人群而言,这些氏族战士大多数是作为步兵投入征伐活动之中的。

　　不仅仅是氏族战士,在一些情况下,甚至国王与贵族在战争活动中也会选择步行作战这样的方式,见于宾组、黄组等卜辞:

　　　　令我史步伐邛方(《合补》1804 正)

　　　　今春王其步伐夷,

　　　　今春王勿步伐夷(《合集》6461 正)

　　　　余步比侯喜征夷方(《合集》36482)

　　　　今〔日〕王步于□亡灾(《合集》36751)

　　　　王步(《合集》6948、6952)

　　胡厚宣认为:"步伐者,不驾车,不骑马,以步卒征伐之也。"[1] 由此可见,步伐就是徒步作战。卜辞中亦有令贵族"步伐"或"步"的记载(《合集》6563、7443、《屯南》601)。通过这些卜辞可知,国王与军事贵族也常以"步"或"步伐"这样的方式参与战争,说明徒步作战在商代的流行程度之高。普通的氏族战士,绝大多数也是以"步伐"这样的方式投入战斗之中的。可以说,商王国武装力量的主体就是由步兵组成,徒步战斗是商代武装活动中最主要的方式。

　　卜辞记载,军事首领"亚"曾经组织氏族战士"众人"步行作战:"惟亚氏(致)众人步。"(《合集》35)

---

[1] 胡厚宣:《甲骨学商史论丛初集》,河北教育出版社,2002 年,第 189 页。

卜辞中还有一种被称为"行"的组织,他们由族众与某地之人组成,晁福林推测,"行"全部由步卒组成[①],李雪山将"行"理解为"步兵行列"[②],这两种理解都体现了甲骨文中"行"的步兵队列含义。卜辞中有大量卜问"行,贞:今夕亡咎"这样的内容(见于《合集》26208—26282、26507—26517 等)。卜辞中也有商王对这些步卒队伍下达命令的记载,如:"乎令行。"(《合集》4898)

"行"字有时被写成""(《合集》6948),即持着手戈步行于道路的形象。"戈"正是因为是步兵最典型的武器,所以会被简化和作为代指步行于道路战士的符号。徒步的武装战士在行走中经常将武器戈扛在肩上"何戈而行",甲骨文中"何"写作""(《合集》27150),正是肩上何戈的步行战斗者之写照。青铜器《戊簋》上则有对荷戈而行战士描写更生动的形象。

《诗经·国风·曹风》:"彼候人兮,何戈与祋。"正义:"曹之君子正为彼侯迎宾客之人兮,何揭戈与祋在于道路之上。"可见周代的武装者也在肩上何着戈,在道路上行走。战争用词"伐"也经常被写作步行作战者使用戈战斗的形象,如""[③],在青铜器铭文上也多有表现,多是步行作战者手持干戈的形象。

1966—1977 年殷墟西区共发现了 939 座墓葬,随葬有武器者166 座,出土的武器主要是戈,有 224 件,其次是矛,共 70 件[④]。由此可见,商代氏族战士使用最多的武器便是用于步战的手戈和长矛。

---

① 晁福林:《夏商西周的社会变迁》,北京师范大学出版社,1996 年,第 338 页。在西周和春秋时代,也有"行"这样的军事组织,但这个时期的"行"已经是对军队的泛称,而不是专指步兵组织了(丁山:《甲骨文所见氏族及其制度》,中华书局,1988 年,第 64—65 页)。

② 李雪山:《商代军制三论》,载《史学月刊》2001 年 5 期,第 29 页。

③ 中国社会科学院考古研究所编辑:《甲骨文编》,中华书局,1965 年,第 345 页。

④ 陈旭、杨新平:《商周青铜钺》,载《中原文物》1984 年 4 期,第 74 页。

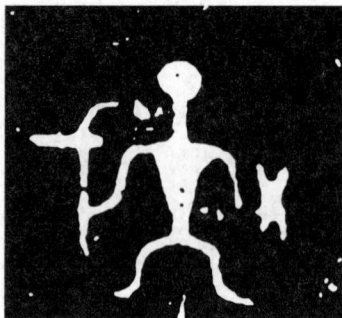

图 3-4 《戌簋》上表现的荷戈战士　图 3-5　殷墟西区八区墓地 M284:1 鼎铭

《尚书·牧誓》"称尔戈,比尔干,立尔矛",也反映了商末周初普通氏族战士最基本的武器装备是步战使用的戈、矛和盾牌。

　　1991 年安阳后冈发现商代小型墓 36 座,其中殉人的只有三座,可见是一般氏族成员"众"的墓葬。这些墓中出土的武器一般为青铜戈、石戈、石钺、青铜镞、骨镞[①]。1987 年安阳郭家庄出土的殷墓中,作为"众人"群体的 M7 出土一犬一铜矛,M8 出土一犬一铜戈[②]。1997 年安阳王裕口 4 座殷代"众人"墓葬随葬武器为戈和矛[③]。刘家庄发现的商代"众人"墓葬出土武器也是青铜戈和矛[④]。此外,安阳

① 中国社会科学院考古研究所安阳队:《1991 年安阳后冈殷墓的发掘》,载《考古》1993 年 10 期,第 891—897 页。

② 中国社会科学院考古研究所安阳工作队:《1987 年夏安阳郭家庄东南殷墓的发掘》,载《考古》1988 年 10 期,第 878—880 页。

③ 中国社会科学院考古研究所安阳工作队:《河南安阳市王裕口南地殷代遗址的发掘》,载《考古》2004 年 5 期,第 15 页。

④ 安阳市文物工作队:《1983—1986 年安阳刘家庄殷代墓葬发掘报告》,载《华夏考古》1997 年 2 期,第 26—27 页;中国社会科学院考古研究所安阳工作队:《河南安阳殷墟刘家庄北地殷墓与西周墓》,载《考古》2005 年 1 期,第 7—9 页。

花园庄 54 号"长"族首领墓葬中出土 100 多件足以武装全氏族的武器中,戈与矛就占到 147 件[①]。郭家庄 M160"亚址"氏族首领墓中也出土了 119 件戈、97 件矛[②]。这些资料都说明了一个问题,那就是商代的氏族战士"众人"作为武装者,使用最为广泛的武器便是戈、矛,而这两种武器也是最适合步兵的装备。许倬云曾总结说:"商人的标准配备是弓、矢、戈(或矛)、楯及短兵。"[③] 不过,许倬云认为周人的武器比殷人的更加先进,如短剑的使用和更合身的甲胄等,这是周人战胜殷商的重要技术条件。

既然商代的氏族战士"众人"将参战视为荣誉,并将使用过的武器戈、矛等用于随葬,那么,他们的武器来自何处?曹定云说:"'族'字的原义应是指部族、氏族,即同一血缘的集团。此集团在战时又是一起行动的单位。当时的情况是,在某一军事行动之前,通常是要举行誓师仪式。凡部族(或氏族)的成年男子都要携带武器参加,因为他们都是当然的战士。"[④] 曹先生谈到了氏族战士在参加战前的誓师仪式时会携带武器,所言甚是。笔者的观点是,氏族战士在参加誓师仪式之前,首先需要参加"授兵"活动,领取武器,然后才参与誓师活动。

青铜制造技术实际上是一种需要高度组织化和专门的技术部门,在国家力量的管理下对青铜从矿产到运输、提炼、铸造等整个生产系统进行整合的复杂过程,武器的生产尤其如此。有学者认为,

① 中国社会科学院考古研究所安阳工作队:《河南安阳市花园庄 54 号商代墓葬》,载《考古》2004 年 1 期,第 14—19 页。
② 中国社会科学院考古研究所编著:《安阳殷墟郭家庄商代墓葬——1982 年—1992 年考古发掘报告》,中国大百科全书出版社,1998 年,第 106—110 页。
③ 许倬云:《西周史》,生活·读书·新知三联书店,2001 年,第 83 页。
④ 曹定云:《论族字的异构和王族合文》,《殷商考古论丛》,台北:艺文印书馆,1996 年,第 3—4 页。

商周时代王室对青铜器制造技术的独占和垄断，是建立支配周围诸侯国政治秩序的一种手段[1]。早在二里头时期，神权统治精英便已经将武器的生产（尤其是青铜武器的生产）控制在战争——献祭的国家链条中[2]。在河南郑州发现了两处商代二里冈时期的铸造遗址。其中一处发现了铸造武器的范 20 块，分为镞和戈两种，另一处则出土了镞范 13 块。铸造工厂还发现了铜矿石、铅块等制造青铜武器的原料[3]。在郑州商代遗址的这两座铸铜工厂，除了生产青铜武器，也制造青铜礼器[4]。安阳孝民屯铸铜作坊遗址面积超过 5 万平方米，有包括鼎、彝、簋、鸮卣、尊等在内各种青铜祭器的铸范，也有武器铸范[5]。安阳小屯东北地 87H1 中曾发现三件陶砂轮，含砂量非常大，双面都有磨痕[6]。这种陶制砂轮被用于武器制造工业，以打磨武器的开口与锋刃，比手工砺石的打磨效果要好得多，能够批量高效地生产大量实战武器。

　　由此可见，商王室管理下青铜武器与祭器神器的生产，都控制在神权国家的手中，具有一定的生产规模和效率。王室通过控制青

---

[1] 吕静：《春秋时代盟誓研究——神灵崇拜下的社会秩序再构建》，上海古籍出版社，2007 年，第 81 页。

[2] 中国社会科学院考古研究所：《二里头遗址聚落形态的初步考察》，载《考古》2004 年 11 期，第 26 页。

[3] 河南省文物研究所：《郑州商代二里岗期铸铜基址》，《考古》编辑部编：《考古学集刊》第 6 集，中国社会科学出版社，1989 年，第 107—119 页。

[4] 王立新：《早商文化研究》，高等教育出版社，1998 年，第 161 页。

[5] 中国社会科学院考古研究所安阳工作队：《2000—2001 年安阳孝民屯东南地殷代铸铜遗址发掘报告》，载《考古学报》2006 年 3 期，第 351—379 页；殷墟孝民屯考古队：《河南安阳市孝民屯商代铸铜遗址 2003—2004 年的发掘》，载《考古》2007 年 1 期，第 14—25 页。

[6] 中国社会科学院考古研究所安阳工作队：《1987 年安阳小屯村东北地的发掘》，载《考古》1989 年 10 期，第 900 页。

铜器的生产可以服务于祭祀与战争,因为青铜祭器与青铜武器实际上都指向同一对象,那就是沟通与维系诸神语境下的神圣宇宙并保持献祭,这既是王室的特权,也是王室的义务。对祭器与武器的统一垄断是早期神权国家的常见现象,如日本弥生时代出云早期神权国家就是如此。1984年出云地区荒神谷出土了弥生时代集中存在的358把青铜剑,第二年夏天又在该处旁发现了青铜矛16件和青铜铎6件[①]。铜铎作为一种神器,与大量武器集中存放在一起,很能象征神权国家对祭器和武器的理解。

商王朝生产祭器与武器,生产出来的武器被王室管理,通过赏赐给氏族首领武装各氏族。殷墟西北冈1004号大型墓的墓道中,曾发现带柄的戈69件和成捆的矛约700件,层层叠放在一起,另外还有6—7种不同型号的青铜盔数十件,也堆放了一层[②]。从照片来看,这些武器的统一埋藏与弥生日本的例子非常接近。这实际上是商王占有的大批武器装备,用于对氏族战士的武装。卜辞记载,商王会将武器赏赐分发给氏族首领:

> 勿易(赐)黄兵(《合集》9468)
>
> ……丁……易(赐)……兵(《合集》9469)
>
> 易(赐)龙兵(《屯南》942)
>
> 侯告称册,王勿衣钺(《合集》7408)

上述卜辞中除了"赐兵"之外,最后一条是国王卜问是否给一位

---

① 中国社会科学院考古研究所:《灿烂的出云古代文化》,载《考古》2003年8期,第80—81页。

② 北京大学历史系考古教研室商周组编著:《商周考古》,文物出版社,1979年,第75—76页。

首领赏赐衣服和斧钺。此外还有卜辞记载赐给"多射"带铜镞的箭矢(《合集》5745)。《史记·殷本纪》也记载了商王对诸侯赏赐"弓矢斧钺"。这也是安阳花园庄54号"长"族首领和郭家庄M160"亚址"首领墓中出土大量武器的原因。而安阳大司空村M539的墓主是一位贵族武士,但并不是族长。他的墓中除了自己使用的武器,还有13件用于武装自己卫队的戈 [①]。因此可以判断,在战争发生之时,商王室或者直接将诸族的战士招集在一起,向他们分发武器,或者通过将武器分发给族长,然后由族长分发给手下的贵族武士,最后由这些贵族武士来武装众人,形成一种武器流动的层级结构。

《周礼·夏官·司戈盾》"掌戈盾之物而颁之",可见周代的武装者也是集中领取武器装备,这种情况与商代是一样的。《左传·隐公十一年》:"郑伯将伐许,五月,甲辰,授兵于大宫。公孙阏与颍考叔争车,颍考叔挟辀以走。"孔颖达正义:"庙内授车未有马驾,故手挟以走。" [②] 可见,车战时代不但武器被收藏在宗庙里,甚至很多战车也被收藏和管理,地点一般都是在宗庙或社这样的神圣场所。在战争爆发时,君主会向武士与氏族战士分发武器装备。除了有一些重型武器是在战争爆发时临时分发配给之外,一些轻型武器很可能在日常就分发给了氏族战士。《盐铁论·未通》:"古者……二十冠而成人,与戎。" [③] 今文经学《韩诗》《孟氏易》都认为,古代的氏族成员是:"二十从役,三十受兵,六十还兵。" [④] 从这些材料可知,氏族农民需要

---

① 中国社会科学院考古研究所安阳工作队:《1980年河南安阳大司空村M539发掘简报》,载《考古》1992年6期,第509—517页。

② 李学勤主编:《十三经注疏·春秋左传正义》,北京大学出版社,1999年,第124页。

③ 王利器校注:《盐铁论校注》,中华书局,2006年,第192页。

④ [清]王先谦:《诗三家义集疏》,中华书局,1987年,第151页;李学勤主编:《十三经注疏·礼记正义》,北京大学出版社,1999年,第424页。

参与武装活动,并且都是从国家领取武器,但需要在一定年龄将武器归还。《礼记·礼运》说:"冕弁兵革,藏于私家,非礼也。"① 不过从商代高度武装化的氏族和普遍用武器随葬的情况来看,这项礼制并不适合商代的情况。因此可以这样理解,商代氏族战士使用的武器是通过各层级"授兵"而获得的,但他们对领取的武器具有较为灵活的使用权利。尤其是参加过战斗的氏族成员,乐于将使用过的青铜武器用于随葬,以此来标示自己参与战争的荣誉。

氏族战士的武器通过"授兵"得来,这种情况在二里头时期便已经存在,二里头政体的统治者已经开始统一管理青铜和骨器等技术部门的武器生产,显示了武器生产和战争组织的专门化趋势。并不是每一位参战的氏族战士都能拥有自己的武器,因此大部分人都是通过从王室或氏族首领处来领取装备。安阳市梯家口发现的21座商代墓葬,都是属于氏族组织成员的,但出土武器很少②。安阳苗圃北地氏族成员墓葬中出土的武器也很少③。1986—1987年安阳花园庄南地发掘了14座殷墓,但只有一座出土了一件青铜戈,其余皆无武器④。

参加商王国对外战争的氏族战士人数占总人数的比例,肯定大于氏族墓地出土武器墓所占的比例。因为墓中随葬青铜武器的墓主,必然是参加过"授兵"活动的人员。而参加"授兵"活动,在领取了武器之后,将会参加战争活动。参加战争活动或多次参加战争活

---

① 李学勤主编:《十三经注疏·礼记正义》,北京大学出版社,1999年,第680页。
② 安阳市文物工作队、安阳市博物馆:《安阳市梯家口村殷墓的发掘》,载《华夏考古》1992年1期,第43页。
③ 郑若葵:《论安阳苗圃北地殷墟一期墓葬文化》,载《华夏考古》1992年1期,第107页。
④ 中国社会科学院考古研究所安阳工作队:《1986—1987年安阳花园庄南地发掘报告》,载《考古学报》1992年1期,第127页。

动,必然造成一定的死亡率。花园庄 M54 的那一位氏族首领是在战死后,遗体被进行防腐处理之后运回下葬的。但是对绝大多数的氏族战士而言,战死沙场的最后归宿只能是就地埋葬,不可能被从远方前线运回[1]。一些出土武器墓葬的墓主肢体残缺,显然是战争导致伤残的结果。例如,安阳刘家庄 M5 墓主是一位女性,但她没有左臂,她的墓中还随葬着步战用的青铜戈[2]。可以推知,这位氏族女战士的左臂是在战争中致残的。垣曲商城遗址内发掘的成人墓葬,有一些也是缺少肢骨的[3],很可能也是战争导致的伤残。

尽管有"众人"在战争中负伤甚至致残,但他们仍将武器用于随葬,则是将参与战争行动视为荣誉,即使伤残也是获取地位与体现荣誉的某种代价。他们的墓中出土武器,是因为虽然伤残,但毕竟当时已经生还。而战死于远方的氏族战士们将长眠在遥远的异乡。

无论是否受伤致残,能够生还并在自然死亡之后将使用过的武器作为荣誉和身份象征而入葬者只会是参战者中的一部分人,他们将参与武装行动的经历视作一生中的重要荣誉,也将随葬武器视作体现自己身份的象征。

[1] 原海兵根据对殷墟氏族墓地遗骨的研究,发现性别比例严重失衡,妇孺众多,而成年男性较少。因此推测:"跟随商王从军征战的大量居民(抑或称作"众")血溅沙场后有一部分并未遗骨还乡,埋葬在应有的墓地中。"(原海兵:《殷墟中小墓人骨的综合研究》,吉林大学博士学位论文,2010 年 5 月,第 26 页)
[2] 安阳市文物工作队:《1983—1986 年安阳刘家庄殷代墓葬发掘报告》,载《华夏考古》1997 年第 2 期,第 26 页。
[3] 王睿:《垣曲商城的年代及其相关问题》,载《考古》1998 年 8 期,第 90 页。

第三节　武装者编制背后的"神圣"

商代的武装者包括少数的职业武士与众多非职业的氏族战士，这些庞杂的人群构成了为献祭和世界秩序稳定而存在的武力基础。通过对卜辞的研究，可以发现这些作为支撑神权政治基石的武装力量在组织和编排的形制上，也严格地遵守着某些指向"神圣"维度的信念与原则。

伊利亚德在《神圣与世俗》中专门谈到了古人存在着一种对神圣范式真诚模仿的心理，这种心理能够凸显两种效应。

第一，通过对诸神的模仿，人们保持仍然存在于神圣之中，因此也就生活在实在之中。

第二，通过对神圣的范式性不断地再现，世界因之而被神圣化。人们的宗教行为帮助维持了这个世界的神圣性[①]。

具体到商代神权世界观的语境中，正如前文所分析的那样，作为世俗行动的战争与政治被纳入了宇宙论的神圣范式之中，而维持这个包括"帝"和祖先、四方空间与神祇的范式不断再现，战争与献祭成为必要的手段。作为构成商代社会基础的氏族组织，在结构上呈现为模仿神圣范式四"方"、"社"构拟的空间排序。而作为实现献祭这种手段的武力量，因为同样参与和分享了这一神圣范式的实在有效性，在组织与编制的世俗方式上同样对这一神圣的范式进行了模仿。对于古代社会的各种世俗组织而言，其编制的背后蕴藏着一种对于神圣范式的模仿是一种普遍的现象。例如，古代雅典的氏族、胞族等社会组织，就是分别按照宇宙时间的四季、十二月、三十

---

① ［罗马尼亚］米尔恰·伊利亚德：《神圣与世俗》，王建光译，华夏出版社，2002年，第52页。

日这些数字象征构建而成的 ①。社会组织与神圣的宇宙范式之间是一组内在同构的关系。

现在需要讨论的是,这种带有宇宙论背景的神圣范式是怎样的一种规定,这种规定在商代宗教中具有怎样的具体内容。在此背景上,才可能更好地理解商代武装者编制方式与神权献祭政治之间的密切关系。

一、作为神圣范式的"五"

伊利亚德在研究萨满术的著作中讨论过萨满式宇宙观中,作为分层世界的层数或宇宙中心之树分权枝丫的数字都具有相当重要的意义 ②。虽然在不同的文化中,作为具体神圣象征的符号或数字并不相同,但在作为"神圣范式"这种意义上讲,这些符号与具有宗教背景的象征都具有为范式提供意义与说明的功能。

在商代的宇宙图式中,作为十字形(或称"亚字形")的这一符号具有核心的象征意义。叶舒宪指出,在古代的神话思维中:"十字架本身亦有宇宙之中心,宇宙之主宰的神圣意义。拥有或崇拜这神秘的十字,便可确保宇宙秩序的正常运行。" ③ 这种十字形的符号与象征在商代考古的材料中广泛地存在着。例如,商代的族徽上便广泛地用这种十字形来作为某种政治含义的表征。《金文编》中收入了大量这样的十字形徽号 ④,如图 3-6 所示。

---

① [古希腊]亚里士多德:《雅典政制》,日知、力野译,上海人民出版社,2011 年,第 15 页。

② Mircea Eliade, *Shamanism:Archaic Techniques of Ecstsy*, Translated from the French by Willard R.Trask, Princeton University Press, 2004, pp.274—275.

③ 叶舒宪:《中国神话哲学》,中国社会科学出版社,1992 年,第 190 页。

④ 容庚编著:《金文编》,科学出版社,1959 年,第 827—832 页。

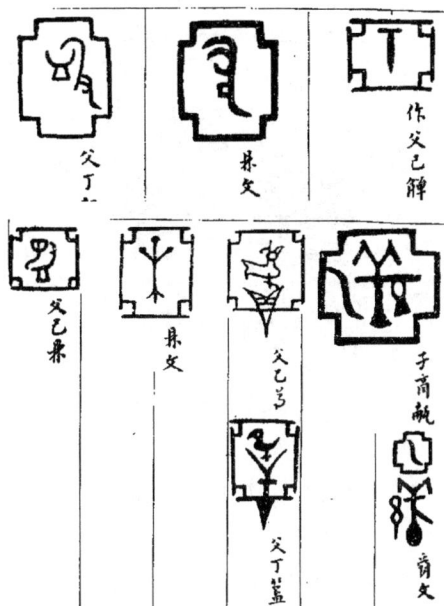

图 3-6　《金文编》中收录的部分十字形徽号

　　张光直在《说殷代的"亚形"》一文中对商代大量使用的十字形符号含义进行过分析。除了青铜器徽号之外，商王的大墓在形状上也普遍采用这种十字形的空间结构①。例如，殷墟西北冈 1001 号大墓就是这样的一种形制。

　　此外，中国古代集合了宗教与政治功能的明堂或宗庙建筑也具备这样的结构。按照传统的说法，明堂、大寝、宗庙与燕寝都呈现为这样的十字形结构。分为中、东、南、西、北五个空间，按照王国维的看法，这些宗教礼仪建筑在格局上都有中庭之外，"四屋相对之为古

---

① 张光直：《说殷代的"亚形"》，《中国青铜时代二集》，生活·读书·新知三联书店，1990 年，第 83—85 页。

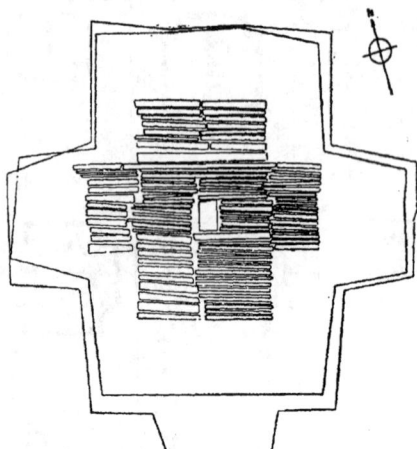

图 3-7　殷墟西北冈 1001 号大墓的十字形结构

宫室之通制矣"①。不过,这样的结论还没有考古学上有力的证据,但至少能够显示,在传世文献中确实久远地保存着关于十字形作为神圣建筑的"范式"意义。在宾组卜辞中,十字形的亚为祖神之庙称,如"翌乙□侑于亚一"(《合集》13597)、"惟亚且乙害王"(《合集》1663)。非王卜辞中的"亚"亦为宗庙,"祝亚"为向宗庙祝告,"多亚"为"多位先人之庙室"②。则十字形之"亚"与殷人庙制心理之间是存在关联的。

　　在青铜徽识中,这种十字形所象征的含义受到了明显的崇拜。在这个徽识中,两名虔诚的宗教参与者正在向这一神圣符号进行膜拜。这一个图像很能说明这个图形所象征的范式在殷人心目中的意义。此外,在宗教礼仪用器上表现镂空的十字形符号也是商代的

① 王国维:《明堂庙寝通考》,《观堂集林》,河北教育出版社,2002 年,第 83 页。
② 朱凤瀚:《商周家族形态研究》,天津古籍出版社,2004 年,第 156—158 页。

一种常见现象①，显示出十字形符号与祭祀主题之间的密切关系。有学者认为对十字形的崇拜在本质上讲是一种太阳崇拜，甲骨、金文中大量的十字形符号是与太阳崇拜有关的遗存②。考虑到商代宗教的太阳神信仰背景，不能说这种观点没有可能性。不过，笔者认为这种符号的范式意义应该更多与宇宙论的空间，以及这些空间对应的诸神有关。至于是否与太阳神信仰直接有关，则尚待证明。

张光直认为，这种十字形的宇宙图式不仅仅分布在东亚，这一图形是为包括古代中美洲文明的整个"亚美文化连续圈"所共同分享的宇宙格局，其源头可以追溯到二者在一万多年前旧石器时代共

① 这种表现有十字形镂空符号的商代祭器材料非常广泛（张久益：《临汝县李楼出土商代青铜器介绍》，载《中原文物》1983 年 2 期，第 85 页）。河南郾城县出土商代青铜罍、瓿上均有十字形镂空（河南郾城县志总编室：《郾城县出土一批商代青铜器》，载《考古》1987 年 8 期，第 765 页）。河南林县出土商代青铜尊、瓿上分别有三个十字形镂空（张增午：《河南林县拣选到三件商代青铜器》，载《文物》1986 年 3 期，第 92—93 页）。湖北孝感出土的青铜器上也有十字形镂空（熊卜发：《湖北孝感地区商周古文化调查》，载《考古》1988 年 4 期，第 301 页）。安阳大司空村南地 M29 出土的铜瓿上也有十字形镂空（中国社会科学院考古研究所安阳工作队：《1986 年安阳大司空村南地的两座殷墓》，载《考古》1989 年 7 期，第 595 页）。陕西城固县出土的商代青铜罍、簋、瓿上都有十字形镂空（王寿芝：《陕西城固出土的商代青铜器》，载《文博》1988 年 6 期，第 3—8 页）。山东滕州前掌大遗址出土的青铜甗上也有十字形镂空（中国社会科学院考古研究所：《滕州前掌大墓地》，文物出版社，2005 年，第 228—229 页）。安阳小屯村北 M18 出土的青铜尊、瓿上均有十字形镂空（中国社会科学院考古研究所安阳工作队：《安阳小屯村北的两座殷代墓》，载《考古学报》1981 年 4 期，第 497—501 页）。殷墟大司空 M303 出土青铜甗上有十字形镂空（中国社会科学院考古研究所安阳工作队：《殷墟大司空 M303 发掘报告》，载《考古学报》2008 年 3 期，第 366 页）。北京地区发现的一件商代青铜盘上有十字孔（程长新：《北京发现商龟鱼纹盘及春秋宋公差戈》，载《文物》1981 年 8 期，第 54 页）。殷人的陶豆上也有十字形孔（郑州市博物馆：《郑州商代遗址发掘简报》，载《考古》1986 年 4 期，第 331 页）。
② 赵继阜：《太阳崇拜》，四川美术出版社，1999 年，第 280—284 页。

图 3-8　膜拜十字形徽识

同拥有的那一个"文化底层"。通过对墨西哥奥尔梅克文化（Olmec）十字形宇宙图形进行分析，他认为一个四方形的空间在缺失了四角之后呈现的就是这样的图式，春秋时代宗庙四角各有一"坫"，也呈现出亚字形的结构。殷代的"亚字形"表现的可能就是缺失或凹陷了四角而形成的神圣格局①。张光直的这一观点与于省吾的思路也颇为接近，于省吾引用了纳西族象形文字中"角落"一词即被表现为缺失的四角，推测商代的"亚"字即"象隅角之形"②。

　　实际上，这种带有神圣意味的十字形符号确实具有较为久远的历史渊源。早在距今 6500—6000 年前的湖南安乡汤家岗大溪文化遗址中发现的白陶盘底部就有十字纹。在青海柳湾马家窑、马厂期的器物中，共有 116 件上画有十字形的符号。这样的例子在湖北屈家岭文化等遗址中也多有发现。吴锐认为，这种史前的十字形符号与四方空间的精神世界建构有关③。这些史前广泛存在的十字形符号表明，殷商时代宇宙观结构的十字形的确具有相当古老的精神谱系。无论"亚美文化连续圈"的学说是否成立，这一宇宙论的符号确实具有久远的历史渊源则是毋庸置疑的。

---

① 张光直：《中国青铜时代二集》，生活·读书·新知三联书店，1990 年，第 89—94 页。

② 于省吾：《释亚》，《甲骨文字释林》，中华书局，2009 年，第 361 页。

③ 吴锐：《中国思想的起源（第一卷）——前神守—神守时代》，山东教育出版社，2003 年，第 316—334 页。

艾兰(Sarah Allan)归纳认为,十字形在商代考古中的表现是三点:青铜祭器圈足上有十字形穿孔;氏族徽号和祖先名多用十字形;殷墟的墓葬营建成十字形。她根据殷代宗教宇宙图式中十字形的核心意义,推导出这一神圣范式就是"五"这一数字的观念基础,它的原义是十字形表示的对土地的地理划分①。这就意味着,以十字形宇宙空间为构架背景的神圣范式推导出"五"这一数字具有了核心性质的意义。这一点,也非常符合伊利亚德对早期中国宗教思想的分析:"五个宇宙之数——四极和一个中央——中的每一个都各有一种颜色、味道、声音和特殊的符号。"②

如《屯南》1126、《合集》36975、《合集》7837、《合集》20650 等卜辞内容所反映的那样,商代人理解的宇宙平面呈现为十字形的结构,分为南、西、北、东和中央的商王国,殷商王室所在的地区也被称为"中商",被视为世界的中心。围绕着中心的四个方位,在甲骨卜辞中被称为"四土",它们围绕的中心方位,也就是祭祀礼仪的中心③。这样,分为南、西、北、东、中的十字形宇宙结构,完全符合《尔雅》中所描述的"五方"空间④。"五"这一数字的核心意义在于,如同在萨满式宇宙观中分层世界的层数或宇宙中心之树分杈枝丫的数

①[英]艾兰:《龟之谜——商代神话、祭祀、艺术和宇宙观研究》,汪涛译,四川人民出版社,1992 年,第 99、115 页。
②[美]米尔恰·伊利亚德:《宗教思想史》,晏可佳等译,上海社会科学院出版社,2004 年,第 469 页。
③David N. Keightley, *The Ancestral Landscape:Time, Space, and Community in Late Shang China, ca.1200—1045B.C*, Institute of East Asian Studies, University of California, Berkeley,2000, pp.61—62.
④《尔雅·释地》,李学勤主编:《十三经注疏·尔雅注疏》,北京大学出版社,1999 年,第 196 页。

字具有重要意义那样 [1]，这个承载着神圣范式的数字蕴含着宇宙图式、空间、诸神这一系列"世界"关系的统合。殷人尚"五"的观念正是"五方"宇宙结构的产物 [2]。

　　"帝"的信仰在性质上是作为祖先神和自然神在不同语境之中的集合。作为四方空间的诸神被称为"方"，也对应着凤鸟，而凤鸟也是作为祖神之"帝"的一种呈现 [3]。宾组卜辞中，殷人对四方的方位之神多举行"禘"这种对祖先规格的祭祀 [4]：

　　　　禘三羌(《合集》405)

　　　　方禘,一羌、二犬,卯一牛(《合集》418 正)

　　　　方禘羌卯牛(《合集》478 正)

　　　　方禘燎(《合集》1140 正)

　　　　勿禘于西(《合集》14328)

　　　　禘于北方曰伏,凤 [5] 曰役

　　　　禘于南方曰因 [6],凤曰夷

---

[1] 按照伊利亚德的观点,古代中国本土宗教显示出了几乎所有萨满教的存在要素:升入上界,召唤和寻找灵魂,灵魂附体,对火的控制,以及其他的圣巫冒险事迹,等等。也就是说,中国古代宗教的本质带有浓厚萨满信仰的色彩(Mircea Eliade, *Shamanism:Archaic Techniques of Ecstsy*, Translated from the French by Willard R.Trask, Princeton University Press,2004, p.457)。

[2] 庞朴:《阴阳五行探源》,《稂莠集——中国文化与哲学论集》,上海人民出版社,1988 年,第 363 页。

[3] 王晖:《商周文化比较研究》,人民出版社,2001 年,第 438—440 页。

[4] 杨树达:《卜辞求义》,上海古籍出版社,2006 年,第 88 页。

[5] 卜辞原文"凤"字也作"凬",因为"凤鸟既知天时,也是风神。卜辞凤、凬通用不别"(冯时:《殷卜辞四方风研究》,载《考古学报》1994 年 2 期,第 151 页)。

[6] 此字从陈汉平释读,见《古文字释丛》,王宇信主编:《甲骨文与殷商史》第三辑,上海古籍出版社,1991 年,第 58—61 页。

禘于东方曰析,凤曰劦

禘于西方曰彝,凤曰丰(《合集》14295)

通过卜辞可以了解到,殷人宇宙观中的神圣十字模型乃是从"中商"向外延伸出的四个方位,构成十字形的五个方位,而每个方位都对应着作为祖神或其象征的凤鸟。这样,就一共有了五个凤鸟。这五个祖神位格的凤鸟被称为"帝史凤"或"帝五臣":

帝史凤(《合集》14225)

帝五臣丰(《合集》30391)

帝臣(《合集》217、14223)

帝五臣(《合集》30391)

帝五丰臣(《合集》34148、《屯南》930)

胡厚宣认为:"是殷人者,又以风(凤)神亦属于帝故以帝礼祭之也。"[1]甲骨文中还有表现凤鸟头顶着宇宙十字模型的宗教文字[2],说明祖先神凤鸟与五方宇宙范式之间紧密的对应关系。对于卜辞中的"五臣丰"或"五丰臣"之"丰",陈梦家考证为"工"字,即"五臣工"[3]。他认为,卜辞中的"帝五工臣"、"帝五臣工"就是《左传·昭公十七年》中郯子所说少皞氏时所立五种鸟名为官的"五工正",这是春秋时代对殷商宗教思想的遥远记忆。因为"帝五工臣"也作为祖先神的内涵,所以这些诸神会通过制造灾祸来获得献祭。《屯南》930片甲骨记载,帝五工臣降下了虫灾,王室因此使用三套太牢这样

① 胡厚宣:《甲骨学商史论丛初集》,河北教育出版社,2002年,第235页。
② 黄锡全:《甲骨文字释丛》,载《考古与文物》1992年6期,第78页。
③ 陈梦家:《殷虚卜辞综述》,中华书局,2004年,第572页。

的贡品来祭祀这些神灵。

　　在殷人的观念中,这些既是祖神又是"帝史"的凤鸟对应着五个方位,它们又是"帝"的工臣。这种十字形的宇宙空间对应五位神祇的观念甚至一直流传到战国时代,在长沙子弹库楚帛书的图式中,宇宙也被按照十二个月对应的诸神表现为十字形的结构,这个十字形的宇宙之中也对应着五个方位的"群神五正"①。这些材料说明,以十字形宇宙模型衍生出来的神圣数字"五"所寄予的象征在先秦观念中有着久远的传承。胡厚宣从商代文化中对"五"的推崇这一观念分析认为,战国时代流行的五行学说之滥觞可以上溯到殷商②。将五行思想之滥觞追溯到商代的这一观点得到了越来越多学者的认同。叶舒宪就认为"五行思想的形成同五方观念确实有着难解难分的关联",殷代的五方思想是五行思想的最早源头之一③。葛兆光认为"从现在考古发现的资料看来,五行思想的来源可能要比我们现存文献中看到的要早得多"④,这种观念的源头可以被上溯到商代。这一神圣范式被他称为"数字化的世界秩序"。

　　了解到十字形宇宙模型"亚"、"五"与作为神圣世界范式的象征意义这一背景对于了解商代的军事活动是必要的。"亚"字在甲骨文中就是一个十字形,因此十字也可以被称为亚字。商代的"亚"除了被用来表现商王墓葬的形制,以及指称宗庙之外,也被广泛用于诸氏族组织的徽号。这一点表明氏族组织在神权宗教与政治语

---

① 李零:《长沙子弹库战国楚帛书研究》,中华书局,1985 年,第 57 页。
② 胡厚宣:《甲骨学商史论丛初集》,河北教育出版社,2002 年,第 280 页。
③ 叶舒宪、田大宪:《中国古代神秘数字》,社会科学文献出版社,1998 年,第 82—84 页。
④ 葛兆光:《中国思想史第一卷——七世纪前中国的知识、思想与信仰世界》,复旦大学出版社,2004 年,第 63 页注释②。

境中作为一种世俗团体,却在观念上被投射在一整套被囊括了四方空间、四方诸神与相关结构的"神圣"叙事之中。除此之外,"亚"也是军事性质武装首领的称号。卜辞中的"多马亚"、"多亚"、"亚"均为武装首领之称号,陈梦家称之为"武官"[1]。武装化的氏族徽号称"亚",军事首领也称"亚",足见象征了神圣范式的十字形"亚"与战争—祭祀模式之间的紧密关系,这也是商代战争观念的核心。在一件殷代陶鼎足上刻画的图像很生动地展示了战争、祭祀与宇宙范式象征的神圣之间的关系[2]。

图 3-9　陶鼎刻画的武装者、祭器与十字形宇宙

在图片中,最右边是一名手持戈与盾的武装者,最左边是一件祭祀诸神时所使用的鼎,而两者中间则是象征了十字形宇宙的"亚",也就是说,武装者战争为祭祀服务,而祭祀的对象则是五方诸神,战争与武装者与"神圣"在一组系统之内。这一图片生动地展示了战争、武装者、祭祀与神圣宇宙之间的交互关系。在此意义上,作

---

[1] 陈梦家:《殷虚卜辞综述》,中华书局,2004 年,第 508—509 页。
[2] 这一件陶鼎足的照片见焦智勤:《关于新出殷商陶文四则的通信》,宋镇豪主编:《甲骨文与殷商史》新一辑,线装书局,2008 年,第 336 页。

为十字形神圣范式的数字,"五"与"亚"一样,蕴含和象征着这一组永恒的秩序,是商代社会中普遍和有效的知识。

二、神圣范式的数字化"三"

在商代的宇宙观中,除了作为神圣范式的"五"之外,"三"也是一个神灵与祭祀系统中的重要数字象征。这两个神圣数字通常也被按照某种既定结构组合在一起,用以象征完整的神圣秩序。

商代的宇宙图式从平面的角度来讲,是一个十字形的五方结构。而从垂直立体的角度看,这个世界则被分为诸神所在的上界、人王所居的"商"以及地下的黄泉世界三层。正如伊利亚德所说,"三"这个数字的宗教价值非常重要,它是宇宙分层的象征[①]。这是萨满式宇宙结构的典型表征——世界被象征为天上、人间、地下三个部分,也即中国古书中所说的"天地人"。这种经典的图式象征不仅存在于中国,也广泛地存在于其他古代文明之中。例如,在古希腊奥林匹斯诸神的宗教背景中[②],上界诸神居住在奥林匹斯山之上,而掌管鬼魂的下界则由哈德斯掌管,人类则处在两者之间[③],可见古希腊宗教的世界也分为上、中、下三层的结构。

在萨满式的宇宙观中,广泛存在着这样的信念:宇宙分为天上、人间和地下三层,这三层之间通过宇宙之山或宇宙之树连接在一

---

① Mircea Eliade, *Shamanism:Archaic Techniques of Ecstsy*, Translated from the French by Willard R.Trask, Princeton University Press,2004, p.274.
② 古希腊宗教也带有萨满教的特质([法]让-皮埃尔·韦尔南:《古希腊的神话与宗教》,杜小真译,生活·读书·新知三联书店,2001年,第84—85页)。
③ [古希腊]赫西俄德:《神谱》,张竹明、蒋平译,商务印书馆,1996年,第48—51页。

起①。实际上,在商代的宇宙观中,世界的中心确实存在着连接天地的山和神树。商王室所在的地区是宇宙的中心——"中商",这个中心也被理解为一个山丘,卜辞中称为"丘商"(《合集》776、7838、9530)。连接天地的"丘商"也有通天的神树。艾兰认为,中国古书中所说的"建木"就是伊利亚德所说的"地心"(axis mundi),东方有神木"扶桑",西方有神树"若木",中央的"丘商"则有神树"建木",沟通天上与地下的黄泉世界②。这种连通三层世界的神山形象,广泛见于中国考古的古代器物或文献之中③。

这说明在远古商代的精神世界中,宇宙分为三层是一个事实,而王室所在的地点既是宇宙的中心,也是宇宙之山的所在,宇宙之山上有神圣的建木,通过山和树,祖神与巫师能够通过"陟"、"降"、"蔑"这样的方式上天入地或表演登天④。有时祖神甚至会从上界坠落到神权政治与沟通诸神的中心——商王的"庭阜"之上⑤。叶舒宪认为:"在世界各民族的神话宇宙观中,上、中、下三分的世界模型常常由水、陆、空三类不同的动物形象来象征。"⑥实际上,这种三分结构的分层宇宙象征在商代宗教中就表现得极为明显。

商代宗教中的太阳神信仰表现为十干和十个氏族的神圣范式,

---

① Mircea Eliade, *Shamanism:Archaic Techniques of Ecstsy*, Translated from the French by Willard R.Trask, Princeton University Press, 2004, pp.266—274.

② [英]艾兰:《龟之谜——商代神话、祭祀、艺术和宇宙观研究》,汪涛译,四川人民出版社,1992 年,第 99 页、第 18 页。

③ 汤惠生、田旭东:《原始文化中的二元逻辑与史前考古艺术形象》,载《考古》2001 年 5 期,第 56—57 页。

④ 笔者认为,神山、神树就是神王、巫者升降的"天梯","蔑"的意思是巫者在刀梯上的登天巫术表演(李竞恒:《殷人祭礼天梯考》,载《殷都学刊》2019 年 2 期,第 107—114 页)。

⑤ 宋镇豪:《夏商社会生活史》,中国社会科学出版社,2005 年,第 862 页。

⑥ 叶舒宪:《中国神话哲学》,中国社会科学出版社,1992 年,第 48 页。

殷人认为天上的太阳共有十个，轮流交替出现于天空之上①。太阳一方面被理解为祖先神帝俊，另一方面也是太阳神鸟。这十只太阳神鸟居住在东方的扶桑木之上，每天轮流有一只太阳神鸟从东飞过大地，落到世界西端的若木之上，再通过地下的黄泉回到东方的神树上，第二天，另一只太阳神鸟又开始一个新的循环。《山海经·大荒东经》"汤谷上有扶木，一日方至，一日方出，皆载于乌"，郭璞注："中有三足乌。"②可见载着太阳的神鸟是三足乌。《淮南子·精神》中也说"日中有踆乌"，高诱注解这条材料说："谓三足乌。"③在殷人的神话思维中，祖神既是太阳，也是神鸟，其形象是三条腿。早在仰韶的庙底沟文化时期，彩陶片上表现的太阳神鸟就是三条腿的形象④，说明这种观念具有悠久的源流。"三"这个神圣数字与太阳神崇拜的商王室宗教之间具有密切联系，因为十个太阳轮番出现需要十天，即"一旬"，一个月有三十天，这样，十个太阳刚好在一个月之内三次轮番出现，三旬构成一个完整的十日循环⑤。因此，"三"的意义在商代具有双重含义：它既是宇宙垂直模型的层数，又是宇宙中太阳神—祖神系统中的循环象征数字。

　　因为太阳与"三"有紧密联系，因此太阳神鸟是三足乌，这一点非常符合伊利亚德"神圣范式"的思想。这种三足乌的神圣之"三"

---

①《楚辞·招魂》"十日代出"，洪兴祖：《楚辞补注》，中华书局，1983年，第199页。

②袁珂校注：《山海经校注》，巴蜀书社，1996年，第408—409页。

③刘文典：《淮南鸿烈集解》，中华书局，2006年，第221页。又见《论衡·说日》："儒者曰：'日中有三足乌。'"上海人民出版社，1974年，第174页。

④中国科学院考古研究所：《庙底沟与三里桥》，科学出版社，1959年，图版六、十。

⑤[英]艾兰：《龟之谜——商代神话、祭祀、艺术和宇宙观研究》，汪涛译，四川人民出版社，1992年，第99页、第23页。

也广泛体现在商代的祭祀礼器中。古人认为祭祀礼器"爵"是对燕雀这一鸟之形象的模仿。《吕氏春秋·务大》"燕爵争善处于一屋之下"[①]，《孟子·离娄上》"为丛驱爵者"[②]，《后汉书·五行志二》"怀陵上有万余爵"[③]，可见"爵"就是"雀"。《论衡·说日》"鸟如爵者"[④]，说明礼器"爵"表现的就是太阳神鸟的形象。甚至有一种带鸟盖的爵，一般也称为"角"，直接将其表现为带着一个鸟头和一对展翅的鸟形[⑤]。可以证明"爵"的形制正是对三足神鸟的象征与模仿，而不是古人仅仅因"爵"、"雀"同音就将两者牵强附会在一起。这种青铜器设计形制的背后，蕴藏着一整套关于"神圣"与象征的观念。从二里头时期开始，爵就是三足的形制，这种三足形制广泛见于商代的青铜爵造型之中。或者说，爵这种祭祀礼器在造型上的思想正是来源于此。

除此之外，商代的青铜鼎很多时候也被表现为三足的形制[⑥]。艾兰认为，殷王祭祀的三足鼎，代表了三足的太阳神鸟[⑦]。如果按照这一解释，三足鼎也具有青铜爵一样的神圣象征模型。三足鼎作为"三"的象征在思想史上一直具有相应的政治或宗教含义。例如，《尚书·高宗肜日》孔疏引《汉书·五行志》："刘歆以为鼎三足，三公象

---

① 许维遹:《吕氏春秋集释》,中华书局,2009 年,第 680—681 页。

② [宋]朱熹:《四书章句集注》,中华书局,1983 年,第 281 页。

③ [南朝宋]范晔:《后汉书》,中华书局,1998 年,第 230 页。

④ [东汉]王充:《论衡》,上海人民出版社,1974 年,第 178 页。

⑤ 马承源主编:《中国青铜器》,上海古籍出版社,1988 年,第 168 页。殷墟四期还有一件青铜爵,爵耳被表现为鸟的形象([日]难波纯子:《关于殷墟四期青铜器制作之新动向》,考古杂志社编辑:《考古学集刊》第 15 集,文物出版社,2004 年,第 108 页)。

⑥ 李济:《殷墟青铜器研究》,上海人民出版社,2008 年,第 336—363 页。

⑦ [美]艾兰:《早期中国历史、思想与文化》,杨民等译,商务印书馆,2011 年,第 181 页。

也。"[1] 说明至迟到汉代，三足鼎在政治思想中都还具有重要的象征化意义，这种对三足鼎象征赋予观念内涵的现象背后显然具有久远的知识源流。商代祭祀诸神主题的祭器通过对神圣范式"三"不断再现与模仿，实现了将祭祀与宇宙论背景下的神圣之维相统一的结果。在这个结果之中，上界的诸神象征——日神化的上帝与祖先正是被表现为乌雀、凤鸟这样的神圣动物形象，而这样的神圣动物是三足之形。

正如列维－斯特劳斯所说，神话思想总是从认识对立关系逐步发展到解除这些对立[2]，这种关系总是蕴含于一套"结构"之中。伊利亚德也谈到，商代青铜器上"有大量对立和转化的符号"，对立和转化的分类模式背后是一整套宇宙论的观念[3]。不难想到，商代神话中与上界的三足太阳神鸟所对应的，正是地下黄泉之中的三足龟——能，而二者最终又都解除对立，转化和统一在"三"这样的神圣范式与象征中。

《论衡·是应》："鳖三足曰能。"[4]《尔雅·释鱼》"鳖三足，能；龟三足，贲"，郭璞注引《山海经》："从山多三足鳖，大苦山多三足龟。"[5] 可见古人认为水中的龟鳖长着三足。《史记·夏本纪》正义："鲧之羽山，化为黄熊，入于羽渊。熊音乃来反，下三点为三足也。束皙《发蒙记》云：'鳖三足曰熊。'"在古文字中，"能"与"熊"近似，非常容易混淆，因此在古书中常常借用。例如，《诅楚文》中"熊"

① 李学勤主编：《十三经注疏·尚书正义》，北京大学出版社，1999年，第255页。

② ［法］列维－斯特劳斯：《结构人类学》，陆晓禾等译，文化艺术出版社，1991年，第62页。

③ ［美］米尔恰·伊利亚德：《宗教思想史》，晏可佳等译，上海社会科学院出版社，2004年，第471页。

④ ［东汉］王充：《论衡》，上海人民出版社，1974年，第270页。

⑤ 李学勤主编：《十三经注疏·尔雅注疏》，北京大学出版社，1999年，第298页。

字作"🐻",《说文》作"🐻",《毛公鼎》中"能"字作"🐻",望山楚简作"🐻",字形都非常接近。段玉裁在《说文解字注》中就提到,《左传》和《国语》中记载晋侯梦"黄能"入于寝门,"韦注曰'能似熊',凡《左传》《国语》'能'作'熊'者,皆浅人所改也"[1]。可见古书中这两个字经常混用。因此,鲧死后化作的应该是"能",即三足的龟。

三足龟的活动区域正是与上界太阳神鸟所对应的羽渊,这里是阴暗、死亡、潮湿的地下世界[2]。艾兰根据《淮南子》中女娲砍断鳌足来建立四极的记载推测,"三足龟"的神话原型源自被砍断了一只足的鳌,四只鳌足被砍后还剩下三只[3]。这样,"三足乌"和"三足龟"在表面上构成了一组对立的关系,却在范式的结构上呈现出在"三"这一象征上的最后统一。

商代分为三层并分别以三足乌与三足龟对应一系列象征的神圣"三"之宇宙结构,完全符合远古宇宙观中分为上、中、下三层的世界模型常常由生活在空、陆、水三种环境不同的动物形象来象征这一结论。这种分为三层的神圣宇宙结构,长期存在于商代之后的思想观念中,并以天空与水下的动物对应上界与地下世界。例如,在汉代马王堆墓葬出土的 T 形帛画中,就表现了天空中的太阳金乌、中层的墓主及其侍从,而地下世界则对应着水中的大鱼。而在临沂

---

① [清]段玉裁:《说文解字注》,上海古籍出版社,2006 年,第 479 页。

② 王小盾、叶昶有一个观点,认为上古宇宙观中,正是这些黄泉中的龟背负着太阳鸟穿过黑暗的地下世界(王小盾、叶昶:《楚国宗庙壁画和鸱龟曳衔图——兼论上古时代的太阳崇拜和生命崇拜》,刘梦溪主编:《中国文化》第八期,第 49—59 页)。如果这一观点可以成立,那么上界的三足神鸟和下界的三足龟之间就具有更为紧密的关系,除了三层宇宙的对应结构,它们还直接发生联系,并作为宇宙运转秩序中的重要环节。

③ [英]艾兰:《龟之谜——商代神话、祭祀、艺术和宇宙观研究》,汪涛译,四川人民出版社,1992 年,第 99 页、第 76 页。

金雀山九号汉墓出土的帛画中,也描绘着上界的太阳金乌、中层的世俗人间与地下的二龙相背[①]。由此可见,作为宇宙分层神圣范式的"三"与相关象征系统在早期中国思想史中,具有相当深厚的文化心理结构沉淀。

三、献祭、战争的神圣范式:"三"、"五"

通过上面的考察可以发现,"三"作为殷人宇宙观中一种神圣范式的数字化观念,体现在两个方面:首先,宇宙分为三层,其次,上层的诸神象征是"三足",而下界的神灵象征也是"三足"。既然宇宙中上下界的神灵在象征上都采用这一范式,那么人间与众神发生关系的战争—献祭行为,就没有什么理由不在观念与象征上分享这同一套结构与范畴。

不仅是战争,甚至在沟通王室与诸神之间的基本渠道——甲骨占卜这一点上,殷人也奉行着"三"这一神圣范式的基本原则,即占卜分为三个程序,由商王与左卜、右卜三人分别主持每一卜的某个占卜环节,这种沟通诸神的方式被学者称为"三卜制"[②]。除了沟通诸神,商王室用于祭祀的青铜礼器也是按照"三"进行组合的,殷墟出土的方盉仅有三件,均是出自西北岗的一座王陵,三件神器分别铸铭"左"、"中"、"右"[③],很多祭器的器盖上也都有"右"、"中"、"左"的编号结构,遵循着"三"的神圣秩序[④]。而这种编排方式在殷人军队的编制中相当常见。

---

① 葛兆光:《中国思想史第一卷——七世纪前中国的知识、思想与信仰世界》,复旦大学出版社,2004 年,第 222 页。

② 宋镇豪:《夏商社会生活史》,中国社会科学出版社,2005 年,第 893 页。

③ 岳洪彬:《殷墟青铜礼器研究》,中国社会科学出版社,2006 年,第 246 页。

④ 季云:《藁城台西商代遗址发现的陶器文字》,载《文物》1974 年 8 期,第 52 页。

　　除了沟通神灵的"三卜制"和祭祀诸神的祭器,商王墓中用于祭祀、娱神的乐器也是按照"三"或"五"这样的奇数组合为定制的①。而在日食危机的祭典中,也使用"五"和"三"为单位的鼓乐来平息神灵的愤怒,保持宇宙周期的继续运转。卜辞记载,日食发生时有"惟五鼓……上帝若王……有佑"(《合集》30388)及"置束于兹,三鼓"(《屯南》2576)的祭典。说明祭典的鼓乐对应了神圣范式"五"和"三"。《穀梁传·庄公二十五年》记载,日食的祭典中,天子需要"五麾"、"五兵"、"五鼓",而诸侯则对应"三麾"、"三兵"、"三鼓"②。结构上仍然保持着殷商时代"救日"的"三"、"五"结构,正是商代精神观念在后世的传承。这种神圣范式的观念结构作为一种精神图式,一直在后世的宗教与政治思想中得到延续。正如《史记·天官书》中记载"为天数者,必通三五"③,很好地说明了"三五"作为一种代表了宇宙论的神圣知识,一直到汉代仍然具有非常核心的范式与象征意义④。汉代政治思想中按照远古"三五"之天道的神圣法则作为社会组织的方式与施政原则,也见于银雀山出土的竹简内容中⑤。

　　除了具有宇宙论背景的祭祀音乐之外,上文所述"三足乌"祭器的象征青铜爵表现为三足,而一些青铜爵上就标识着"五"的符号⑥,如此将"三"与"五"组合在了一起。至于珍贵的贝,则总是按

① 商言:《殷墟墓葬制度研究述略》,载《中原文物》1986年3期,第84页。
② 李学勤主编:《十三经注疏·春秋穀梁传注疏》,北京大学出版社,1999年,第91页。
③ [汉]司马迁:《史记》,中华书局,1982年,第1351页。
④ 东汉《风俗通义·祀典》中称为"天之三辰"、"地之五行",也可见"三"是宇宙的层级象征,而"五"则是地面的五方十字形结构。
⑤ 连劭名:《银雀山汉简阴阳灾异书研究》,载《考古》2005年4期,第65页。
⑥ 张久益:《临汝县李楼出土商代青铜器介绍》,载《中原文物》1983年2期,第85页。

照"五"的倍数被串在一起①,商王帝辛在战败自焚之时,则穿着五件珍贵的玉器②。《尚书·盘庚中》记载,商王说"具乃贝玉"③,是将贝和玉一起统称,说明二者都是殷商神权观念中的宝物④。而作为殷人宗教活动中具有崇高象征意味的宝物"贝玉"在表征神圣的组合中都是按照"五"这样的范式被排列的。

在具体的祭祀中,"三"和"五"的组合是最典型和标准的对"神圣"之再现与模仿。例如,商代中晚期逐渐形成对祖先神的"周祭制度"就呈现为"三个祀组"和"五种祀典"(肜、翌、祭、祼、劦)的结合,对历代祖神进行轮番循环的祭祀⑤。此外,殷人对诸神祭祀使用的祭坛形制则是五个祭坛为一组,一共则有三组,即"三"组"五"个,反映了殷人"三、五相配合的观念"。而在使用人牲献祭方面,被砍头的人牲献祭坑也是排列为"三"个"五"组⑥。

因此可以说,从战争到沟通神祇最后到献祭,殷人都始终贯彻了对"三"、"五"神圣象征与范式的遵从这一精神。也就是说,这种范式具有自然性质的规定,是所有连接"世俗"与"神圣"之间所有维度都必须遵守的范畴与形式,从最世俗的行为到连接诸神的占卜,再到举行献祭,直到最后诸神所象征的规定与最高模式,都是

---

① 北京大学历史系考古教研室商周组编著:《商周考古》,文物出版社,1979年,第76—79页。

②《正义》引《周书》云:"甲子夕,纣取天智玉琰五,环身以自焚。"([汉]司马迁:《史记》,中华书局,1982年,第124—125页)

③ [清]孙星衍撰:《尚书今古文注疏》,中华书局,2007年,第236页。

④ 在甲骨文中,"宝"字的形象即为室内收藏的玉和贝,见《合集》18623、17511、17512、40683等。由此也可以证实,殷人观念中以贝和玉作为珍宝。

⑤ 常玉芝:《商代周祭制度》,中国社会科学出版社,1987年,第170—186页。

⑥ 石璋如:《殷代坛祀遗迹》,中华书局编辑部:《"中研院"历史语言研究所集刊论文类编·考古编四》,中华书局,2009年,第2886页。

按照这样的组合与数字化的象征一层层排列下来,在结构上是同质的。在此意义上,构成献祭这一神圣活动组成部分的战争行为,同样也必须组合在这一个象征所构成的层级链条之中。正如葛兆光所说:"每一种文化的根基,都是一种关于世界的概念,它是这种文化所特有的,每一种文化都有一种基本的象征,它提供出对于世界的理解,这种文化的一切表现形式都由这种象征所决定。"[1] 殷人的世界观显然就具有这样一种象征性的根基,这根基也正是宇宙模型所代表的最高范式。正因为如此,殷人独特的文化现象也表现为"这种文化的一切表现形式都由这种象征所决定"。

结合上文中讨论的"五"这一神圣象征,可以进行这样一个总结:殷人的宇宙是一个十字形,又称亚字形,分为南、西、北、东和中央的商王国,中央的商王国被视为宇宙的中心,这里也被理解为世界之山和宇宙之树"建木"的所在。从平面上讲,宇宙分为五块,而从垂直上讲,宇宙分为三层,即上界、人间和地下世界。"五"和"三"作为神圣范式,是诸神与人间共同遵守分享的象征。以商王室为核心的人间国家需要通过战争和献祭来维系宇宙的秩序与运转,因此祭祀的神器——包括青铜爵、鼎与乐器、贝玉也多分享了诸神模式的象征,在祭祀中也很好地体现了"三"、"五"组合的规则,而战争的军队组织也必须遵守这一基本原则。这一点正是伊利亚德所说的,通过对神圣的范式性不断再现,世界因之而被神圣化,人们的宗教行为帮助维持了这个世界的神圣性。商代武装组织的编制方式背后,实际上蕴含着一整套"神圣与世俗"的分类与象征观念。

---

[1] 葛兆光:《中国思想史导论——思想史的写法》,复旦大学出版社,2004 年,第 40 页。

四、按照神圣范式原则组织的军队

通过对卜辞记载的研究,可以确信的是,商代军队组织的建立方式严格遵守神圣观念中的范式原则,以"三"和"五"这两个宗教含义的象征为基本单位,组织武装力量。这样,武装者的编制也就同样分享了整个世界象征中的基本原则。

宾组、历组卜辞中,商王组建了"三师"这样的军事力量:

> 中师(《合集》5807)
>
> 右师(《合集》1253、5805)
>
> 右从我,中从舆,左从曾(《合集》5506、5512)
>
> 王作三师右、中、左(《合集》33006)
>
> 侑三师右(祐)(《合集》33006)

从卜辞材料可知,商代的"师"作为一种军事组织,共有三个,分为"右师"、"中师"、"左师",或又有"右戍"、"中戍"、"左戍"之雉众(《屯南》2320),也是以"三"为军事编制。类似的王作右、中、左三师记载,也见于村中村南历组卜辞中[1]。杨升南认为商代的"师"由一万名战士组成[2]。但从目前考古材料来看,这似乎还不能成为定论。因为在卜辞中,殷人的武装力量是按照氏族组织编制的,卜辞称"三族"或"五族",不是按照"万人"为单位进行建制。另外,如果涉及人数,卜辞中基本都是按照"三千"与"五千"为单位进行集合。

---

[1] 中国社会科学院考古研究所编著:《殷墟小屯村中村南甲骨》,云南人民出版社,2012年,第668页。

[2] 杨升南:《略论商代的军队》,胡厚宣等:《甲骨探史录》,生活·读书·新知三联书店,1982年,第352页。

有时左、中、右三个战斗单位的基本人数是一百人,如:

左右中人三百(《合集》5825)

多人三百(《合集》5826)

所以陈梦家就认为:"殷人师旅似以百人为一小队,三百人为一大队。"[1] 从这个意义上来讲,以"三"为范式的"师"是否以万人为单位,似还不能确定,但神圣范式"三"作为编制的基本规范则是不争的事实。作为分层宇宙象征"三"的神圣范式,甚至在汉代的知识与观念构建中也还具有重要的意义。除了三足鼎被视为"三公"的象征之外,《史记·封禅书》记载"黄帝作宝鼎三,象天、地、人"[2]。在这一象征中,神器"鼎"对应的"三"正是分层宇宙的上界、人间与地下世界三层。《白虎通·三军》则直接叙述了军队编制背后的宇宙象征含义:"三军者何? 法天地人也。"[3] 在这里,军队"三"的划分知识依据便是作为上界、人间、地下世界这三层宇宙的神圣象征结构。这些例子说明,祭祀的神器、武装者编制等政治象征在汉代仍然延续着某种古老的渊源,这种观念传统就来自遥远的商代。

商代的祭祀神器与沟通鬼神的占卜在范式上,都分有着神权观念语境中的宇宙论知识和相关象征,在军事力量的编制原则上表现得非常明显。通过考古材料分析,安阳花园庄 M54 "长"族的族长墓葬中出土了 71 件戈和 76 件矛,这两种典型的步战武器数量说明了这个氏族可以武装的战士人数大约是 150 人;郭家庄 M160"亚址"氏族的族长坟墓中出土了 119 件戈和 97 件矛,说明这个氏族能武

---

[1] 陈梦家:《殷虚卜辞综述》,中华书局,2004 年,第 513 页。

[2] [汉]司马迁:《史记》,中华书局,1982 年,第 1392 页。

[3] [清]陈立撰:《白虎通疏证》,中华书局,2007 年,第 199 页。

装的士兵在 200 人左右。这些材料说明，商代每一个氏族单位能够提供的战士人数大约是 150—200 名[①]。在此意义上，如果要组建一支 3000 人的武装队伍，则需要 15 到 20 个氏族；而如果要征集 5000 人的武装力量，则需要 25 到 33 个氏族。殷墟西区发现了大量的氏族墓葬，这些西区的氏族是武装化程度相当高的组织，承担着重要的战争义务，而殷墟西区正好分布着 24 个氏族[②]。笔者推测，殷墟西区的 24 个氏族正好符合组建 5000 名士兵军事编制的要求，因此殷墟西区分布着 5000 名氏族战士的武装者。

从一个氏族能提供 150—200 人的规模分析，殷人如果以 200 的倍数为标准来组建军事力量可能会更便于统计和调配相关的氏族人员。但从宾组卜辞材料来看，商王国的军队在征集和编制上总是围绕着"三"和"五"这样的基本数字：

　　三千乎伐邛方（《合集》6173、6174）

　　征人三千乎伐邛方（《合集》6168）

　　征人三千乎伐土方（《合集》6407）

　　王征三千人乎伐￼方（《合集》6639、6640）

　　今屯（春）王征人五千征土方（《合集》6409）

　　征人五千乎见邛方，

　　勿征人五千（《合集》6167）

[①] 这个数字只能是一个大概的范围或平均水平，从殷墟西北冈 1004 号大墓的材料来看，其中出土了戈、矛 770 件，说明直属于商王的氏族战士数量接近一千。显然，商王族的人数比一些小氏族要大得多。张光直推测殷人一个"族"平均能够提供一百名青壮年劳动力（张光直：《商文明》，张良仁、岳红彬、丁晓雷译，辽宁教育出版社，2002 年，第 150 页）。

[②] 韩建业：《殷墟西区墓地分析》，载《考古》1997 年 1 期，第 62—72 页。

除了一般使用戈和矛的氏族战士,商王国的弓箭手队伍也是以"三"为基本单位编制而成的:

令禽盖三百射(《合集》5770)

射三百(《合集》5773)

征射三百,

勿征射三百(《合集》698正)

三百射乎(《合集》5774、5777)

肇旁射三百,

勿肇旁射三百(《合集》5776正)

"肇"字是"始"和"启动"、"启用"之意,"旁"是一个氏族所居之地,《合集》5776正这一条的意思是"是否动用旁地的三百名弓手"。沈长云认为,商代的射手也是分为左、中、右三队的,每一队一百人[1]。这些材料说明,弓箭手的组织基数也严格按照神圣范式"三"进行操作。正如许倬云所总结的那样:"商人军事组织,也可由卜辞中记载看,步卒与射士均以一百人为一小队,三行各为左右中,合为一个作战单位。"[2]

不仅仅是步战者与射手的编制遵循了对"神圣"的模仿,殷人的战车阵形也体现出了"三"、"五"组合的象征观念,这一点在后文中将有叙述。除此之外,骑手的一些编制,甚至可能战象的队形,都是按照这些神圣知识与范式组合在一起的。

除了军队的具体人数按照三千或五千集合出征之外,如果在数

[1] 沈长云:《殷契"王作三师"解》,《上古史探研》,中华书局,2002年,第51页。
[2] 许倬云:《西周史》,生活·读书·新知三联书店,2001年,第27页。

字上不做严格要求的话,这些武装者会被以"族"为单位进行组合与征集。而按照"族"组合的军队,同样也是以"三"、"五"这样的神圣范式为基本单位的:

令众,三族。惟三族马令,乙酉卜,惟三百令(《合集》34136)

三族王其令追召方及于⋯⋯ (《合集》32815)

惟三族令(《合集》34134)

五族其雉(致)王众(《合集》26879)

令五族戌羌方(《合集》28053)

□丑卜,五族戌弗致王[众],吉。

戌屮弗致王众,

戌带弗致王众,

戌肩弗致王众,

戌逐弗致王众,

戌何弗致王众①。

通过这些卜辞材料可知,商王国的军队如果按照氏族组织编制组合,就会以"三族"或"五族"为基本单位②。最后一组卜辞中还出现了屮、带、肩、逐、何这五个名称。陈梦家指出,这五个名称即是

① 刘义峰:《无名组卜辞缀合十组》,宋镇豪主编:《甲骨文与殷商史》新一辑,线装书局,2008 年,第 323 页。
② 氏族武装力量如果按照"三"的原则进行编制,就依照"右、中、左"分为三个单位编制。这些氏族武装者有时也直接被称为"众",卜辞记载,这些氏族战士"众"也同样被按照"右、中、左"的秩序依照神圣范式"三"的架构编制在一起。例如:"右不雉(致)众,王占曰:弘吉。其雉(致)众,吉。中不雉(致)众,王占曰:弘吉。其雉(致)众,吉。左不雉(致)众,王占曰:弘吉。其雉(致)众,吉。"(《合集》35347)。

五个氏族的名号,故称"五族戍",意思是守边以防止敌方入侵①。以"五"为单位将氏族组织武装为戍守力量之外,"三"也是武装戍守力量的编制规范,还有无名组卜辞记载:

> 中戍又(有)▨,
> 左戍有▨,
> 右戍有▨,
> 中戍不致众,
> 左戍不致众(《屯南》2320)

由此可知,除了"五族"戍守,戍守武装者还分为"中戍"、"右戍"、"左戍"这样以"三"为基本单位的战斗编制。与"师"这种武装分为"右、中、左"一样,戍守武装者也被按照"右、中、左"的格局进行编制。证明戍守武装的编制都遵守着"三"、"五"这样的神圣范式与组织结构。

除了以氏族为单位编制的军事力量,商王国的步兵组织"行"也分为五个部分。正如前文中所分析的,"行"是一种步兵组织。卜辞中有:

> 中行征方(《怀特》1504)
> 右行(《合集》19755)
> 上行(《怀特》1464)

既然有"右行",则自然有"左行",有"上行",则自然有"下行",

---

① 陈梦家:《殷虚卜辞综述》,中华书局,2004年,第516页。

所以商王国的步兵组织是按照右、左、下、中、上五个部分排列的。

这些"三"或"五"的氏族和步兵编制除了戍边之外,也大量参与战争活动,猎取祭品与人牲。沈长云认为,殷商武装力量由"三族"或"五族"组成的意义在于战阵编排的需要。"三族"分为左、中、右迎敌,而"五族"则可以部署成为左、中、右、前、后五个方面互成掎角之势的防御体系①。《屯南》2064片中有"左旅"和"王族"合称的记载,《屯南》2350中则有国王招集氏族"众人"作为"右旅"的记载。可见"三族"的武装确实如"三师"一样也分为"右、中、左",并按照"右、中、左"进行排列。

沈长云的观点非常重要,殷人的氏族军队在战场上以"三"、"五"形制编制展开,一方面在阵形上能够起到互为掎角的效果,有利于战争的"世俗"意义;另一方面,按照"三族"展开阵形实际上是在象征层面对分层宇宙的模仿,而按照左、中、右、前、后展开的"五族"阵形或按照右、左、下、中、上排列的五个"行"均为对宇宙平面十字形的模拟。这就意味着,通过对军队阵形的排列,宇宙的立体与诸神的含义在战争中呈现出来,"神圣"与"世俗"通过对范式、象征的模拟有机地结合在一起,战争与对宇宙中诸神献祭的主题在这里紧密地结合。

商代的军事力量在编制上较为严格地遵循了宇宙论和世界观规定的神圣范式"三"、"五"作为核心的结构。这样的例子是卜辞材料中军事编制方面最主要的现象,或为"师",或为"戍",或为"众人",或为"射",或为"族",或为"行",总之,无论按照怎样的原则组织军事力量,总是围绕"三"、"五"的范式进行展开。

尽管如此,需要补充一点的是,卜辞中也偶尔会有一些材料与

---

① 沈长云:《殷契"王作三师"解》,《上古史探研》,中华书局,2002年,第60页。

此不尽相同,例如:

> 惟一族令(《合集》34136)
>
> 征射百(《合集》5760正)
>
> 征妇好三千,征旅万(《合集》39902)

此外,甲骨文中有"其妣"的记载,于省吾将之释读为商代祭祀的仪仗队,仪仗的武器为 1 件戈、9 件斧[①]。此外,商王室祭祀使用的歌舞也是"以九为节"[②]。在这些材料中,武装者或者按照"一",或者按照"十三"来编制,而仪仗队武士和祭祀舞蹈者则遵循"一"或"九"。这些材料并没有按照"三"、"五"的范式组合。笔者的理解是,尽管没有遵守这一神圣范式,但这些情况下的武装者编制数至少遵循了依照奇数展开的原则。

在商代的祭祀活动中,进献礼常用 1 件玉圭、9 件玉珥的组合,而在仪仗方面则对应着"戈一、珥九"或 1 件戈、9 件斧,即"一"和"九"的组合,针对这一现象,李学勤认为:"'殷礼'前后固然必有不少演变,但在很多方面是一贯的,具有明显的制度性。"[③] 这就意味着,这些按照奇数原则组合的祭祀或军事编制现象并不是没有原因的混乱排序,而是具有制度性或精神观念支配下的意义。

除了"三"、"五"作为最高原则的神圣想象之外,殷人也已经形成了对奇数具有敬意的观念。或者说,"三"、"五"本身就是奇数中最受到重视和被赋予了宇宙论象征意义的范式与知识。其他的奇

---

① 于省吾:《释斧》,《甲骨文字释林》,中华书局,2009 年,第 366 页。

② 于省吾:《双剑誃殷契骈枝》,中华书局,2009 年,第 70 页。

③ 李学勤:《从两条〈花东〉卜辞看殷礼》,《文物中的古文明》,商务印书馆,2008 年,第 128 页。

数数字也在不同程度上具有与神圣关联的含义。奇数和偶数的象征在古代中国思想中一直被赋予了对应"阴阳"的宇宙论含义，所谓"阳数奇，阴数偶也"①。从商代的材料可知，这种将奇数对应神圣范式的思想可以追溯到遥远的商代。

　　早在20世纪70年代末，张政烺便从甲骨文、金文中的数字刻符中发现了最早的"数字卦"，这种数字卦可以与《周易》的经卦形成对应。他举了三十二例材料，证明一、五、七、九可象征阳爻，偶数六与八则构成阴爻，并拟测了占筮法②。

　　1973年河南安阳殷墟小屯南地出土卜骨，文为"十六五"；1969—1977年安阳殷墟西区墓葬出土青铜爵，铭文为"五五五"，这两例是较有代表性的商代数字卦③。从这些商代的材料可知，殷人的宇宙论思想中已经出现了早期的《易》，当然，虽然现在并没有证据说明这些材料完全就是属于《连山》《归藏》④，但殷人已经具有《易》和数字卦这些相关古老观念是没有问题的。实际上，殷人对"五"这一神圣数字的推崇，就很可能与《连山》《归藏》的数字象征系统有

①《白虎通·嫁娶》，[清]陈立：《白虎通疏证》，中华书局，2007年，第453页。
② 张政烺：《试释周初青铜器铭文中的易卦》，中国社会科学院历史研究所编：《古史文存·先秦卷》，社会科学文献出版社，2004年，第26—39页。商代数字卦所用的数字象征有一、五、六、七、八、九（肖楠：《安阳殷墟发现"易卦"卜甲》，载《考古》1989年1期，第70页）。
③ 李零：《跳出〈周易〉看〈周易〉》，《中国方术续考》，东方出版社，2001年，第310页。
④ 宋镇豪通过甲骨、陶片、铜器上的筮占材料推测，《连山》《归藏》中一些材料源于殷商（宋镇豪：《谈谈〈连山〉和〈归藏〉》，载《文物》2010年2期，第48—57页）。殷人的筮占与这两种古《易》应该存在着相当的关联。曹定云也认为，殷墟四盘磨"易卦"卜骨，"似应为《归藏》"，但"还不能最后断定"（曹定云：《殷墟四盘磨"易卦"卜骨研究》，载《考古》1989年7期，第641页）。

密切联系①。

　　此外,《周易》中以"九"这样的奇数作为阳爻,以"六"这样的数字作为阴爻这样的观念具有古老的精神传统。《易》的原则有"二必臣,五必君"② 之说,这种推重以"三"、"五"为奇数代表的观念在商代已经成熟。只不过在商代的"数字卦"中,象征数字比《周易》更加丰富,但奇数作为殷人世界观中的"阳数"这一思想则在后世一直传承下去。

　　在材料中,殷人尤其喜爱以"五"作为阳爻的表征,反映了"五"这一神圣数字在商代观念中的重要性。除此之外,其他的奇数显然也在不同程度上被理解为"好的",或象征"好的"、"幸运的",奇数显然也是殷人世界观中的一种对神圣理解的范式。因此,殷人的祭祀和仪仗中才会以奇数"一"、"九"作为某种制度化的象征使用,这与作为最高神圣象征的"三"、"五"在观念上是不矛盾的,差异仅仅在于"神圣"程度上的不同。

　　目前的材料中,还没有见到过使用偶数作为军队编制单位的现象就能很好地说明这一点。在此意义上,就更容易理解殷人的"神圣与世俗"之间严格遵守"范式"的意义:最好的范式与象征是"三"、"五",当然有时也可以超出这个范畴,以其余的奇数数字为单位对军队或仪式武装进行编制,但无论怎样也不能超出"奇数单位"这一基本范围。

---

① 管燮初:《数字易卦探讨两则》,载《考古》1991 年 2 期,第 146 页。
② [清]顾炎武著,黄汝成集释:《日知录集释》,上海古籍出版社,2007 年,第 9 页。

第四节　封国、封邑中的武装者

　　前文中分析了商代武装者中职业武士和普通氏族战士的状况,然后又分析了作为武装者编制背后的"神圣"观念。通过研究可知,殷人的祭祀、占卜、战争等活动均在不同程度上遵守了对最高诸神象征的宇宙范式之模仿。因此,殷人的武装者也是"神圣的",是"王师",也是为诸神而战的军队。与他们相对的,则是低劣的、野蛮的、未开化和非人的异族,这些与鬼魅、精怪或动物更加接近的群体应该遭到征伐,并被奉献给诸神享用。

　　为了获得更加广泛的"资源"以维系神权政治与世界秩序的稳定运转,商王室有意识地将一些重要的殷人氏族组织派遣到各地建立封邑。这些殷人氏族组织远离"宇宙"中心"中商"之后,携带着祭器、武器与生产工具到陌生而荒蛮的异域世界中去建立封邑,进行武装殖民 ①。在这些区域,他们按照"中商"的政治与宗教标准建立本族的祭祀中心,并通过战争行为获取祭祀与服务神权政治的各种资源——金属、龟甲、子安贝壳、人牲、象牙、各种动物等。商王室直接或间接通过这些武装殖民的封邑据点摄取资源,这样的据点广泛分布于黄河流域,有一些也散布在长江中下游地区,实际上构成了一张巨大的资源网络,源源不断地向王室提供各种物品,并从王室获得封赏、宗教象征、带有王室徽号的艺术品等"卡里斯玛"资源。通过得到"中商"太阳神王族的支持与封赏,这些封邑据点的氏族统治者也进而获得了统治合法性的支持。因此,也正如学者所说,殷代"邑"这种政治军事单位的出现,标志着商代政治达到了"城主"

---

① 张光直:《商文明》,张良仁、岳红彬、丁晓雷译,辽宁教育出版社,2002 年,第149—150 页。

阶段①。

在这些陌生和充满敌意的区域,"城主"带领的武装殖民氏族组织一方面需要进行各种产业活动,另一方面需要比王畿地区更加紧张地武装化,以承受四周散布的野蛮种族或鬼魅进攻的压力。当然,这些蛮兽、半人、精怪、鬼魅尽管神出鬼没地伺机袭击殷人殖民者,但他们为此付出的代价则是遭受杀戮或在被捕获后成为献祭诸神食谱中的材料。

这些武装的殷人氏族在盘踞的据点会修筑城堡,以此来加强防御功能,这种小城堡被称为"邑",而在城堡据点中居住的氏族成员则被称为"邑人"。这些广泛分布于黄河流域和长江中下游地区的"邑人"显然也属于商代武装者的组成部分之一。

一、作为武装氏族据点的"邑"

商王国的政治区划分可为"内服"和"外服"两种,商王室所在"大邑商"之外的郊被称为"鄙","鄙"之外的区域被称为"奠"。"奠"这一区域则是由一些氏族的小堡垒"邑"与农田区构成。在"奠"之外,已经超出了"大邑商"的范围,这些广袤的土地被概括地称为"四土",作为武装氏族据点的"邑"就大量散布在广袤的"四土"之中②。商王室调动的武装者大多都征集于王畿地区,而在这一地区之外,商王室也会通过对氏族首领的命令来调集武装者参与战争活动。

在殷人的观念中,王畿地区之外的"四土"散布着众多的怪物、猛兽、精灵、鬼魅与野蛮的半兽人,商王室会通过狩猎与战争等活动

① 丁山:《甲骨文所见氏族及其制度》,中华书局,1988年,第43页。
② 宋镇豪:《论商代的政治地理架构》,中国社会科学院历史研究所学刊编委会:《中国社会科学院历史研究所学刊》第一集,社会科学文献出版社,2001年,第23—27页。

对这些"非人"进行扫荡。另外,在"大邑商"周围分布着大量殷人氏族的小邑堡,在王畿地区附近呈现出一种"二级结构"[①]。这些二级单位的小邑堡中居住着一定数量的氏族组织,这些氏族组织是拱卫王室与征伐野蛮兽族的重要力量。正如学者所说:"殷人在王畿周边地区建立邑这样的据点,与军事战争有关。"[②] 这些环绕的小邑被按照四方位置进行排列,卜辞记载,国王在"西邑"举行过燎祭(《合集》6156 正),这个邑还向王室提供过步兵"行"(《合集》8987),"西邑"之外又有"邑南"(《合集》20962)、"旅邑"(《合集》30267)、"柳邑"(《合集》36526)、"河邑"(《英藏》2525)、"文邑"(《合集》33243)等名称不同的邑堡据点,有时这些王畿边鄙的邑也被称"鄙廿邑"(《合集》6798)。

在观念上,王室所在的城池与四周散布的众多小邑堡构成的"二级结构"实际上形成了一整套"双层"的防护设施,通过城墙、壕沟、堡垒等防卫措施,将神圣、光明、秩序的"商"与野蛮、黑暗、混沌的外部世界区分开来。

在神话思维的宗教观念中,居住地与城市的修建等防御工事具有魔幻般不可思议的作用。壕沟、迷宫、堡垒的最初目的是防御恶魔与亡灵的入侵,在中古时代的欧洲,城市的围墙被视为具有能够防御魔鬼、疾病和死亡侵入功能的设施。敌对的异族在观念上被视为与魔鬼、死亡具有联系的存在,是堡垒需要隔离与防御的对象[③]。殷人会在王畿地区组建出一整套双层结构的防卫设施,这套堡垒机

---

① 唐际根、荆志淳:《安阳的"商邑"与"大邑商"》,载《考古》2009 年 9 期,第 70—76 页。

② 李雪山:《商代分封制度研究》,中国社会科学出版社,2004 年,第 35 页。

③ [罗马尼亚]米尔恰·伊利亚德:《神圣与世俗》,王建光译,华夏出版社,2002 年,第 20—21 页。

制能够有效地保证安全、秩序与神圣的存在,也显示"他者"在观念中与外部世界一起被等同于精怪鬼魅的恐怖存在。古书中"四门磔禳"的记载,正是通过磔犬皮揭于城堡四门以被禳鬼魅,对城堡之外黑暗、混沌、魔鬼的抵御①。这样的仪式同样广泛存在于殷人的社会生活中,显示出堡垒墙体防御的功能中具有宗教的含义。

在商王国的王畿之外,被称为"四土"的区域,散布着接受王室命令的封国与氏族,这些附属国族也都处在军事据点"邑"为中心的区域之中。商王室则在这些封邦、国族中设置一些人员负责农田的开垦与管理②。除了农业,这些王畿之外的殷人氏族据点或封邑,也对商王朝的整个政治结构与神权模式的有效稳定具有重要的意义。因为这些国族既能够更广泛地提供神权政治所需要的各种资源,也能够为王室提供劳动力与武装者。因此商王室乐于将配偶、子弟、诸侯或其他氏族首领派遣、分封于王畿之外的地域③。根据陈梦家的统计,武丁卜辞中所记的邑堡数量已经发现了四十个④,实际数量当然远远不止此数。

非王卜辞记载:

我入邑(《合集》21728)

我有乎出邑(《合集》21583)

---

① [日]白川静:《中国古代文化》,加地伸行、范月娇译,台北文津出版社,1983年,第114页。

② 林欢:《晚商"疆域"中的点、面与块》,中国社会科学院历史研究所学刊编委会:《中国社会科学院历史研究所学刊》第三集,商务印书馆,2004年,第82—83页。

③ 胡厚宣:《甲骨学商史论丛初集》,河北教育出版社,2002年,第78—80页。

④ 陈梦家:《殷虚卜辞综述》,中华书局,2004年,第322页。

这是以邑堡为据点的氏族首领在日常生活中对神灵的卜问，一方面显示这些首领与王室一样，每天生活在神谕象征的语境中，另一方面也描述了这些首领从邑堡中进进出出的日常生活情境。

卜辞材料表明，殷人经常修筑或加固"邑"这种城堡：

> 王勿作邑（《合集》13506 正）
>
> 王其作🔲于旅邑（《合集》30267）
>
> 我作邑（《合集》13490、13499）
>
> 作邑于麓（《合集》13505 正）

除了"作邑"，卜辞也称"作兹邑"，杨树达说："作兹邑谓筑造此邑。"[1] 伊藤道治认为，"作邑"即建设新的城市，重新设计城市的边界，并进行殖民城市的建设[2]。而卜辞显示，"作邑"之前需要询问神灵"帝"的意志，显示了城邑本身与诸神信仰之间的交互关系。除了由王室建造这种堡垒建筑，一些氏族组织也会自己动员族众建造邑堡，越是远离王畿地区的封邑，就越是较少地依赖王室组织劳动力修筑堡垒，而这些政治据点也具有更多的氏族自治色彩。

从卜辞材料中可知，商王室会对一些族长、首领进行册封仪式，给他们分封"邑"，这些受封的首领在自己的政治组织中被称为"邑子"：

> 乎从臣𣥲有册三十邑（《合集》707 正）
>
> 惟邑子乎飨酒（《合集》3280）

---

[1] 杨树达：《积微居甲文说》，上海古籍出版社，2006 年，第 90—91 页。

[2] ［日］伊藤道治：《中国古代王朝的形成——以出土资料为主的殷周史研究》，江蓝生译，中华书局，2002 年，第 139 页。

惟邑子示(《屯南》2510)

　　一些氏族首领拥有本族的邑堡,这一点在卜辞材料中也得到了证明。例如,卜辞中有一个名为"丙"的氏族,《合集》32996 片"令丙氏(致)新射"的记载说明"丙"氏族向王室提供弓箭手,而《英藏》771 片反"丙入十"的记载也说明这个氏族向王室供奉过某种资源。卜辞还记载过"丙邑"(《合集》18911 反),说明这个氏族拥有自己的城堡——邑,"丙邑"的遗址则在山西的灵石县旌介村被发现①。这个以城堡为中心的政治体为王室提供武装者与神权政治所需的资源,是相当具有代表性的一个例子。

　　对于这种以"族"为组织核心的邑堡结构,朱凤瀚的论述是:"其中心是有较高大城垣的都邑,为宗族长所居,亦是家族宗庙所在,四郊称作奠,其中有农田,有若干小邑,田在邑的周围。小邑中居住着其他同宗族人。"② 从朱凤瀚的论述中,可以把握两点信息。一点是殷人宗族组织的邑堡并不是一个单独的建筑结构,而是以一个中间的邑堡为祭祀与政治的中心,在四周环绕农田与一些同族成员居住的小邑,是一整套包含了神权政治内容与级差层次的"二级结构"共同体③。换言之,这些宗族邑堡实际上模仿了王室"大邑商"的防御与政治环卫模式,从王室到各宗族,构成了各自不同层次的二级环防结构。在各氏族的邑堡内、外部,还有各种供人行走和车马往来

---

① 山西省考古研究所、灵石县文化局:《山西灵石旌介村商墓》,载《文物》1986年 11 期,第 7 页。

② 朱凤瀚:《商周家族形态研究》,天津古籍出版社,2004 年,第 154—156 页。

③ 王玉哲也谈到了"邑"的二层结构,他的观点是,人口较为集中的城堡为大邑,大邑下分布着众多小邑,这种小邑属于村落公社组织(王玉哲:《中华远古史》,上海人民出版社,2003 年,第 289 页)。

的大路小道网络以及手工业区域①，也通过大型壕沟将众多的商邑连在一起②，这些设计使各个邑堡通过道路联系成有组织的网络。另外一点则是，作为宗族政治核心所在的邑堡，必然以祖先宗庙所在的神圣之所为中心，换言之，邑堡的意义不仅仅是防御设施的所在，也是本氏族诸祖神的祭祀中心所在③。

　　甲骨文中"邑"字写作"邑"（《合集》7322 臼、17562、33241 等），上部是一个"口"，有学者根据殷代邑也是宗庙所在的地点推测邑的"口"不一定是城圈，而是可能指祭祀先人的庙④。《说文解字》"邑，国也。从口，先王之制，尊卑有大小"⑤，承认了邑的等级层次。但《左传·庄公二十八年》中说"凡邑，有宗庙先君之主曰都，无曰邑"，提出"邑"中没有先君宗庙的观念。笔者认为这条文献与商代"邑"中有宗庙存在的情况并不矛盾，因为对于商王室宗庙所在的"大邑商"而言，这里是整个商王国的"都"，而其余的城邑地点则是"邑"。同理，对于氏族首领或封邑的"邑子"来说，他所在的邑堡中有本族先君的宗庙，因此是本族的都邑，而环绕四周的据点则构成本族的"邑"。因此，这个叙述实际上暗含着对政治结构中级差层次的设定，在此背景中，作为中心的"邑"必然是神权政治中某一个祭祀环节的

---

① 郑若葵：《殷墟"大邑商"族邑布局初探》，载《中原文物》1995 年 3 期，第 93 页。
② 唐际根、荆志淳：《安阳的"商邑"与"大邑商"》，载《考古》2009 年 9 期，第 78 页。
③ "邑"除了是祖神宗庙的所在，也是"社"的所在。例如，《合集》13505 正记载殷人在"麓"这个地点建造了邑，而国王又在这个地点的东北方"侑石"。按照《淮南子·齐俗》"殷人之礼，其社用石"的记载可知，殷人的"社"需要安放神圣的石头。这条材料说明殷人的"邑"中除了祖庙，有的也有"社"这样的宗教设施。
④ 刘源：《再谈殷墟花东甲骨卜辞中的"口"》，宋镇豪主编：《甲骨文与殷商史》新一辑，线装书局，2008 年，第 160 页。
⑤ ［清］段玉裁：《说文解字注》，上海古籍出版社，2006 年，第 283 页。

中心。

正因为"邑"也是某一级祭祀中心的所在,这里才既是武装化的堡垒,也是"神圣"之所在。通过壕沟、围墙与环卫的众多小邑共同构成的防护体系,这个神圣的中心被从危险、野蛮、黑暗、混沌的外部世界中区分出来。商王室的祭祀中心是沟通整个人类与宇宙元素互动的中心之轴,而本氏族或封邦的中心则至少是维系了自身共同体血族祖先与历史记忆的神圣所在,本族的祖先是商王室太阳神祖先的陪臣、封臣,但对本族而言,祖先仍然是伟大而有力的存在。

二、武装者"邑人"

在《周易·无妄》六三中有"邑人之灾"的记载,《易·讼》九二"邑人三百户",《比》九五"邑人不诫"。[1]在西周青铜器《匐簋》和《师酉簋》中则分别有"司邑人"和"官邑人"的记载[2],可证周代有"邑人"之称。但"邑人"这种名称并不是周代的产物,而是来自商代社会的沿袭。宾组卜辞中就有一些关于"邑人"的材料,如:

有来孽,邑人震(《合集》14211 反)

邑人其见方执,不其见方执(《合集》799)

乎邑人出牛羊(《合集》9741 反)

通过材料可知,商代的"邑人"这一群体参与过对异族"方"的征伐,并在战争中通过"执"这种方式来猎获祭祀使用的人牲。此外,"邑人"也向王室提供牛羊这些祭祀诸神的资源。换言之,"邑人"

---

[1] 李学勤主编:《十三经注疏·周易正义》,北京大学出版社,2004 年,第 47、56、117 页。

[2] 唐兰:《西周青铜器铭文分代史征》,中华书局,1986 年,第 426—427 页。

就是居住在以氏族、封邦的城堡和聚落为单位领域中的氏族成员，他们高度武装化，并通过各种方式取得神权政治中需要的祭品等资源。关于卜辞中的"邑人震"一词，学者有不同解释，但这一个词组的解释对于理解"邑人"的身份是有意义的。在宾组、历组、黄组卜辞中，除了"邑人震"，还有"师震"与"邑震"两种材料：

　　　　贞:兹邑其有震?(《合集》14201)

　　　　今夕师不震? 其震?(《合集》36434)

　　　　今夕师亡震?(《合集》34715—34721)

　　师震卜辞从宾、历组延用至黄组时代，历时颇久，可知为殷人关心的问题。过去学者按照"阶级斗争"的思路将"震"理解为"骚动"或"起义"[①]。笔者在通过考证古文献中"震"字的用法之后认为，这个字的意思应该被理解为对敌军可能造成袭击的恐惧与忧虑。它包括"邑人"、"师"可能遭受敌军的袭击，还包括商王对"邑人"与"师"在战斗中可能遭受失败的警觉。实际上，早在民国时期，屈万里就得出了卜辞中"震"字为"乃卜王及其臣众(包括军旅)于兹夕是否有警也"的正确结论。他认为，卜辞中"震"的意思是"惧敌人之侵袭"[②]。日本学者伊藤道治也认为，"今夕弗震王师"中的"震"意味着"外敌对邑之侵入本身跟是否使王师震惊相关"[③]。

　　因此，可以从这里解读出"邑人"群体与军队"师"一样，是一种

① 孙淼:《夏商史稿》，文物出版社，1987年，第548页。

② 屈万里:《师不震解》，《历史语言研究所集刊》第十三本，中华书局，1987年，第211页。

③ [日]伊藤道治:《中国古代王朝的形成——以出土资料为主的殷周史研究》，江蓝生译，中华书局，2002年，第141页。

高度武装化的人群,"师"与"邑"经常合称,如:

行氏(致)有师暨有邑(《合集》8987)

方来衣邑,今夕弗震王师(《合集》36443)

可见"邑"这种城堡经常与"师"的武装活动并称,步兵"行"的组成也会从"邑"中征集。因此,卜辞"邑人震"的材料证明,"邑人"经常处于武装活动的危险之中。这一点也可以在卜辞中得到证实。

邑亡戎(《合集》22425)

邛方征于我……三邑(《合集》6066 反)

方其敦大邑(《合集》6783)

大方伐□啚二十邑(《合集》6798)

第一条材料是卜问邑是否有战争的危险,第二条则是邛方袭击了殷人的三个邑堡,第三条记载敌对异族袭击了一座大的城堡。第四条则记载,异族"大方"袭击了殷人二十个"邑"的据点。因此不难理解为何邑中的氏族武装者"邑人"会遭遇到"震"这样的威胁。

当然,殷人邑堡中的氏族武装者并不总是处于防御状态,殷人武装在更多的情况下是主动进攻者,他们会袭击异族"野蛮半兽人"的邑堡或防御据点。如:

……勿乎……取有邑(《合集》7072)

……取三十邑……彭龙(《合集》7073 正)

勿令师般取……于彭龙(《合集》8283)

王族其敦夷方邑(《屯南》2064)

在攻占了"半兽人"的据点之后，殷人也会利用这些据点作为自己的堡垒，或在敌方的区域建造邑堡。如学者所说："殷商王朝在对外邦族进行军事征服的过程中，往往要在被征服部族的土地上'作邑'。"[1] 不但如此，正如前文中所分析的那样，殷人的武装者还会深入敌方的"邑"，捕获他们的部族成员，将之作为献祭品。透过卜辞材料可知，王室经常通过"邑"的统治首领下达作战命令：

　　　余征三邦方……惟█令邑（《合集》36530）
　　　惟令邑……我（《合集》4466）
　　　令邑，并执寇 [2]（《英藏》608）

由此可知，商王室会通过对邑堡下达作战命令来实现征伐，而邑堡中的武装者"邑人"出征，目的是捕获猎物、祭品和夺取其他资源。卜辞记载"邑"会向王室提供各种贡献：

　　　邑示八屯（《合集》4632）
　　　邑示四屯（《合集》17563）
　　　邑示一屯（《英藏》427）

前文中所析，"屯"既是占卜使用的肩胛或龟壳，也可以代指人牲。"邑"的武装在对外作战中猎获到人牲和用于占卜的龟壳等宝

---

[1] 周书灿：《中国早期国家结构研究》，人民出版社，2002年，第70页。
[2] 这个字学者释读各不同，叶玉森释为"寇"，胡厚宣释为"仆"，郭沫若释为"宰"，徐中舒认为不可释。徐中舒主编：《甲骨文字典》，四川辞书出版社，2005年，第819页。但从卜辞材料来看，这个字指的是一种异族和人牲，是没有问题的。笔者赞同将之释读为"寇"。

物①,这些源源不断向王室贡献的资源都是维系神权政治与宗教所必需,对王室而言,各地"邑"的存在显然具有重要意义。

如果说商王国环绕王畿与四处星斗般分布的邑堡,是防御和获取维系神权政治所需各种资源的重要政治保障,那么各处邑堡中的氏族战士"邑人",就是保卫这处城堡和对外作战并掠取各种资源的核心战斗力量。

在考古发掘中,商代作为"邑"这样单位的城堡也有一定数量的发现,而这样的遗址也会伴随着这个政治体中首领或一般氏族战士墓地的发现,通过对这些遗址和墓葬进行分析,可以大致呈现出商代邑堡的形态以及其中氏族战士的武装化程度和武器装备情况。

三、考古所见泛北方地区的城堡与武装者

从考古发现的材料来看,商王国在黄河中下游与长江中下游地区都建立过"邑"这样的军事堡垒。"邑"分布最为密集的地区是黄河下游的山东。山东作为殷人的东土,早在早商时期,殷人就开始了在此地的经营,并建立邑堡。从历史情况来看,殷人起源于东方地区,与东夷文化区之间具有较为紧密的联系②。而周人为了彻底征服殷商,也不得不对东方诸国进行大规模的征战,周公时青铜器《禽鼎》铭文就记载了周成王与周公共同征伐东方地区的内容③。因此可以说,殷人在山东地区的经营历时最久,成果也丰硕。这个历

---

① 根据安阳出土的龟甲研究,其中主要品种是中国花龟和乌龟,这些龟类有的产自安阳地区,有的则是各地"邑"入贡而来,但也偶尔有一些龟甲来自更远的区域,如马来半岛的龟类。见叶祥奎、刘一曼:《河南安阳殷墟花园庄东地出土的龟甲研究》,载《考古》2001年8期,第85—91页。这些龟甲除了"邑"所在地区采集的原产,也有一些是通过贸易包括武装掠夺来的。

② 李竞恒:《早期中国的龙凤文化》,人民出版社,2018年,第85—139页。

③ 唐兰:《西周青铜器铭文分代史征》,中华书局,1986年,第37—38页。

史背景可以解释在山东地区发现大量殷代邑堡遗址这一现象。

济南大辛庄遗址出现于早商时期,这里出土过卜骨与石器,是殷人在东方经营的战略前沿。在该处发现 M225、M256 等军事贵族墓葬中出土戈、矛、镞等武器,此地为商朝经略东方的中心据点,可能有王族在此居住①。到了商代中期,除了大辛庄作为一座"邑"得到继续沿用之外,还出现了滕州前掌大遗址这一处新的"邑"。此外,在鲁西南和鲁西北平原地带则分布着较多的小型聚落遗址,说明商王国加强了对东方的经营。晚商早期在济南以东出现了桓家史台遗址,这一处遗址有 30 万平方米,拥有城垣、大墓和祭祀的遗迹,青铜器上大多有族徽,可见这一处聚邑的氏族组织与王畿之间具有联系。晚商时期鲁北苏埠屯遗址也是一座大邑,代表了商王国从鲁北地区向淮河扩展的趋势②。

从考古证据上来看,山东地区的聚邑遗址中所体现的文化,是所有各地商代遗址中最具有商文化特质的。换言之,这里的诸"邑"与王畿地区之间具有相当密切的联系与交往。例如,济南的大辛庄遗址是商王国在山东地区最早的据点,实际上就是通过氏族组织的武装移民建立的。这些武装氏族在前往邑堡据点的过程中也将殷人固有的文化传统带到了这一新的地区。在这处殷邑遗址的东区,发现了两片刻字的甲骨③,内容是卜问是否在沐浴之后举行祭

---

① 济南市考古研究院、山东大学考古学与博物馆学系、山东省文物考古研究院:《济南市大辛庄遗址商代墓葬 M225、M256 发掘简报》,载《考古》2022 年 2 期,第 54—68 页。

② 陈雪香:《山东地区商文化聚落形态演变初探》,载《华夏考古》2007 年 1 期,第 102—111 页。

③ 山东大学东方考古研究中心、山东省文物考古研究所、济南市考古研究所:《济南市大辛庄商代居址与墓葬》,载《考古》2004 年 7 期,第 27 页。

祀 ①。这些甲骨卜辞从文字到占卜,均与王室系统的甲骨卜辞相似,可见这一处邑堡的统治群体在精神与文化上完全是王室神权意识形态的分有者 ②,这一处邑堡应当是效忠王室的"远臣"。甚至有学者认为,这一城邑与"帝仲丁迁于隞"的历史事件有关 ③,可见这一城邑与王室精神的密切关系。

除此之外,晚商早期的桓家史台遗址也出土过两件卜骨,整理者考据其中有一字为"幸",可见这些卜辞的内容与捕获人牲有关。这里的"甲骨修整、钻灼形式和文字刻划,均与遗址中出土的商代甲骨和殷墟甲骨卜辞相类似,但较为原始"④。通过这些材料可以得知,桓家史台是一处殷人的东方邑堡,这里也使用了代表王室神权意识形态的占卜与文字,并且对外发动战争,捕获人牲用于宗教活动。

---

① 大辛庄出土甲骨卜辞内容为:"不徙,允徙,□酉,温。不[徙],允徙,弜温。不徙,允徙,四。御母㒸,豕豕豕,母一。不徙,允徙,弗御,御。"(山东大学东方考古研究中心、山东省文物考古研究所、济南市考古所:《济南市大辛庄遗址出土商代甲骨文》,载《考古》2003 年 6 期,第 5—6 页)通过内容可知,主题是关于"母"的祭祀。卜辞中"温"字,"可能为祭名"。笔者认为,该字构形上为人形,下为器皿,皿中还有水,象人在器皿中沐浴。该字实际上与祭祀有密切联系。古人相信水有净化的宗教功能,因此在举行仪式前往往要"斋戒沐浴",以达到洁净的目的。

② 郑州二里冈遗址曾发现有骨臼刻辞和肋骨刻辞的残片,郑州小双桥遗址还发现过毛笔写的朱书陶文。这些刻辞与陶文同安阳殷墟发现的甲骨文和朱书文字在字形、刻写方式上都是一脉相承的(王立新:《早商文化研究》,高等教育出版社,1998 年,第 162 页)。可以说,从早商阶段开始,商王国的甲骨文字与占卜在文化和精神上就是一种较为特殊的形态,与其他文化相区别。使用这种文字系统,可以证明在精神观念上接受了商王室的文化以及与之相配套的神权意识形态。

③ 徐基:《济南大辛庄商代文化遗存的再认识》,李伯谦编:《商文化论集》,文物出版社,2003 年,第 713 页。

④ 淄博市文物局、淄博市博物馆、桓台县文物管理所:《山东桓台县史家遗址岳石文化木构架祭祀器物坑的发掘》,载《考古》1997 年 11 期,第 17 页。

　　这两座"邑"之外,商代中期在滕州出现的前掌大遗址也是一处殷人在东方建立的大邑。这一处大邑是一个名为"薛"的封邦,而前掌大墓地也自然是薛国宗族组织聚族而葬的墓地。根据学者对这里出土青铜器族徽的研究,"史"氏族是薛国的核心族群,而在安阳则出土过一定数量的"史"宗族青铜器,因此可知"薛"是从王畿地区的"史"宗族分化出去的,他们来自王畿地区,受封前往山东[①]。

　　前掌大薛国宗族墓地中,北区 BM4 是一座中字形大墓,学者推测这是这处大邑封君的墓葬。在南区则有三座车马坑,车内有青铜武器和漆盾,车内有彩绘,还有一座氏族首领墓葬 M11[②]。在这处墓地中,M201 出土了青铜戈、青铜矛、骨镞、玉戈;M214 出土了青铜戈和 53 件青铜镞、车马器、玉戈;BM3 也出土了铜车饰,墓主人是一位四十岁的女性,墓中还有一件玉戈;M203 出土了青铜矛、玉戈和三块鳄鱼片,这可能是皮甲的遗存;M205 出土了铜斧、铜镞、铜矛;M206 有 8 件青铜胄和 13 件镞;M211 有青铜胄 8 件和 6 件镞;M213 有青铜戈、青铜矛、青铜镞、车马器和卜骨;M11 墓中出土了 8 件鼎、13 件青铜胄、70 余件铜戈矛、弓形器和 134 件镞;M18 随葬一车,有弓形器和刀、斧、戈、镞;M21 出土了戈、矛、镞;M38 出土了刀、戈、斧、龟甲、龟壳;M119、M120、M17、M108、M110 都是女性墓葬,年龄在十四到三十五岁之间,武器包括青铜戈、镞、刀、斧等[③]。

　　在这些材料中,M213 墓中既随葬武器也随葬卜骨,说明这是一名武装的巫师。M38 墓中同样随葬武器与占卜使用的龟甲、龟壳,

---

① 何景成:《商代史族研究》,载《华夏考古》2007 年 2 期,第 102—104 页。
② 中国社会科学院考古研究所夏商周考古研究室:《考古研究所夏商周考古二十年》,载《考古》1997 年 8 期,第 22 页。
③ 中国社会科学院考古研究所编:《滕州前掌大墓地》,文物出版社,2005 年,第 61—89 页。

说明此人的身份同样是巫师兼武士。这些武装巫觋的考古表明,殷代神职人员曾广泛参与武装活动①。在 M11 的墓中出土大量的礼器与武器,说明墓主身份是一位族长,随葬的弓形器与箭镞说明氏族首领能够开弓射箭,安阳花园庄 54 号殷墓以及郭家庄 M160 殷墓的墓主都是族长身份,但他们也都善于射箭,说明弓箭对于殷人战争的重要性。一些贵族武士随葬战车零件,说明他们生前配置有战车。除了男性的武士、战士,这里女性武装者的数量比例很高,似乎说明这个政治体的军事压力较大,需要武装化比例较高的"邑人"群体来维系运转。因此可以推知,商代的"邑人"之中实际上有一部分是女性战士。

透过这一个"邑"的武装者墓葬材料,可了解到殷人"邑"中的武装者包括封君、氏族长、贵族武士、巫师战士、普通"邑人"战士,其中还有一定数量的女性武装者。他们的武器包括战车、青铜戈、矛、弓箭、刀、斧、青铜盔、皮甲。通过以邑堡为中心的整个政治体中所有武装成员的努力,"邑"作为一个较为独立和安全的政治体得以在王畿以外的荒蛮远方长期生存和延续,还能够掠取到服务于整个神权宗教政治的各种资源。

山东地区除了前掌大的"薛"国封邑之外,到了晚商时期又在青州苏埠屯出现了一座大邑,与殷人向淮河流域的发展有关。在这

---

① 在河南安阳殷墟王裕口村 2009 年的发掘中,曾发现了一名出现在甲骨卜辞中的贞人墓葬 M94。这位以占卜沟通鬼神的贞人的墓中也出土了 1 件斧、1 件钺、3 件矛、2 件弓形器、15 枚箭镞、1 件三棱刀、1 件马策、33 件明器戈(中国社会科学院考古研究所安阳工作队:《河南安阳市殷墟王裕口村南地 2009年发掘简报》,载《考古》2012 年 12 期,第 18—24 页)。证据表明,这位贞人使用斧钺作战和体现其军事权威,也使用弓箭,并能驾驭战车(马策),还统领着一支至少由数十名氏族人员组成的小型武装力量(33 件戈)。综合这些资料来看,殷代神职人员,也广泛参与了武装活动。

个地区出土了成批的青铜车马器和弓形器,还有青铜镞和两穿带胡戈。车马器出土于邑堡首领墓葬 M1 南端三十米处,这里随葬了至少四辆车和八匹马,是这位首领使用和掌控的战争器械[①]。M1 墓葬除了配置车马,还出土了 2 件青铜钺、6 件戈、14 件矛、41 枚箭镞、2件石钺,还有玉戈、2 枚陶弹丸,弹丸直径 2.9 厘米[②]。关于这些武器装备的材料说明,在殷人向淮夷地区发展的战争前沿,当地殷人邑堡中的武装首领装备了相当具有战争杀伤力的战车,并拥有象征权力的斧钺。此外,正如前文中所分析的,石质武器以其"远古面貌"而在殷人的象征系统中与神圣或巫术力量有关,因此可以说明这位首领的武装观念中也包含着将神圣与武装权威相统一的内容。除此之外,这位首领也能够在战车上开弓射箭,墓中的陶弹丸也是射击敌方的武器。

山东寿张梁山脚下也出土了商代祭器,学者推测这是殷人小臣"舎"的封地。而兖州嵫山区李宫村出土的殷器,则说明此地是王畿氏族"索氏"的封邑。齐鲁交界的"长勺"则是殷人长勺氏的封邑之所在[③]。再联系到济南大辛庄、桓家史台、滕州前掌大、青州苏埠屯等殷人据邑,充分显示了来自王畿地区殷人氏族在山东地区经营的规模,也显示了东方与中土王畿地区之间的紧密联系。

除了山东地区,河北藁城也有商代"邑"的存在。藁城台西遗址是早商文化后期遗存,这里也发现了一定数量的"邑人"墓葬。M14中出土了青铜大刀、钺、箭镞等武器,整理者还根据此墓出土漆盒中

① 夏名采、刘华国:《山东青州市苏埠屯墓群出土的青铜器》,载《考古》1996 年 5 期,第 21—28 页。
② 山东省博物馆:《山东益都苏埠屯第一号奴隶殉葬墓》,载《文物》1972 年 8 期,第 21—23 页。
③ 高广仁:《海岱区的商代文化遗存》,载《考古学报》2000 年 2 期,第 189 页。

的"砭镰"与卜骨同出这一现象,分析墓主是一位"巫医"。此外,
M17 中出土了长 80 厘米的戟和长 87 厘米的戈,另外还有青铜镞;
M22 墓中出土了青铜钺、刀和猎犬;M38 墓主是一位三十岁的女性
武士,她的墓中随葬青铜戈、箭镞和三只犬;M56 出土了卜骨,说明
墓主是巫师,墓中还有青铜钺、玉戈、磨砺武器的砺石;M79 墓中随
葬着青铜戈、箭镞;M85 出土了青铜戈、玉斧、六只犬;M103 墓中也
随葬着卜骨,说明墓主具有巫师身份,还随葬着青铜戈、箭镞、铜刀;
M112 墓主是这个封邦中的一名重要统治者,他的墓中除出土了青
铜戈、矛,还出土了用于宗教的礼器、乐器①。

　　在这一群邑堡的武装者墓葬中,M14 中随葬用于医疗的砭镰②,
又出土用于占卜的卜骨,说明墓主身兼巫者与医者的身份③,《墨
子·迎敌祠》中即"巫、医、卜"并称④,藁城台西的例子还说明了在
商代社会中,巫师、医者除了进行宗教活动也参与战争活动,青铜大
刀的出土证明他在军队中也是一名指挥者。这一位巫医武士的例
子很好地体现了商代战争活动与神权宗教之间的一体关系。除了
这位巫医武士,藁城台西的墓葬中还有 M56、M103 另外两名巫师战
士,此外还有一名女性战士。从这些材料分析可以发现,藁城台西
殷邑武装者的构成与滕州前掌大殷邑墓地所反映的武装者构成相

---

① 河北省文物研究所编:《藁城台西商代遗址》,文物出版社,1985 年,第 147—
　157 页。
② 藁城台西遗址还发现了药用的桃仁和郁李仁,也当属于巫医使用的药物(耿
　鉴庭、刘亮:《藁城商代遗址中出土的桃仁和郁李仁》,载《文物》1974 年 8 期,
　第 54—55 页)。
③ [韩]赵容俊:《甲骨卜辞所见之巫者的医疗活动》,载《史学集刊》2004 年 3
　期,第 14 页。
④ [清]孙诒让:《墨子间诂》,中华书局,2009 年,第 574 页。

当接近:有贵族首领、巫师战士、普通武装者、女性战士 ①。这两个邑的武装者之间在结构上的相似说明,殷人邑的战争与宗教祭祀同样紧密结合,面对外部环境的军事压力,因此均有一定数量的女性活跃于武装活动中。

河北地区除了藁城台西,还有赵窑遗址发现了19座商代墓葬,出土的武器有戈、矛、箭镞和环首刀;定州北庄子出土了56件青铜戈、11件矛以及一些镞和青铜钺。此外还有一些地点也零星发现了武器 ②。说明河北地区作为商王畿的北疆之土,殷人在此经营了多处据点,并以武装氏族驻守。再往北的北京地区则是殷人文化与夏家店下层文化的交会处 ③,殷人活动范围则不超过此地区。

除了山东和河北,山西地区也分布有殷人活动的"邑"。在山西垣曲县发现了一座面积为13.3万平方米的商代城邑,北城墙为338米,西城墙为395米,东、南城墙分别为336和400米,分为内墙和外墙的双层环卫结构,属于二里冈时期。在二里冈下层出土了青铜镞、卜骨,二里冈上层的灰坑中有人牲的骨架,还出土了卜骨、石镞、黄陶弹丸、石弹丸等远射武器 ④。有学者认为这座邑的修建是为了抵御西北地区的野蛮部落,也有学者认为是为了控制当地"夏人势

① 实际上,根据日本学者白川静对甲骨卜辞的研究显示,殷人的战争中也有女性巫师加入,通过巫祝的方式对敌方实施攻击([日]白川静:《中国古代文化》,加地伸行、范月娇译,台北文津出版社,1983年,第52页)。
② 唐晓燕:《河北商代青铜兵器初探》,载《文物春秋》2003年5期,第15—16页。
③ Nicola Di Cosmo, *Ancient China and It's Enemies: The Rise of Nomadic Power in East Asian History*, Cambridge: Cambridge University Press, 2002, p.49.
④ 中国历史博物馆考古部、山西省考古研究所、垣曲县博物馆编:《垣曲商城(一)——1985—1986年度勘察报告》,科学出版社,1996年,第14—18、205—237页。

力"①,而这一据点也同时具有掠取青铜资源的重要意义②。因此无论怎样解释,这座城邑具有强烈的军事和政治含义这一点则是毋庸置疑的。

这一座殷人的"邑"具有双层的环卫结构,在防守功能上更为有效。出土的武器有各种箭镞和弹丸,还有卜骨和人牲,组合在一起的图像即为:沟通鬼神的宗教政治需要献祭,因此"邑人"通过远射武器捕获人牲,用于祭祀活动。这说明,殷人的"邑"与王室所在的"大邑商"一样,也是一个祭祀的中心。所不同者,王室肩负着维系协调整个宇宙节律与安全的重任,而各地武装氏族的"邑"则主要面对地方神与本族祖先。

除了垣曲殷邑之外,山西的灵石旌介村发现了大量带"丙"字铭文的青铜器,因此学者推测这里是商代"丙"国氏族聚邑的所在。这个族群也被视为与殷王室关系密切的十干氏族之一③。这个族邦组织是殷人政治共同体中分布最靠北的一个据点④。据铭文记载,这个封邦讨伐过北方的井方⑤。遗址 M1 中出土的青铜器铭文中,有"丙"字,也有"邑"字,可以判断为"丙邑"⑥。这处"丙邑"出土的武器主要为戈、矛、钺,在礼制与习俗各方面与商王畿地区相当接近⑦。M1

① 王睿:《垣曲商城的年代及其相关问题》,载《考古》1998 年 8 期,第 90 页。
② 佟伟华:《商代前期垣曲盆地的统治中心——垣曲商城》,李伯谦编:《商文化论集》,文物出版社,2003 年,第 464—465 页。
③ 山西省考古研究所:《灵石旌介商墓》,科学出版社,2006 年,第 202 页。
④ 李伯谦:《从灵石旌介商墓的发现看晋陕高原青铜文化的归属》,李伯谦编:《商文化论集》,文物出版社,2003 年,第 491 页。
⑤ 殷玮璋、曹淑琴:《灵石商墓与丙国铜器》,载《考古》1990 年 7 期,第 621—631 页。
⑥ 山西省考古研究所、灵石县文化局:《山西灵石旌介村商墓》,载《文物》1986 年 11 期,第 7 页。
⑦ 岳洪彬:《殷墟青铜礼器研究》,中国社会科学出版社,2006 年,第 375—379 页。

出土 6 件矛、2 件戈、4 枚镞和 2 件弓形器;M2 有 11 件戈、19 件矛、兽首刀、2 件弓形器和一些镞;M3 则有刀和镞[①]。从这里出土武器大致的总类判断,这一聚邑的武装者主要也是以使用戈、矛步战的战士为主,首领使用斧钺、大刀指挥"邑人"战斗之外也使用弓箭。此外,这里还储存了足够五千人食用 100 天左右的粮食[②],显然是殷人的一处重要军事邑堡据点。

山西潞城东在商代曾经是微子的封邑,因此这里也发现了一定数量的商代祭器,也有面积较大的商代遗址。在长子发现了祭器与青铜戈、刀等武器[③]。而石楼—绥德的青铜文化,虽然殷商化程度较高,但仍属于北方系族群,因此不能被视为殷人的据点[④]。这些材料均能说明山西地区与商王畿区域之间的密切联系。山西地区的殷邑,在军事上具有作为王畿北部屏障的意义。

1991 年调查和 1998 年发掘的河南焦作府城村商代城址,城邑平面为长方形,东西为 295.5 米,南北为 227 米,总面积近 7 万平方米。始建于二里冈早期,城外有城壕,城内有成组的宫殿建筑[⑤]。显示为一座规模较大的城邑。中商时期在郑洛地区白家庄类型遗址密集,出土有钺、戈、镞等武器,在豫北地区曹演庄类型等多处聚邑[⑥]。

---

① 山西省考古研究所、灵石县文化局:《山西灵石旌介村商墓》,载《文物》1986年 11 期,第 2—16 页。

② 山西省考古研究所:《灵石旌介商墓》,科学出版社,2006 年,第 207—208 页。

③ 长治市博物馆王进先:《山西长治市拣选、征集的商代青铜器》,载《文物》1982 年 9 期,第 49—52 页。

④ 胡进驻:《殷墟晚商墓葬研究》,北京师范大学出版社,2010 年,第 282 页。

⑤ 杨育彬:《试论商代古城址的几个相关问题》,王宇信、宋镇豪、孟宪武主编:《2004 年安阳殷商文明国际学术研讨会论文集》,社会科学文献出版社,2004年,第 389 页。

⑥ 唐际根:《中商文化研究》,载《考古学报》1999 年 4 期,第 398—401 页。

可以说,河南各地的殷邑分布非常密集,这里很难将这些邑堡和遗址的完整资料进行全面处理和分析。

在淮河流域的河南信阳罗山,也有商代的"邑人"墓葬发现,按照家族墓地的形制进行埋葬。共有 17 座墓葬,其中包括 7 座中型木椁墓,这些墓葬出土了大量的戈、矛等武器。大量的武器与礼器上铸造有徽号[1]。这个字由表示鼻子的"自"和呼吸出的气组成,即代指叹气的"息"字,表明这个族群即封邑息国的所在。卜辞记载商王有一位配偶"帚(妇)息",曾经向王室进奉贡物(《合集》2354),非王卜辞还有"息伯"的记载(《合集》20086),说明该邦与"甲种子卜辞"的殷人贵族也有交往。这说明这个封邑的首领被称为"息伯",息的宗女还嫁给国王,与王室之间具有联姻关系,且与殷人贵族友好。此外,这个地区的一号墓还出土了青铜车马饰[2],可见这里的武装者也使用战车,具有一定的军事力量。有学者认为,这处"息"邑的武装力量与征伐荆楚有关,到了晚商时期,这里成了殷人对南方防御的屏障[3]。这些材料综合起来,显示了商王国由北向南经营的政治努力。

1986 年发现于陕西西安的老牛坡商代墓地,一共有 38 座墓葬,属于商王朝西方封邑的一个氏族墓地。这些氏族战士的武器装备为:M33 出土了青铜戈和青铜镞;M10 出土了青铜戈、镞;M44 出土了铜戈、镞;M25 出土了青铜镞;M41 有两件青铜钺。此外,这个地方还

① 信阳地区文管会、罗山县文化馆:《罗山县蟒张后李商周墓地第二次发掘简报》,载《中原文物》1981 年 4 期,第 4—13 页。

② 信阳地区文管会、罗山县文化馆《河南罗山县蟒张商代墓地第一次发掘简报》,载《考古》1981 年第 2 期,第 115 页。

③ 河南省信阳地区文管会、河南省罗山县文化馆:《罗山天湖商周墓地》,载《考古学报》1986 年 2 期,第 194 页。

出土了一辆战车①。这个封邑氏族墓地的发现,说明殷人氏族组织在王畿以西地域的经营,他们拥有当时相当先进的武器——战车,普通的氏族战士一般配备着近战使用的戈以及远射使用的箭,这种远近武器配置也广泛见于河北藁城台西殷邑墓葬群中。远近武器的配置,增强了"邑人"的战斗力。除了老牛坡,陕西扶风也发现过商代的车軎、泡饰等车马器②,说明这一地区的殷人氏族也使用战车。

　　陕西淳化出土了殷商大砍刀、青铜钺、弓形器等典型武器装备,史家塬村一号墓出土了车马器;润镇乡郑家村出土的戈"是商式标准武器";赵家庄出土的青铜鼎纹饰与殷中期相似,还有铜爵等祭器③。可以推测,这一地区也曾存在一个殷人的邑堡,邑堡中的氏族首领使用典型的殷商祭器进行祭祀活动,同样使用战车作战。而普通的氏族战士也与首领一样,使用着相当典型的殷人武器。在陕西的关中地区,商文化从二里冈期到殷墟时期都没有间断④。直到商末,这一地区才逐渐被先周文化领有⑤。实际上,整个陕西商文化与河南商文化几乎完全相同,只是到了殷墟晚期,因为周人的兴起,商王朝才逐渐失去对这一地区的控制⑥。这就意味着,殷人在西部的陕西地区有着较长时间的经营。在陕西渭南发现了一座殷代墓葬,其

① 西北大学历史系考古专业:《西安老牛坡商代墓地的发掘》,载《文物》1988年6期,第2—22页。
② 扶风县博物馆:《陕西扶风县新发现一批商周青铜器》,载《考古与文物》2007年3期,第8—9页。
③ 淳化县文化馆:《陕西淳化县出土的商周青铜器》,载《考古与文物》1986年5期,第12—22页。
④ 徐天进:《试论关中地区的商文化》,李伯谦编:《商文化论集》,文物出版社,2003年,第637页。
⑤ 张天恩:《关中西部商文化研究》,载《考古学报》2004年1期,第1页;李峰:《先周文化的内涵及其渊源探讨》,载《考古学报》1991年3期,第281页。
⑥ 宋新潮:《试论陕西出土的商代铜器》,载《文博》1989年3期,第34页。

中出土青铜器上就直接标注着"莘邑"的邑堡名称[1]。邑的建造和"邑人"的武装活动显然在经营过程中扮演了重要的角色。

在泛北方地区各处存在着数量不少的殷人据点，殷人的武装殖民或分封氏族组织就以这些据点为中心修建邑堡。邑堡既是具有政治含义的中心之所在，也是代表了安全、神圣与秩序的"亚中心"（商王畿是真正的中心）。"邑人"武装者在这些地点中具有重要意义——在敌意四伏的环境压力中，男性首领、普通氏族成员、巫师，甚至女性都被武装了起来。这些"邑"中的武装者使用战车、斧钺，普通的战士则使用戈、矛与弓箭配合。对"邑人"来说，战争是日常生活的重要组成部分。

一些封邑的首领与王室通婚，一些首领则通过战争或贸易向王室提供神权宗教政治所需的龟卜原料与祭祀原料，这些资源被源源不断地从各个网点运输到宇宙与献祭的中心——"中商"。

四、考古所见泛南方地区的城堡与武装者

殷人在长江中下游等泛南方地区也建立了一系列的政治军事据点"邑"。在泛南方地区的这些据点中，以长江中下游地区的湖北盘龙城以及江西吴城两处及其周边地区最为典型。

湖北武汉的盘龙城遗址南北长约 290 米，东西宽约 260 米，周长约 1100 米。城邑分为外城和郭城两个部分[2]。现残存有土夯城垣，城外壕沟遗迹，大型宫殿共三座，柱穴，大型柱基，以及陶制水管道，等等。城垣的建筑技术、埋葬制度及习俗、陶器特征、青铜祭器特征和工艺、玉器风格等均与中原地区的二里冈上层文化相同，说明这

---

[1] 宋镇豪：《夏商社会生活史》，中国社会科学出版社，2005 年，第 320 页。
[2] 杜金鹏：《盘龙城商代宫殿基址讨论》，载《考古学报》2005 年 2 期，第 178 页。

是商代中期的一个城堡据点 ①。盘龙城的城堡面积仅相当于郑州商城的二十五分之一,但在布局与结构上则模仿了郑州商城 ②。因此可以说,这一武装据点的建造以及经营者在精神观念和文化上与中原商王国保持着高度的一致性,是商王室政治—宗教集团在南方地区的实践者,在精神观念与政治上也与王畿地区保持着高度的一致。如学者所言,盘龙城是商文化在南方地区最为重要的一个据点,无论盘龙城是中原王朝派出的军事据点抑或为方国,这里臣服于商王国并承担向其纳贡义务的地位则为论者所广泛认同 ③。这就意味着,这里曾经是殷人在长江中游地区建立并经营的一个"邑"。

盘龙城遗址北杨家湾十三号墓葬的墓主是一位邑中的贵族,他的墓葬中除了随葬青铜器,还随葬了十余枚青铜镞 ④。说明这个邑中贵族与中原地区及山东殷邑中的首领一样,擅长射箭。在李家咀发现的 M2 墓主也是一位军事贵族,其墓中随葬着 2 件青铜大钺,5 件矛、7 件刀、1 件斧以及 18 枚箭镞。其中的大钺非常类似于苏埠屯 M1 邑君墓中出土的形制,因此当为邑君所使用的武器,后来赏赐给了这位军事贵族 ⑤。他的墓中还有一位殉人,身上携带着两排青铜

① 张之恒、周裕兴:《夏商周考古》,南京大学出版社,1995 年,第 63 页;王立新:《早商文化研究》,高等教育出版社,1998 年,第 196 页。

② 段宏振:《中国古代早期城市化进程与最初的文明》,载《华夏考古》2004 年 1 期,第 84 页。

③ 湖北省文物考古研究所:《夏商时期中原与长江中游地区的文化联系》,载《华夏考古》2006 年 3 期,第 56 页。

④ 武汉市黄陂区文管所、武汉市文物考古研究所、武汉市盘龙城遗址博物馆:《商代盘龙城遗址杨家湾十三号墓清理简报》,载《江汉考古》2005 年 1 期,第 19—23 页。

⑤ 湖北省博物馆盘龙城发掘队、北京大学考古专业盘龙城发掘队:《盘龙城一九七四年度田野考古纪要》,载《文物》1976 年 2 期,第 12—13 页。

镞,共 19 枚 [1]。经过鉴定,这位殉人是死亡后被埋入的。他的身份应该是墓主贴身的武装弓箭手,在墓主死后从死于地下,继续在黄泉世界追随这位贵族武士作战。由此可见,盘龙城的武装贵族在战斗中也有近卫弓箭手作为侍从。

　　除了好战的贵族武士的墓葬,这里的中小型墓葬中也普遍随葬青铜武器。例如,楼子湾 M4 出土了青铜钺和戈,M1 出土了戈和箭镞,M3 出土了戈、矛和刀;南垣外 M1 出土了戈、刀、斧;李家咀 M4 出土了刀、斧 [2]。小嘴 M3 贵族墓中出土铜戈、钺、16 枚箭镞和用于护甲的铜泡 [3]。王家嘴 M4 出土铜戈、刀镞、砺石等武器装备 [4]。这些中小型墓葬均为这个武装据点的氏族战士或中下级贵族墓。综合材料分析,这一个邑堡中"邑人"武装者使用最普及的武器是戈,这种情况与各处殷人的武器配置完全一致。

　　殷人在南方地区的这一处邑堡规模虽小,却具有重要的政治含义。有学者推测,殷人向南方地区推进的目的是获取铜矿资源 [5]。占有铜矿资源与铸造技术,并以此来生产青铜神器与武器,是殷人神权政治与宗教正常运转的先决条件。在长江中游建立为获取生产神器与武器所需资源的城堡据点对商王室而言具有的重要的意义。

---

[1] 盘龙城遗址博物馆筹建处:《湖北黄陂盘龙城李家嘴二号墓发掘的补充资料》,载《文物》2007 年 8 期,第 93—94 页。

[2] 湖北省博物馆:《盘龙城商代二里冈期的青铜器》,载《文物》1976 年 2 期,第 40—41 页。

[3] 武汉大学历史学院、湖北省文物考古研究所、盘龙城遗址博物院:《武汉市盘龙城遗址小嘴 M3 发掘简报》,载《江汉考古》2018 年 5 期,第 33—39 页。

[4] 盘龙城遗址博物院、武汉大学历史学院:《武汉市盘龙城遗址王家嘴 M4 发掘简报》,载《江汉考古》2018 年 5 期,第 51—56 页。

[5] 张昌平:《夏商时期中原与长江中游地区的文化联系》,载《华夏考古》2006 年 3 期,第 57 页。

在这个城堡据点,与王畿地区一样,武器的生产控制在首领的手中,但首领会通过各种途径将武器赏赐或分发给贵族与战士,这一点可以通过李家咀 M2 墓主曾得到邑君赏赐青铜钺的材料中得到证明。也就是说,这个据点一方面是整个商王国神权政治运转网络与链条中的一个环节,其内部也同样具有一个政治与控制手段的层级结构。这正是许多殷人"邑"单位的共有现象。

盘龙城并不是一个孤立的城址,它应是商王朝开发南疆的一个重要的政治、文化、经济中心。在湖北孝感地区,发现了大量商代青铜器,有鼎、斝、爵、瓿、鸮卣等。实战武器与仪式武器则有带胡多穿戈、三角形戈、玉戈等①。在湖北黄州和随县也发现了与盘龙城遗址中基本相同的青铜器物,除了斝、爵、瓿,还有斧、戈、镞等武器②,说明此地也存在殷人的经营据点。甲骨卜辞和考古资料也显示,商代湖北的曾国,也是商朝的盟友以及获取锡料的来源③。2002年武汉大学考古实习队在湖北云梦城关镇和平村五组的王家山遗址也发现过一座二里冈上层时期的商代城址④。这些材料说明,以盘龙城为代表的湖北地区并不只是孤立地存在一个殷人政治邑堡,而是存在着一整片大小不等的层级邑堡据点。以这些城堡据点为中心,殷人的影响力甚至到达了湖南省。

湖南宁乡黄材镇的商代遗址中出土了鼎、卣、罍、铙、四羊尊等

---

① 熊卜发:《湖北孝感地区商周古文化调查》,载《考古》1988 年 4 期,第 301—306 页。

② 黄冈地区博物馆、黄州市博物馆:《湖北省黄州市下窑嘴商墓发掘简报》,载《文物》1993 年 6 期,第 56—60 页;随州市博物馆:《湖北随县发现商代青铜器》,载《文物》1981 年 8 期,第 46—48 页。

③ 韩宇娇:《卜辞所见商代曾国》,载《中原文物》2017 年 1 期,第 92—98 页。

④ 蒋刚:《盘龙城遗址群出土商代遗存的几个问题》,载《考古与文物》2008 年 1 期,第 44—45 页。

大量青铜祭器[1]，说明殷人祭祀中心的存在。湖南石门也发现了殷邑，面积达 5 万平方米，这里的鼎、瓿、爵、簋等祭器与王畿地区的造型一致，显示出浓厚的殷商色彩。这里主要的武器是戈[2]。湖南望城高砂脊商代遗址所反映的葬俗、陶器都是中原殷人的风格[3]，显示了南下的殷人氏族在南方地区武装经营的活动[4]。这里发现了祭祀用的商代青铜鼎，还有殷人的青铜大刀、矛、戈等武器，也有殷人装配的小削刀。这处遗址的存在说明"以盘龙城遗址为代表的商代前期南方类型商文化曾经对湘江下游地区实施了非常强烈的影响"[5]。此外湖南岳阳也有殷人青铜祭器的分布[6]。这些材料都说明殷人在长江中游两湖地区的经营与影响达到了相当的程度。

除了长江中游地区，江西的吴城文化也是长江流域的一个重要代表。有学者认为，湖北的盘龙城先影响了吴城，而湖北盘龙城、江西吴城与湖南石门三点连成了一个政治与地理维度的等腰三角形[7]。

---

[1] 高至喜：《湖南宁乡黄材发现商代铜器和遗址》，载《考古》1963 年 12 期，第 646—648 页。

[2] 高大伦：《论盘龙城遗址的性质与作用》，载《江汉考古》1985 年 1 期，第 88 页。

[3] 施劲松：《长江流域青铜器研究》，文物出版社，2003 年，第 152 页。

[4] 何介钧：《试论湖南出土商代青铜器及商文化向南传播的几个问题》，李伯谦编：《商文化论集》，文物出版社，2003 年，第 565 页。

[5] 湖南省文物考古研究所、长沙市博物馆、长沙市考古研究所、望城县文物管理所：《湖南望城县高砂脊商周遗址的发掘》，载《考古》2001 年 4 期，第 38—44 页。

[6] 岳阳市云溪区文物管理所：《岳阳市市郊铜鼓山遗址新出土的青铜器》，湖南省文物考古研究所、湖南省考古学会合编：《湖南考古 2002》，岳麓书社，2004 年，第 455—459 页。

[7] 湖南省文物考古研究所、长沙市博物馆、长沙市考古研究所、望城县文物管理所：《湖南望城县高砂脊商周遗址的发掘》，载《考古》2001 年 4 期，第 89 页。

　　吴城遗址的面积有四平方公里,城邑面积61.3平方米,城外有护卫的城壕,宽6.5米,深3米。整个城邑的面积是盘龙城的九倍①。除了吴城,还有樟树筑卫城遗址、樊城堆遗址,新干湖西遗址、牛头城址,九江神墩遗址等多处聚邑点②。因此,这一个政治体的组织与规模是较为庞大的。

　　这一个城邑遗址,出土过大量的青铜戈、青铜矛、石戈、石矛、石镞等武器装备。在城壕的底部出土了25件人颅骨,经复旦大学现代人类学研究中心专家对其中16件人颅骨进行鉴定得出结论,这些人的年龄大多为二十至四十岁的青壮年,其中两件人颅骨有明显被锐器砍伤的痕迹。有学者就此推论,这里发生过惨烈的攻城战③。

　　吴城政治群被一些学者视为商文化的一支,与中原的王室之间具有族群和政治上的统一联系④。从考古学的特征而言,吴城文化分享了殷商文化的基本特征,有学者根据这里大量出土的鸟头形陶器,对应了卜辞中的"雀",因此推测,商王室派驻了掌握着军事武装的亚作为代理人,他是王室派驻此地的首领,名"雀"或"亚雀"⑤。吴城出土的青铜戈形制,也非常接近于盘龙城的戈,属于殷墟早期文

① 彭明瀚:《吴城文化研究》,文物出版社,2005年,第217页。
② 彭明瀚:《吴城文化》,文物出版社,2005年,第28页。清江筑卫城的发掘证明,吴城商代遗址在江西并不是孤立的(江西省博物馆、清江县博物馆、厦门大学历史系考古专业:《江西清江筑卫城遗址第二次发掘》,载《考古》1982年2期,第137页)。
③ 许智范、黄水根、申夏:《吴城文化再认识》,王宇信、宋镇豪、孟宪武主编:《2004年安阳殷商文明国际学术研讨会论文集》,社会科学文献出版社,2004年,第581页。
④ 李家和:《吴城遗址文化分析》,载《中原文物》1983年4期,第43—48页;裴明相:《江西商代铜器与二里冈商文化》,载《南方文物》1994年2期,第29页。
⑤ 白坚、源中根:《说雀——兼谈戈、戉问题》,载《江汉考古》1989年1期,第97页。

化[1]。因此可以说,这个政治体的文化与长江中游及王室所在的中原具有密切联系。尽管还不能判断这个政治体的首领与氏族集团就是来自王畿的"雀"与其氏族,但这个城邑中至少有一些氏族来自王畿地区的可能性非常大。例如,吴城的"戈"氏族很可能就与王畿的"戈"氏族有关,而大洋洲的一件武器上则有"丙"氏族的徽号,这个氏族的徽号同样见于殷墟小屯墓葬出土的神器上[2]。吴城1974年采集灰陶钵底有"入社妇田"四字,与甲骨文相同。吴城四期的陶文,则全部与甲骨文相同[3]。在这个政治体发现刻符、陶器、陶片、石符等文字均与甲骨文属于同一文字系统[4]。因此可以推知,吴城文化地区的这些城邑在精神资源方面与王畿地区非常接近,并与之保持着密切联系,其中一些氏族可能就来自"中商"。

在吴城出土的武器是戈和刀、青铜镞、矛;九江神墩则出土了青铜箭镞[5]。这些步战武器与各地殷"邑人"最广泛使用的装备完全一致。新干大洋洲墓地出土了青铜乐器镈、铙,以及圆鼎、方鼎、甗等祭器,说明这是一个从事祭祀的氏族首领墓葬。墓中出土了武器232件,有戈、矛、勾戟、钺、镞、剑、刀、匕首、胄等,其中矛35件,戈28件,钺6件,镞123枚,刀15件和大刀[6]。有学者认为,与大洋洲同时期的郑州商城没有青铜矛的发现,这说明在早商时期青铜矛还没有成

① 江西省清江县博物馆:《吴城商代遗址新发现的青铜兵器》,载《文物》1980年8期,第2页。
② 彭明瀚:《吴城文化》,文物出版社,2005年,第112—115页
③ 彭明瀚:《吴城文化研究》,文物出版社,2005年,第60—61页。
④ 佟柱臣:《中国夏商王国文明与方国文明试论》,载《考古》1991年11期,第1014页。
⑤ 彭明瀚:《吴城文化》,文物出版社,2005年,第38—40页。
⑥ 江西省文物考古研究所、江西省博物馆、新干县博物馆:《新干商代大墓》,文物出版社,1997年,第87—113页。

为商代武装者的主要战争兵器。但新干大洋洲出土大量青铜矛这一现象是继承了南方青铜矛传统的地方特色①。这说明这些江西的邑堡据点在武装组织方面有一些地方的特色,但最基本的武器装备仍是以步战使用的戈、矛配置为主。戈与矛共有 63 件,说明这一氏族首领所能武装的战士数量为六十多人②。他墓中用于祭祀的乐器与祭器说明这位首领是神权政治的参与者。换言之,吴城文化的"邑人"也同样运用战争与献祭的神权模式,武器同样也控制在不同等级的层次结构中。

综合整个长江中下游流域的城堡与武装者材料可知,殷人为获取维持祭祀诸神政治模式所需各种资源,向南方地区发展。从盘龙城到吴城模式都在精神与政治结构上与王畿地区高度接近,其中有一些氏族可能就来自王畿。这些地区的"邑人"武装者使用的武器装备与武器的分配管理方式也与泛北方地区一致。所不同的是,在具体的武器类型方面具有一些地方特色。

殷人的政治共同体北至山西、河北北部,西至陕西,东至山东地区③,在这些地带上分布着相当密度的殷人邑堡。可以这样判断,殷人的宇宙论、祭祀与战争交互的宗教政治模式以各个网点的形式将

---

① 李健民:《论新干商代大墓出土的青铜戈、矛及其相关问题》,载《考古》2001 年 5 期,第 67—68 页。

② 殷墟西区 M1713 墓主是一位氏族首领,其墓中随葬武器为戈、矛各 30 件,殷墟大司空 M303 墓主是"马危"氏族的首领,他的墓中随葬有 30 件戈、38 件矛。可见大洋洲氏族与王畿的一些较小氏族在武装者的数量上非常接近,都是六十名左右(中国社会科学院考古研究所安阳工作队:《安阳殷墟西区一七一三号墓的发掘》,载《考古》1986 年 8 期,第 703—712 页;中国社会科学院考古研究所安阳工作队:《殷墟大司空 M303 发掘报告》,载《考古学报》2008 年 3 期,第 378—389 页)。

③ 李民:《商王朝疆域探索》,载《史学月刊》2004 年 12 期,第 16—19 页。

政治体内各地的资源与人员组织在一个结构中,这一结构的覆盖面并不狭小。如果将商王朝"大邑"之外"四土"各方的邑堡据点进行归纳,不难发现,这些按照四方辐射地域空间模式密布的军事据点正是对宇宙十字形平面的模仿。从东方山东地区的诸邑到西面陕西各地的据点;从北部山西、河北地域的邑堡再到南方长江中下游的各据点,形成了以"大邑商"地区为中心四面覆盖延展的"四土"经营空间。这个十字形的战争—宗教地理模型展开的图式能够很好地反映殷人观念,将"世俗"的经营与"神圣"的模式统一在一起。对于殷人宇宙政治观而言,这些散布在中土王畿之外的四方,具有重要意义。诸如郑州商城、盘龙城等殷式城,也属于卜辞中的"邑",殷人的世界观认为这些四边、四土构成了包围王畿地区的十字形宇宙[①]。

换言之,这种历史地理的背后蕴含着一套神话观念的模型,殷人四处建设邑堡据点与军事经营等活动在不同程度上也为神权宗教的运转做出了贡献。在殷人的宇宙观中,这个十字形平面的诸邑网点空间连续就是真实的世界,也是观念在政治经营方面的投射与实践。邑堡的功能在于抵御外部世界的鬼魅与邪恶,将神圣、秩序与黑暗、混沌相区别。分布在广袤"四土"各地的殷人邑堡据点从广义上形成了呈片状的经营体,这个神圣十字形的结构既是对范式的模仿,也是殷人区分敌我、秩序的防御体系。

---

① David N. Keightley, *The Ancestral Landscape:Time, Space, and Community in Late Shang China, ca.1200—1045B.C*, Institute of East Asian Studies, University of California, Berkeley,2000,P66、P81.

第四章　武器装备

　　商王国的武装者包括从贵族首领、巫师到普通氏族成员甚至一定数量女性这样庞大的人群。这些武装化的殷人既包括王畿地区的诸氏族，也包括王畿以外广袤"四土"各地方国、封邦还有以邑堡为据点的"邑人"。这些武装化氏族与首领极端尚武好勇，将参与战争活动视为巨大荣誉和获利手段。参战者会将武器埋葬在墓中，地位越高的人武装化程度越高。随葬物品既是生时参战的荣誉，也是死后在地下世界继续战斗的武器。在殷人的世界观中，战争与狩猎没有清晰的边界，但这两种活动均与献祭关系密切，或者说在很大程度上就是献祭的延伸。因此，参与战争也就是在不同程度上参与神圣，而参战的武装者也是按照宇宙论中最高的范式原则组织起来进行活动的。

　　这些按照"三"、"五"神圣范式编制起来，或参与进攻性战争或从事于邑堡防卫的武装者，是神权政治得以运转的重要支柱。在这一章中，笔者重点讨论和研究的对象是这些武装者手中用于战争的各种武器与工具。武器的形制与使用方式，可能都与商代的战争观念之间具有一些联系。此外，一些重型战争装备（如战车之类）的阵形与功能也和武装者编制一样，分享和模仿着同一套带有宗教性的知识体系。殷人独特的战争观念乃是基于这个文化独有的宗教与价值论，而殷人的战争方式与武器装备的配置又是基于其战争观念。因此,对殷人武器装备的研究,有助于更深入地理解商代的战争面貌与精神世界。

第一节　近战武器

对于大部分殷人普通战士而言,徒步近身交兵是他们唯一且最为重要的一种战斗方式。能够配置战车、战马甚至战象的武装者只能是地位较高和经受过特殊训练的极少数人员。至于职业弓箭手,也是需要经受专业训练才能被投入战场的武装者。因此,大多数的氏族战士最广泛使用的是戈、矛和盾这样的近身步战武器,这样的武器在出土发现中也是最为常见的。

除了戈、矛,用于近身战斗的武器还有贵族武士使用的青铜大刀和斧钺,尽管这两种武器在军队中的使用远没有戈、矛广泛,却具有相当重要的宗教、权力的象征含义。在防护装备方面,一般战士多使用盾牌,而一些人还配有皮甲和头盔,这一节将主要探讨这些得到广泛使用的近战武器。

一、戈

卜辞材料表明,殷人有一个好战的氏族曾以"戈"命名,殷墟北辛庄遗址和孝民屯西南第八墓区就是"戈"氏族的族邑聚落。该氏族青铜器的徽识上明确表现着手持戈、干的武装者形象。这一形象表明,该氏族积极活跃于战争领域[1]。卜辞也记载"王弟取戈"(《合补》6925),即王室贵族领取戈这种武器。戈这种武器在商代相当流行,可以说是最有代表性的商代武器之一,并且也一直被视为标准

---

[1] 郑若葵:《殷墟"大邑商"族邑布局初探》,载《中原文物》1995年3期,第89页。

的中国式武器①。因此以"戈"命名,即意味着善战。

从欧洲的考古材料来看,史前欧洲青铜时代的武器中,也普遍使用一种在形制上非常接近于戈的武器。例如,西班牙青铜时代最具有代表性的武器是一种短剑,被垂直固定在一根长柄上。在形制上与中国先秦的戈非常相似,这种类似于戈的武器也见于公元前1600年的德国和爱尔兰等地②。实际上,一些早期印欧人群使用的戈类武器确实曾经传播到中国北部和西北部,并在殷人的北部敌对人群中得到较为广泛的使用。有学者甚至认为,那些北方人群使用的带銎管銎斧和管銎戈在二里冈期之后逐渐影响到了殷人的武器式样。殷人带銎戈和多穿带胡戈的出现,正是受其影响的结果③。

中国最早的戈是一件锋刃被垂直固定在长柄上的戈。这说明,在战斗中用于"横击"的武器在人类各种文化中都有出现和使用。所不同的是,这种"横击"式武器在先秦时代的中国最为流行,使用相当普及,沿用时间也最长,因此可以认为是早期中国文明最具代表性的武器。在古代北方民族和我国新疆以及阿富汗等地有一种用于"横击"的管銎戈,在形态上与中原的戈也有相似之处,但"中原式直内戈是自成一系发展起来的,与北方的管銎戈不能混为一谈"④。可以说,用于"横击"的武器广泛存在于欧亚大陆的不同文化中,但中国上古的戈则是独立起源并衍化的产物。与印欧人群使用同类横击武器的那些群体,主要是殷人在北部地区的敌对者。殷人

---

① 李济:《安阳》,河北教育出版社,2000年,第103页。
② [英]戈登·柴尔德:《欧洲文明的曙光》,陈淳等译,上海三联书店,2008年,第117—118页,226页。
③ 林沄:《商文化青铜器与北方地区青铜器关系之再研究》,李伯谦编:《商文化论集》,文物出版社,2003年,第505页。
④ 乌恩:《殷至周初的北方青铜器》,载《考古学报》1985年2期,第145—146页。

最早的戈是没有銎或胡的直援戈,这种武器是中国本土独立演化的产物。在与北方族群交往的过程中,殷人的武器式样可能会受到某种影响。但笔者认为,目前似乎还没有确实的证据证明商代带銎和带胡多穿戈是北方文化影响下的直接产物。

在整个商代,戈一直是使用人群最为广泛的一种装备,在早商遗址中便有广泛的发现。而二里冈类型中一些种类的青铜武器(如戈、刀、镞等)都可以在二里头类型中找出形制上具有渊源的同类器形[①]。正如第一章中所分析的,二里头时期的战争—祭祀模式与武器装备形制同商代有着千丝万缕的联系。青铜武器开始被批量地投入武装活动中,其中就有戈。

当然,戈这种武器的出现显然比二里头时期更早。在与良渚酋邦大致同一时期的安徽含山凌家滩墓葬 98M29 中出土了两件玉戈,这是迄今为止发现的年代最早的戈,属于专门的武器。"专门武器的出现,说明当时的军事活动进入了一个新的阶段。"[②] 专门性的武器产生,一方面说明了武装冲突活动的存在,也可以对应前面讨论酋邦阶段的战争情况。另一方面,这种材料并不常见,因此不能作为论证长江流域酋邦时期战争已经剧烈化的证据。

在黄河流域,用于战争的专门性武器主要是长矛,到龙山时期,弓箭的意义则得到了不断的突出。而南方复杂酋邦之间的战争规模与酷烈程度不能与同时期黄河流域的相比,专门性武器的重要性并不是特别突出。凌家滩出土的戈可以说明,这种武器的形制在酋邦神权社会中已经产生,但其玉器的材质说明这种武器属于礼仪或宗教活动的器物,还没有被按照实用性的原则大量生产并投入战争

---

① 王立新:《早商文化研究》,高等教育出版社,1998 年,第 160 页。
② 张忠培:《窥探凌家滩墓地》,载《文物》2000 年 9 期,第 61—62 页。

活动。

杨锡璋认为,戈这种武器是由中原龙山文化时期的石镰演进而来的 [①]。段渝师也认为,早商、二里头的直内和曲内戈都是脱胎于生产工具石镰的 [②]。也有观点认为戈源自石镰、蚌镰 [③]。这些观点不是没有道理的,因为早期的武器在原型上往往都是由生产工具演进而来。例如,青铜大钺的原型显然是仰韶时代用于生产的石斧,而弓箭则最早被用于狩猎。在进入定居农耕之后,战争冲突的急剧上升,导致一些具有杀伤力的农具也被用于战斗。最典型的莫过于仰韶时期暴力冲突中广泛使用的石斧。这种工具本来用于砍伐森林,是刀耕火种的必备工具。但随着猎头与各种暴力活动的增加,这种工具被越来越广泛地运用于战争活动,因此逐渐也被视为战争首领的象征。仰韶陶器上的彩画证明了这一点。随着战争的专业化,由石斧演化而来的武器"钺"出现了。

由此可见,新石器时代的农民在暴力冲突中使用锋利的镰刀作战是完全可能的。在古埃及和古代欧洲的农耕巫术信仰中,他们都描述过一些象征"谷精"的人牲被暴力割下头颅或杀死的故事,最为常见的版本就是用镰刀割下人头 [④]。也就是说,锋利的镰刀在新石器时代可能被用于暴力冲突,甚至与割取人头的农耕巫术之间具有密切关系。正如学者指出,戈的产生受到镰刀使用方法的启示,因为二

---

① 杨锡璋:《关于商代青铜戈矛的一些问题》,载《考古与文物》1986 年 3 期,第 65 页。

② 段渝:《论商代长江上游成都平原青铜文化与华北和世界古文明的关系》,《东亚人文学会第十届国际学术大会四川师范大学巴蜀文化研究中心提交论文》,四川师范大学巴蜀文化研究中心印制,2009 年,第 67 页。

③ 成东、钟少异编著:《中国古代兵器图集》,解放军出版社,1990 年,第 12 页。

④ [英]J.G. 弗雷泽:《金枝》,徐育新、汪培基、张泽石译,新世界出版社,2006 年,第 410—413 页。

者都以下刃勾割为主要功能 ①。而一些早期的玉戈保存着像早期石镰那样只有下刃的特征,则更加凸显了二者之间演进的密切关系 ②。

直到历史时期,戈这种武器也仍然被用于割取人头。《左传·文公二年》记载"狼瞫取戈以斩囚" ③,《左传·襄公十八年》则记载"公以戈击之,首坠于前" ④,这些材料均能说明戈可以被用于砍割人头。

甲骨文的构字中,"伐"字的形象便是以戈击人之颈,意为分割人的身躯与头颅 ⑤,用戈砍下人头的形象也见于殷代铜器徽识之上 ⑥。从戈的这一原始功能来看,它的远古原型正是用于战斗或割取人头献祭的镰刀。

二里头出土的青铜戈为直援戈,在形态上与镰刀较为接近,属于戈的原始形态。随着战争的发展与武器装备的升级,戈的形制也逐渐发生了变化。殷墟大司空村 M303 出土的戈,是与柲用某种树皮捆绑在一起的 ⑦。树皮显然很难将直援戈非常稳固地固

图 4-1 《金文编》中用戈砍下人头的徽识形象

① 李健民、吴家安:《中国古代青铜戈》,《考古》编辑部编:《考古学集刊》第 7 集,科学出版社,1991 年,第 130 页。
② 沈融:《试论三角援青铜戈》,载《文物》1993 年 3 期,第 78 页。
③ 李学勤主编:《十三经注疏·春秋左传正义》,北京大学出版社,1999 年,第 492 页。
④ 李学勤主编:《十三经注疏·春秋左传正义》,北京大学出版社,1999 年,第 948 页。
⑤ 郭旭东:《甲骨卜辞所见的商代献捷献俘礼》,载《史学集刊》2009 年 3 期,第 31 页。
⑥ 容庚编著:《金文编》,科学出版社,1959 年,第 811 页。
⑦ 中国社会科学院考古研究所安阳工作队:《殷墟大司空 M303 发掘报告》,载《考古学报》2008 年 3 期,第 356 页。

定在柲上,因此到了商代晚期,先是出现了带胡戈,继之产生了带胡的多穿戈。戈胡的出现与穿孔的增加,显然可以更好地固定戈刃,取得更好的实战效果。西北冈 1003 号大墓中出土了四穿的戈,1957年山东长清兴复河出土了 4 件二穿或三穿的戈。到了商末周初,已经出现了中胡或长胡的多穿戈,甚至有多达五穿的[①]。这种现象说明了戈这种步战武器的演进速度非常快,其背后的原因显然是频繁战争的推动。

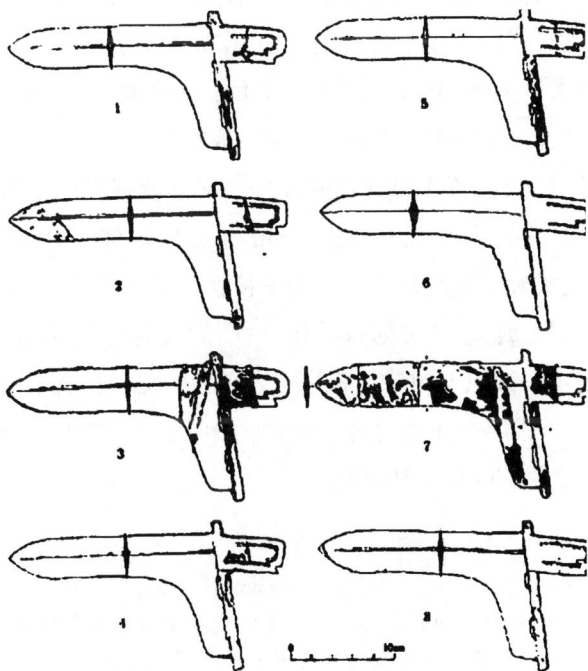

图 4-2　前掌大殷墓的带胡多穿戈

---

① 李学勤:《商末周初的多穿戈》,《走出疑古时代》,辽宁大学出版社,1994 年,第 153—158 页。

　　陈直曾根据商代徽号等材料上所表现的戈的形象分析,殷人戈上有皮带贯穿戈孔并下垂,戈柲的下部往往有叉子的形象,这种形象被陈直理解为"立于地下有木架之形"[①]。但到目前为止,考古发掘中还没有发现过商代用于置放武器的木架。而从一些器徽中的持戈者形象来看,戈柲末端的叉是附属于柲的一部分,并不是置放戈的"木架"。例如,《戊簋》中有一个荷戈的武装者,可以看出,戈的叉是戈柲末端的一部分。

　　正如石璋如所分析的,商代有一种戈,戈柲的后端有叉。他认为,这种叉可以使战士手持得更牢固,作战时不容易脱手,争夺时也不会被敌人抢去,还可以后刺,并且能够插放在地上[②]。也就是说,这种柲后端增设的叉,实际上提高了戈的战斗力。

　　从长度上看,商代的戈普遍较短。戈柲没有比一个人高的,都是柄长1米的样子[③],而有一些戈柲的长度只是60—90厘米[④]。例如,河北藁城台西遗址M17出土的戈柲就为87.8厘米[⑤]。相对于《周礼·考工记·庐人》"戈柲六尺有六寸"的长度而言,殷人的戈显然比周人更短。徽识上的持戈者往往表现为将戈荷在肩上的形象,甲骨文中的"何"字也正是肩荷短戈的形象(《合集》6787、6788、27150等),说明这些戈的长度都很短。

----

① 陈直:《读金日札》卷一,中华书局,2008年,第41页。

② 石璋如:《小屯殷代的成套兵器——附殷代的策》,中华书局编辑部:《"中研院"历史语言研究所集刊论文类编·考古编一》,中华书局,2009年,第404—405页。

③ 石璋如:《小屯殷代的成套兵器》,《历史语言研究所集刊》第二十二本,1950年,第59—64页。

④ 石晓霆、陶威娜:《夏商时期的戈与野战方式浅说》,载《中原文物》2003年5期,第42页。

⑤ 杨泓:《考古学与中国古代兵器史研究》,载《文物》1985年8期,第21页。

图 4-3　《戊簋》中的荷戈者　　　　图 4-4　徽识上的荷戈者

　　戈柲较短的这一特征说明,这一时期的戈更适用于步战,还没有出现适用于车战的长柲戈[①]。戈是整个商代最为流行的武器装备,使用人数的比例最高。这就意味着戈这种武器是一种相当典型的步兵装备,广泛用于武装步卒。周代的戈、矛等有柄武器的柄部分都比较长,实际上反映了这两个时期战争方式在很大程度上的差异。因为周人逐渐建立起军事贵族的礼仪传统,武装贵族广泛装备战车,交战贵族双方需要"车错毂兮短兵接"[②],即双方战车在交错车毂时的瞬间"左旋右抽",以带柄兵器交战,步兵则进行"短兵接"。由于双方均为按照"礼乐"作战的贵族君子,因此车战实际上在一套程序中以某种礼仪竞技性的方式展开,武器太短就很难够得到对方的车辆,双方在车战中也就需要一定长度的武器。这种武器"必须至少超过两匹马长度"[③]。"晋公戈"铭文中记载,晋侯造了三百件"车

① 井中伟:《夏商周时期戈戟之柲研究》,载《考古》2009 年 2 期,第 57 页。
② 《九歌·国殇》,洪兴祖:《楚辞补注》,中华书局,1983 年,第 82 页。
③ 石晓霆、陶威娜:《夏商时期的戈与野战方式浅说》,载《中原文物》2003 年 5 期,第 40 页。

戈"①,此种"车戈",显然就是周人军事贵族在战车上使用的长戈。因此,周人的带柄武器普遍具有一定的长度。例如,山西北赵晋侯墓地一号车马坑中战车配置的长矛最长的达到了 2.7 米②。相比而言,商代的武器确实相当短,以戈最为典型。

商代的武装者主要是大量步战的氏族战士,而他们则需要配置戈这种实用的步战武器。殷人的敌对者缺乏战车,卜辞记载的殷人战争获取战利品,几乎没有提到敌方的战车。根据《合集》36481 的记载,帝乙征伐危方,捕获其首领,杀死敌人 1570 个。但如此大规模胜利,俘获的敌人战车也不过"二两(辆)"。也就是说,即使是到了商代晚期,其敌对者也是相当缺乏战车装备的。因此,殷人与敌军之间不可能按照宗周那样的贵族车战方式对抗。商王国的战车对那些"野蛮的半兽人"具有相当的震慑力,而他们反抗殷人战车的方式只能是徒步围攻车上的武士。例如,前文中分析了从花园庄 M54 出土的那一位氏族首领的人骨中几处伤害判断,他的战车遭到了敌方的围困进攻,敌方在他的左侧和左后侧进行攻击,因此对他造成的伤害都是在这些方位③。由此可见,商王国敌人抵抗的方式只能是围攻脱队和孤零的战车,殷人根本不需要使用攻击战车的长柄武器。战车上的弓箭加上战车的冲击力,本身就是相当强大的军事力量。因此就不难解释为何殷人贵族武士都普遍擅长射箭这一现象。

正因为如此,商代的氏族战士大多使用短戈。对于步兵而言,

① 李学勤:《再论"晋公戈"及其历日》,《中国古代文明研究》,华东师范大学出版社,2005 年,第 346 页。
② 山西省考古研究所、北京大学考古文博学院:《山西北赵晋侯墓地一号车马坑发掘简报》,载《文物》2010 年 2 期,第 10 页。《诗·郑风·清人》"二矛重英",朱熹注:"酋矛长二丈,夷矛长二丈四尺,并建于车上。"可见周人在战车上的确配置长武器。
③ 见本书第三章第一节《武士》。

戈的长度较短实际上更有利于进攻。《周礼·考工记·庐人》:"故攻
国之兵欲短……攻国之人众,行地远,食饮饥,且涉山林之阻,是故
兵欲短。"[1] 正因为短戈更加轻便,对于穿越丛林远距离袭击对方的
军事活动非常有利,这一点也可以解释为什么商代步兵大量装备短
戈。从武器装备的形制也可看出,殷人所频繁进行的正是进攻性和
掠夺性的战争。

　　在大量的进攻性战争中,戈的使用方式与战争模式紧密相关。
在传世文献中,戈这种武器既能用于杀敌,也常常被用于给对方造
成非致命的创伤。《周礼·考工记·庐人》中将戈、戟都称为"句
(勾)兵"[2],因为戈戟类武器可以用"钩"的方式轻松割断对方的手
臂。例如,《左传·昭公二十年》记载,戈可以"断肱"[3]。《左传·襄
公二十三年》记载"或以戟钩之,断肘而死"[4],说明"句(勾)兵"在
战斗中可以钩断对方的手臂[5]。如果要杀死对方,咽喉是一个重要的
攻击部位。《左传·文公十一年》:"富父终甥摏其喉以戈,杀之。"杜
注:"摏犹冲也。"[6]

　　整个先秦时代,戈的使用往往与盾配合在一起。《左传·昭公

---

① 李学勤主编:《十三经注疏·周礼注疏》,北京大学出版社,1999年,第
　1144页。
② 李学勤主编:《十三经注疏·周礼注疏》,北京大学出版社,1999年,第
　1145页。
③ 李学勤主编:《十三经注疏·春秋左传正义》,北京大学出版社,1999年,第
　1391页。
④ 李学勤主编:《十三经注疏·春秋左传正义》,北京大学出版社,1999年,第
　990页。
⑤ 早期的直援戈还不是严格意义上的"勾兵"。带胡戈穿戈出现后,才是真正的
　勾兵。沈融:《论早期青铜戈的使用法》,载《考古》1992年1期,第75页。
⑥ 李学勤主编:《十三经注疏·春秋左传正义》,北京大学出版社,1999年,第
　535页。

二十五年》:"臧氏使五人以戈盾伏诸桐汝之间。"①《周礼·夏官司马·旅贲氏》:"旅贲氏掌执戈盾,夹王车而趋。"②《周礼·夏官司马·司戈盾》:"司戈盾掌戈盾之物而颁之。"③最常使用的"干戈"一词,也是戈盾并称。《说文解字》中的"戋"字本是盾,但也是"干戈"合为一字④,可见这两种武器配合的紧密程度。这个字也见于甲骨文材料《合集》6480、20449、33071、28038 等,写作"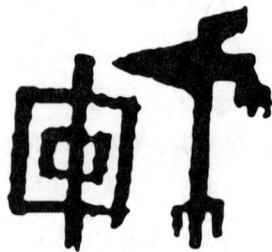",字形是盾上配合着一把戈。这些材料说明,先秦时代使用戈的武装者通常情况下会以盾加以配合,戈与盾的武器收藏也是置放在一起的,这两种武器的配合使用关系非常紧密。在商器徽识中,也有武装者执戈扬盾的形象。这种使用戈盾的武装者形象也见于甲骨文材料(《合集》7768)。

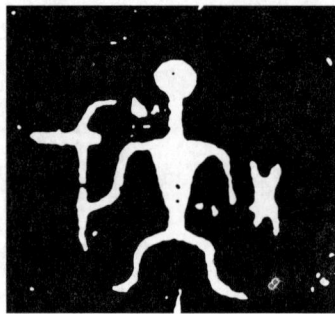

图 4-5　自《三代》6.18.2　　图 4-6　殷墟西区八区墓地 M284 出土的鼎铭

---

① 李学勤主编:《十三经注疏·春秋左传正义》,北京大学出版社,1999 年,第 1464 页。
② 李学勤主编:《十三经注疏·周礼注疏》,北京大学出版社,1999 年,第 824 页。
③ 李学勤主编:《十三经注疏·周礼注疏》,北京大学出版社,1999 年,第 842 页。
④ [清]段玉裁:《说文解字注》,上海古籍出版社,2006 年,第 630 页。

汲县山彪镇一号战国墓中出土铜鉴上有《水陆攻战图》,上面多表现有一手持戈一手持盾的武装者形象[1],说明这种短戈与盾配合的作战方式具有相当长的历史延续。实际上,尽管商代的步兵戈普遍短小,但用于步战的这种短戈在商代之后也一直在被沿用。长安张家坡西周墓葬中就发现了一件短戈,柲长为 0.7 米[2]。

图 4-7　山彪镇一号战国墓中出土铜鉴《水陆攻战图》中表现的手持戈盾者

说明周代的武装者除了车战贵族,也应该有一些人使用短戈与盾相配合。

步战时盾的使用,使戈的攻击范围以敌人肩部、膝盖以下或手臂等盾难以保护处为主。甲骨文有“馘”字,形象是一个手持戈的武装者。《说文解字》:“馘,击踝也。”[3] 这个字的含义是使用戈攻击脚踝。《左传·昭公二十年》“以中公孟之肩”[4];《左传·襄公二十八年》“王何以戈击之,解其左肩”[5];《左传·哀公二年》“郑人击简子,

① 郭宝钧:《殷周的青铜武器》,载《考古》1961 年 2 期,第 117 页。

② 中国社会科学院考古研究所沣西发掘队:《1967 年长安张家坡西周墓葬的发掘》,载《考古学报》1980 年 4 期,第 476 页。

③ [清]段玉裁:《说文解字注》,上海古籍出版社,2006 年,第 114 页。

④ 李学勤主编:《十三经注疏·春秋左传正义》,北京大学出版社,1999 年,第 1391 页。

⑤ 李学勤主编:《十三经注疏·春秋左传正义》,北京大学出版社,1999 年,第 1080 页。

中肩"①;《左传·定公四年》记载,盗攻击楚王,"以戈击王",击中了
王孙由于的肩②。这些材料说明,戈的攻击范围除了手臂,还有脚踝
与肩膀等非致命位置。《左传·定公十四年》甚至记载"灵姑浮以戈
击阖闾,阖闾伤将指",杜注:"其足大指见斩。"③可见戈这种武器在
一定情况下甚至可以攻击敌方的脚趾。

综合这些现象不难发现,这种在步兵中使用最为广泛的武器除
了杀敌,还有一项重要的功能就是杀伤对方,使之丧失战斗力,便于
将其擒获。联系到第二章中所分析殷人战争的目的很大程度上是
获取用于献祭的"猎物",就更容易理解商代武装大量配备短戈的意
义所在。在祭器徽纹材料中,除了前面举例图示中的持戈者、祭器、
宇宙十字象征一体的图像例子,也有单独将戈与诸神象征宇宙十字
配合在一起的图像资料④。这说明在殷人的观念中,戈这种武器的功
能与目的与诸神献祭之间具有紧密联系。正如艾兰所说,戈既被用
于祭祀典仪,也被用于战事中捕获祭品⑤。实际上,戈本身就体现了
这两种功能的统一。

一方面,这种轻便的武器易于携带,有利于长距离的远袭;另一
方面,这种武器可以在战场上杀敌,而在对方抵抗或溃散之时也可

---

① 李学勤主编:《十三经注疏·春秋左传正义》,北京大学出版社,1999 年,第
　1622 页。
② 李学勤主编:《十三经注疏·春秋左传正义》,北京大学出版社,1999 年,第
　1556 页。
③ 李学勤主编:《十三经注疏·春秋左传正义》,北京大学出版社,1999 年,第
　1603 页。
④ [宋]王俅:《啸堂集古录》,中华书局,1985 年,第 103 页;容庚编著:《金文
　编》,科学出版社,1959 年,第 418 页。
⑤ [美]艾兰:《西方艺术史学者眼中的中国青铜器》,《早期中国历史、思想与文
　化》,杨民等译,辽宁教育出版社,1999 年,第 235 页。

以击伤他们,使之丧失战斗和逃亡能力,束手就擒。《诗·大雅·公刘》"弓矢斯张,干戈戚扬"[1],说明弓箭会与干戈一起配合用于作战。很多殷人战士的随葬武器组合也显示出,弓箭这种经常被用于捕获人牲的武器确实大量与戈配合在一起使用。二里冈时期偃师商城 M1 的墓主就是一位使用戈和弓箭的战士[2]。河北藁城台西的墓葬,除了身份较高的武士墓,一般的武装者墓葬均以青铜戈和镞随葬[3]。陕西西安老牛坡墓地大部分墓葬出土的武器也是戈与镞[4]。殷墟西区 939 座墓葬中,戈和矛的比例为三比一[5],可见殷人使用戈的普遍。再以

图 4-8　戈与宇宙十字的主题相配合

殷墟郭家庄殷墓群为例[6],这里共发掘了 184 座墓葬,随葬武器的墓共 42 座,占总数的 22.8%。其中出土戈或以戈配合其他近战武器的墓葬有 30 座,只出土箭镞的墓有 4 座,出土戈和弓箭配合的墓共 8 座。统计数据见表 4-1。

---

① 李学勤主编:《十三经注疏·毛诗正义》,北京大学出版社,1999 年,第 1111 页。

② 中国社会科学院考古研究所河南第二工作队:《1983 年秋季河南偃师商城发掘简报》,载《考古》1984 年 10 期,第 874—875 页。

③ 河北省文物研究所编:《藁城台西商代遗址》,文物出版社,1985 年,第 110 页。

④ 西北大学历史系考古专业:《西安老牛坡商代墓地的发掘》,载《文物》1988 年 6 期,第 2—22 页。

⑤ 李伯谦:《从灵石旌介商墓的发现看晋陕高原青铜文化的归属》,李伯谦编:《商文化论集》,文物出版社,2003 年,第 477 页。

⑥ 原始数据见中国社会科学院考古研究所编著:《安阳殷墟郭家庄商代墓葬——1982 年—1992 年考古发掘报告》,中国大百科全书出版社,1998 年,第 159—177 页。

表4-1　殷墟郭家庄商代墓地出土不同武器组合

武器类型	随葬戈或其他近战武器	戈与弓箭配合	只随葬箭镞
墓号与出土武器	M22戈、M27戈、M32戈、矛、M35戈、M38戈、M48戈、M57戈、M63戈、钺、M64戈、M70戈、M82戈、M91戈、M97戈、M99矛、M111戈、M166戈、M170戈、M217戈、M225戈、M230戈、矛、M231戈、M232戈、M234戈、M247戈、M248戈、M270戈、M273戈、M278戈、M289戈、M001戈矛	M1戈矛和弓形器、M6戈镞、M45戈镞、M50戈镞、M53戈矛和镞、M135戈矛和镞、M172戈、镞、M190戈镞	M95镞、M109镞、M189镞、M207镞
数量(座)	30	8	4
占墓群总数比例(%)	16.3	4.3	2.2

此外,据笔者统计,山东滕州前掌大殷邑可以完全确定为商代的墓葬共有27座,其中11座随葬武器,随葬戈的有4座,只随葬箭镞的有3座,随葬戈矛与弓箭配合的有4座[1]。

再如殷墟孝民屯1989—1990年发掘的132座氏族成员墓葬中[2],全部随葬戈的墓葬有17座,随葬戈和矛的有2座,随葬戈和弓箭的有3座,完全随葬箭镞的有4座。在这氏族墓葬中的26名武装人员中,完全使用戈的占65.38%。而根据刘一曼统计,殷墟单独以戈随葬的墓占出土青铜武器墓葬总数的57.87%[3]。

---

[1] 原始数据见中国社会科学院考古研究所:《滕州前掌大墓地》,文物出版社,2005年,第542—564页。

[2] 原始数据见中国社会科学院考古研究所安阳工作队:《河南安阳市殷墟孝民屯东南地商代墓葬1989—1990年的发掘》,载《考古》2009年9期,第37—40页。

[3] 刘一曼:《论安阳殷墟墓葬青铜武器的组合》,载《考古》2002年3期,第69页。

这些数据与资料说明,商代的武装者绝大多数使用戈,其中一半以上的武装者完全只使用戈近战,但也有一定数量的武装者在使用戈的同时也使用弓箭,配合使用的战士人数多于完全使用弓箭的战士人数。这种既使用干戈又使用弓箭的形象,在金文图像材料中也能见到 ①。

图 4-9　既使用戈又使用箭的金文图像

将弓箭这种远射武器与戈这种近战武器相配合使用的战斗方式说明,殷人在战斗中有意识地将攻击远近距离有效目标并实现捕获的两种方式结合在一起。如前文中所分析的,殷人武装者经过了使用弓箭的训练,在射击精度上往往有一些具体把握,重点射击敌方的腿、手等非致命位置,以便于生擒。除了纯粹的弓箭手,很多武装者既使用弓箭,也在近战中使用戈矛。

因为戈在战斗中的重要性,很多殷人战士随身携带磨砺武器所用的砂石块或砺石,用于保持戈刃的锋利。这样的例子相当常见,例如,安阳苗圃北地殷墓 M118 是一位氏族战士的墓葬,其中即伴随出土了 1 件青铜戈和 1 件砂石块 ②,M19 出土了 4 件戈与 1 件磨石,M80 则出土了 1 件戈与 4 件磨石 ③。这类现象说明,这些战士参加过实战,并使用砂石块磨砺戈刃。由于戈的保养十分重要,因此他们

① 容庚编著:《金文编》,科学出版社,1959 年,第 799 页。

② 中国社会科学院考古研究所安阳工作队:《1984 年秋安阳苗圃北地殷墓发掘简报》,载《考古》1989 年 2 期,第 125 页。

③ 中国社会科学院考古研究所安阳工作队:《1980—1982 年安阳苗圃北地遗址发掘简报》,载《考古》1986 年 2 期,第 114—117 页。

便将武器与"磨刀石"一起带入地下世界。用于磨砺戈的砺石在考古中多有发现,张光直就指出,砺石的作用明显与现代士兵所配备用于枪械润滑功能的"小油听"相似①。

二、戟

根据《周礼·考工记》的记载可知,先秦时代的古人相信戈与戟这两种武器属于一个大类型,它们都被称为"勾兵",意思是可以钩住敌方的武器。《说文解字》称之为"有枝兵也"②。实际上,戟的这一功能与戈完全相同,原因就在于戟就是戈与矛的组合。如学者所说:"就一件戈来说,可以称之为戈,戈若与矛或与另一件戈结合,就应称之为戟。而'戟'字从戈,也可见它是由戈演变来的。"③

先秦古书中有一些对戟这种武器的记载。《司马法·定爵》"戈戟助"④;《诗·秦风·无衣》"修我矛戟"⑤;《左传·隐公十一年》"子都拔棘(戟)以逐之"⑥;《左传·宣公二年》"倒戟以御公徒"⑦。戟这种武器或与戈同称为"戈戟",或与矛同称为"矛戟",实际上反映了它既具有戈的功能,同时也具有矛的功能,介乎二者之间。

---

① 张光直:《商文明》,张良仁、岳红彬、丁晓雷译,辽宁教育出版社,2002 年,第 187 页。
② [清]段玉裁:《说文解字注》,上海古籍出版社,2006 年,第 629 页。
③ 郭德维:《戈戟之再辨》,载《考古》1984 年 12 期,第 1112 页。
④ 李零:《司马法译注》,河北人民出版社,1992 年,第 31 页。
⑤ 李学勤主编:《十三经注疏·毛诗正义》,北京大学出版社,1999 年,第 432 页。
⑥ 李学勤主编:《十三经注疏·春秋左传正义》,北京大学出版社,1999 年,第 124 页。
⑦ 李学勤主编:《十三经注疏·春秋左传正义》,北京大学出版社,1999 年,第 597 页。

由于考古材料缺乏，传统观点普遍认为，商代还没有出现戟[①]，这种武器最早出现于西周，其形态为十字形的浑铸戟，但后来在早商文化时期的河北藁城台西遗址 M17 中发现的戈、矛联装的戟[②]，使这种传统的观点得到了修正。这件戟柲长 64 厘米，是将戈、矛组合在一起的形态，说明西周的浑铸戟是由商代的分铸戟发展演化而形成的。这件戟的长度比戈还短，说明是步战使用的武器。此外，殷墟戚家庄东 M231 中出土一件内后有刺的"戈"，但从形制来看，却更接近早期浑铸戟[③]。将矛与戈结合在一起，使武器既具有戈的横击功能，又具有矛的刺杀功能，在武器演进的进程中是一项重要的尝试。但商代遗址中发现的戟并不多，这说明当时戟的使用方式与形制还不尽成熟，而传统的战争方式与习惯才是支配武器形态的主流[④]。

除了藁城台西之外，江西新干大洋洲商墓也出土了戟[⑤]。这件戟的形态是带胡两穿戈再加上一个勾锋，也被称为勾戟。在形态上勾与戈援为浑铸，但与戈矛浑铸戟不同，不能用于刺杀，只能用于钩杀、砍杀与横击。西周的一些戟与大洋洲的浑铸戟在形态上有联系，说明戟在商代出现，并影响了西周。但考古材料中发现商代戟并不多，说明这种武器并不是当时的主流装备，而是一种在尝试与发展

---

① 劳干:《战国时代的战争方法》,《历史语言研究所集刊》第三十七本,1967 年,第 53 页。

② 河北省博物馆台西发掘小组、河北省文管处台西发掘小组:《河北藁城县台西村商代遗址 1973 年的重要发现》,载《文物》1974 年 8 期,第 45 页。

③ 安阳市文物考古研究所编著:《安阳殷墟戚家庄东商代墓地发掘报告》,中州古籍出版社,2015 年,第 193 页。

④ 成东、钟少异编著:《中国古代兵器图集》,解放军出版社,1990 年,第 26 页。

⑤ 江西省文物考古研究所、新干县博物馆:《江西新干大洋洲商墓发掘简报》,载《文物》1991 年 10 期,第 11 页。

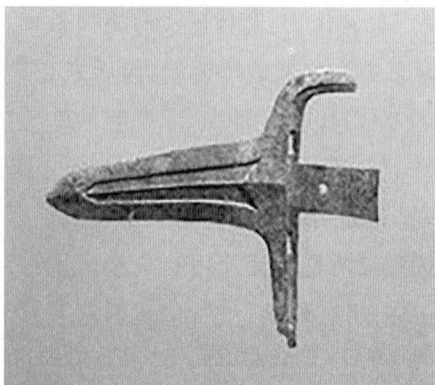

图4-10　新干大洋洲墓地出土的商代勾戟

中的新式武器。在商代的主流战争观念中,戈的重要性显然是第一位,它与战争观念、战争方式紧密联系,是装备最为广泛和使用人数最多的兵器。

当然,如果按照"有枝兵也"的标准来定义"戟",那么殷人也有一种带倒钩的管銎尖状刺杀兵器。例如,殷墟西区就出土过长12.4厘米的这种武器,发掘者称之为"镦",其管銎内还残存着安装手柄的竹杆[①]。可是,《礼记·曲礼上》记载"进矛戟者前其镦",郑注:"平底曰'镦',取其镦地。"[②] 由此可知,"镦"是长杆兵器(如矛、戟)的底部,是没有锋刃的"平底",因此在递送兵器时将无刃的镦部位先给对方,表示安全。这就说明,整理者以这一武器为"镦"的说法,是不成立的。可是,如果"戟"的标准是"有枝",那么这件武器也可以算作一种原始的浑铸戟。当然,这种浑铸戟与周代的形制差异还很大,但显然比起"镦"来说,这件兵器似乎更应该被称为戟。

除了"镦"的称呼,这种武器也被一些发掘者称为"杖首饰",例如在殷墟范家庄商墓M4中出土过长12.7厘米的这种带枝兵器[③]。

---

① 中国社会科学院考古研究所安阳工作队:《1969—1977年殷墟西区墓葬发掘报告》,载《考古学报》1979年1期,第93页。

② 李学勤主编:《十三经注疏·礼记正义》,北京大学出版社,1999年,第68页。

③ 中国社会科学院考古研究所安阳工作队:《河南安阳市殷墟范家庄东北地的两座商墓》,载《考古》2009年9期,第51页。

或者,也有学者推测这类器物可能是文献中的
"策"①。但商文化中缺乏以"杖"这一象征凸显
权力或神圣含义的观念②,因此"杖首饰"的称
呼是不合理的。而文献中用于刺马的策,并不
需要如此长的锋刃和刺钩,例如在秦始皇陵陪
葬坑中出土之马策,只有很小的尖端用于刺马,
亦无钩刃③。假如此种殷人器物为策,反倒不如
秦陵出土那种只有很小尖端的策实用。因此,
最好仍然按照"有枝兵"这一标准,将这种武器
视为殷人的一种戟,而不是"镦"、"杖首饰"、"策"
之类。这件殷戟銎外有布的残痕,意味着殷人
可能也在此种武器上装饰有旗帜类饰物。在安
阳刘家庄北地 M33 还出土一件"带倒钩铜矛"
也属于这一类广义上的早期戟④。

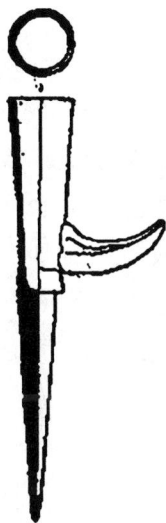

图 4-11　殷墟西区
出土的带钩戟

　　在整个商代,戟的形制并未定型,其在战争中的重要性也并未
凸显。戟在武装活动中的重要性是随着西周车战军事贵族传统的
建立与实践而逐渐确立的。如朱凤瀚所说,西周早期以后,戟才开
始作为一种重要的武器而得以流行⑤。这一时段正好对应了周人放
弃继续走殷商旧路,而是逐渐开创出贵族礼乐的历史阶段。

① 邰向平:《商系墓葬研究》,科学出版社,2011 年,第 191 页。
② 段渝:《政治结构与文化模式——巴蜀古代文明研究》,学林出版社,1999 年,
　　第 92—94 页。
③ 秦俑考古队:《秦始皇陵二号铜车马清理简报》,载《文物》1983 年 7 期,第
　　14 页。
④ 安阳市文物考古研究所:《河南安阳刘家庄北地商代遗址墓葬 2009—2010 年
　　发掘简报》,载《文物》2017 年 6 期,第 11 页。
⑤ 朱凤瀚:《古代中国青铜器》,南开大学出版社,1995 年,第 266 页。

在这一背景下,军事贵族的战争传统得到了确立,车战贵族减少了对长矛的使用而大量使用戟。商代的戟不到一米,是步战者手中的一种"短兵"。随着车战贵族传统的建立,周人车战的戟便具有相当的长度。《淮南子·氾论》"令有罪者出犀甲一戟",注:"戟,车戟也,长丈六尺。"[1]按照汉代尺长计算,车战的戟长达3.69米。因此,戟、戈秘的加长正是周人车战贵族礼乐建立之后的结果。戟的流行意味着在宗周、春秋乃至更往后的历史中,戟的重要性逐渐超过了戈,成为车战贵族武士手中的利器。

三、矛

矛是专门用于刺杀的兵器,是使用程度仅次于戈的作战武器,但在数量上比戈少得多[2]。郭宝钧说:"郑州的早期殷代遗址中尚未发现铜矛,晚期则有大量的出土。"[3]在郑州商城没有发现矛,在同时期的湖北盘龙城商墓中则有3件青铜矛出土,分别为李家咀M22件、楼子湾M31件[4]。这说明在早商时期,殷人武装者还没有大量以矛作为武装,这一点尤其充分地表现于王畿地区。商代的青铜矛一共有四种,分别是叶形叶矛、三角形叶矛、束腰形叶矛和条形叶矛[5]。但这四种青铜矛都是在殷墟时期才出现的,此前的殷王畿地区没有其中的任何一种。

---

[1] 刘文典:《淮南鸿烈集解》,中华书局,2006年,第454页。
[2] 杨锡璋:《关于商代戈矛的一些问题》,载《考古与文物》1986年3期,第68页。
[3] 郭宝钧:《殷周的青铜武器》,载《考古》1961年2期,第113页。
[4] 湖北省博物馆盘龙城发掘队、北京大学考古专业盘龙城发掘队:《盘龙城一九七四年度田野考古纪要》,载《文物》1976年2期,第13页;湖北省博物馆:《一九六三年湖北黄陂盘龙城商代遗址的发掘》,载《文物》1976年1期,第54页。
[5] 朱凤瀚:《古代中国青铜器》,南开大学出版社,1995年,第646页。

矛作为一种古老的武器，具有相当久远的使用历史。从人类学的角度来说，有尖锐末端的棍棒可被用于直刺，如果其长度足以手提应用，便是长矛或标枪，澳大利亚、北极、中美洲的原住民都使用投掷标枪进行狩猎①。澳大利亚的原住民从小就模仿使用矛进行狩猎与战斗②。这意味着，最早的矛应当出现于旧石器时代的狩猎活动中，也被用于人类之间的搏斗，其历史应当比弓箭更为久远。西双版纳的傣人直到近代还在使用经过火烤的竹矛，质地非常坚硬③。

进入新石器时代，经过磨制的木、骨、石复合矛大量出现。具体到考古学领域中，舞阳贾湖遗址出土过骨质鱼镖矛头④；仰韶时代的武装冲突所使用的主要武器是弓箭和石斧，偶尔有石矛的发现⑤。在余姚河姆渡遗址中则出土了硬木制成的木矛头⑥。大汶口文化时期出现了具有战争实用功能的石矛⑦。到了龙山时期，枪矛的使用更加广泛，战争中多使用石矛和骨矛⑧。龙山早期使用的骨标枪，为菱形

---

① 林慧祥：《文化人类学》，商务印书馆，2002年，第124—125页。

② Robert Tonkinson, *The Mardudjara Aborigines：Living The Dream In Australia's Desert*, Holt, Rinehart and Winston, Ing., 1978, p.66.

③ 成东、钟少异编著：《中国古代兵器图集》，解放军出版社，1990年，第8页。

④ 中国科学技术大学科技史与科技考古系、河南省文物考古研究所、舞阳县博物馆：《河南舞阳贾湖遗址2001年春发掘简报》，载《华夏考古》2002年2期，第27页。

⑤ 中国社会科学院考古研究所安阳队：《安阳鲍家堂仰韶文化遗址》，载《考古学报》1988年2期，第183页。

⑥ 成东、钟少异编著：《中国古代兵器图集》，解放军出版社，1990年，第9页。

⑦ 杜正胜：《从考古资料论中原国家的起源及其早期的发展》，《历史语言研究所集刊》第五十八本第一分，1987年，第52—53页。

⑧ 河南省文物研究所、中国历史博物馆考古部编：《登封王城岗与阳城》，文物出版社，1992年，第42—48页；安阳地区文物管理委员会：《河南汤阴白营龙山文化遗址》，载《考古》1980年3期，第198—199页。

箭头状，长 32.8 厘米 [1]，在形态上与商代的矛已经较为接近。对于中原地区而言，矛在战争中的使用具有一个历史的脉络。

在殷代早期遗址中就有石矛出土，伴随出土的有石镞、网坠、弹丸等渔猎工具 [2]，这说明商代早期的矛与龙山石矛之间具有脉络联系。尽管有这样的资料显示，从龙山时代一直到早商时期有使用石矛的传统，但商代最早的青铜矛的确最早是在南方地区出现的。除了盘龙城的 3 件青铜矛，江西吴城二期文化也出土了 1 件青铜矛，时间相当于殷墟早期 [3]。杨锡璋基于考古资料推论，商代的矛是从南方地区传播而来的。这种传来的新武器"对商王国军队的组成方式，战斗队形和战斗方法等是会产生一定影响的" [4]。

到目前为止，暂时还没有足够的资料显示殷人武装的青铜矛是从自中原龙山文化以来就使用的石矛演化而来，最早的青铜矛材料均发现于南方的长江流域。这就意味着青铜矛这种武器很可能是由南方的石矛或骨矛形制演化为青铜矛，然后再传播到中原地区。也有学者认为青铜矛起源于长江中游和北方地区，中原的青铜矛是南、北方青铜矛共同影响的结果 [5]。当然，也不排除中原青铜矛是由龙山以来石矛、骨矛演进而产生结果的可能，但这还需要期待新发现的考古证据加以支持。但无论如何，至少无法否认这样一个事实，那就是对殷人来说戈的重要性远在矛之上。在二里头三期就出现

---

[1] 山东省博物馆：《山东滕县岗上村新石器时代墓葬试掘报告》，载《考古》1963年 7 期，第 359 页。

[2] 黄河水库考古工作队河南分队：《河南陕县七里铺商代遗址的发掘》，载《考古学报》1960 年 1 期，第 35 页。

[3] 江西省清江县博物馆：《吴城商代遗址新发现的青铜兵器》，载《文物》1980 年 8 期，第 2 页。

[4] 杨锡璋：《关于商代戈矛的一些问题》，载《考古与文物》1986 年 3 期，第 70 页。

[5] 沈融：《商与西周青铜矛研究》，载《考古学报》1998 年 4 期，第 456 页。

了直援青铜戈,却没有青铜矛的发现。这说明就算早商时期的中原已经出现了青铜矛,但也并不是一种在军队中普遍使用的武器。青铜矛在殷墟时期开始被大量装备,一方面显示了武器组合观念的变化,但更多则显示了军队编制与作战方式上的演进。

从考古资料分析,殷墟花园庄 M54 "长"族首领墓中出土青铜矛 76 件、青铜戈 71 件[①];殷墟郭家庄 M160 族长墓出土矛 97 件、戈 119 件[②];殷墟西区 M1713 "鱼"族首领墓出土戈、矛各 30 件[③];妇好墓出土戈 91 件,却没有出土矛[④];1966—1977 年殷墟西区共发现了 939 座墓葬,有武器者 166 座,出土的武器主要是戈,有 224 件,其次是矛,共 70 件[⑤]。从这些材料总的趋势来看,殷墟时期青铜矛开始被大量用于氏族武装,其数量虽大致少于戈,却仍是相当重要的一种武器装备。当然,有时矛的数量也甚至超过了戈,例如在殷墟西北冈 1004 号大墓的墓道中,曾发现带柄的戈 69 件和成捆的矛约 700 件,层层叠放在一起[⑥]。沈融就据此认为,商王墓的材料显示了王室直属军事力量的武器,代表了当时装备的最高水平,即矛的使用超过了戈。因为青铜矛的生产工序比青铜戈更加复杂,说明"商代最高统治者在实战兵器品种的取舍问题上,是不惜放弃传统意识,把

① 中国社会科学院考古研究所安阳工作队:《河南安阳市花园庄 54 号商代墓葬》,载《考古》2004 年 1 期,第 14—19 页。

② 中国社会科学院考古研究所编著:《安阳殷墟郭家庄商代墓葬——1982 年—1992 年考古发掘报告》,中国大百科全书出版社,1998 年,第 106—110 页。

③ 中国社会科学院考古研究所安阳工作队:《安阳殷墟西区一七一三号墓的发掘》,载《考古》1986 年 8 期,第 703—712 页。

④ 中国社会科学院考古研究所编著:《殷墟妇好墓》,文物出版社,1980 年,第 105—110 页。

⑤ 陈旭、杨新平:《商周青铜钺》,载《中原文物》1984 年 4 期,第 74 页。

⑥ 北京大学历史系考古教研室商周组编著:《商周考古》,文物出版社,1979 年,第 75—76 页。

握实际优势的"①。但从总的趋势而言,戈的数量与重要性一直在矛
之上,在整个商代,青铜矛的重要性也没能超过戈。这说明,使用戈
盾步战并捕获"猎物"的战斗方式具有相当稳定的传承,与整个商代
宗教政治的结构之间密切联系。矛虽然是一种杀伤力强、工艺复杂
的新式武器,但始终取代不了广大氏族武装者更偏爱使用"干戈"作
战的传统。

宝鸡竹园沟 M7 是西周康王时期的墓葬,其中出土的长矛柲长
达 4 米,很可能是用于车战的武器②。说明周人曾经用长矛装备车战
贵族。可是矛作为用于刺杀对方的武器,并不利于车战。因为在车
战中,矛的功能过于单调,矛的横击很难给予敌方以致命的杀伤,其
直刺攻击范围较小,很容易在车辆高速运动的过程中被对方躲过③。
西周时期矛的使用程度逐渐减弱,也是与车战的兴起有关④。因此,
青铜矛在殷墟期被大量装备的事实显然与车战的发展关系不大,而
只能是徒步战斗方式演进发展的结果。《尚书·牧誓》"称尔戈,比
尔干,立尔矛"⑤;《尚书·顾命》则记载,康王宫殿的外围武士使用
戈、矛,近卫武士使用钺、戚⑥。说明在商周时期戈与矛被视为步兵使
用最广泛的武器,在一起使用,因此常常连称。笔者认为,戈与矛的
配合,反映了殷墟时期以来战争加剧进而导致作战方式进一步发展

① 沈融:《商与西周青铜矛研究》,载《考古学报》1998 年 4 期,第 456—457 页。
② 朱凤瀚:《古代中国青铜器》,南开大学出版社,1995 年,第 262 页。《诗·秦
　风·无衣》"修我戈矛",郑笺:"矛长二丈。"按照汉代尺寸,则车战用矛长为
　4.62 米。这个数据与考古发现的矛长能够基本吻合。
③ 石晓霆、陶威娜:《夏商时期的戈与野战方式浅说》,载《中原文物》2003 年 5
　期,第 40—41 页。
④ 沈融:《商与西周青铜矛研究》,载《考古学报》1998 年 4 期,第 457—458 页。
⑤ [清]孙星衍:《尚书今古文注疏》,中华书局,2007 年,第 286 页。
⑥ [清]孙星衍:《尚书今古文注疏》,中华书局,2007 年,第 497—498 页。

的背景。

《司马法·天子之义》：“兵不杂则不利，长兵以卫，短兵以守。太长则难犯，太短则不及。”[1]说明在战争活动中，长短兵器的互相配合与协调相当重要，无论是进攻还是防御，都需要长短武器的层叠配合才能取得战争的最好效果。商代的步兵戈都很短，适合短兵交接。但矛柲则较戈柲为长，因为矛柲太短则不适合保持一定范围的刺杀半径，所谓“太短则不及”，这就决定了戈与矛这两种武器一长一短互相配合作战方式的产生。由此可知，殷墟时代的对外作战，大部分的氏族战士以戈盾作为武器，但也有一定数量的战士使用青铜长矛，使用两种不同武器的战士互相配合，一长一短、一攻一守，足以形成强大的战斗力，对周边的“半兽人”部落构成有力的打击。这就是说，矛的大量装备并不是为了取代戈，而是作为广泛使用短戈武装的一种有效补充，这样能够更加有效地击败异族敌对者。

前面分析了，一定数量使用戈的战士也使用弓箭，说明使用弓箭是对使用戈的补充。通过考察也可知，矛也是对戈的补充，这样能够形成长短兵器的错杂排列与组合。但弓箭与长矛却不是互相组合的补充，据笔者统计，1966—1977年殷墟西区发掘三个殷人宗族墓区共603座墓葬，随葬武器的墓有70座。其中只有M363一座墓是矛与镞的配合，而戈、矛合葬的有11座，兼使用戈、弓箭的有9座[2]。由此可见，戈这种武器是殷人步兵最核心的装备，弓箭与长矛是对戈在不同性能上的补充。从根本上讲，长矛、弓箭不可能取代戈在殷人装备中的核心地位而是其各种组合补充方式。

---

[1]《司马法·天子之义》，见李零：《司马法译注》，河北人民出版社，1992年，第19页。

[2] 原始数据见中国社会科学院考古研究所安阳工作队：《1969—1977年殷墟西区墓葬发掘报告》，自《考古学报》1979年1期，第121—136页。

　　在早期文明的神话思维中，矛这种古老的武器甚至被视为具有某种"人格"或"生命"的性质。在"荷马史诗"《伊利亚特》中，希腊的阿开亚人（Achaians）与特洛伊人双方均主要使用青铜长矛作战，交战者双方普遍认为长矛本身具有某种人格属性。例如，第五卷中说"枪尖急于往里面钻，擦伤骨头"；第十一卷则记载："有许多投枪很想能触到柔嫩的身体，却早已扎进了泥土，怀着吃肉的欲望。"① 在史诗中，长矛被视为一种怀着食用敌方血肉欲望的人格存在。与此类似的是，在非洲努尔人（The Nuer）的观念中，如果一个人拒绝与他人分食自己喜爱的牛，他的矛便会为这种耻辱而向他复仇，在某个场合，他的长矛会扎伤他的手或脚。此外，在战争中也可以通过仪式向长矛乞灵②。实际上，武器在古人的观念中并不一定是现代人所理解的客体之"物"，而是被赋予了某种内在主题与含义的存在，具有某种人格。在此意义上，殷人青铜武器上的纹饰应与战争、献祭主题之间具有紧密联系。武器不是单纯的物，而是带有人格性地与使用它的武装者一起为战争、献祭服务。

　　安阳大司空村南地殷墓出土了铜柄的玉矛，矛头由青玉制成，铜柄上有用绿松石装饰的蛇纹，还有王室祭器上普遍装饰的饕餮纹③。这种铜柄玉矛也见于殷墟花园庄东地M54④，显然不是实战武

① ［古希腊］荷马：《伊利亚特》，罗念生、王焕生译，人民文学出版社，2005年，第121、257页。
② ［英］埃文思－普里查德：《努尔人——对尼罗河畔一个人群的生活方式和政治制度的描述》，褚建芳、阎书昌、赵旭东译，华夏出版社，2002年，第34、203页。
③ 中国社会科学院考古研究所安阳工作队：《1986年安阳大司空村南地的两座殷墓》，载《考古》1989年7期，第592页。
④ 中国社会科学院考古研究所编著：《安阳殷墟花园庄东地商代墓葬》，科学出版社，2007年，第189—190页。

器,而是沟通鬼神与献祭的宗教礼仪用品,因此才会用神圣的玉作为原料。

殷墟戚家庄 M269 的青铜矛上表现出虎纹,这种纹饰与武士、战争、献祭之间均有联系,这座墓中的祭器上就表现有这种纹饰[1];殷墟西区墓地出土的戈、矛上也有用于装饰的虎纹[2]。河南罗山县 M12 殷墓出土了一件矛,矛的木柄上涂刷了黑漆,漆柄上缠绕着丝线,表现有神圣的十字纹[3]。殷墟花园庄东地 M54 的一些青铜矛上,也表现出十字符号[4]。

图 4-12　青玉铜柄的祭祀用矛　　图 4-13　商代的青铜矛

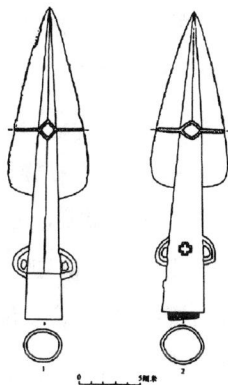

---

[1] 安阳市文物工作队:《殷墟戚家庄东 269 号墓》,载《考古学报》1991 年 3 期,第 336、343 页。

[2] 中国社会科学院考古研究所安阳工作队:《1969—1977 年殷墟西区墓葬发掘报告》,载《考古学报》1979 年 1 期,第 88—92 页。

[3] 欧潭生:《河南罗山县天湖出土的商代漆木器》,载《考古》1986 年 9 期,第 791 页。

[4] 中国社会科学院考古研究所编著:《安阳殷墟花园庄东地商代墓葬》,科学出版社,2007 年,第 141 页。

这些例子说明,矛这种武器在殷人看来不仅是战场上的武器,而且与祭祀和诸神有关。矛头或矛柄上装饰着表现出王室祭祀主题的饕餮纹或十字形符号,均指向诸神的祭祀。甲骨文中有"朿"(刺)字,根据于省吾考证,这个字即青铜矛,"乃刺杀人和物的一种利器",甲骨文中祭祀经常使用矛刺的方法,"于田猎之刺杀野兽及祭祀之刺杀牺牲均用此字"①。结合甲骨文材料与出土图像证据,可以说明用于刺杀的这种武器的确显示了战争与祭祀主题的紧密联系。

四、斧钺

早在仰韶文化时期,斧钺便已经被作为氏族首领战斗力或军权的象征②。在此后的龙山文化阶段,石钺仍在战斗中被广泛使用。陶寺遗址墓葬中出土一件石钺,还残留着涂饰朱彩的木柄与垂直装饰③。属于首领或军事贵族使用的武器,表征着战争与政治精英的卡里斯玛力量。到二里头时期则出现了青铜钺,这是目前发现的时代最早的青铜钺④。说明至迟到二里头时期,青铜斧钺已经成为贵族武士的武器和权威象征品。商代贵族对斧钺的使用与收藏,正是对这一传统的继承。

青铜斧钺和青铜大刀是殷商贵族武装者普遍使用的武器装备,但普通氏族战士没有资格使用这两种重型武器。《太平御览》卷三四一引《宋林》"钺,王斧也"⑤,强调这种武器是王者所使用的斧。

---

① 于省吾:《释朿》,《甲骨文字释林》,中华书局,2009年,第197—198页。
② 严文明:《仰韶文化研究》,文物出版社,1989年,第306—307页。
③ 杨泓:《考古学与中国古代兵器史研究》,载《文物》1985年8期,第17页。
④ 中国社会科学院考古研究所二里头工作队:《河南偃师市二里头遗址发现一件青铜钺》,载《考古》2002年11期,第31—32页。
⑤ [宋]李昉等:《太平御览》,中华书局,2006年,第1567页。

《诗经·商颂·长发》记载"武王载旆,有虔秉钺,如火烈烈"①,形容使用大钺的商王像燃烧的烈火一样狂暴有力。《荀子·乐论》也云:"军旅斧钺者,先王之所以饰怒也。"② 这些记载说明,斧钺被视为一种象征着狂暴愤怒的武器,战斗中使用斧钺的商王也被描述为烈火一般的狂暴。《史记·周本纪》记载,与殷人决战前,周武王"左杖黄钺",战后"周公旦把大钺,毕公把小钺,以夹武王"③,显示出早期周人最高权力掌握者也将斧钺视为权力与力量的象征。在神权政治的观念中,斧钺将战争与祭祀的主题有机地结合在一起。有学者认为:"斧钺就是基于在现实社会中所具有的重要意义而逐渐被神格化,而象征王权的斧钺自然也就包含着王权神授的宗教观念,甚至在一定程度上把王权与神权紧密结合在一起。"④ 把握斧钺与战争、神权象征之间的关系显然对于理解这种集武器与祭器于一体的工具是有利的。甲骨文中的"王"字就是斧钺的形象,有时也被写作装柲安镈的斧钺之形,说明了斧钺与王权、神权象征之间的重要联系⑤。甲骨文中的"王"字是大钺之形,而"士"字则为小钺的形象⑥。大小钺的不同,显示了王权与军事贵族的礼仪等级均以钺这一武器

---

① 李学勤主编:《十三经注疏·毛诗正义》,北京大学出版社,1999 年,第 1459 页。

② [清]王先谦:《荀子集解》,中华书局,1997 年,第 380 页。这段话也见于《礼记·乐记》,笔者认为,《乐记》出自公孙尼子,而公孙尼子的音乐思想出自子夏,《荀子·乐论》中的记载和思想传承是通过公孙尼子间接源自子夏。

③ [汉]司马迁:《史记》,中华书局,1982 年,第 122、125 页。

④ 钱耀鹏:《中国古代斧钺制度的初步研究》,载《考古学报》2009 年 1 期,第 29—30 页。

⑤ 王宇信、王震中、杨升南、罗琨、宋镇豪:《中国古代文明与国家形成研究》,中国社会科学出版社,2007 年,第 174—175 页。

⑥ [日]白川静:《常用字解》,苏冰译,九州出版社,2010 年,第 166 页。林沄:《王、士同源及相关问题》,《林沄学术文集》,中国大百科全书出版社,1998 年,第 22—28 页。

作为象征。

除了神权政治的最高统治精英,普通的中小贵族也使用斧钺。安阳大司空村东南 M663 的墓主是一位中小贵族,他使用的武器除了戈、矛、弓箭,还有青铜钺。钺重 0.95 千克,表面上的纹饰已经磨损不清,可见经过了反复多次的使用[1]。由此可知,斧钺除了作为最高统治精英具有卡里斯玛的权力象征品之外,也被作为中小武装贵族的实战武器。中小贵族武士既能使用斧钺作为权威和军事权的表征,也在实战中长期使用斧钺战斗,商代的武装贵族基本全部配备了这种武器。《史记·殷本纪》记载了商王向诸侯赏赐"弓矢斧钺"[2],说明国王向诸侯首领分发并授予斧钺。盘龙城李家咀 M2 墓主是一位军事贵族,他墓中出土的大钺在形制上非常类似于苏埠屯 M1 邑君墓中出土的钺。因此当为邑君所使用的武器,后来被赏赐给了这位军事贵族[3]。这两条材料显示了斧钺这种具有浓厚卡里斯玛象征含义武器的流通过程,首先由国王分发给诸侯、邑君,再由他们分发给下层的贵族首领[4]。实际上,有殷人武装首领的名字便叫"钺"(《合集》6376)。斧钺作为一种与王者身份对应的贵重武器,也被王者分发给武装首领,用于表征其军事权威。《太平御览》卷二七四引《淮

---

[1] 中国社会科学院考古研究所安阳工作队:《安阳大司空村东南的一座殷墓》,载《考古》1988 年 10 期,第 868 页。

[2] [汉]司马迁:《史记》,中华书局,1982 年,第 106 页。

[3] 湖北省博物馆盘龙城发掘队、北京大学考古专业盘龙城发掘队:《盘龙城一九七四年度田野考古纪要》,载《文物》1976 年 2 期,第 12—13 页。

[4] 除了逐层分发的武器流通模式,国王也向诸侯、贵族和军事首领直接分发斧钺(杨宝成:《殷墟文化研究》,武汉大学出版社,2002 年,第 185—186 页)。无论通过哪种分发流通形式,商代的各级首领与贵族总会占有这种武器是一个事实。

南子》记载战争之前,君王需要"亲操钺,持头授将军柄"[1],军事首领从君王处获得斧钺,也就象征着获取了军事权力与相应的威权。

斧钺具有重要的神圣与实战功能,这一点体现在殷人常常使用珍贵的陨铁作为钺刃这一现象上。早商时期的藁城台西遗址已经出现了铁刃铜钺,1931年河南浚县出土商末的铁刃铜钺及一件铁援铜戈,1972年河北藁城台西遗址也出土了铁刃铜钺[2]。经过鉴定,藁城台西出土铜钺的铁刃不是人工冶炼而成,而是将陨铁锻造为薄刃,再浇铸青铜柄而成[3]。1977年北京平谷商代中期墓葬出土了铁刃铜钺,也是由陨铁与青铜浇铸而成[4]。铁比青铜更加锋利,作为一种物理事实,同样为殷人所发现和掌握。由于陨铁稀少,这种珍贵、稀有却能够更加有效杀伤敌方的资源被用于制作钺。这一点说明斧钺确实被贵族武士作为实战兵器,它的攻击和杀伤效能受到了密切关注,因此才会将最为稀缺珍贵的陨铁用于钺锋刃的制作。另外,陨铁这种来自天上的"珍宝"与地下挖出的铜矿不同,因为这种来自天空诸神世界的金属是神灵对人世的馈赠,是沟通鬼神和附满了宗教含义的灵物。

《说文》:"陨,落也。"段注:"本义石落也。"[5]《周易·姤》九五明

---

[1] [宋]李昉等:《太平御览》,中华书局,2006年,第1279页。《尉缭子·将令》也记载:"君身以斧钺授将",见《武经七书》,中华书局,2007年,第275页。

[2] 朱狄:《信仰时代的文明——中西文化的趋同与差异》,中国青年出版社,1999年,第230—232页。藁城台西出土铁刃铜钺刚被发现时,有人认为这是人工冶铁。后经过夏鼐等学者的科学分析,确认了这是陨铁而非人工冶炼(王巍:《夏鼐先生与中国考古学》,载《考古》2010年2期,第17页)。

[3] 李众:《关于藁城商代铜钺铁刃的分析》,载《考古学报》1976年2期,第31—32页。

[4] 北京市文物管理处:《北京市平谷县发现商代墓葬》,载《文物》1977年11期,第5页。

[5] [清]段玉裁:《说文解字注》,上海古籍出版社,2006年,第450—451页。

确记载："有陨自天。"① 说明古人对陨石来自天空有着明确的认识，而来自天空的陨石也被视为具有神圣的含义②。在古埃及、赫梯、克里特、阿兹特克等古代文明中，陨铁都得到过使用，并被视为与星辰属于同一等级，至少比黄金更加贵重③。陨铁来自天上世界的这一来源，决定了它具有在献祭中沟通鬼神的特殊力量。殷人用神圣的陨铁锻造用于战争与祭祀的大钺，显示出斧钺这种武器的重要含义。

　　殷墟戚家庄东 M269 出土的青铜大钺上就表现有祭器上相同的虎纹④，陨铁锋刃的青铜钺上也被表现出饕餮纹和虎纹。安阳郭家庄东南 M26 出土的青铜钺上有虎纹⑤。妇好大墓中也出土了有"妇好"铭文的青铜大钺，上面表现着噬人的虎纹⑥。整理者凭借这一件青铜大钺和墓中出土的戈等武器判断，这是这位女性贵族武士统领武装力量的军权象征。此外，一些殷人贵族武士使用的青铜大刀上也有类似的纹饰⑦。

　　这种虎噬人母题的纹饰也见于祭祀诸神所使用的青铜鼎、尊、

① 李学勤主编：《十三经注疏·周易正义》，北京大学出版社，2004 年，第 186 页。
② ［美］米尔恰·伊利亚德：《神圣的存在——比较宗教的范型》，晏可佳、姚蓓琴译，广西师范大学出版社，2008 年，第 216 页。
③ 朱狄：《信仰时代的文明——中西文化的趋同与差异》，中国青年出版社，1999 年，第 228—230 页。
④ 安阳市文物工作队：《殷墟戚家庄东 269 号墓》，载《考古学报》1991 年 3 期，第 336、343 页。
⑤ 中国社会科学院考古研究所安阳工作队：《河南安阳郭家庄东南 26 号墓》，载《考古》1998 年 10 期，第 45 页。
⑥ 中国社会科学院考古研究所编：《殷墟妇好墓》，文物出版社，1980 年，第 106 页。
⑦ 张光直：《美术、神话与祭祀》，郭净译，辽宁教育出版社，2002 年，第 42 页。

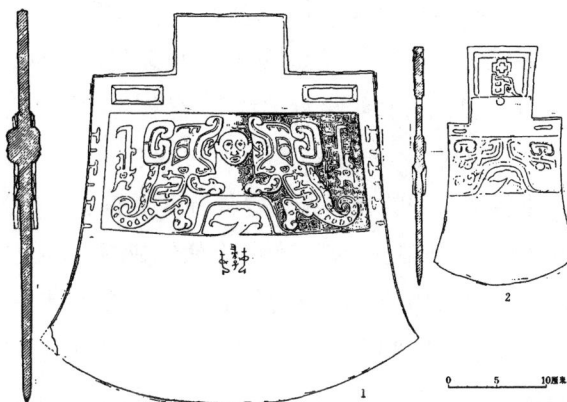

图 4-14　妇好墓出土的青铜大钺

卣等神器之上①,说明这种母题与诸神的祭祀之间具有密切的关联。张光直认为老虎口中的人物是沟通鬼神的萨满,而老虎则是萨满的动物伙伴②。日本学者林巳奈夫则认为这一母题中的人代表了祖先神,而虎则被理解为帝,母题的含义是祖神上升到帝的神圣所在③。艾兰则将这一系列内容理解为"祭祀的主题",将大量商代青铜钺上的兽口与锋刃解读为萨满通往另一个世界的通道的再现,这种信仰是商代祭礼的核心④。尽管几位学者对大钺上表现的虎噬人纹饰母题有着不同的解读,但有一点是共同的,那就是这一主题与沟通诸

---

① [美]杨晓能:《另一种古史——青铜器纹饰、图形文字与图像铭文的解读》,唐际根、孙亚冰译,生活·读书·新知三联书店,2008 年,第 60 页。

② 张光直:《美术、神话与祭祀》,郭净译,辽宁教育出版社,2002 年,第 52—53 页。

③ [日]林巳奈夫:《神与兽的纹样学——中国古代诸神》,常耀华、王平、刘晓燕、李环译,生活·读书·新知三联书店,2009 年,第 150—153 页。

④ [英]艾兰:《龟之谜——商代神话、祭祀、艺术和宇宙观研究》,汪涛译,四川人民出版社,1992 年,第 162—164 页。

神的献祭观念之间具有相当紧密的关联。这就意味着,大钺作为军事贵族的武装权力象征,一方面是军权卡里斯玛的表征,一方面又是战争中杀戮半兽人、精怪、鬼魅的武器,最核心的一点是,这种武器将诸神的献祭与战争统一在一起。

古代克里特文明中的青铜斧也曾具有重要的宗教含义,也被作为一种宗教还愿品,其中一些甚至使用金银制成①。但克里特用金银制成的双面斧与殷人用陨铁制成的斧钺有所不同,前者只是一种神圣的宗教象征品,并不被用于实战,但后者是用于实战的武器。金银的贵重只能具有宗教含义,却不具有实战的属性。陨铁的钺则将实战效率的提升与宗教献祭的神圣性质很好地统一在一起。斧钺上装饰着饕餮、龙、虎噬人等祭祀诸神主题的符号,也都被统一在战争—献祭的意义之中。大钺正因为重要的神圣性,被视为具有非凡力量之物。白川静指出:"古人试图逾越难关时,似曾将钺用作祝咒之器。神圣之钺贴附于足上,从而将钺之神力及威力移注于身。"②白川静此说,注意到了殷人世界观中大钺的意义。此物不仅仅是神圣与权力的象征,它本身就是能救人于难关的神物。

一些殷器徽纹上表现着贵族武士使用神圣的斧钺捕获半兽人的形象,还有一些则表现着斧钺用于杀戮这些半兽人以献祭③。

这些徽识中,很生动地表现出手持斧钺的贵族武士形象。图4-15中左边可见一名贵族武士一手持斧钺,一手抓住一名正在挣扎反抗中的敌人,将之擒获。正面的人形代表着"我们"、"正常"、"秩序"、"人类"、"胜利",而敌人表现为倒立,代表着"他们"、"反常"、"混

① J.D.S.Pendlebury, *The Archaeology of Crete:An Introduction*, London: Methuen & Co.Ltd., 1939, p.212.
② [日]白川静:《常用字解》,苏冰译,九州出版社,2010年,第18页。
③ 容庚编著:《金文编》,科学出版社,1959年,第799、804页。

沌"、"非人"、"失败"。图 4-15 中右边则表现的是用这种神圣的武器砍下擒获半兽人的头颅,这一行为就是献祭,杀戮猎物用于取悦伟大的诸神。这样的图像在青铜器徽识中并不是孤例,显示了斧钺将战争、杀戮、祭祀这样"神圣与世俗"的主题统一在了一起。

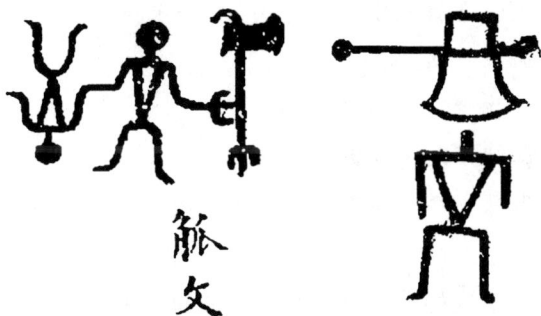

图 4-15　使用斧钺捕获祭品和献祭

　　除了斧钺的纹饰与青铜器徽纹中显示出这种武器的战争与祭祀含义之外,文献与卜辞材料也能证明这种带有卡里斯玛含义的武器常被用于祭祀仪式和祭祀舞蹈,并配有献祭的音乐。《礼记·乐记》有"干戚之舞"、"钟鼓干戚"的记载①。《大戴礼记·夏小正》"万也者,干戚舞也"②;《诗·邶风·简兮》"方将万舞",朱注"万者……武用干戚"③;《韩非子·五蠹》"执干戚舞,有苗乃服"④;《韩诗外传》

---

① 李学勤主编:《十三经注疏·礼记正义》,北京大学出版社,1999 年,第 1084、1091 页。
② 方向东:《大戴礼记汇校集解》,中华书局,2008 年,第 185 页。
③ [宋]朱熹注:《诗经集传》,上海古籍出版社,1987 年,第 17 页。
④ [清]王先慎:《韩非子集解》,中华书局,2007 年,第 445 页。

卷四"《韶》用干戚"①。这些记载都说明这种舞蹈使用斧钺和装饰了羽毛的盾牌。《墨子·非乐上》"万舞翼翼,章闻于天,天用弗式",孙诒让指出"万舞之盛,显闻于天②",说明手持斧钺的这种舞蹈与祭祀有关。卜辞材料记载:

> 多万(《合集》28007、《屯南》4093)
> 万舞(《屯南》825)
> 万其作庸(《合集》31018)
> 王其呼万奏(《合集》31025)
> 王其呼万舞(《合集》31032)

这些都是对这种手持斧钺祭祀舞蹈的记录,并配合以音乐的演奏。除此之外,卜辞还有:

> 子其惟舞戉(钺),若,不用。
> 子其惟舞戉(钺),于之若。多万有灾。(《花东》206)

这条材料直接记录了万舞的舞蹈者手持斧钺参与祭祀活动。这就说明了这种武器的功能确实具有强烈的象征含义。这种含义指向对诸神的献祭与相关的卡里斯玛联系,它表现为斧钺与最高神权首领之间的象征关系,也体现在斧钺本身的纹饰与象征之上。它的材质甚至可能来自遥远的上天,它本身既是神器也是武器。这种重量型武器将献祭与战争的主题紧密地结合在一起。

---

① 屈守元:《韩诗外传笺疏》,巴蜀书社,1996年,第371页。
② [清]孙诒让:《墨子间诂》,中华书局,2009年,第263页。

五、武器的羽饰

曾经在一件商代的青铜戈上发现过鸟羽纹的痕迹 [1]，这个迹象表明，商代的许多武器装备可能都用羽毛进行过装饰。用这些羽毛装饰武器并不是没有意义的行为，武器的羽饰同样是建立在一系列对于战争的观念与象征系统的基础之上。

首先，很多古代材料显示鸟羽被用于装饰军旗。《周礼·夏官·大司马》"诸侯载旗"，郑注"凡旌旗有军众者画异物，无者帛而已" [2]，可见古人用丝帛制作军旗。《逸周书·王会》则记载"阴羽鸮旌"，孔晁云"鹤鸮羽为旌旄" [3]，说明鸮鸟的羽毛也可以用作军旗。《孙膑兵法·十阵》"旌旗羽旄" [4]，记载用羽毛作为军旗。《墨子·旗帜》也有"羽旗" [5] 的记载。《周礼·考工记·钟氏》记载"钟氏"专门负责"染羽"，郑注："羽所以饰旌旗及王后之车。" [6] 包山楚墓出土的竹简中，也记载有一种顶端装饰了白色羽毛的旌旗 [7]。这些缀于旗杆上的鸟羽被称为"羽旄"或"羽毛" [8]。这些材料说明先秦时代广泛使用鸟羽来作为军旗的饰物。

甲骨文中多有用作表现"旗"的字形，如"游"（《合集》5079、

---

① 夏麦陵：《考古所见商代的乐舞》，载《中原文物》1984 年 4 期，第 79 页。

② 李学勤主编：《十三经注疏·周礼注疏》，北京大学出版社，1999 年，第 772—773 页。

③ 黄怀信、张懋镕、田旭东：《逸周书汇校集注》，上海古籍出版社，2007 年，第 812 页。

④ 张震泽：《孙膑兵法校理》，中华书局，2004 年，第 131 页。

⑤［清］孙诒让：《墨子间诂》，中华书局，2009 年，第 580 页。

⑥ 李学勤主编：《十三经注疏·周礼注疏》，北京大学出版社，1999 年，第 1117 页。

⑦ 湖北省荆沙铁路考古队：《包山楚简》，文物出版社，1991 年，第 66 页。

⑧ 陈梦家：《西周铜器断代》，中华书局，2004 年，第 55、440 页。

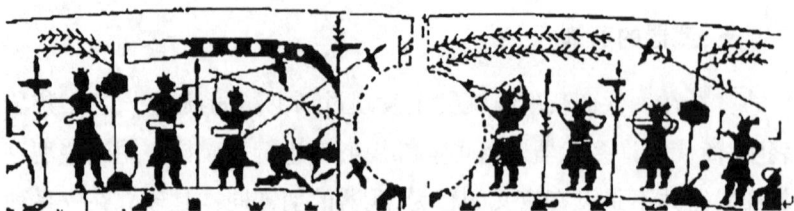

图 4-16　战国《水陆攻战纹铜鉴》上的羽旗图像

17804、29218 等）、"旋"（《合集》301、14215、21482 等）、"旅"（《合集》
5821、5823、30267 等）、"族"（《合集》14912、21289、31803、32815 等），
分别表现旗的流动、周旋，或是军旗下的武装者、氏族战士等内容。
甲骨文的"中"字，也是一个立旗的形象，殷墟郭家庄 M160:41 徽识
上有这种立旗的形象，也有纹饰表现执旗者的形象。

图 4-17　郭家庄 M160:41 的旗　　　　图 4-18　执旗者

可以肯定，商代的军旗除了用丝帛制成，还有很多是用鸟羽毛
制作而成。《司马法·天子之义》记载，殷商使用白色的旌旗[1]，除了
用白色的丝帛制作，殷人也可能使用白色的鸟羽制作旌旗。只是由

----

[1]《司马法·天子之义》，见李零：《司马法译注》，河北人民出版社，1992 年，第
21 页。

于羽毛不容易在地下保存,因此还没有发现殷人"羽旌"的实物。但在青铜器徽识中却有羽旌的形象①。

其次,商代的青铜戈上有鸟羽,说明殷人使用羽毛装饰武器。葛兆光认为,"仪式"的"仪"之本字为"义",而"义"在卜辞中可以看出,是在武器上插饰羽毛的形象②。由此可见,殷人装饰了羽毛的武器也被用于礼仪活动。

殷人的这一传统可能具有古老的渊源,在宗周,甚至东周时代的战争中,也仍然保留着这样的传统。《诗经·郑风·清人》"二矛重英",朱熹注"英,以朱羽为矛饰也"③,是用羽毛作为长矛的装饰。湖北荆门包山战国楚墓 M2 中就有 10 件长戟装饰有黑白色相杂的羽毛,其中也有鸡的尾羽,3 件矛上也分别捆扎着三束羽毛④。《史记·孔子世家》记载齐国在夹谷之会上使用莱夷的武舞,其中就包括"旍旄羽袚矛戟"⑤。说明春秋时代东夷人的武器上也

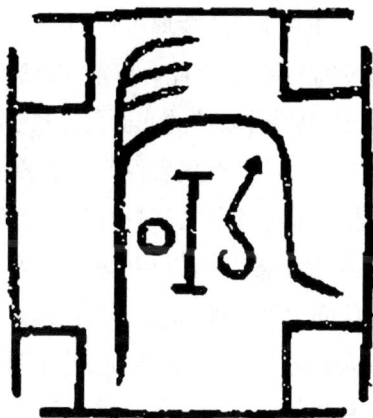

① 容庚编著:《金文编》,科学出版社,1959 年,第 825 页。
② 葛兆光:《中国思想史第一卷——七世纪前中国的知识、思想与信仰世界》,复旦大学出版社,2004 年,第 92 页。
③ [宋]朱熹注:《诗经集传》,上海古籍出版社,1987 年,第 34 页。
④ 湖北省荆沙铁路考古队:《包山楚墓》,文物出版社,1991 年,第 202—205 页;井中伟:《夏商周时期戈戟之秘研究》,载《考古》2009 年 2 期,第 65 页。
⑤ [汉]司马迁:《史记》,中华书局,1982 年,第 1915 页。

装饰着羽毛。《淮南子·本经》中也是"兵革羽旄"并称①。此外,甲骨文中的"干"字形象为一个盾加上羽毛,干、盾都是具有防护功能的盾牌,但二者之间的区别并不在于盾的形状,而是在于是否有羽饰。由甲骨文的字形可知,"干"是用鸟羽装饰过的盾,而"盾"则没有装饰羽毛②。由此可以推知,商代的武器装备上应该普遍装饰着鸟羽,既包括进攻性的武器戈,也包括防护装备"干"。

殷人最具有代表性的武器装备"干戈"都饰有鸟羽,显示出这种饰物与殷人战争之间具有某种观念上的联系。白川静认为:"鸟被视为神灵的化身,所以在旗帜、兵器上装饰羽毛。"③联系到殷文化与殷人信仰中鸟的神圣意义④,白川静之说应该具有相当的道理。不过,殷人武器、旗帜上的羽毛,除了神圣的象征含义,还有一层意义,即对武装者强大力量的比喻与模仿。这一观念,在殷人鸟信仰衰败之后的历史时期里一直长期延续。

先秦两汉时期的先锋武士往往在背上也插着长尾羽毛,称为"被羽"。《国语·晋语一》记载:"晋攻狄,郤叔虎被羽先升,遂克之。"⑤《后汉书·贾复传》:"于是被羽先登。"⑥这些材料反映了先锋武士背上插羽毛冲锋的史实。《尉缭子·经卒令》:"左军苍旗,卒戴苍羽;右军白旗,卒戴白羽;中军黄旗,卒戴黄羽。"⑦说明不同编队的战士都背插各种颜色的鸟羽。《韩诗外传》卷九之一五中记载,子路

① 刘文典:《淮南鸿烈集解》,中华书局,2006年,第266页。
② 林沄:《说干、盾》,安徽大学古文字研究室:《古文字研究》第二十二辑,中华书局,2000年,第94页。
③ [日]白川静:《常用字解》,苏冰译,九州出版社,2010年,第14页。
④ 王晖:《商周文化比较研究》,人民出版社,2001年,第432—444页。
⑤ 徐元诰:《国语集解》,中华书局,2006年,第259页。
⑥ [南朝宋]范晔:《后汉书》,中华书局,1998年,第389页。
⑦ 骈宇骞等译注:《武经七书》,中华书局,2007年,第269页。

对孔子说自己能指挥"白羽"、"赤羽"的战士,"使将而攻之,惟由为能"①。这一传统从远古、先秦一直延续到六朝时期。在这一长期的历史过程中,一直有武装者使用羽毛装饰自己的传统②。山彪镇出土《水陆攻战纹铜鉴》上就表现有士兵"被羽"的形象,也显示了先秦战士背上插上各色羽毛的史实。此外,还有一些士兵的戈、戟等武器上装饰着鸟羽。

图 4-20　《水陆攻战纹铜鉴》上"被羽"冲锋的武装者

用鸟羽大量装饰武器装备的这一传统,实际上体现出古人某种根深蒂固的观念,即某些鸟羽象征着勇敢与尚武。《周礼·春官宗伯·司常》记载旗帜上表现了"鸟隼",郑注:"鸟隼,象其勇捷也。"③《史记·仲尼弟子列传》记载"子路性鄙,好勇力,志伉直,冠雄鸡,佩豭豚,陵暴孔子",《集解》云:"冠以雄鸡,佩以豭豚。二物皆勇,子路好勇,故管带之。"④这里很清楚地解释了尚武者头戴"雄鸡"饰物的原因,因为雄鸡好斗而勇敢,因此勇敢的战士也应该将自己模仿为

① 屈守元:《韩诗外传笺疏》,巴蜀书社,1996 年,第 784—785。
② 孙机:《汉代军服上的徽识》,载《文物》1988 年 8 期,第 90—91 页。
③ 李学勤主编:《十三经注疏·周礼注疏》,北京大学出版社,1999 年,第 731—733 页。
④ [汉]司马迁:《史记》,中华书局,1982 年,第 2191 页。

善斗的雄鸡。《左传·昭公二十五年》记载了"季、郈之鸡斗"①,说明先秦时代已有斗鸡活动,并对斗鸡的勇猛好战具有充分认识。正是因为如此,武士才会有意识地用好战鸟类的羽毛装饰自己。这也是包山楚墓的武器上装饰鸡尾毛的原因。实际上,古代的国君也有意识地将自己的勇士比喻为具有战斗力的雄鸡②。

　　《淮南子·主术》记载尚武的赵武灵王"贝带鵕䴊而朝",根据刘文典的研究,这是一种野鸡类的冠③。《后汉书·舆服志》则记载,汉代的武冠为鹖冠,是用野鸡的长尾作为武职的表征,羽林军都戴着鹖冠④。这些武士头上皆戴羽尾,用"羽林"形容的确十分恰当。实际上,很多不同古代文化都将某些鸟类视作勇猛武士的象征,并使用这些鸟的部分来装饰武士。来自土耳其的古代安纳托利亚武士(The Anatolian warriors)就使用羽毛来装饰头部⑤。新几内亚的原住民部落则将羽毛装饰物作为"杀人英雄"的头饰⑥。藏南的珞巴族则使用犀鸟的喙来装饰战士的头盔⑦。在内蒙古阴山山脉狼山地区岩画上,表现着头上插着长羽毛的军事首领⑧。云南沧源岩画中则有头

① 李学勤主编:《十三经注疏·春秋左传正义》,北京大学出版社,1999年,第1457页。
② 李学勤主编:《十三经注疏·春秋左传正义》,北京大学出版社,1999年,第976页。
③ 刘文典:《淮南鸿烈集解》上册,中华书局,2006年,第303—304页。
④ [南朝宋]范晔:《后汉书》,中华书局,1998年,第319页。
⑤ Barry J.Kemp, *Ancient Egypt:Anatomy of a Civilization*, London and New York:Routledge,1989,p.227.
⑥ [英]格雷戈里·贝特森:《纳文——围绕一个新几内亚部落的一项仪式所展开的民族志实验》,李霞译,商务印书馆,2008年,第15—16页。
⑦ [印]沙钦·罗伊:《珞巴族阿迪人的文化》,李坚尚、丛晓明译,西藏人民出版社,1991年,第102页。
⑧ 盖山林:《内蒙阴山山脉狼山地区岩画》,载《文物》1980年6期,第5页。

饰长羽毛、手持武器的武装者形象①。而云南古滇国的武装者也在头上装饰着长羽毛②。说明在很多不同文化中，都有将包括羽毛在内的鸟的象征与勇猛武装者联系在一起的观念。

《列子·黄帝》："黄帝与炎帝战于阪泉之野，帅熊、罴、狼、豹、貙、虎为前驱，雕、鹖、鹰、鸢为旗帜。"③上一章介绍过上古时代的"虎皮武士"，因为古代武士需要将自身"食肉动物化"进而获得更加强大的战争—巫术力量。这条文献记载了上古武士化装为各种猛兽参加作战之外，还使用鹰、雕、鹖等勇猛鸟类的羽毛作为旗帜，喻示武装者的战斗能力。《淮南子·兵略》"故良将之卒，若虎之牙，若兕之角，若鸟之羽"④，说明凶猛的战士被视为猛兽，也被视为鸟羽，这种用于形容战士的鸟羽必然是具有攻击性的食肉鸟类。

《周礼·秋官司寇·翨氏》："翨氏掌攻猛鸟……以时献其羽翮。"郑玄注："猛鸟，鹰隼之属。"⑤卜辞也记载"乎鸣网鸟"（《合集》10514）。除了负责捕获猛鸟的人员之外，《周礼·地官司徒·羽人》还记载"羽人"也是负责收集成捆羽毛的一种专职⑥，大量捕鸟和羽毛收集者的存在说明装饰武器需要大量的羽毛材料，说明商周时期曾有专门的人员负责擒获凶猛的食肉鸟类，将这些鸟类的长羽毛献给首领与国王。这些每年献上的猛禽羽毛将在国家控制的武器生产工厂中被用于装饰各种装备，也有一些被用于装饰旗帜和先锋以"被羽"。如人类学家所说"鹰的羽毛也赋有鹰本身所赋有的那些神

---

① 林声：《沧源崖画调查续记》，载《文物》1983 年 2 期，第 42 页。

② 马承源主编：《中国青铜器》，上海古籍出版社，1988 年，第 473 页。

③ 杨伯峻：《列子集释》，中华书局，2007 年，第 84 页。

④ 刘文典：《淮南鸿烈集解》，中华书局，2006 年，第 503 页。

⑤ 李学勤主编：《十三经注疏·周礼注疏》，北京大学出版社，1999 年，第 983 页。

⑥ 李学勤主编：《十三经注疏·周礼注疏》，北京大学出版社，1999 年，第 420—421 页。

秘属性"[①],收集这些猛禽的羽毛实际上就是在收集猛禽所象征的那些战斗力,并在武器的生产中将这种勇猛的力量赋予武器本身。

在殷墟小屯东北地遗址的发掘中就曾发现一些商代鸟类的遗骨,其中有鹰骨、雕骨、鸡骨、丹顶鹤以及翠鸟的骨头[②]。这其中的鹰和雕属于大型猛禽,它们显然曾被当作"猛鸟"擒获并用其羽毛装饰武器装备。至于遗址中的鸡,也具有好斗的特征,其尾羽也很可能被用于装饰武器。卜辞还有"获鹰五十"的记载(《合集》10499),显示了殷人的确大量捕获"猛鸟"的事实。商代青铜戈和干盾上装饰的羽毛应该就是这些"猛鸟"的长羽。这种装饰的功能与虎皮武士身披的猛兽皮毛具有一些相似的功能,但另一方面也有所区别。

虎皮武士披上猛兽皮毛作战,是完全将自身"食肉动物化",进而获得相应的巫术力量与效应。而好战鸟类的羽毛尽管也凸显了勇猛的主题,但武器上装饰羽毛并不意味着武装者就化身为猛禽。古代玛雅的武士有时候会被描述为鹰,他们会身披翎羽作战[③]。这就说明,只有武士在身上装饰猛禽羽毛时,其意义才等同于身披猛兽的皮毛所具有的象征内涵,在这时他化身为猛禽,进行勇猛的战斗。因此,武器上装饰的猛禽羽毛只能意味着武器本身因此而分享和具有了某些猛禽的战斗力。只有武装者在头盔、冠帽或身上装饰这些鸟羽时,他才像身披兽皮那样被"食肉动物化",化身为凶暴的鸟类而投入战斗。

---

① [法]列维-布留尔:《原始思维》,丁由译,商务印书馆,1997年,第119页。

② 中国社会科学院考古研究所安阳工作队:《1987年安阳小屯村东北地的发掘》,载《考古》1989年10期,第903页。

③ [美]林恩·V.福斯特:《探寻玛雅文明》,王春侠、宗巍、阴元涛等译,商务印书馆,2007年,第203页;Michael D.Coe:*The Maya*,Thames & Hudson,2002,p.169。

综合以上的讨论与分析可知,商代的战争观念支配着武器的形制与使用。殷人使用武器装备的目的并不仅仅是单纯的进攻。这些武器在某种意义上甚至具有人格化的属性,与使用这些武器的主人之间具有联系。武器的使用是为了更好地进攻敌方,捕获那些野蛮的半兽人,将之用于对诸神的献祭。因此,武器上的图案与符号都是具有内在意义的呈现,各种武器上都表现着象征了宇宙诸神的神圣十字纹,或者是祭器上常见的饕餮纹及虎噬人母题。这些纹饰与形象将武器的战争功能与献祭含义完美地结合在了一起,也即是将"神圣与世俗"进行了有机的统一。为了更好地体现战争的效果,许多武器上还被装饰了凶猛鸟类的羽毛。通过这一方式,装饰了羽毛的武器与身披长羽的武士便不同程度地分有了猛禽的力量与狂暴。因此可知,殷人的武器是被观念化了的,并且为观念所支配的"物"。

第二节 防护装备

通过研究可知殷人进攻性武器与宗教观念和献祭思想之间具有密切关联。这些武装者除了进攻性的装备之外,也配备着相当数量的防护装备,用于尽可能地保护安全。对商代武装者而言,他们能够拥有的战争护具为皮甲、头盔和盾牌。

一、皮甲

人类在发明皮衣之后不久便懂得了使用更厚的皮革制作甲胄。北极的因纽特人用厚鹿皮做护具,中非原住民和北美印第安人使用厚水牛皮,而埃及的一些人用鳄鱼皮制作胸甲,非洲一部分人甚至用象皮[1]。

---

① 林慧祥:《文化人类学》,商务印书馆,2002 年,第 129 页。

中国云南的傈僳族和藏南的珞巴族也使用皮甲①。在先秦时代的战争中,动物皮革制成的甲曾得到广泛的使用。从考古材料可知,东周时代的武装者仍旧大量装备皮甲。

商代的皮甲主要是用犀牛、野牛的整片皮革制作而成②,山东滕州前掌大晚商遗址也有甲片组成的皮甲遗迹③。只是到了东周时期,随着制甲技术的发展,皮甲才普遍使用多件甲片组合而成④,脱离了商代皮甲的原始形态。许倬云认为,商代的甲胄是整片皮甲制成的,“可以防护前面,但裹甲的战士不能自由活动”。而西周的青铜甲则是前胸由三片组成,能够更有效地活动。因此,周人的甲比殷人的甲胄更加合身也是周人最后战胜殷人的一项技术条件⑤。除了胸甲,西周也使用青铜甲片编缀的铠甲⑥,这种青铜甲被周人称为“金甲”⑦。

尽管在西周出现了青铜甲,但皮甲的使用仍具有相当长的历史,并在传世文献中有大量相关的记载。《周礼·考工记·函人》“函人为甲,犀甲七属,兕甲六属,合甲五属”,郑司农云:“合甲,削革里肉,但取其表,合以为甲。”⑧记载了周代广泛使用的皮甲由各类犀牛

---

① 杨泓:《考古学与中国古代兵器史研究》,载《文物》1985年8期,第18页。

② 高锐:《中国上古军事史》,军事科学出版社,1995年,第39页。

③ 胡秉华、白荣金:《前掌大墓地出土铜胄复原研究》,中国社会科学院考古研究所:《滕州前掌大墓地》,文物出版社,2005年,第599页。

④ 湖北省博物馆、随县博物馆、中国社会科学院考古研究所技术室:《湖北随县擂鼓墩一号墓皮甲胄的清理和复原》,载《考古》1979年6期,第542—547页。

⑤ 许倬云:《西周史》,生活·读书·新知三联书店,2001年,第87页。

⑥ 杨泓:《古代东方和西方的铠甲系统——参观“秦汉—罗马文明展”札记》,载《文物》2010年3期,第68页。

⑦ 陈梦家:《西周铜器断代》,中华书局,2004年,第112页。

⑧ 李学勤主编:《十三经注疏·周礼注疏》,北京大学出版社,1999年,第1109页。

皮制作而成。《左传·宣公二年》"牛则有皮,犀兕尚多,弃甲则那"①,证明东周时代的宋国用牛皮和犀牛皮制作皮甲。《九歌·国殇》"操吴戈兮被犀甲"②,证明东周的楚人也使用犀牛皮制造甲衣。

《荀子·议兵》"楚人鲛革犀兕以为甲",王先谦集解:"以鲛鱼皮及犀兕为甲,坚如金石之不可入。"③一方面证实了犀牛皮制作成甲之后的坚硬程度,另一方面还说明了生活在湿地湖泽丰富地区的古人也用鱼皮制作革甲,这种鱼皮甲也很坚固。实际上,鱼皮最早的功能类似于兽皮,被用于制作皮衣。《隋书·北狄·契丹传》就记载北方的室韦族人"衣以鱼皮"④。近现代东北地区的赫哲族人也制作和穿戴鱼皮衣⑤。这些材料证明鱼皮与兽皮一样,最早是作为皮革原料制作服装。但鱼皮的坚硬也具有一定的防御功能,因此会被制成与兽皮甲一样功能的鱼皮甲"鲛革"。《淮南子·兵略》也记载"蛟革犀兕,以为甲胄"⑥,也证明古代确实将水生动物皮甲与犀牛甲并称。

具体到考古材料,东周时代的贵族墓葬中大量用于陪葬的铠甲仍是由皮革制成。包山楚墓出土了两件皮甲,皮革上过漆,整部甲由一些甲片编缀而成⑦。曾侯乙墓中则出土了13件皮甲和两件战马使用的皮甲⑧。

这些材料都说明,皮制甲在东周时代仍然得到了相当广泛的应

---

① 李学勤主编:《十三经注疏·春秋左传正义》,北京大学出版社,1999年,第593页。
② 洪兴祖:《楚辞补注》,中华书局,1983年,第82页。
③ [清]王先谦:《荀子集解》,中华书局,1997年,第281页。
④ [唐]魏徵等:《隋书》,中华书局,2000年,第1883页。
⑤ 孙进己:《东北各民族文化交流史》,春风文艺出版社,1992年,第347页。
⑥ 刘文典:《淮南鸿烈集解》,中华书局,2006年,第497页。
⑦ 湖北省荆沙铁路考古队:《包山楚墓》,文物出版社,1991年,第216页。
⑧ 湖北省博物馆:《曾侯乙墓》,文物出版社,1989年,第332页。

图 4-21　曾侯乙墓中出土皮制甲胄复原图

用。甚至秦代的武装者仍然大量装备皮甲 [1]，只是到汉代文、景时期，以铁制盔甲为代表的金属防护装备才开始在军队中被普及 [2]。皮甲装备的普遍使用正如吕思勉所描述:"古云甲胄，皆用犀兕，未有用铁者。" [3]

商代的护甲主要原料为犀牛皮、野牛皮。商代气候较现代更加温暖潮湿，黄河流域有大象与犀牛的分布，卜辞中也多有对水牛的记载。胡厚宣将商代黄河流域的环境生态描述为，当时的气候接近南方热带或亚热带地区，生长着圣水牛，还有成群的犀牛 [4]。商代的青铜器中就有犀尊，正是对这种动物形象的模仿 [5]。甲骨文中除了"兕"字还有"犀"字 [6]。卜辞记载:

遘犀获(《合集》10394)

---

[1] 蒋文孝:《秦铠甲再认识》，载《文博》2002 年 6 期，第 63 页。

[2] 葛明宇、邱永生、白荣金:《徐州狮子山西汉楚王陵出土铁甲胄的清理与复原研究》，载《考古学报》2008 年 1 期，第 116 页。战国时代的一些国家已经开始装备铁制铠甲，例如，燕下都发现的甲胄就均由铁制成。但铁甲的广泛应用是从西汉开始的(河北省文物研究所:《燕下都》，文物出版社，1996 年，第 150—154 页)。

[3] 吕思勉:《先秦史》，上海古籍出版社，2006 年，第 389 页。

[4] 胡厚宣:《甲骨学商史论丛初集》，河北教育出版社，2002 年，第 889—895 页。

[5] 马承源主编:《中国青铜器》，上海古籍出版社，1988 年，第 192 页。

[6] 刘桓:《甲骨文字考释(四则)》，安徽大学古文字研究室编:《古文字研究》第二十二辑，中华书局，2000 年，第 49 页。

　　获在果（？）兕（《合集》10950）

　　王异戉其射在穆兕（《合集》28401）

　　犀七十（《合集》13331）

　　证明商王室在田猎中也经常捕获到犀牛，而犀牛的数量相当可观，可以一次捕获到70头，大量野生犀牛的存在为皮甲制造源源不断地提供了材料。除了犀牛皮之外，殷人还大量饲养圣水牛，水牛皮也应当是制作皮甲的一项重要原料。传统的观点认为这些水牛是人工驯养的家畜，但现在学者通过研究认为这些水牛都是野生种群①。这就意味着，殷人会通过狩猎活动捕获犀牛和野生水牛，这些动物既可被用于献祭②，它们的皮革也是制作铠甲的原料。现在有足够的证据证明商代使用犀牛皮和野牛皮制甲，但还没有足够的证据证明殷人使用鱼皮甲。尽管如此，古书记载的"蛟革"制作的铠甲，却可能在殷人中得到过使用。

　　《庄子·秋水》"夫水行不避蛟龙者，渔父之勇也"③；《吕氏春秋·季夏纪》"令渔师伐蛟取鼍"，高诱注"蛟有鳞甲，能害人"④；《淮南子·泰族》："夫蛟龙伏寝于渊而卵割于陵。"⑤这些文献说明，"蛟"与龙属于一类，它有厚重的皮革，而且在陆地产卵，说明这种动物就是鳄鱼，也可见"蛟革"应该就是鳄鱼皮。《韩诗外传》卷四记载"楚

① 刘莉、杨东亚、陈星灿：《中国家养水牛起源初探》，载《考古学报》2006年2期，第149页。

② 捕获的野生犀牛被用于献祭，例如《合集》18910片正有"用五十兕"的记载，正是使用犀牛祭祀的证据。

③〔清〕郭庆藩：《庄子集释》，中华书局，2006年，第596页。

④ 许维遹：《吕氏春秋集释》，中华书局，2009年，第130页。

⑤ "剖"字本作"割"，王念孙云当作"剖"，见刘文典：《淮南鸿烈集解》，中华书局，2006年，第667页。

人蛟革犀兕以为甲,坚如金石"[1],显示鳄鱼皮甲、犀牛皮甲在经过加工之后,能够极为坚硬。在山东滕州前掌大商代遗址的一些随葬武器的墓地中,有一些墓也出土鳄鱼骨片[2]。笔者由此推测,这些鳄鱼骨片应该就是"蛟革"制成皮甲的残存,鳄鱼皮甲朽坏之后,只剩下了鳄鱼骨板片。如果推测不误,这就印证了传世文献的记载,说明殷人也使用"蛟革"——鳄鱼皮制作甲,而这种鳄鱼皮甲具有相当的防御能力。

除了"蛟革"之外,卜辞也记载了殷人一次捕鱼可以达到三万只的规模(《合集》10471),甚至商王也会参与捕鱼活动(《合集》10918)。这种大规模捕鱼活动除了能够为各氏族提供大量的蛋白质食物之外,不知是否也具有收集制作鱼皮甲材料的意义。殷人是否也如同楚人一样使用鱼皮制作革甲,还有待进一步考证与研究。

安阳侯家庄1004号商代大墓发现过皮甲的残迹,皮甲已经朽坏,只有上面的图案纹理保存了下来,有黑、红、白、黄四种颜色组成图案花纹,该皮甲是由一整片大皮革制成[3]。从东周皮甲上过漆这一现象判断,商代的皮甲可能也上过漆,并用色彩加以描绘。除此之外,商代的一些皮甲上甚至附有青铜甲泡[4]。在以迈锡尼(Mycenae)青铜文明为历史原型的"荷马史诗"中记载,特洛伊战争时期的希腊人有青铜铠甲[5]。但目前为止还没有发现过商代的青铜铠甲,只有青

---

① 屈守元笺疏:《韩诗外传笺疏》,巴蜀书社,1996年,第373页。

② 中国社会科学院考古研究所:《滕州前掌大墓地》,文物出版社,2005年,第61—89页。

③ 杨泓:《中国古代的甲胄·上篇(殷商—三国)》,载《考古学报》1976年1期,第21页。

④ 河北省文物研究所编:《藁城台西商代遗址》,文物出版社,1985年,第157页。

⑤ [古希腊]荷马:《伊利亚特》,罗念生、王焕生译,人民文学出版社,2005年,第437—442页。

铜胄。但"荷马史诗"中有一种叫 guala 的甲，是在皮革铠甲上加嵌铜片[1]。这种在皮甲上镶嵌铜片的类型倒是与商代甲泡皮甲比较类似。这种材料可以说明，商代已经开始出现金属与皮革复合材料的铠甲，这种复合甲在防护功能方面比纯粹的皮甲更加有效。

图 4-22　安阳侯家庄 1004 号大墓出土殷代皮甲残迹

在激烈的战争中，除了战士可能会遭受创伤，拉车的战马也可能被流矢或飞石击中，因而失去战斗力。在战斗中，甚至会有意地"射人先射马"，因此战马的死伤情况也很多。《九歌·国殇》："左骖殪兮右刃伤。"[2]《礼记·檀弓上》记载，鲁、宋乘丘之战后，"圉人浴马，有流矢在白肉"，郑注："白肉，股里肉。"[3] 些这都记载了战争中马匹的伤亡情况。因此，除了武装者使用的铠甲，战争中使用的马匹也会被安置上防护用甲，以增加战斗中的安全性。《诗经·郑风·清人》："清人在彭，驷介旁旁。"朱注："四马而被甲也。"[4]《左传·成公二年》记载，齐侯"不介马而驰之"，杜注："介，以甲也。"[5] 西周虢国墓地也曾出土马匹用的甲[6]。此外，包

---

① 陈中梅：《伊利亚特》，北京燕山出版社，2000 年，"前言"第 26 页。

② 洪兴祖：《楚辞补注》，中华书局，1983 年，第 82 页。

③ 李学勤主编：《十三经注疏·礼记正义》，北京大学出版社，1999 年，第 185 页。

④ ［宋］朱熹注：《诗经集传》，上海古籍出版社，1987 年，第 34 页。

⑤ 李学勤主编：《十三经注疏·春秋左传正义》，北京大学出版社，1999 年，第 693 页。

⑥ 张彦修：《虢国人素质考》，王斌主编：《虢国墓地的发现与研究》，社会科学文献出版社、时代出版社，2000 年，第 215 页。

山楚墓 M2 和曾侯乙墓中也都出土过战马使用的皮甲 ①。《荀子》中
还记载过一种用鳄鱼皮制造的马匹用甲 ②。这些材料反映了从宗周
到春秋时代战马披甲的情况。在宗周时代的车马坑中,有的战马身
旁就出土过青铜甲泡,郭宝钧认为,这些都是镶嵌在马甲上的铜件,
只是皮革制成的甲没有保存下来而已 ③。同样的道理,尽管现在还没
有出土材料证明商代的战马也身披皮甲,但由于皮甲这种材料易于
腐朽,很少能够发现残留痕迹,因此并不能排除商代已经使用皮甲
装备战马的可能性。

二、胄

在西安老牛坡商代遗址、城固县遗址、湖北盘龙城、殷墟等地都
出土过一种青铜兽面。有的考古报告称为"面具",但一些学者则认
为,这些青铜兽面实为"兽面形牌式胄",是附着在皮革一类内衬物
品上的部件,属于复合胄的组成部分 ④。而有的学者认为,这种青铜
兽面是装饰在盾牌上的 ⑤。关于这种青铜兽面牌的具体用处,也许还
可以做更进一步的探讨和分析。

目前得到一致承认的商代青铜胄均为半球形,这种半球形的整
体形制在后世也一直得到沿用。可以说,中国古代战争中胄的基本
形制在商代便已经确立。于省吾曾考证,甲骨文中的"甲"字原型

① 湖北省荆沙铁路考古队:《包山楚墓》,文物出版社,1991 年,第 219—223 页;
　　湖北省博物馆:《曾侯乙墓》,文物出版社,1989 年,第 332 页。
② [清]王先谦:《荀子集解》,中华书局,1997 年,第 348 页。
③ 郭宝钧:《殷周车器研究》,文物出版社,1998 年,第 64 页。
④ 胡秉华、白荣金:《前掌大墓地出土铜胄复原研究》,中国社会科学院考古研究
　　所:《滕州前掌大墓地》,文物出版社,2005 年,第 600—606 页。
⑤ 柴晓明:《论商周时期的青铜面饰》,载《考古》1992 年 12 期,第 1116—
　　1117 页。

并不是方形的外郭。通过查找金文材料可知,商代文字中的"甲"之外郭原作圆形,就是对圆形青铜胄,即"首甲"的象形描述[①]。这种半球形青铜胄的分布广泛,最著名的一次发掘即在安阳侯家庄西北冈M1004 大墓的墓道随葬武器戈、矛丛夯土下发现的 66 件青铜胄,也有说法是不少于 141 件青铜胄[②]。其中的 8 件头盔上,标示着一个重要殷人氏族"⋈"的徽号[③]。显示了殷人大族贵族不但拥有自己的青铜胄,而且戴着这些护具参与为王室服务的各类武装活动。

这些半球形的青铜盔胄,"由于盔较深,可以有效地保护头顶,盔下遮及双耳与颈的两侧及后部,所以有较好的防护功能"。这些青铜胄的顶部均有一小圆管,可以安插缨饰或羽毛。胄纹有兽面类型,也有眼纹[④]。此外,在滕州前掌大 M213 中出土的青铜胄体内,还残留着黑色的皮革和纺织品的痕迹,这就说明商代的青铜胄内部使用了皮革和纺织品作为内衬[⑤]。这些内衬可以更好地保护武装者的头部,使之免于铜胄内部毛刺的磨损和在遭遇外部攻击时形成一定的缓冲保护。

前掌大遗址出土的晚商青铜胄也有兽面纹饰和突出的"臣"字形眼睛[⑥]。这种兽面纹既能见于青铜祭器之上,也能见于武器之上。

---

① 于省吾:《释甲》,《甲骨文字释林》,中华书局,2009 年,第 370 页。

② 杨泓:《考古学与中国古代兵器史研究》,载《文物》1985 年 8 期,第 19 页。

③ 张俊成:《觏公簋与商周⋈族及其称谓问题》,载《华夏考古》2011 年 2 期,第130 页。

④ 朱凤瀚:《古代中国青铜器》,南开大学出版社,1995 年,第 277—278 页。

⑤ 中国社会科学院考古研究所:《滕州前掌大墓地》,文物出版社,2005 年,第75—77 页。

⑥ 胡秉华、白荣金:《前掌大墓地出土铜胄复原研究》,中国社会科学院考古研究所:《滕州前掌大墓地》,文物出版社,2005 年,第 604—605 页。

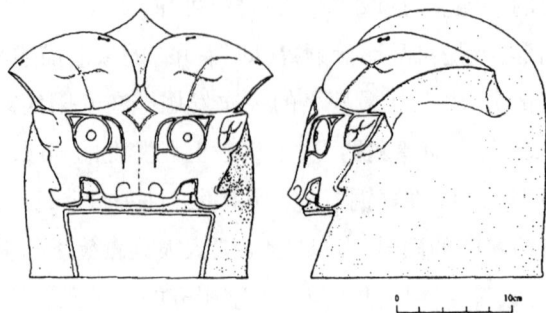

图 4-23 前掌大殷墓出土的青铜胄

在商代的战争观念中,这种纹饰将战争、武装者与献祭联系在一起。兽面既与祭祀主题有关,也是武装者凶暴身份的一种对应。对于武装者而言,这种兽面主题的含义与身披猛兽皮革的"食肉动物化"功能相似,都能凸显和表征武士的凶暴战斗力。《太平御览》卷三五六引《舆服杂事》记载后世有"虎皮胄"①,这也是用虎皮制成的一种胄,能够在起到保护头部作用的同时也表征武装者的猛兽身份。这种虎皮胄的记载,也见于出土的先秦文字资料。中山王方壶中记载"身蒙皋胄";《左传·庄公十年》记载鲁国公子偃"自雩门窃出,蒙皋比而先犯之",杜注"皋比,虎皮",说明中山国的"皋胄"就是虎皮胄②。可见战国中山王的胄,也表现了猛虎的凶暴形象。殷人的武士通过身披虎皮将自身"食肉动物化",应当也有"虎皮胄"一类的头部护具。青铜胄上的兽面纹,功能显然与"虎皮胄"的象征含义是一致的。实际上,殷人以虎这一凶暴战士象征作为胄形的观念,一直影响到东周时代的殷人后裔。在一位自称"殷王之孙"所铸

---

① [宋]李昉等:《太平御览》,中华书局,2006年,第1638页。
② 李学勤、李零:《平山三器与中山国史的若干问题》,载《考古学报》1979年2期,第152页。

造的青铜器上,就有记载头戴虎冠以示凶狠的武士①。这位"殷王之孙",是宋国的后裔,因此也就是商王族的后裔。与他那些遥远的祖先们一样,他们都将虎纹作之冠胄视为凶暴武士的重要象征。

殷墟出土的青铜胄,既表现有兽面纹,也表现有"眼纹"。值得注意的是,被突出表现的"眼睛"实际上也不是没有意义的。巫鸿的美术史研究中,有一篇名为《眼睛就是一切》的论文。这篇论文的核心是探讨三星堆文化中出土石人"眼睛"的古代宗教意义。通过美国芝加哥美术馆(The Art Institute of Chicago)收藏的三星堆文化石人以及成都方池街出土的三星堆文化石人这两件考古图像资料,巫鸿在研究之后得出结论:"这种艺术表现手法本身即意味着一种象征性的杀戮,正如弗里德伯格所见,夺其眼睛即等于夺其生命。"② 此外,古王国的《金字塔文》记载,奥西里斯(Osirise)的复活是因为其子荷露斯(Horse)夺回了自己的眼睛③。在北美鄂吉布瓦(Ojibwa)印第安人神话中,最古老图腾的最初超自然存在有六个,其中一个眼睛的目光能刹那间使人类死亡,"仿佛遭到雷击一般"④。这种关于"眼睛"具有非凡含义的观念在人类学材料中并不少见⑤。在古代的神话观念中,"眼睛"的意义普遍与生命力或强大力量有诸多联

---

① 张政烺:《庚壶释文》,《张政烺文集·甲骨金文与商周史研究》,中华书局,2012 年,第 298 页。

② [美]巫鸿:《礼仪中的美术——巫鸿中国古代美术史文编》,郑岩等译,生活·读书·新知三联书店,2005 年,第 83 页。

③ [美]米尔恰·伊利亚德:《宗教思想史》,晏可佳等译,上海社会科学院出版社,2004 年,第 86 页。

④ [法]列维－斯特劳斯:《图腾制度》,渠东译,上海人民出版社,2005 年,第 27 页。

⑤ 夏奇艳:《原始艺术中眼睛形象的意义》,载《中华文化论坛》2016 年 4 期,第 146—151 页。

系,表现突出的"眼纹",实际上也可达到凸显或增强武装者力量的目的。因此,头盔形制与纹饰对商代武士来说,绝不是没有意义的。另外,盔顶的圆管被用于安插缨饰,安插的主要饰物应为凶猛鸟类的羽毛。正如上一节所讨论的,殷人武装者既使用"猛鸟"的羽毛装饰武器,使武器具有更强的杀伤力,也用猛鸟的羽毛装饰自己,这一行为与身披兽皮作战出自同一信念。

　　除了纹饰、图案和羽毛等象征与内在含义之外,早期的盔胄上还使用一些物品进行装饰。《诗经·鲁颂·閟宫》:"公徒三万,贝胄朱綅,烝徒增增。"毛传:"贝胄,贝饰也。"周康王时器《廿五祀盂鼎》中也记载了国王赏赐给名盂的贵族"贝胄"①,说明周代的武装者确实使用装饰了贝壳的盔胄。至于商代是否有这种装饰了贝壳的胄,目前还没有确切的考古证据。但前掌大遗址车马坑 M41 殉人的头部有排列成行的海贝"头饰"②,这有可能是战车驾驭者生前所戴"贝胄"的残存,皮胄的皮革完全朽坏,因此只剩下了上面的贝饰。

　　除此之外,前掌大遗址还发现了一种商代复合胄,其上装饰着 20 颗野猪牙③,这种在头盔上装饰野猪牙的现象并不是商代独有。在《伊利亚特》中记载,奥德修斯(Odysseus)夜中前往刺探特洛伊人营地时,就戴着一件皮盔,皮盔"外面有牙齿发亮的野猪牙的闪光獠牙"④。这种装饰了野猪牙头盔的实物,后来在迈锡尼遗址的发

---

① 唐兰:《西周青铜器铭文分代史征》,中华书局,1986 年,第 181 页。

② 中国社会科学院考古研究所:《滕州前掌大墓地》,文物出版社,2005 年,第 129 页。

③ 胡秉华、白荣金:《前掌大墓地出土铜胄复原研究》,中国社会科学院考古研究所:《滕州前掌大墓地》,文物出版社,2005 年,第 605 页。

④ [古希腊]荷马:《伊利亚特》,罗念生、王焕生译,人民文学出版社,2005 年,第 224 页。

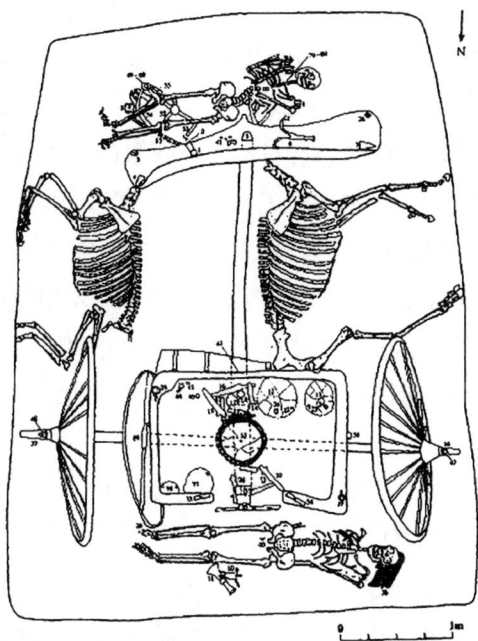

图 4-24　前掌大遗址车马坑 M41，可以看见殉人头部有成排的海贝

掘中得到了证实[①]。此外，珞巴族的头盔上也装饰着熊皮、野猪牙[②]。由此可见，头盔上装饰野猪牙，尽管可能具有一些防御的含义，但更多的意义在于，长牙的野猪具有极其强大的凶暴力量与防御能力，装饰野猪牙也就使戴头盔的武装者，也分享了这种进攻力量与防御力。

出于青铜铸造技术的复杂、青铜的贵重以及青铜胄兽面纹所对

① ［苏］兹拉特科夫斯卡雅：《欧洲文化的起源》，陈筠、沈澂译，生活·读书·新知三联书店，1984 年，第 128—129 页。

② ［印］沙钦·罗伊：《珞巴族阿迪人的文化》，李坚尚、丛晓明译，西藏人民出版社，1991 年，第 102 页。

应的精英等级等原因，青铜胄或装饰了野猪牙的复合胄在商代是一种极少数人才能够得以使用的防护装备，这些人应该包括国王、高级神职人员、封邑首领、贵族武士等群体。江西新干大洋洲商墓中出土了一件装饰了兽纹的青铜胄①，这座墓的墓主是一位诸侯级别或族长级别的精英，但墓中只有一件青铜胄，足以说明这种装备的珍贵。前掌大贵族首领陪葬的战车车舆中伴随青铜武器出土青铜胄②，也可见青铜胄是极少配置了战车的贵族才能使用的贵重防护装备。而在周原地区出土的殷末周初甲骨文中，周人军事贵族的胄，也显得非常珍贵。例如：

王其□用胄，惟二十□胄（H11:174）

惟三胄（H11:237）③

在周原卜辞中，可以见到，国王级别的军事贵族对胄的使用数量单位，或三个，或二十个，非常有限。综合这些来看，殷代的胄，可谓相当贵重，基本为高级武装贵族所使用。正是因为如此，商代的一些武装者也使用皮革制成的头盔④。这种皮革头盔的历史应该早于青铜盔的。云南的傈僳族就使用牛皮甲和驴皮头盔，属于比金属

① 江西省文物考古研究所、江西省新干县博物馆：《江西新干大洋洲商墓发掘简报》，载《文物》1991 年 10 期，第 13 页。

② 中国社会科学院考古研究所：《滕州前掌大墓地》，文物出版社，2005 年，第127 页。

③ 李零：《读〈周原甲骨文〉》，北京大学中国考古学研究中心、北京大学震旦古代文明研究中心编：《古代文明》第 3 卷，文物出版社，2004 年，第 244、249 页。

④ 石璋如：《殷代的弓与马》，中华书局编辑部：《"中研院" 历史语言研究所集刊论文类编·考古编二》，中华书局，2009 年，第 1724 页。

护具更古旧的形态 ①。

《风俗通义·正失》记载,楚国叶公在平定白公胜的战斗中,有人强烈要求他戴上"胄",理由是"盗贼之矢若伤君",白公胜便按照建议戴上了这一头部护具②。可见,胄的重要作用是保护人体的要害头部,使之免受箭矢和弹丸的射击。商代一座战士的墓中铜片甲在人头骨顶额出土,可见殷人也在皮胄上缀以铜片甲,较为轻便,可以抵挡矢石③。这种镶嵌了青铜片的皮胄在制作工艺和使用登记方面应与铜泡皮甲较为接近。除了金属与皮革的复合头盔,商代还有完全由皮革制成的皮胄。这种完全皮制的胄在商代之后也一直得到了沿用。战国时代的包山楚墓 M2 中就出土了皮胄④,曾侯乙墓中也出土了皮胄,是由 18 片皮甲缀合而成的⑤。

尽管皮胄较青铜胄更为普及,但能够配置甲胄的战士毕竟是少数,因为胄的生产工艺显然比甲更复杂。也没有证据显示出土青铜武器的墓葬内普遍有皮革的残存或痕迹⑥。在河南濮阳西水坡春秋时代士兵排葬墓中,曾发现有一些士兵的头骨中残存着弹丸,说明他们是头部中弹而死⑦。这一材料表明,到了春秋时代,普通士兵仍然缺乏头部的基本护具,因此才会头部中弹阵亡。在更为远古的殷

---

① 杨泓:《考古学与中国古代兵器史研究》,载《文物》1985 年 8 期,第 18 页。

② 王利器校注:《风俗通义校注》,中华书局,2010 年,第 85 页。

③ 郭宝钧:《中国青铜器时代》,生活·读书·新知三联书店,1978 年,第 181 页。

④ 湖北省荆沙铁路考古队:《包山楚墓》,文物出版社,1991 年,第 216 页。

⑤ 湖北省博物馆:《曾侯乙墓》,文物出版社,1989 年,第 334 页。

⑥ 参见刘一曼:《略论商代后期军队的武器装备与兵种》,中国文物学会、中国殷商文化学会、中山大学编:《商承祚教授百年诞辰纪念文集》,文物出版社,2003 年,第 184 页。

⑦ 郝本性:《试论郑州出土商代人头骨饮器》,载《华夏考古》1992 年 2 期,第 95 页。

商时代，防护装备只会更加缺乏。可以推知，商代的普通氏族战士一般使用盾，而普遍缺乏甲胄类护具。

三、盾

盾可以被视为商代武装者使用最为广泛的战争护具。通过甲骨卜辞材料可知，商代有一个氏族组织的名称就是"盾"。宾组卜辞记载：

> 甲申卜，勿令鼓比盾（《合集》4944）
>
> 乎鸣比钺史盾（《合集》4723）

殷人氏族名称多与该族擅长制作或使用某种对象有关，因此可以推测，这个氏族与盾的制造可能有密切关系，很可能是一个比较专业生产盾牌的氏族。他们制作盾牌所使用的皮革原料大致与皮甲、皮胄相似。

殷人的盾大致可以分为两种，一种是步兵普遍与戈配合使用的一套"干戈"，另外一种就是车盾，放置在战车上作为护具，张光直称之为"大型和小型"两种盾牌[1]。在车战时，战车武士一般需要手操兵器作战，没有多余的手可以持盾防护。因此，当时的车盾大多是安置在战车上的，主要防护下半身。这种盾一般被插放在车舆的两侧，可以形成对战士的有效保护。《诗经·秦风·小戎》中就有"龙盾之合"的记载，朱注"画龙于盾，合而载之，以为车上之卫"[2]，正是说明了战争中安放盾牌可以起到重要的防御作用。

---

[1] 张光直：《商文明》，张良仁、岳红彬、丁晓雷译，辽宁教育出版社，2002年，第187页。

[2] ［宋］朱熹注：《诗经集传》，上海古籍出版社，1987年，第51页。

殷墟小屯的车马坑中就曾发现盾的痕迹，与戈等武器放置在一起。盾的形制是用木框扎成，上面蒙着皮革，绘有虎纹。[1] 当然，车盾既然被安插在车上，其形体一般都比较厚重宽大。例如，前掌大遗址车马坑 M40、M41、M45 车上都发现了皮制盾牌 [2]，盾形宽大。

图 4-25　前掌大战车上的盾牌

对于普通步战的氏族战士而言，则需要更为轻便简洁的盾。总体而言，最初的盾是由竹子或藤条编制而成。例如，台湾原住民兰屿耶美人就使用藤制甲胄和藤盾 [3]。这种盾虽然轻便简洁，但在防护性能方面则有所欠缺。因此，在竹木或藤条制成的原始盾牌上包扎皮革成为必然的趋势。珞巴族人的盾牌一般是由竹子制作而成，但

① 成东：《先秦时期的盾》，载《考古》1989 年 1 期，第 72—74 页。
② 李森、刘方、韩慧君、梁中合：《前掌大墓地马车的复原研究》，中国社会科学院考古研究所：《滕州前掌大墓地》，文物出版社，2005 年，第 628 页。
③ 杨泓：《考古学与中国古代兵器史研究》，载《文物》1985 年 8 期，第 18 页。

有一些贵重的盾牌上则包扎了大额牛皮[①],正是显示了盾牌包以皮革以增强防御力的演进趋势。1936 年到 1937 年,安阳小屯发现了23 处跪葬墓,多为持戈盾而埋。例如,M167 出土了一件盾,由木棍作框,木棍直径为 0.03 米,框架形状为长方形。木框上覆盖了皮革或编织物,高 0.8 米,上宽 0.65 米,下宽 0.7 米,呈现略近梯形的样式。盾面的底色为棕色,每一面盾上画着红色的虎,跪葬的战士则带着具有巫术力量的石戈[②]。从材料可知,商代普通步战武装者所使用的盾并不大,主体由木框扎成,上面覆盖坚固的皮革。于省吾根据甲骨文和青铜铭文的形状分析,很多戈柲和干盾上的木框是绑缚在一起的[③]。这似乎说明,作为成套被收藏的武器,将干戈绑缚在一起,更容易得到管理,在战前以成套的形式分发给氏族成员。实际上,大部分的普通武士与氏族战士都使用“干戈”。在青铜器与金文材料中,经常可以见到这种持盾者的形象[④],不难看出这种盾较为轻便。

　　这种先制造盾框架,再于框架上覆盖皮革的方法也见于日本古坟时代的盾,二者在制作方法上相当接近。古坟时代日本的盾高140—150 厘米,宽 50—60 厘米,也是木框上覆盖皮革,最后再涂上漆[⑤]。古代迈锡尼的武装者使用“8”字形和塔状的长方形两种盾牌,

---

① [印]沙钦·罗伊:《珞巴族阿迪人的文化》,李坚尚、丛晓明译,西藏人民出版社,1991 年,第 102 页。

② 石璋如:《小屯殷代的跪葬》,《历史语言研究所集刊》第三十六本,1965 年,第270 页。

③ 于省吾:《双剑誃殷契骈枝》,中华书局,2009 年,第 76 页。

④ 容庚编著:《金文编》,科学出版社,1959 年,第 799 页。

⑤ [日]小林行雄:《日本考古学概论——连载之八》,韩钊等译,载《考古与文物》1997 年 6 期,第 84 页。

都是由一层层的牛皮制作而成[①]。应该说，皮盾的使用在较为远古的时代具有广泛的分布。在战国时代的包山楚墓M2中出土了木盾、皮盾两种[②]，曾侯乙墓共出土了49件盾牌，都是皮革制成并在上面漆绘[③]。正如先秦时代也使用鱼皮"鲛革"制作甲一样，坚固的鱼皮也被用于制作盾。《逸周书·王会》就记载了一种"鲛盾"，《集注》云："盾也，以鲛皮作之。鲛，

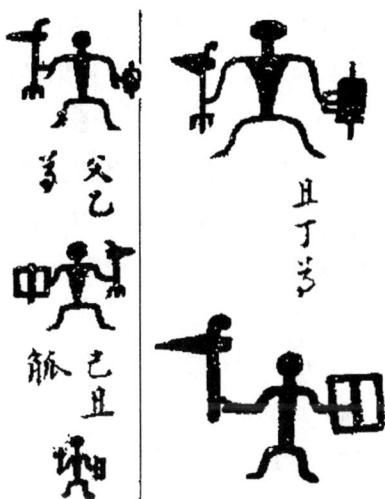

图 4-26　金文中持戈盾的武装者形象

文鱼也。"[④] 如果殷人也使用鱼皮甲，则不排除他们也使用鱼皮盾的可能。

　　除了各类皮革的覆盖，殷人的盾上还装饰着猛禽的羽毛。甲骨文中也有"干"字，见于《合集》21457、32834、37473 等，字形上有岐出物，就是羽毛。金文中作"干"，也显示出盾牌上羽毛的形象。有学者认为，盾牌上装饰羽毛可以使敌人视线发生混乱，进而用另一只手持戈击敌，所以古人常常干戈并用[⑤]。可见，"干"的原义就是指

---

① ［美］戴尔·布朗主编：《爱琴海沿岸的奇异王国》，李旭影译，华夏出版社、广西人民出版社，2002 年，第 164 页。
② 湖北省荆沙铁路考古队：《包山楚墓》，文物出版社，1991 年，第 213 页。
③ 湖北省博物馆：《曾侯乙墓》，文物出版社，1989 年，第 303 页。
④ 黄怀信、张懋镕、田旭东：《逸周书汇校集注》，上海古籍出版社，2007 年，第912 页。
⑤ 劳干：《战国时代的战争方法》，《历史语言研究所集刊》第三十七本，1967 年，第 59 页。

装饰了羽毛的盾牌。关于盾上羽毛的作用是否可以使敌方的视线发生混乱，这一点还难以作出结论。但殷人在武器装备上装饰猛禽羽毛更大的意义则是在于获取"猛鸟"的象征力量，增强武装者的战斗力，战胜作为敌者的"鬼魅精怪"。

除了皮盾，殷人也使用木制的盾牌，这种盾在战国和西汉继续得到使用[①]。山东滕州前掌大商代墓地 M19 出土了皮制和木制的盾牌各一块，上面描绘着彩漆[②]。也有学者认为，一些遗址中发现的青铜面饰应该是盾之上的青铜护具[③]。在前掌大车马坑 M45 中出土的盾牌上则确实发现了镶嵌的圆形铜片[④]，这证明殷人已经开始使用皮革与金属组成的复合盾。这种金属饼饰与皮革制作的复合盾在西周也一直得到沿用[⑤]。不过到目前为止，还没有发现商代有青铜盾的明确证据[⑥]，而到了西周则出现了真正的铜制盾牌[⑦]，西周青铜器铭文中就记载了国王向贵族赏赐过"金干"[⑧]，即用青铜制作并装饰了羽毛的盾牌，明确的文字证据说明周人的武器与防御装备较殷人

① 长江流域第二期文物考古工作人员训练班：《湖北江陵凤凰山西汉墓发掘简报》，载《文物》1974 年 6 期，第 46 页。

② 中国社会科学院考古研究所山东工作队：《山东滕州市前掌大商周墓地 1998 年发掘简报》，载《考古》2000 年 7 期，第 16 页。

③ 柴晓明：《论商周时期的青铜面饰》，载《考古》1992 年 12 期，第 1116—1117 页。

④ 李淼、刘方、韩慧君、梁中合：《前掌大墓地马车的复原研究》，中国社会科学院考古研究所：《滕州前掌大墓地》，文物出版社，2005 年，第 628 页。

⑤ 陕西省文物管理委员会：《西周镐京附近部分墓葬发掘简报》，载《文物》1986 年 1 期，第 16 页。

⑥ 在殷墟花园庄东地 M54 中一殉人的背部放置着数件圆盘形青铜器，整理者认为，从形制和大小来看，"似为防护用的青铜盾牌"（中国社会科学院考古研究所编著：《安阳殷墟花园庄东地商代墓葬》，科学出版社，2007 年，第 80 页），因此，殷人可能已经在使用青铜盾，但还没有绝对的证据可以证明。

⑦ 巨万仓：《周原岐山出土的青铜兵器》，载《文博》1988 年 5 期，第 9 页。

⑧ 唐兰：《西周青铜器铭文分代史征》，中华书局，1986 年，第 181 页。

有所发展。

前文分析了商代的战争观念中往往将武士比附为虎。虎是商代祭祀、战争与武装者之间的重要联系。殷人的盾牌上大多装饰着虎的纹饰[①]，显示了这种联系在战争与装备中的象征被反复强调。布鲁斯·林肯的观点是："一般而言，在火器发明以前，盾牌在战场上不仅具备防御功能，而且是一道流动的社会边界，它们把一个人的自我、他所属的集团和所处的疆域同敌人区别开来。"[②] 也就是说，盾牌具有区分敌我的功能，也意味着社会乃至自然的分界。在盾

图4-27　手持虎纹盾、戈，头戴青铜盔的殷人武装者复原[③]

牌内侧，对应着安全、秩序与神圣；在盾牌外侧，对应着危险、混沌与黑暗。商代的武装者通过战车与步兵都装配的盾牌，构拟出在精神与象征层面上区分秩序的一道安全边界，盾牌上普遍描绘的虎纹均与这种心理的象征边界具有关联。一方面，虎是武士的化形，是食肉动物化的战士象征；另一方面，虎的吞噬与献祭主题有关，这一点也体现在青铜祭器与武器的纹饰之上。

最后，将这种具有象征含义的虎纹装饰在盾牌的外侧，即是将

① 成东：《先秦时期的盾》，载《考古》1989年1期，第72—74页。

② ［美］布鲁斯·林肯：《死亡、战争与献祭》，晏可佳译，上海人民出版社，2002年，第216页。

③ 该复原图见郭鹏：《殷墟青铜兵器研究》，考古杂志社编辑：《考古学集刊》第15集，文物出版社，2004年，第152页。

这种具有意义的图像与敌方相对立。武士如同纹饰上的虎一样杀戮与捕食敌方,这一主题画面对应着"对象",盾牌内外对立的双方构成了殷人战场上的基本秩序观念。

第三节　远射武器

　　商代的武装者除了大量装配近战武器之外,也广泛使用远射武器进行作战,并猎获半兽人,将其作为祭品。这种远射武器包括了弓箭与弹丸。弓箭的使用范围非常广泛,既被用于狩猎活动,也被用于战争——当然,在殷人的观念中狩猎与战争是同一性质的活动。除了步战者广泛以弓箭配合戈使用之外,驾驶着战车的武装贵族也广泛装配这种远射武器,经过训练,他们可以在颠簸的战车中保持一定程度的命中率。考古材料显示,商代贵族武士的墓葬中广泛随葬弓箭,充分说明了这种武器使用的广泛性和有效性。在包括殷人在内的古代观念中,弓箭与巫术、神话、太阳信仰之间具有密切联系。这就意味着,这种武器的使用关系到一系列的信仰、仪式与神话,弓箭被武装贵族大量应用于战争领域,同样体现了诸神信仰为核心的宗教政治将武器的功能与献祭联系在一起的含义。

　　除了弓箭,殷人还普遍将石制或陶制大小不等的弹丸用于狩猎与战争。这种远射的石弹和飞出的箭矢在文献中被通称为"矢石"。尽管飞射弹丸的重要性不及弓箭,但它同样被广泛地运用于战场。

一、弓箭的神话

　　通过考察古希腊太阳神阿波罗、巴比伦太阳神马杜克(Marduk)、爱斯基摩史前渔猎部落和东非狩猎部落等不同文化后得出结论,即太阳神作为射手这一神话观念普遍存在于古代各个不同的文化中。

通过对上古中国零散材料的分析,叶舒宪推断射日的后羿其原型即为一位太阳神,他也是弓箭的化身[1]。艾兰对源于商代的射日神话有过研究,她的结论是,后羿射日的神话与殷人的十干太阳神信仰之间具有复杂而紧密的联系[2]。这就意味着,弓箭这种武器与弓箭的使用者具有与太阳祖神之间对应的关系,这种武器在原则上将战争与诸神的献祭结合在一起。东夷人群传说中,射日后羿也将弓箭与太阳的信仰联系在一起。

在甲骨卜辞中,祭祀也通常使用弓箭的"射"来完成整个仪式[3]。卜辞记载:

……兄庚岁……其射(《合集》23501)

祖辛岁,惟多生射(《合集》24141)

……大庚……惟多生射(《合集》24142)

卜辞材料显示对祖神的祭祀往往使用弓箭射击。这样的祭祀礼仪在宗周以降的文化中也一直得到保存[4]。这种将弓箭与祭祀相联系的观念也大量见于传世文献中。《国语·楚语下》"天子禘郊之事,必自射其牲"[5];《周礼·夏官司马·射人》"祭祀,则赞射牲"[6];《周

---

[1] 叶舒宪:《英雄与太阳——中国上古史诗的原型重构》,陕西人民出版社,2005年,第84—85页。

[2] [英]艾兰:《龟之谜——商代神话、祭祀、艺术和宇宙观研究》,汪涛译,四川人民出版社,1992年,第99、27—31页。

[3] 陈絜:《商周姓氏制度研究》,商务印书馆,2007年,第93—94页。

[4] 杨树达:《卜辞琐记》,上海古籍出版社,2006年,第4页。

[5] 徐元诰:《国语集解》,中华书局,2006年,第519页。

[6] 李学勤主编:《十三经注疏·周礼注疏》,北京大学出版社,1999年,第809页。

礼·夏官司马·射鸟氏》"祭祀,以弓矢驱乌鸢"①。在《白虎通·乡射》中甚至记载"天子所以亲射何? 助阳气达万物也"②,将弓箭祭祀的含义上升到帮助"阳气"与万物生长的宇宙论高度。

弓箭除了具有与诸神联系,并在祭祀中具有重要意义,还具有相当重要的巫术力量。《史记·殷本纪》《宋微子世家》等材料记载,商王武乙进行过"射天"的行为,而殷商后裔宋国也进行过类似的巫术射箭行为。王晖认为:"'射天'是厌胜式的巫术行为。"③ 在殷人的文化传统中,弓箭被赋予强烈的巫术象征意义,国王通过用箭射击诅咒对象来实现其法术,重要的原因就在于这种武器对应着太阳神祖先,对应着太阳神的力量,而受到弓箭袭击的对象则被祖神作为献祭的牺牲。《周礼·秋官司寇·庭氏》记载:"庭氏掌射国中之夭(妖)鸟,若不见其鸟兽,则以救日之弓与救月之矢夜射之。若神也,则以大阴之弓与枉矢射之。"④ 从这条材料可知,弓箭的巫术力量非常强大和重要,它可以消灭妖鸟,还可以拯救日食和月食,甚至可以杀死某些神。根据王晖的研究,商王用弓箭诅咒的神灵即是周人信仰的天神,"殷人与殷人后人企图用射天的巫术方式来达到制服敌方主神以求胜利的目的"⑤,证明弓箭可以杀死对方的"神"。《左传·昭公四年》记载,"桃弧棘矢"这样的弓箭装备可以禳除凶邪,消除灾祸⑥。《墨子·明鬼下》还记载,被周宣王杀死的杜伯鬼魂使用

---

① 李学勤主编:《十三经注疏·周礼注疏》,北京大学出版社,1999年,第812页。

② [清]陈立:《白虎通疏证》,中华书局,2007年,第242页。

③ 王晖:《商周文化比较研究》,人民出版社,2001年,第81页。

④ 李学勤主编:《十三经注疏·周礼注疏》,北京大学出版社,1999年,第989页。

⑤ 王晖:《商周文化比较研究》,人民出版社,2001年,第82页。

⑥ 李学勤主编:《十三经注疏·春秋左传正义》,北京大学出版社,1999年,第1196—1197页。

"朱弓"、"朱矢"等具有巫术性力量的弓箭射死了周王[1]。而周王室也同样相信弓箭具有巫术力量,《史记·封禅书》记载"诸侯莫朝周,周力少,苌弘乃明事鬼神,设射狸首。狸首者,诸侯之不来者"[2],说明周王室也相信通过弓箭射击诸侯的画像,可以达到物理攻击的巫术效果[3]。这些材料也都同样显示出在古代观念中,弓箭曾被赋予浓厚的巫术色彩与神奇力量。

在汉代的一种艺术母题中,重点表现的内容便是射箭手用弓箭射杀作为精怪的猿猴,这一内容也见于《吕氏春秋》和《淮南子》等古书,说明弓箭在观念层面能够制服邪恶的精怪。在宋元时代的一组绘画中,描述了一位神灵带领属下与精怪作战,战胜了水牛,杀死了蛇、狐、虎、野猪在内的大量山林精怪,猿猴被生擒"献俘",而这位神灵所使用的武器正是弓箭[4]。

弓箭具有强大巫术力量的信念也广泛存在于各种古代文化之中。在"荷马史诗"《伊利亚特》第一卷中记载,太阳神阿波罗向希

---

[1] [清]孙诒让:《墨子间诂》,中华书局,2009年,第225页。

[2] [汉]司马迁:《史记》,中华书局,1982年,第1364页。《春秋繁露·楚庄王》也提到"诸侯之君射狸首之乐者",郑云:"狸之言不来也。"见[清]苏舆:《春秋繁露义证》,中华书局,2002年,第17页。

[3] 周王室通过弓箭的魔法力量控制诸侯之例也见于《六韬》的记载。根据《太平御览》卷七三七所引《六韬》云:"武王代殷,丁侯不朝。太公乃画丁侯于策,三箭射之。丁侯病困,卜者占云:祟在周。恐惧,乃请举国为臣。太公使人甲乙日拔丁侯着头箭,丙丁日拔着口箭,戊己日拔着腹箭,丁侯病稍愈。四夷闻,各以来贡。"这一材料也很好地反映了弓箭被认为具有强大的法术力量,而箭对人的巫术攻击与干支时间也有复杂关联。

[4] [美]巫鸿:《汉代艺术中的"白猿传"画像——兼谈叙事绘画与叙事文学之关系》,郑岩、王睿编:《礼仪中的美术——巫鸿中国古代美术史文编》上卷,生活·读书·新知三联书店,2005年,第194—201页。

腊人射出箭矢,这些射向军队神的箭矢能够引起瘟疫①。非洲的布须曼人也相信,精灵能够通过隐形弓箭的射击给人类带来疾病、死亡与不幸②。古代日本的交灵女巫则在其所居的树脚下放置白羽箭,这是她们与神为伴身份的象征③。北美印第安人库思族(Coos)神话中,通过一支一支射向天空的箭,可以通往天上④。纳西东巴文化中,射箭可以达到镇鬼的功能⑤。在古代的西南夷,也有像商王那样通过弓箭射击实现巫术诅咒效果的行为。《汉书·西南夷两粤朝鲜传》记载,夜郎王反抗汉朝时,曾"刻木象汉吏,立道旁射之",显然,这与殷文化中的巫术攻击行为是一致的⑥。巫鸿认为:"古代中国人赋予弓箭某种战胜邪恶势力的神奇力量。"⑦实际上,不仅仅是古代中国,在世界范围内的各种不同文化中,弓箭往往都具有与太阳信仰的联

---

① [古希腊]荷马:《伊利亚特》,罗念生、王焕生译,人民文学出版社,2005 年,第3 页。

② Marjorie Shostak, *NISA:The Life and Words of a! Kung Woman*, Cambridge, Mass:Harvard University Press,2000,p.259.

③ Mircea Eliade, *Shamanism:Archaic Techniques of Ecstsy*, Translated from the French by Willard R.Trask, Princeton and Oxford: Princeton University Press, 2004, p.463. 此外,日本、泰国等传统观念中广泛将箭矢用于宗教祭祀或净化,认为箭矢具有镇压鬼魅的功能([日]白川静《中国古代文化》,加地伸行、范月娇译,台北文津出版社,1983 年,第 63—64 页)。

④ [美]杰罗尔德·拉姆齐:《美国俄勒冈州印第安神话传说》,史昆、李务生译,中国民间文艺出版社,1983 年,第 205 页。

⑤ 叶舒宪:《文学人类学教程》,中国社会科学出版社,2010 年,第 146 页。

⑥ 《后汉书·南蛮西南夷传》中也记载,巴人的首领廪君曾以"因射杀之"的方式,消灭了一位女神。这说明,西南夷诸族普遍相信,弓箭具有超越自然属性的神圣功能。

⑦ [美]巫鸿:《汉代艺术中的"白猿传"画像——兼谈叙事绘画与叙事文学之关系》,郑岩、王睿编:《礼仪中的美术——巫鸿中国古代美术史文编》上卷,生活·读书·新知三联书店,2005 年,第 198 页。

系,或者在神话、巫术层面具有特殊功能和重要意义。

　　殷人将弓箭视为对应了太阳神信仰的重要武器,这一点也能够体现在箭矢所对应的"十日"上。在射日神话中,被弓箭射击的太阳神数量正好是十个,对应着十个天干,也对应着商王族内的十个氏族组织。王族的这十个氏族组织也就是神圣太阳神的子孙①。值得注意的是,殷人的矢箙中所装箭支标准数量也正好是十支。这样的箭支数量并不是随意为之,而是明确对应了一套神圣的象征内容——包括射日神话、十日崇拜、十干氏族组织。实际上,甲骨文中的氏族之"族"字,就是在旗下建令箭的形象②。这些都说明箭支以"十"为基础的排列是一整套观念与象征体系的表征。

　　殷人箭支的基本使用与配置以"十"为单位,可以得到大量考古证据的支持。殷墟第十三至十五次发掘期间发现的人马合葬墓中,有一件弓形器配备了 10 枚箭镞③;小屯村北殷墓 M18 出土戈上压着 10 枚铜镞,大小形制相同,是一组箭矢④;河南柘城孟庄出土的一组青铜镞形制完全相同,一共 10 枚⑤;1953 年大司空村发现车马坑中,出土铜镞两束,每束 10 枚,有骨镞 10 枚一束;1966 年大司空村车马坑 M292 出土铜镞也是 10 枚一束;1972 年殷墟西区第七墓区车马坑的矢箙中铜镞也是 10 枚为组⑥;小屯 M40 出土两组铜镞都

① 王晖:《殷商十干氏族研究》,载《中国史研究》2003 年 3 期,第 39—40 页。

② 丁山:《甲骨文所见氏族及其制度》,中华书局,1988 年,第 33 页。

③ 胡厚宣:《殷墟发掘》,学习生活出版社,1955 年,第 107 页。

④ 中国社会科学院考古研究所安阳工作队:《安阳小屯村北的两座殷代墓》,载《考古学报》1981 年 4 期,第 503—504 页。

⑤ 中国社会科学院考古研究所河南一队、商丘地区文物管理委员会:《河南柘城孟庄商代遗址》,载《考古学报》1982 年 1 期,第 60 页。

⑥ 杨宝成:《殷墟文化研究》,武汉大学出版社,2003 年,第 120—121 页。

是 10 枚为一排[①]；殷墟妇好墓中出土的青铜镞也是两捆成束，每束 10 枚[②]。这种以十支箭为单位成捆成束的材料相当常见，说明殷人的观念中十支箭为标准配置单位。十支箭所对应的单位也正是神话中射日的数量。这种材料说明，殷人的弓箭确实与射日神话、太阳神崇拜、巫术力量以及献祭之间具有紧密联系。

在殷墟西区还发现过使用弓箭的巫师坟墓。在 M617 出土了涂着朱砂的龟背甲、铜铃等巫师法器，这里也出土了青铜镞。M700 也出土龟甲、巫术性的石戈与骨镞[③]。这说明除了商王室与贵族首领之外，商代的巫者确实使用弓箭。弓箭对他们来说，既能用于实战，也能作为巫术的用具。或者说，在他们的观念中，这二者本来就是一体的。

这些殷人对弓箭的神话与相关信念说明，他们在战场上使用这种具有神圣魔法含义的远射武器，本身就对应了两种力量。一方面这种武器对应了十干的太阳神信仰，这种武器本身也是太阳神所使用的，因此是太阳神族与其统治的"我们"所使用的。另一方面，这种武器能够消灭敌对的妖魅精怪，在巫术层面上战胜对应了混沌、黑暗、野蛮与危险的半兽、鬼魅和作为各种山林精怪的"它们"，并且能够有效地将"它们"杀戮和用于献祭。"射"本身就具有极其强烈的祭祀含义，这种含义在后世甚至被上升到了宇宙论的高度，但使用神圣的弓箭射击精怪妖魅，或者用这种武器捕获祭品，实际上都具有明确的献祭含义。

[①] 石璋如：《小屯第四十墓的整理与殷代第一类甲种车的初步复原》，《历史语言研究所集刊》第四十本，1969 年，第 659 页。

[②] 中国社会科学院考古研究所编：《殷墟妇好墓》，文物出版社，1980 年，第 109 页。

[③] 中国社会科学院考古研究所安阳工作队：《1969—1977 年殷墟西区墓葬发掘报告》，载《考古学报》1979 年 1 期，第 130 页。

二、殷人的弓与箭

商代的弓箭作为具有神话与献祭含义的武器,在战争中具有重要作用。通过与近战武器的配合,保持了武装者的战斗力。具体到技术层面,殷人弓与箭的制作与使用已经达到了相当的水平,这也是技术层面上的重要保证。

商代的弓已经是复合弓,脱离了用一条天然木片或竹片弯成的原始形态,而是用几片木竹材料制成重叠弓,在将弦解除后,弓体即反向回曲,因此可以保持良好的弹力[1]。《周礼·考工记·弓人》也记载"射远者用势",郑司农云"假令木性自由,则当反其曲以为弓"[2],正是说明了保持良好弹性的技术条件。保持弓体的弹性,除了回曲之外,弓的复合性也很重要。张光直说:"商代的'弓'是一种牢固的复合武器,长度与正常人的身高相同,由牛筋和角质物做成。"[3] 复合弓体的出现,在技术条件上是对单独由竹木类材料制成弓体的发展,具有更好的弹性和远射功能。在《伊利亚特》中,特洛伊英雄潘达罗斯(Pandaros)的弯弓材料就是取自一头自己猎获的野山羊的叉角[4]。显然,荷马时代的弓就是典型的复合弓。《诗经·小雅·角弓》记载"骍骍角弓",朱熹注"角弓,以角饰弓"[5],可见商周时期确

---

[1] 高锐:《中国上古军事史》,军事科学出版社,1995年,第39页。

[2] 李学勤主编:《十三经注疏·周礼注疏》,北京大学出版社,1999年,第1172页。

[3] 张光直:《商文明》,张良仁、岳红彬、丁晓雷译,辽宁教育出版社,2002年,第186页。

[4] [古希腊]荷马:《伊利亚特》,罗念生、王焕生译,人民文学出版社,2005年,第80—81页。

[5] [宋]朱熹:《诗经集传》,上海古籍出版社,1987年,第113页。

实有这种角质的复合弓。孔颖达疏"如今北狄所用者"①，说明中古北方的游牧者也使用这种复合弓②。这些游牧者使用角弓"骑射"的作战方式曾经给农耕的汉民族造成巨大威胁。《淮南子·兵略》也将复合弓的力量描述为"筋角之力"③。正因为骨角质复合弓的强大杀伤力，因此古人对这些战略物资有着严格的管控。例如，通过秦简法律的研究可知，秦国曾经对动物筋、革、骨、角等物资进行严格控制④。显然，这些资源可以制作皮甲与弓箭。从商王室垄断对武器的生产这一情况分析，殷人应该也对骨角等战略材料进行过控制，并利用这些资源生产复合弓。

除了弓之外，商代还有一种青铜的"弓形器"。这种弓形器是一种典型的殷人器物，出现并大量被运用于殷墟时期。到了西周，弓形器开始减少，并逐渐消亡⑤。有一些学者认为，弓形器的作用是"挂缰钩"，用以绑挂马缰绳，在作战时挂于腰间⑥。

但也有很多学者都赞同将之视为弓上附属物的观点。笔者认为，殷人在车战中不需要站立，而是跪坐在铺设有竹席的车舆内，因

① 李学勤主编：《十三经注疏·毛诗正义》，北京大学出版社，1999年，第904页。
② 游牧者"鞑靼"使用的弓就是用"木料及角以胶汁及腱连接而成"，见林慧祥：《文化人类学》，商务印书馆，2002年，第127页。
③ 刘文典：《淮南鸿烈集解》，中华书局，2006年，第510页。
④ 曹旅宁：《秦律新探》，中国社会科学出版社，2002年，第146页。
⑤ 郜向平：《略论商周青铜弓形器的形制演变》，载《华夏考古》2007年1期，第99页。
⑥ 林沄：《关于青铜弓形器的若干问题》，自《林沄学术文集》，中国大百科全书出版社，1998年，第251页；杨宝成：《殷墟文化研究》，武汉大学出版社，2002年，第143—144页；冯时：《殷田猎射御考》，自宋镇豪主编：《甲骨文与殷商史》新一辑，线装书局，2008年，第86页。另外还有孙机、乌恩、王海城等学者也赞同此说（滕铭予：《也谈弓形器的形制及相关问题》，载《考古》2011年8期，第73页）。

此并不需要挂缰绳,弓形器并不是保持安全和平衡的工具,而可能是弓的一部分。滕铭予根据蒙古和中亚岩画、鹿石上的图像,推测弓形器按照宽度分为两种,一种被骑手用作"挂缰钩",一种则绑缚在车厢前,用于挂辔[①]。可是,这些早期中亚、蒙古的驾车图像中,都只是表现一名乘员,站立着驾驭车辆。而殷人的战车中普遍有2—3名乘员,且以跪坐姿势驾驭或作战。因此,"挂缰钩"与"挂辔"的观点,并不是非常充分。倒是很多弓形器上能见到的捆绑痕迹和朽木痕迹,更容易证明这是木质弓体上的一部分。

　　早在20世纪50年代初,郭宝钧、梁思永就根据武官村大墓E9中所出土的一件弓形器认为,这种器物可能是弓上的附属物[②]。石璋如也认为,弓形器是镶在弓的正中间部分,是弓体上的附属物,因为这种器物在小屯和西北冈都是与青铜镞一起出土的[③]。石璋如还认为,弓形器是殷代弓的重要组成部分。这种器物的作用是,可以保持弓体中段的坚韧,增强弓的力量,又可以压牢弓角,此外又便于弓在墙上的悬挂。当武士拉弓放箭时,弓形器的末端抵住弓畏,即表示弓已经拉满,可以放箭了[④]。除此之外,石璋如还将弓形器解释为古书中记载的"榜"或"檠"[⑤],即一种调整弓射击精度的工具。也有

① 滕铭予:《也谈弓形器的形制及相关问题》,载《考古》2011年8期,第74—78页。
② 郭宝钧:《一九五〇年春殷墟发掘报告》,自《中国考古学报》第五册,1951年,第35页。
③ 石璋如:《小屯第四十墓的整理与殷代第一类甲种车的初步复原》,《历史语言研究所集刊》第四十本,1969年,第627—628页。
④ 石璋如:《小屯殷代的成套兵器——附殷代的策》,自中华书局编辑部:《"中研院"历史语言研究所集刊论文类编·考古编一》,中华书局,2009年,第387页。
⑤ 石璋如:《殷代的弓与马》,中华书局编辑部:《"中研院"历史语言研究所集刊论文类编·考古编二》,中华书局,2009年,第1721页。

其他一些学者赞成将弓形器解释为调节弓射击精度的观点,但将之解释为《荀子·臣道》中所说"弼,所以辅正弓弩者也"中的"弼",其作用是防止弓的变形,以保持弓箭射击的精确性^①。

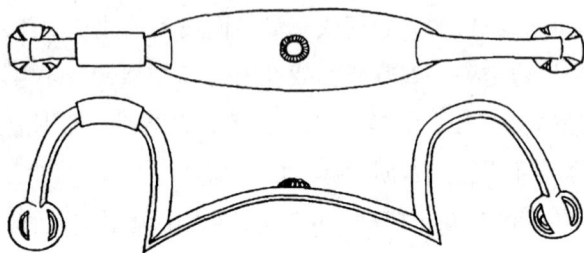

图 4-28　郭家庄商代墓葬出土的弓形器

笔者同意将弓形器解释为具有以上诸项射击功能的观点,其中也包括将这种工具理解为调整射击精度的意见。《淮南子·兵略》"弓矢不调,羿不能以必中"[2],《韩诗外传》卷五记载"弓调矢直"是射击精确的先决条件[3]。《周礼·考工记·弓人》中,郑玄注就提到"将用弓,必先调之,拂之,摩之"[4]。显示了古人认为弓箭精度的调整与射击准确性之间具有重要联系。

非王卜辞中记载:

丙吉弓射,若(《花东》149)

---

① 左骏、李荔:《"弓形器"用途与来源再考》,载《华夏考古》2009 年 1 期,第 126—127 页。

② 刘文典:《淮南鸿烈集解》,中华书局,2006 年,第 513 页。

③ 屈守元:《韩诗外传笺疏》,巴蜀书社,1996 年,第 446 页。

④ 李学勤主编:《十三经注疏·周礼注疏》,北京大学出版社,1999 年,第 1186 页。

　　惟丙弓用射？惟丙弓用？不用？……惟疾弓用射隺(《花东》37)

　　这两条卜辞记载了用"丙弓"的方法射击。"丙"字从"丙"，古音在帮母阳部，"榜"字古音也在帮母阳部，属于一音同字的不同写法，因此笔者认为这个字就是古书中的"榜"。这个甲骨文的字形上面有一横，这一横的意思应该就是表示调节弓射击精度所用的"榜"之形象，下面的"丙"则表音。《说文·木部》"榜，所以辅弓弩"①，《韩非子·外储说右下》"榜檠矫直"，"榜檠者，所以矫不直也"②，记载的正是用"榜"这种方法调整弓。卜辞中的"隺"，根据《说文》的记载，是"鸱属"，也就是猫头鹰一类的鸟。卜辞的内容就是"子"用调整准确的弓射猫头鹰一类的鸟，可能与某种仪式有关。

　　这些卜辞材料证明，商代的弓确实已经开始使用"榜"这种方法来保持射击的精确性。无论是称为"榜"还是称为"弼"，都是保持弓体射击精确的辅助工具。笔者认为，这种附加于弓的"榜"也就是石璋如所理解的弓形器。商代使用弓箭的武装者在弓体上附加这种工具，既能够增强弓的射击力度，也能够保持弓已拉满的精确性，还可以保持或调节射击的精度。弓形器的安装，有助于殷人弓箭手更精确有力地进行战斗。当然，除了以上所分析的几种重要的实用功能，也有观点认为"弓形器应是弓上的一个附件，在某种意义上说，也起装饰作用"③，这种观点可被视为对弓形器作用的一种补充。

　　除了角筋材质的复合弓配置弓形器的弓之外，商代可能已经出现了原始的弩。根据仰韶、龙山、齐家文化出土的骨、蚌片形制，一

---

① [清]段玉裁：《说文解字注》，上海古籍出版社，2006年，第264页。
② [清]王先慎：《韩非子集解》，中华书局，2007年，第343页。
③ 中国社会科学院考古研究所：《殷墟的发现与研究》，科学出版社，1994年，第318页。

些这样的片状物被学者分析为原始木弩的悬刀,因此推测在新石器时代已经出现了原始的木弩①。徐中舒和唐兰也认为商代以前已经出现了木弩,"木弩至迟在商代初年已经出现"②。由于还没有实物证据的发现,因此很难对商代的"木弩"情况进行讨论和分析。但通过卜辞材料可知,商代的远射武器中,最重要的是弓。对弩的探讨,还需要获取进一步的材料才能加以分析。

　　除了弓和弩之外,殷人的箭矢也具有自身的一些特点。首先,射击所用的箭杆需要被整直,才可能在射出之后保持平衡与精度。在公元前6000—前2000年的新石器时代,中国史前各文化中已经大量出现石制的"箭杆整直器",用以将竹、木制箭杆矫直③。到了公元前2000年之后则出现了更为先进的箭杆整直技术④。《淮南子·说山》记载:"使养由基射之,始调弓矫矢,未发而猿拥柱(王念孙考证,当为"树"字)号矣。"⑤可见古代弓箭手在射击之前需要调整弓射击的精度,也需要矫正箭杆,即所谓"弓调矢直"。商代的箭杆也都是经过整直后才投入使用的。

　　河北藁城台西遗址曾出土一支完整的商代箭,全长85厘米。而长沙战国墓出土的两件箭杆均为51.52厘米,可以推知商代的箭比

① 宋兆麟、何其耀:《从少数民族的木弩看弩的起源》,载《考古》1980年1期,第80页。
② 赵晓军、姜涛、周明霞:《洛阳发现两件西汉有铭铜弩机及其相关问题》,载《华夏考古》2010年1期,第119页。
③ 《尚书·顾命下》有"竹矢"之称,《逸周书》佚文亦有"竹箭"记载。可见箭杆以竹制成(参见黄怀信、张懋镕、田旭东:《逸周书汇校集注》,上海古籍出版社,2007年,第1160页)。此外,《御览》卷三四九引《字林》《字统》皆云以竹制作箭,引《续汉书》则云"断木为箭",《周易·系辞下》:"剡木为矢。"这些材料都说明,箭杆的材料是竹子与木头。
④ 李新伟:《我国史前有槽箭杆整直器》,载《考古》2009年6期,第62—69页。
⑤ 刘文典:《淮南鸿烈集解》,中华书局,2006年,第540页。

战国箭更长①。在安阳榕树湾商墓也曾出土箭支,长度为45厘米②,长度比战国箭还短。说明商代使用的箭长度不同,有长有短,并不一定比战国的箭更长。但无论箭支的长短,在被使用前需要得到矫直则是毋庸置疑的。

《周礼·考工记·矢人》记载"五分其长,而羽其一"③,说明箭羽的长度大约占到整枝箭的六分之一。但这个数据是周代箭杆的情况,由于羽毛很难保存,因此还不能确定商代箭羽所占箭杆的长度比例。但殷人有专门搜集羽毛用于制作武器饰物的人员则是史实,其中一些猛禽羽毛被用于装饰武装者与武器,还有一些羽毛则被用于制作箭羽。

商代的箭头固定在箭杆上的方法是将杆端劈开,然后插入箭镞,再用细绳绑好④。应该说,箭镞是整枝箭之中最具有技术含量的部分。甲骨文中有一字,左"矢"右"帝"。丁山认为此字"正是'射天'的象征……武乙射天的故事,当由射杀孽神的风俗,一再传说而误"⑤。但杨树达考证,该字从"帝"声,应为"镝"字,意思是矢缝⑥。笔者认同杨树达的观点。因为根据文献记载,殷人只有"射天"的行

① 河北省博物馆台西发掘小组、河北省文管处台西发掘小组:《河北藁城县台西村商代遗址 1973 年的重要发现》,载《文物》1974 年 8 期,第 48 页。
② 安阳市文物考古研究所:《河南安阳市榕树湾一号商墓》,载《考古》2009 年 5 期,第 27—28 页。
③ 李学勤主编:《十三经注疏·周礼注疏》,北京大学出版社,1999 年,第 1131 页。
④ 中国社会科学院考古研究所安阳工作队:《1969—1977 年殷墟西区墓葬发掘报告》,载《考古学报》1979 年 1 期,第 59 页;河北省博物馆台西发掘小组、河北省文管处台西发掘小组:《河北藁城县台西村商代遗址 1973 年的重要发现》,载《文物》1974 年 8 期,第 48 页。
⑤ 丁山:《商周史料考证》,中华书局,1988 年,第 153 页。
⑥ 杨树达:《积微居甲文说》,上海古籍出版社,2006 年,第 14 页。

为,却没有"射帝"的记载。根据王晖的研究,"天"是周人之神,殷人信仰是太阳神品质的上帝。武乙射天,"可见殷人本对'天'有敌忾之情",而不可能去射本族信仰的"帝"①。因此,从音韵学的角度解释此字就非常合理。这个字的存在,说明殷人已有专门的文字来表述箭镞的锋刃,箭矢的锋利程度对于射击的有效性而言,显然是非常重要的。

除了专门用于代指箭镞锋刃的字之外,甲骨文中还有专门用字指称不同的箭镞类型。卜辞中"矢"字用于专指两翼式的箭镞,三角形无两翼的镞则被称为"界"②。除了这两种箭镞之外,从龙山、二里头到商代还一直在延续使用一种横截面为三角形的石镞、骨镞。在王城岗二里头文化一期出土的石镞、骨镞,横截面为三角形,而二里头二期的镞则为三角形。到了王城岗二里冈下层时期,出现了三角形的青铜矢,也使用横截面为三角形的骨镞、石镞。在二里冈上层,也是这两种箭矢并存③。这说明早商时期,这几种箭头在被同时使用,而商代青铜镞的造型,可能是由王城岗龙山文化二期Ⅱ式石镞演化而来。

商代的青铜镞带翼,在射入敌方身体后很难拔出来。傅斯年认为商代箭镞下部两旁的倒齿"射进人的身体的时候,是拔不出的"④。这种设计显然增大了箭矢的杀伤力,也提高了捕获"半兽人"的效率。除了这种带翼的镞形之外,还发现过一种"倒钩镞"。在河南舞

① 王晖:《商周文化比较研究》,人民出版社,2001年,第67页。
② 王恩田:《释咠、界、弈——兼说界、弈字形》,自中国古文字研究会、浙江省文物考古研究所编:《古文字研究》第二十五辑,中华书局,2004年,第30页。
③ 河南省文物研究所、中国历史博物馆考古部编:《登封王城岗与阳城》,文物出版社,1992年,第114—121、第153、163页。
④ 傅斯年:《考古学的新方法》,自《史学方法导论》,上海古籍出版社,2011年,第152页。

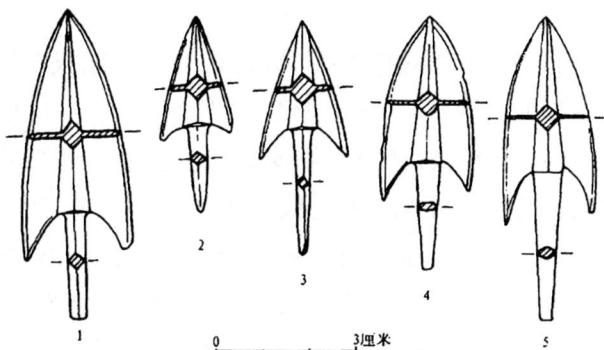

图 4-29　郭家庄殷墓中出土的三角形带翼青铜镞

阳卸店镇出土了一件商代"铜镞",长 11 厘米,三翼有倒锋,还有锋利的长倒钩,整理者认为这是一件带倒钩的青铜镞[1]。笔者通过比照分析,认为这种"倒钩镞"实际上并不是箭镞,而是鱼叉或标枪。在河南新乡发现过商代骨鱼叉,形制与这一件"倒钩镞"相同,也有倒钩,长 13.6 厘米[2]。这种有倒钩的鱼叉形制可以追溯到龙山时代的骨制鱼猎标枪[3]。说明了这种倒钩锋刃器物并不是用于射杀猎物的箭镞,而是狩猎或战斗的标枪头。尽管殷人没有使用多锋刃青铜倒钩镞,但三角形的双翼青铜镞所具有的倒钩已经具有相当强大的杀伤力,足以在战斗中使猎获的"兽人"失去战斗力,束手就擒。

除了这几种箭镞,殷人还使用一种没有锋刃的箭头。在东周时代的楚地曾大量使用一种没有锋刃的平头镞。这种箭镞的用途与

---

[1] 朱帜:《河南舞阳县陆续发现商代文物》,载《考古》1987 年 3 期,第 275 页。

[2] 河南省文化局文物工作队:《河南新乡潞王坟商代遗址发掘报告》,载《考古学报》1960 年 1 期,第 53 页。

[3] 安阳地区文物管理委员会:《河南汤阴白营龙山文化遗址》,载《考古》1980 年 3 期,第 198 页。

当时的中原地区一样,是为了活捉天上的飞鸟^①。这种平头镞的特点是不用直接射入猎物的身体就可以将其击为轻伤,很容易就将之生擒。从龙山时代到商周,都有没锋刃的圆头镞出土。陈星灿认为这种镞是专门为了猎获完整的动物皮革而设计的^②。在殷墟花园庄M54武士族长墓中除了出土青铜镞之外,也随葬着41件骨制平头镞^③,妇好大墓中也有圆头镞的发现^④。可见这种武器在好战的军事贵族中得到了较为广泛的使用。考虑到商代将战争视为狩猎,并且在"狩猎"过程中需要擒获一定数量的"猎物"用于祭祀,似乎不能排除殷人也将这种无锋刃箭头用于生擒"半兽人"的可能性,而且可以推测,这种可能性非常大。

　　商代的箭镞种类较为丰富,形制和用途也各有不同。但值得注意的是,商代的一般近战武器全部为青铜制造,石质、玉制武器在当时仅仅只是具有巫术和仪式作用的"法器",而不是实战装备。远射武器则不然,考古材料证明,商代的箭镞除了青铜制造之外,还有大量的骨制和石制箭头。郑州商城T166M6有殉人、铜器、玉器,墓主骨骼粗壮,说明是一位贵族武士。他的墓中出土青铜戈,以及骨制和蚌壳制箭镞43枚^⑤。安阳铁西刘家庄殷墓M4墓主是一位少年武

---

① 袁艳玲:《楚地出土平头镞初探》,载《江汉考古》2008年3期,第52页。
② 陈星灿:《三说古代以皮毛为目的的狩猎工具》,自《考古随笔》,文物出版社,2010年,第78—82页。
③ 中国社会科学院考古研究所编著:《安阳殷墟花园庄东地商代墓葬》,科学出版社,2007年,第215—216页。
④ 中国社会科学院考古研究所:《殷墟妇好墓》,文物出版社,1980年,第208页。
⑤ 河南省文物考古研究所:《郑州商城新发现的几座商墓》,载《文物》2003年4期,第6—9页。

装贵族,他的墓中也是铜镞、骨镞并存[①]。殷墟 M260 贵族甲字形大墓墓主等级较高,但出土箭镞中铜镞为 36 枚,骨镞有 251 枚[②],骨镞数量远远多于青铜镞。此外,郭家庄氏族首领墓葬、妇好墓等大型贵族墓中也都有骨镞的发现[③]。这就说明,非金属镞的使用在当时非常普遍,青铜镞的使用在商代还没有能够完全覆盖实战领域[④]。

柴尔德认为,金属只有到了最便宜的时候才被用作箭头。李济同意这一观点,他认为在实战中,铜镞的效用并不特别超过骨制和石制的箭镞,而且多半使用一次就消耗了,因此殷人用青铜制作箭矢,说明了青铜的丰富[⑤]。但笔者基于考古材料认为,李济的这一观点值得再讨论。

在龙山时代刚出现青铜铸造技术时,这种最新式的战争资源就被投入战争领域,用于制作箭镞[⑥]。这就说明,青铜箭镞的杀伤力必然在骨、石之上,因此精英集团才愿意将最先进的技术投入这种一

---

① 安阳市博物馆:《安阳铁西刘家庄南殷代墓葬发掘简报》,载《中原文物》1986年 3 期,第 18 页。

② 中国社会科学院考古研究所安阳队:《殷墟 259、260 号墓发掘报告》,载《考古学报》1987 年 1 期,第 105—109 页。

③ 中国社会科学院考古研究所编著:《安阳殷墟郭家庄商代墓葬——1982 年—1992 年考古发掘报告》,中国大百科全书出版社,1998 年,第 63 页;中国社会科学院考古研究所:《殷墟妇好墓》,文物出版社,1980 年,第 208 页。

④ 骨镞在商代的日常生活中相当常见的例子也可以从文献中得到佐证。《尚书·盘庚》"若射之有志",其中的"志",根据《尔雅·释器》的解释,是一种骨镞。由此可见,商王在谈话中还会使用射箭与骨镞为例来进行说明,显示了王室对骨镞使用的熟悉。

⑤ 李济:《殷墟铜器五种及相关问题》,张光直、李光谟编:《李济考古学论文选集》,文物出版社,1990 年,第 524—525 页。

⑥ 例如,在山东禹城县邢寨汪龙山遗址中就出土了两件青铜镞,参见德州地区文物工作队《山东禹城县邢寨汪遗址的调查与试掘》,载《考古》1983 年 11 期,第 972 页。

次性消耗的武器生产之中。可以说,青铜并不是在最便宜时才被用作箭头,恰恰相反,在这种技术刚出现时,便被引入战争领域。例如,《左传·宣公四年》记载,楚国的若敖氏叛乱,用两箭射击楚王的战车。楚王为了稳定军心,于是宣称"吾先君文王克息,获三矢焉。伯棼窃其二,尽于是矣"。[①] 从这条材料可知,当时楚国从息国获得了三支最有杀伤力的箭,被楚王收藏后遭到若敖氏偷窃,后来在叛乱中使用了这两只威力强大的箭,并且很快就将这两只箭消耗掉了。从这条材料可知,箭这种一次性消耗武器的杀伤力受到了相当的重视,这三支箭可能使用了当时最先进的工艺技术和材料,因此杀伤力惊人。以此可推知,尽管当时这种材料与技术还非常稀少,却被投入了箭的生产工艺中,也能证明技术与资源并不是"最便宜时"才被投入箭头的生产领域。箭镞生产往往代表了当时最先进的技术和重要材料,体现了统治精英对装备杀伤力的重视。

　　武器的技术水平通常代表了一个社会中最先进的领域。例如,清末的旧式部队还在大量使用冷兵器和火绳枪时,清政府却开始筹建使用当时最新式现代武器的海军与陆军。但这并不意味着现代机器产业与现代武器工业体系在清帝国已经非常发达,枪弹相当便宜,而只能说明这个统治集团试图将当时最先进的技术手段投入战争领域,且不惜投入高成本。

　　弓箭的金属箭镞也是类似情况,作为当时最先进有效的青铜技术被广泛用于制作近战武器,原因是近战武器可以长年累月地使用。至于普通生产工具,直到东周还大量使用石制,商代的普通农

---

① 李学勤主编:《十三经注疏·春秋左传正义》,北京大学出版社,1999年,第609页。

具基本是木、石制作①。这就意味着青铜在当时并不是"最便宜的时候"。青铜资源在商代神权政治的语境中并不仅仅是一种经济原料，而是一种沟通诸神与世界的媒介。这种资源被用于制作交通诸神的祭器，也被用于制作猎获祭祀诸神祭品的武器，将"国之大事"——神灵祭祀与战争结合在一起②。这种有限的资源不但贵重，而且带有卡里斯玛的含义。因此，殷人会尽可能地将这种有限的资源投入无限广大的战争与祭祀领域，用以维系神圣世界的周期与秩序。但由于箭镞使用的消耗与难以回收，使这种武器的耗费巨大，因此不可能完全使用青铜制作，而只能使用骨制、石制箭镞勉强加以补充。这也正是高级贵族墓中也有骨制箭镞出土的原因。

克里特文明的青铜时代也大量使用非金属箭头。考古学家伊文思（Sir Arthur Evans）曾在"迷宫"中发现两箱青铜箭头，一块线形文字 B 泥板上也曾登记箭镞数量达 8640 件。但米诺人仍大量使用硬木、兽骨制作箭头③。除此之外，韩半岛的青铜时代也大量使用

---

① 张光直指出："到了殷周，青铜器那么发达，农具仍是石木制的。"张光直：《中国远古时代仪式生活的若干资料》，自《中国考古学论文集》，生活·读书·新知三联书店，1999 年，第 128 页；徐中舒《耒耜考》，《徐中舒历史论文选辑》，中华书局，1998 年，第 87 页；山东省文物管理处：《青岛市崂山郊区东古镇村东周遗址》，载《考古》1959 年 3 期，第 144 页；山西省文物管理委员会：《山西省文管会侯马工作站的总收获》，载《考古》1959 年 5 期，第 224 页；毛在善、李元魁：《湖北随县东周遗址的发现》，载《考古》1959 年 11 期，第 636 页。

② 江西新干商代墓葬曾经发现过青铜制作的"农具"。但这种用青铜制作的"农具"实际上属于和祭器、武器同一性质的器物，而非实用器（施劲松《长江流域青铜器研究》，文物出版社，2003 年，第 87—88 页）。

③ 王以欣：《寻找迷宫——神话、考古与米诺文明》，天津人民出版社，2000年，第 268—269 页。

石制箭镞^①。1960 年内蒙古扎赉诺尔古墓有 11 座铁箭镞与骨镞并存^②，内蒙古巴林左旗南杨家营子汉墓中的骨镞数量仍然大于铁箭镞^③。这就很好地说明，甚至到了铁器时代，非金属箭头的使用仍然相当广泛。只有在铁制技术高度发达之后，箭镞才全部用金属制作。具体到中原地区，青铜箭镞取代石制、骨制矢则是东周时代了^④。殷人使用珍贵而通神的青铜制作箭镞，并不是因为青铜便宜，而是体现了将最先进的技术投入为诸神而战的神圣事业之中的心态与价值认同。

三、弓箭的使用

弓箭的使用与射击精度在战斗中相当重要，这种武器使用的技术要求也显然高于其他类型的武器。"为了有效地使用弓，士兵必须经过反复不断的技术训练，同时，还需要适宜作战的开阔地形。因此，它成为了一种具有专门技术的士兵手中的武器。"^⑤

卜辞材料证明殷人确实专门就弓箭手的射击技术进行过相关训练。陈梦家认为，甲骨文中有从"羊"之字读为"养"或"庠"。《说

---

① 张宏彦：《东亚地区史前石镞的初步研究》，载《考古》1998 年 3 期，第 49 页。

② 洲杰：《关于我国东北地区出土弯状骨、角器的名称和用途》，载《考古》1965 年 8 期，第 417 页。

③ 中国科学院考古研究所内蒙古工作队：《内蒙古巴林左旗南杨家营子的遗址和墓葬》，载《考古》1964 年 1 期，第 43 页。

④《国语·鲁语下》记述孔子在陈国，有隼死于陈侯之庭而身上留着射来的楛矢石砮，陈侯于是询问孔子。孔子回答说："隼之来远矣，此肃慎民之矢也。"可见东周时的箭镞普遍用青铜制作，很少见到石镞了，因此华夏诸侯才会对异族的石镞感到陌生。但《尔雅·释器》中记载了"金镞"和"骨镞"之间的区别，则说明中土地区骨镞退出实战领域可能比石镞更晚。

⑤［美］T.N. 杜普伊：《武器和战争的演变》，李志兴、严瑞池、王建华等译，军事科学出版社，1985 年，第 7 页。

文》《汉书·儒林传》均作"殷曰序",说明这种"序"就是具有教学功能的地点。因此,卜辞"令禽庠三百射"的意思即为命令军事首领禽对三百名弓箭手进行教学活动①。这样的卜辞在甲骨文材料中还有所见:

令禽庠三百射(《合补》1727、1728)

勿令禽庠三百射(《合集》5770)

惟□令庠三百射(《合集》5771)

这种经过弓箭射击训练的战士被称为"新射",意即新训练出来的弓箭手。卜辞记载:

取……新射……(《合集》5784)

氏(致)先新射(《合集》5785)

多新射(《合集》5786 正)

氏(致)新射于……(《合集》32996、32997、32998)

这些刚经过弓箭射击训练的氏族战士被称为"新射",说明他们的射击与战斗经验还不够丰富,因此才会被称作"新"。这也从侧面说明了弓箭射击的精度与经验非常重要,需要长时间的积累才能熟练地掌握,才能在战场上游刃有余。

除了训练氏族战士作为弓箭手,花园庄东地出土的非王甲骨卜辞还记载了贵族"子"对弓箭射击的练习:

---

① 陈梦家:《殷虚卜辞综述》,中华书局,2004 年,第 513 页。

子其射,若……子弜射,于之若(《花东》2)

子弜射,于之若……子其射,若(《花东》467)

除此之外,卜辞还记载:

惟多生射(《合集》24140、24143)

惟戈人射(《合集》33002)

"多生"即"多甥",卜辞中多有记载,这一群体是商王室的姻亲贵族,与王室关系密切①。"戈"则是殷人王畿地区的一个强大的氏族②,后来在王畿之外也有族群的扩展。这两种记录说明,殷人贵族群体要通过进行射箭活动练习射击技术。根据对甲骨文字形的分析,有学者认为教习地点中的习射还包括教学人员手把手传授张弓、瞄准、引矢,并进行反复练习③。这种活动与祭祀关系密切,另一方面也能够训练射击技术。反过来,较高的射击技术又能够更有效地猎获祭品,用于献祭。除了贵族,一些氏族战士也进行射箭活动,能够提升氏族战士射击的命中率。

这些经过专门训练的弓手被按照宇宙论的神圣范式"三"为原则进行编制,组成专业的弓手队伍。在荷马的《伊利亚特》中,阿尔戈斯人就有专门的弓箭手队伍④。这说明经过专业训练的弓箭手是

---

① 陈絜:《商周姓氏制度研究》,商务印书馆,2007年,第110页。

② 晁福林:《夏商西周的社会变迁》,北京师范大学出版社,1996年,第254页。

③ 韩江苏:《从殷墟花东H3卜辞排谱看商代学射礼》,载《中国历史文物》2009年6期,第37页。

④ [古希腊]荷马:《伊利亚特》,罗念生、王焕生译,人民文学出版社,2005年,第85页。

战争活动中不可或缺的战斗力。同样,殷人武装者也组建了职业的弓箭手队伍。宾组、历组等卜辞记载,商王会亲自召集弓箭手,并命令各氏族首领提供弓箭手:

令多射(《合集》46 正)

多射不雉(致)众(《合集》69)

征射三百,

勿征射三百(《合集》698 正)

氏(致)多射(《合集》5737)

令以多射(《合集》32999)

多射往(《合集》33000)

多射征人于皿(《合集》5742)

王令多射(《怀特》1652)

雀不其来射(《合集》5793)

类似的卜辞材料在前面章节的研究中也有涉及,通过研究可知殷人专业的弓箭武装者也是按照宇宙论观念神圣范式的"三"进行组织的。一些氏族组织也组建了专门的弓箭手队伍并提供给王室[①]。如前文材料中所析,这些受过专门训练使用弓箭的武装者在战场上非常重要,通过祭祀坑中的被献祭人牲的遗骨材料分析,很多被献祭的"猎物"在手、足、腿、臀部等不致命部位带箭伤,说明这些职业弓箭手的经验丰富,精准性很高,能够精确射击敌方的非致命部位,将之生擒,用于祭祀。

卜辞还记载:

----

① 朱凤瀚:《商周家族形态研究》,天津古籍出版社,2004 年,第 193 页。

惟戌射有正（征）（《合集》28080）

惟戌乎射禽（擒）（《合集》27972）

这些材料均能说明殷人使用受过训练的弓箭手参与征伐活动，并在征伐活动中擒获半兽人。商代弓箭手除了在征伐中捕获"兽人"之外，也捕获各种猎物：

射□获……不其获（《合集》5753）

乎多射鸢获（《合集》5740）

王令射擒（《合集》28350）

王其射获，御（《合集》29084）

《合集》277、32023还记载了弓箭首领捕获"羌"用于献祭上甲这位祖神。如前文所分析，在商代的观念中，战争与狩猎活动之间没有清晰的边界，捕获的猎物包括各种动物、鬼魅、精怪、半兽人等"非人"甚至敌对的存在。在殷人的观念中，这些使用弓箭的武装者使用这种具有强大巫术力量的神性武器，在战争—狩猎活动中袭击野蛮的半兽人、精灵、鬼魅，能够有效地将之降服，并擒获作为祭品。

弓箭手除了出击捕获"猎物"之外，也使用这种神性武器进行武装守卫或警戒活动。商代的一件青铜瓢上徽号为"弓卫"，形状为"卫"字左右各有一弓[1]。这一材料很生动地展示了使用弓箭手作为武装护卫的情形——在左右两侧都布置弓手担任警戒。卜辞也记载：

---

[1] 中国社会科学院考古研究所安阳工作队：《1980—1982年安阳苗圃北地遗址发掘简报》，载《考古》1986年2期，第120页。

令多射卫（《合集》5747、5748、33001）

乎多射卫（《合集》9575）

　　卜辞材料说明,商代弓箭手的确经常担任武装护卫或承担警戒任务。这一点也可以从考古资料得到证实。在盘龙城遗址李家嘴M2的墓中还有一位殉人,身上携带着两排青铜镞,共19枚[1]。经过鉴定,这位殉人是死亡后被埋入的。他的身份应该是墓主贴身的武装弓箭手,在墓主人死后从死于地下,继续追随这位贵族武士作战。这一名贴身弓箭手很可能就是古文字材料中所描述的"弓卫"或"射卫"。此外,卜辞系联材料还显示,商王命族众在"囧"地种植黍等农作物时,也曾安排"令射俑卫",派遣弓箭手保护农业活动的展开[2]。

　　这些职业的弓箭手既需要参与进攻性的猎获战争,又需要承担警戒性的防守任务,说明弓箭的使用在商代武装中具有重要作用。商代武装者中有相当数量以近战为主的人员也使用弓箭,这一点在本章第一节中已有论述。除开兼用弓箭的贵族武士与氏族战士之外,殷人军队中的职业弓箭手大约占总武装者数量的十分之一。理由是出征的武装者以"三千"、"五千"为基本单位,而职业弓箭手则是以"百"或"三百"为基本单位。这一点也可以举殷墟郭家庄殷墓群为例[3],其中非职业武装者的数量占总人数的20.6%,而完全使用弓箭的武装者则占总墓数的2.2%,接近十分之一的数据。据笔者

_____

① 盘龙城遗址博物馆筹建处:《湖北黄陂盘龙城李家嘴二号墓发掘的补充资料》,载《文物》2007年8期,第93—94页。

② 彭裕商主编:《殷墟甲骨文分类与系联整理研究》,四川辞书出版社,2023年,第476—477页。

③ 原始数据见中国社会科学院考古研究所编著:《安阳殷墟郭家庄商代墓葬——1982年—1992年考古发掘报告》,中国大百科全书出版社,1998年,第159—177页。

统计,1966—1977年殷墟西区发掘三个殷人宗族墓区共603座墓葬,随葬武器的墓有70座[1],其中有10座墓只出土弓箭武器,使用弓箭人数占总武装者人数的七分之一,与推测数据相差不大。

这些使用弓箭的职业武装者墓葬在考古中相当常见。例如,河南辉县发现一批殷器,除了祭器之外,武器是弓形器与224枚铜镞[2],可以推知这是职业弓箭手使用的装备。安阳梅园庄M13、M67、M82也只出土青铜镞和骨镞[3],可见是职业弓箭手。一些墓葬只出土弓形器和箭镞,都是典型的弓手装备。

由于商王室控制着青铜资源用于制作祭器和武器,弓箭装备的弓形器和一定数量的箭镞都是青铜制成,有理由推测弓箭的制作也同其他武器装备一样,大多是王室手工业制造。《周礼·夏官司马·司弓矢》"掌六弓四弩八矢之法……而掌其守藏与其出入"[4],可见周代的弓箭确实有专职人员负责管理。可以推知,商王室也设立有类似的专职人员对弓箭的生产与守藏进行管理。卜辞记载,"叀弓令司工"(《合集》5628),即"令弓司工"之意。说明商代有"弓司工"之职,管理弓的生产。卜辞记载"乎吴取弓"(《合集》9827),"吴"是一位王室的"小籍臣",管理籍田与仓库[5],他也曾领取弓箭。《史记·殷本纪》记载了商王对诸侯赏赐"弓矢斧钺",除了向各级首领分发斧钺,王室还向他们分发弓箭。《左传·僖公二十八年》记载,

① 原始数据见中国社会科学院考古研究所安阳工作队:《1969—1977年殷墟西区墓葬发掘报告》,自《考古学报》1979年1期,第121—136页。
② 齐泰定:《河南辉县褚丘出土的商代铜器》,载《考古》1965年5期,第255页。
③ 中国社会科学院考古研究所安阳工作队:《1987年秋安阳梅园庄南地殷墓的发掘》,载《考古》1991年2期,第136—140页。
④ 李学勤主编:《十三经注疏·周礼注疏》,北京大学出版社,1999年,第842页。
⑤ 贞令吴小籍臣(《合集》5603);令吴省在南廪(《合集》9638)。

周王向晋侯赏赐"彤弓一、彤矢百，玈弓矢千"①，宗周时代青铜器铭文中也多有国王向贵族赏发各种弓箭的记载②，说明周王室也控制着相当规模的弓箭生产。《周礼·夏官司马·司弓矢》记载"凡师役、会同，颁弓弩各以其物，从授兵甲之仪"③，说明战争与狩猎活动也伴随着弓箭管理者向武装者分发弓箭的行动。这些材料明确显示，古代王室确实在相当程度上主导了弓的生产与分配。因此，商代弓箭武装者使用的装备也如同其他类型的武器一样，很多是由王室管理和生产，并按照不同层级逐渐向武装者发放流通。

四、弹丸

古代的远射武器主要有三种，一种是最常见的弓矢，另一种是由弓矢演化而来的弓弩，还有一种容易被忽略的远射武器是弹丸。但恰恰是弹丸这种远射武器，在历史中扮演过相当重要的角色。在各种不同的古代文化中，弹丸大都被作为一种与弓箭相配合的远射武器而得到使用。这种装备在古书中较为常见，被用于战斗或狩猎。而考古材料与甲骨卜辞也都能证明，殷人曾广泛地使用这种武器。

美国军事史学者 T.N. 杜普伊说："从史前时期开始，人类就会用兽皮制成投石器来投掷小而光滑的石块，这要比单纯用手臂投掷力量更大，距离更远。这种投掷器还使用泥土烧制的弹丸，后来采用铅制弹丸。在庞培和其他古代遗址中已发现了橡子形状的弹丸实

---

① 李学勤主编：《十三经注疏·春秋左传正义》，北京大学出版社，1999 年，第450 页。

② 例如，康王时器《二十五祀盂鼎》载王赏赐贵族"弓一、矢百"；穆王时器《静卣》记载"王易（赐）静弓"，此外还颇有铭文记载王向贵族赏赐"弓矢"（唐兰：《西周青铜器铭文分代史征》，中华书局，1986 年，第 181、361、422、423 页）。

③ 李学勤主编：《十三经注疏·周礼注疏》，北京大学出版社，1999 年，第848 页。

物。生活在巴利阿群岛的投石手都有一套特别高超的投石技术……在好几个世纪里,投石兵在作战阵容中曾经起过重要的作用。"① 在人类历史上,用投掷设备发射的卵石或陶土弹丸在战争中一直起着重要的作用。实际上,现代武装者所使用的枪弹并不是由弓弩演化,而是弹丸发射装置演进的结果。如果说古代军队使用的弹丸主要是石、陶制作的话,现代枪弹发射的弹丸则是金属制成。但通过高速运转的弹丸射杀敌方身体的这一基本原理并没有发生变化。

除了弓箭,"远射程兵器" 也包括飞石索投掷的石球②。在《旧约》中记载,古代犹太君主大卫(David)曾用飞石弹丸杀死了一名巨人。现代巴勒斯坦地区的牧人还在使用一种飞弹丸,用两条绳索缚连一个可藏石子的东西,将石子安置其中,手握绳索的两端,急速旋转,然后弛放一端,使石子飞射出去③。古埃及的武装者中还有专门的 "投石手分队"④,用飞石攻击敌方。在《伊利亚特》中记载,希腊人和特洛伊双方在战争中也互相抛掷石块作战⑤。在希腊古典时期的伯罗奔尼撒战争(The Peloponnesian War)中,飞石弹丸仍然与弓箭一起被作为远射武器而得到应用⑥。希腊人的雇佣军在与波斯军的交战中双方都使用弓箭和弹丸远射,而希腊人的弹丸射击技术

---

① [美]T.N. 杜普伊:《武器和战争的演变》,李志兴、严瑞池、王建华等译,军事科学出版社,1985 年,第 4 页。

② 王学理:《冷兵器与古代战争》,载《文博》1989 年 6 期,第 21 页;杨泓:《考古学与中国古代兵器史研究》,载《文物》1985 年 8 期,第 17 页。

③ 林慧祥:《文化人类学》,商务印书馆,2002 年,第 126 页。

④ [英]爱德华·B. 泰勒:《人类学——人及其文化研究》,连树声译,广西师范大学出版社,2004 年,第 200 页。

⑤ [古希腊]荷马:《伊利亚特》,罗念生、王焕生译,人民文学出版社,2005 年,第273 页。

⑥ [古希腊]修昔底德:《伯罗奔尼撒战争史》,徐松岩、黄贤全译,广西师范大学出版社,2004 年,第 217 页。

明显超过了波斯人。除了使用石头之外,他们也使用铅作为弹丸[1]。在英格兰南部铁器时代的一座山堡内,一具人骨的脊椎内发现了罗马的弩石弹头[2]。在纳西族的神话中,古代武士董若赠金曾使用飞石捣毁了敌人的房屋与牲畜,他的后代则继续使用飞石消灭敌人[3]。夏威夷酋邦时代之间的战争,也使用投石器作为远射兵器[4]。这些材料说明,使用飞射的各类弹丸作战方式在古代非常普遍。

在中国的古代文献中,经常有"矢石"并称。《左传·襄公十年》"亲受矢石"[5],《史记·晋世家》"矢石之难,汗马之劳[6]",《史记·仲尼弟子列传》"孤请自被坚执锐,以先受矢石"[7],《管子·法法》"蹈白刃,受矢石"[8]。在《伊利亚特》中也多处有"矢石"两种武器结合的记载,并将弓箭与"羊毛精织的投石器"并称[9],这种将弓箭与弹丸配合使用的记载在古希腊文献中相当普遍。这就说明,飞射的弹丸作为一种远射武器,经常与弓箭一起使用。甲骨卜辞记载"子乎射、弹"(《花东》416),说明殷人也同样将弓箭与弹丸两种远射武器使

---

[1] [古希腊]色诺芬:《长征记》,崔金戎译,商务印书馆,1997年,第77—78页。

[2] [英]科林·伦福儒、保罗·巴恩:《考古学——理论、方法与实践》,中国社会科学院考古研究所译,文物出版社,2004年,第447页。

[3] 白庚胜:《东巴神话研究》,社会科学文献出版社,1999年,第193页。

[4] 陈淳:《文明与早期国家探源——中外理论、方法与研究之比较》,上海书店出版社,2007年,第250页。

[5] 服虔注认为"矢石"是用石头制成的箭镞,显然是一种错误的理解。而杜注则明确指出了"矢石"分别是箭矢和飞石两种武器,李学勤主编:《十三经注疏·春秋左传正义》,北京大学出版社,1999年,第883页。

[6] [汉]司马迁:《史记》,中华书局,1982年,第1663页。

[7] [汉]司马迁:《史记》,中华书局,1982年,第2199页。

[8] 黎翔凤:《管子校注》,中华书局,2004年,第303页。

[9] [古希腊]荷马:《伊利亚特》,罗念生、王焕生译,人民文学出版社,2005年,第310页。

用。在云南晋宁石寨山古滇国的墓葬中,青铜箭镞和陶弹丸也多有发现,显示了这两种射击武器的配合使用 ①。应该说,弹丸这种武器也是对弓箭射击的有效补充。

古代文献中也有大量关于使用弹丸射击的记载,《太平御览》中将弓箭与弹丸两种武器列在一起进行叙述,恰恰说明这两种都是在古代运用广泛的远射武器。《御览》卷三五〇引《吴越春秋》:"弩生于弓,弓生于弹……古人歌之曰:'断竹属木,飞土逐肉。'" ② 这一条材料显示,使用弹丸具有古老的历史。在石器时代的猎人就已经在使用竹、木为原料,利用其弹射力发射土块和石块攻击猎物。这样的记载,能够得到考古材料的确切证明。

《说文·弓部》云"弹,行丸也" ③,《广韵·寒韵》"弹,射也 ④",《左传·宣公二年》记载晋灵公"从台上弹人,而观其避丸也" ⑤,可知历史时期弹丸也被用于攻击人。《战国策·楚策四》"不知夫公子王孙左挟弹,右执丸,将加己乎十仞之上" ⑥,《庄子·齐物论》"见弹而求鸮炙" ⑦,说明弹丸经常被用于猎获各种鸟类。《说苑·善说》"弹之状如弓,而以竹为弦" ⑧,《吕氏春秋·贵生》"以随侯之珠,弹千仞之

---

① 汪宁生:《民族考古学论集》,文物出版社,1989 年,第 349 页。

② [宋]李昉等:《太平御览》,中华书局,2006 年,第 1612 页。

③ [清]段玉裁:《说文解字注》,上海古籍出版社,2006 年,第 641 页。《御览》卷三五〇引《字林》云:"弹,行丸者。"

④ [宋]陈彭年等:《宋本广韵》,江苏教育出版社,2008 年,第 34 页。

⑤ 此事《春秋繁露·王道》记载为:"晋灵行无礼,处台上弹群臣。"([清]苏舆:《春秋繁露义证》,中华书局,2002 年,第 123—124 页)

⑥ [汉]刘向集录:《战国策》上,上海古籍出版社,2009 年,第 556 页。《韩诗外传》作:"不知童挟弹丸在下迎而欲弹之。"(屈守元:《韩诗外传笺疏》,巴蜀书社,1996 年,第 870 页)

⑦ [清]郭庆藩:《庄子集释》,中华书局,2006 年,第 99 页。

⑧ 《御览》卷三五〇引《桂苑》云:"弹,行丸弓也。"

雀"[1],说明古代用于射击的弹丸有的大小甚至与宝珠接近。《潜夫论·浮侈》记载东汉时的人"怀丸挟弹,携手遨游。或取好土,作丸卖之,于弹外不可以御寇,内不足以禁鼠"[2]。这至少说明,"弹"可以用于"御寇",也可以用于攻击老鼠。只不过,作者遗憾的是,同时代的士民们没有将这两点做好。《晋书·后赵载记·石季龙传》记载石虎"好驰猎,游荡无度,尤善弹,数弹人,军中以为毒患"[3],也显示了弹丸被用于狩猎和攻击人。《太平御览》卷三五○引《西京杂记》记载西汉时的弹丸也使用"金丸"[4],可见古中国人与古希腊人一样,也使用过金属弹丸。

这些传世文献材料均说明了一个事实,即古人最早使用弹丸射击鸟雀或狩猎,后来也以这种武器射击人。在河南濮阳西水坡春秋排葬墓中发现有一些阵亡士兵就是死于弹丸的射击,弹丸仍残存在头骨中[5],确切地证明了先秦战争中使用弹丸作战。这种武器是对弓箭的有效补充,因此古人才"矢石"并称。

使用飞射的弹丸这一攻击手段具有相当久远的历史,可以追溯到旧石器

图4-30 河姆渡遗址中出土的弹丸

---

① 许维遹:《吕氏春秋集释》,中华书局,2009年,第41页。

② [汉]王符注,[清]汪继培笺,彭铎校正:《潜夫论笺校正》,中华书局,1997年,第123页。

③ [唐]房玄龄等:《晋书》,中华书局,1994年,第2761页。

④ [宋]李昉等:《太平御览》,中华书局,2006年,第1613页。

⑤ 郝本性:《试论郑州出土商代人头骨饮器》,载《华夏考古》1992年2期,第95页。

时代的猎人用手抛掷石块攻击猎物[①]。随着技术的发展，出现了专门用于抛掷石块的工具，可以将石块抛得更远，也即是古书中所说的"断竹属木，飞土逐肉"。此后，石块被人工磨制得更圆，还出现了烧制的陶弹丸，在飞射过程中可以减少阻力。《御览》卷三五〇引《潜夫论》"怀丸挟弹，或取好土作丸"[②]，就是以土为原料制作陶弹丸的明确记载，由此可见，陶制弹丸从新石器时代开始一直被沿用到历史时期。在河北磁山早期新石器时代遗址中就发现了石弹丸和陶弹丸，当时是作为狩猎的工具[③]。新石器时代早期的山东北辛文化，也有陶制弹丸的发现；在北辛遗址发现了 20 枚弹丸，大的 4.3 厘米，小的 1.5 厘米，质地坚硬[④]；仰韶文化时期也有圆球形的弹丸，直径为 4 厘米[⑤]；河南偃师灰嘴仰韶遗址中出土了磨光和布有凹槽的陶球，也有沉重致密的石球，直径分别为 6 和 7.5 厘米[⑥]。陶球上的凹槽显然是用于绳索的捆绑，使弹丸能够向远处抛掷。临潼零口遗址二期出土了"石球"[⑦]，这显然是一枚磨制的石弹丸。河南渑池仰韶遗址中

---

① ［英］爱德华·B. 泰勒：《人类学——人及其文化研究》，连树声译，广西师范大学出版社，2004 年，第 168 页。

② ［宋］李昉等：《太平御览》，中华书局，2006 年，第 1613 页；《潜夫论·浮侈》原文作："怀丸挟弹，携手遨游。或取好土，作丸卖之。"

③ 邯郸市文物保管所、邯郸地区磁山考古队短训班：《河北磁山新石器遗址试掘》，载《考古》1977 年 6 期，第 372 页。

④ 中国社会科学院考古研究所山东队、山东省滕县博物馆：《山东滕县北辛遗址发掘报告》，载《考古学报》1984 年 2 期，第 186 页。

⑤ 中国社会科学院考古研究所编著：《青龙泉与大寺》，科学出版社，1991 年，第 57 页。

⑥ 中国社会科学院考古研究所河南第一工作队：《河南偃师市灰嘴遗址 2006 年发掘简报》，载《考古》2010 年 4 期，第 10—11 页。

⑦ 陕西省考古研究所：《陕西临潼零口遗址第二期遗存发掘简报》，载《考古与文物》1999 年 6 期，第 12 页。

也出土了石弹丸和陶制弹丸[①]。马家窑文化的柳湾发现了大、小两种石弹丸,大球被推测为投掷物,小球则被理解为弓弩使用的弹丸[②]。这种推测比较合理。山西夏县东下冯遗址也出土了石球,整理者认为"当属弹丸"[③]。这些材料说明,从新石器时代早期一直到二里头时期,弹丸这种远射工具得到了广泛的应用。磨制过的石弹丸与光滑的陶制弹丸被共同使用。大的弹丸直径在 4 厘米或更大,小的弹丸直径在 1.5—2 厘米。前者一般被用于向远处抛掷,小的弹丸则使用弓弩类射击。

　　商代遗址和墓葬中也经常出土弹丸,说明当时对这种远射工具的使用非常广泛。殷墟小屯西地大墓中出土了近战武器戈,还出土了铜镞和陶弹丸两种远射武器,弹丸直径 2.4 厘米[④];安阳梅园庄殷墓 M67 也是弹丸与箭镞一起出土[⑤]。这可以说明武装贵族和氏族战士在战斗中"矢石"并用。安阳花园庄东地殷墓 M43 中也出土了一枚陶弹丸,直径 2.5 厘米。这座墓中出土了青铜戈,可见墓主是战士[⑥]。说明这一名战士除了使用步战武器,也使用飞射的弹丸进攻。

---

① 河南省文物研究所、渑池县文化馆:《渑池仰韶遗址 1980—1981 年发掘报告》,载《史前研究》1985 年 3 期,第 41 页。

② 青海省文物管理处考古队、中国社会科学院考古研究所:《青海柳湾》,文物出版社,1984 年,第 86 页。

③ 中国社会科学院考古研究所、中国历史博物馆、山西省考古研究所:《夏县东下冯》,文物出版社,1988 年,第 79、125 页。

④ 中国社会科学院考古研究所安阳工作队:《河南安阳市殷墟小屯西地商代大墓发掘简报》,载《考古》2009 年 9 期,第 61—66 页。

⑤ 中国社会科学院考古研究所安阳工作队:《1987 年秋安阳梅园庄南地殷墓的发掘》,载《考古》1991 年 2 期,第 138 页。

⑥ 中国社会科学院考古研究所编著:《安阳殷墟花园庄东地商代墓葬》,科学出版社,2007 年,第 47、253 页。

河北藁城台西遗址中也出土了大小不等的石球和石弹丸[1]；济南大辛庄商代遗址也出土了烧制的陶弹丸3件[2]；山西垣曲商城出土了直径1.5厘米的黄陶弹丸，2.5厘米的石弹丸，这里的灰坑中也有人牲的骨架[3]。说明商代各地的"邑人"武装者也使用弹丸作战，也很可能使用弹丸射击捕获用于献祭的"猎物"。此外，山东青州苏埠屯方伯墓M1中也出土了2件直径为2.9厘米的陶弹丸[4]。可见殷人邑君等级的武装贵族也使用弹丸进行狩猎—战争活动。

殷墟苗圃出土了弹丸127枚，均为陶制，有红陶、灰陶两种，表面光滑，直径在1.5—2.7厘米之间不等，以2.2—2.4厘米大小为最多[5]；郑州二里冈出土5件灰陶制弹丸，表面光滑，直径在1.4—2.1厘米之间[6]；殷墟花园庄还出土了4枚陶弹丸，直径在2.3厘米[7]；梅园庄M68出土直径为2.5厘米的红陶弹丸[8]；殷墟妇好大墓中出土

[1] 河北省文物管理处台西考古队：《河北藁城台西村商代遗址发掘简报》，载《文物》1979年6期，第37页。

[2] 山东省文物管理处：《济南大辛庄商代遗址勘查纪要》，载《文物》1959年11期，第9页。

[3] 中国历史博物馆考古部、山西省考古研究所、垣曲县博物馆编著：《垣曲商城——1985—1986年度勘察报告》，科学出版社，1996年，第229、237页。

[4] 山东省博物馆：《山东益都苏埠屯第一号奴隶殉葬墓》，载《文物》1972年8期，第23页。

[5] 中国社会科学院考古研究所编：《殷墟发掘报告——1958—1961》，文物出版社，1987年，第162页。

[6] 河南省文化局文物工作队：《郑州二里冈》，科学出版社，1959年，第31页。

[7] 中国社会科学院考古研究所安阳工作队：《1986—1987年安阳花园庄南地发掘报告》，载《考古学报》1992年1期，第114页。

[8] 中国社会科学院考古研究所安阳工作队：《1987年秋安阳梅园庄南地殷墓的发掘》，载《考古》1991年2期，第138页。

了一件穿孔石球，直径在
5.9厘米，孔径2厘米①。

　　通过上面这些材料综
合分析，可以发现商代的
弹丸与新石器时代一样，
也可以分为大型和小型两
种。大型弹丸如妇好墓中
出土的石球，中间有一穿
孔，穿以绳索，然后高速运

图4-31　商代的白陶弹丸

转并抛掷，具有相当的杀伤力。数量最多的是陶制弹丸，直径在1.4—
2.9厘米之间，以2厘米大小左右的弹丸数量最多。这些陶制弹丸
表面光滑，可以射击很远的距离。出土弹丸的墓葬相当丰富，其中
包括邑君、各不同等级的武装贵族、普通氏族战士等群体。说明商代
武装者普遍使用弹丸作战，也有材料显示当时的人们"矢石"并用。

　　有观点认为，殷墟出土的陶弹丸是狩猎工具②。也有学者将古代
遗址中出土的"石球"视为武器③。实际上，考虑到商代的战争观念
在本质上并不对战争与狩猎活动之间作出清晰的划分，因此这两种
说法都没有问题。正如同弓箭既被用于狩猎也被用于捕获"半兽人"
一样，弹丸也是在战争中杀死异族和捕获这些猎物的重要手段。

　　上文分析了弓箭与弹丸均被视为同一类的远射武器，而弓箭尤
其带有浓厚的神话与信仰色彩。殷人使用弓箭射杀周人的天神，也

① 中国社会科学院考古研究所编著：《殷墟妇好墓》，文物出版社，1980年，第
　 203页。
② 中国社会科学院考古研究所安阳工作队：《1984—1988年安阳大司空村北地
　 殷代墓葬发掘报告》，载《考古学报》1994年4期，第492页。
③ 郭妍利：《夏商时期的作战方式蠡测》，载《人文杂志》2008年4期，第154页。

将弓箭纳入射日神话之中，足见弓箭在殷人神话与信仰中的重要意义。在殷人后裔的宋国，这种信仰仍然一直保留在公室的行为与文化中。宋王偃除了与其祖先一样进行"射天"之外，根据《战国策·燕策二》的记载，宋王还曾按照秦王的形象刻一木人，并通过"射其面"对其进行巫术攻击。此外，他又铸造诸侯之像放置于厕所中，通过"弹其鼻"进行类似的巫术攻击①。由此可见，在殷文化中，除了弓箭具有神圣的攻击效果之外，弹丸也具有对"非我族类"的巫术攻击效力。因此可以推知，殷人在战场或仪式上使用弹丸攻击"半兽人"，也具有与弓箭类似的象征意义——用这些带有魔力的武器捕获那些象征黑暗、混沌、野蛮的鬼魅、精怪。

甲骨文中有"弹"字，罗振玉最早指出，此种"弹"字"卜辞字形正为弓持丸"②；"皆从弓持丸，即一把施了弦的弓，弦中央有一个小圈，是为丸"③。甲骨文的字形说明，弹丸可以通过弓来进行射击。另外，考虑到商代已经出现了木弩，殷人很可能也使用木弩发射弹丸④。直径较小的陶制弹丸可以使用弓弩进行发射，而较大的石质弹丸则很可能是使用绳索抛掷，可以形成相当的杀伤力。陶制的弹丸质地坚硬，制作成本又低于箭矢，最重要的是，弹丸的攻击性能与箭矢有一定的区别，因此"矢石"并用，才能获得最好的战争—狩猎效果。因此，将弹丸视为商代重要的远射武器之一似乎并不为过。

人类学材料可以说明弹丸能够有效捕获各种猎物。北美印第

① ［汉］刘向：《战国策》，上海古籍出版社，2009 年，第 1080、1114 页。

② 罗振玉：《增订殷虚书契考释》，《殷虚书契考释三种》，中华书局，2006 年，第 470 页。

③ 齐冲天：《声韵语源字典》，重庆出版社，1997 年，第 167 页。

④ 直到 19 世纪，意大利人仍在使用弩发射弹丸，可见用弩发射弹丸具有很好的射击效果（［英］爱德华·B. 泰勒《人类学——人及其文化研究》，连树声译，广西师范大学出版社，2004 年，第 171 页）。

安人有一种名为"波拉斯"（bolas）的飞石发射器。是将二三个圆形石头包一层外皮，连接在绳索末端，用于捕捉野牛。"猎者骑在马上，握住绳的上端，把其余的部分抛在空中旋转，绳索打在牛的身上，石球便转个不停，将牛腿缠了又缠，二三个石球把牛的腿都缠住，而牛便跑不动了。"[①]这一条美洲的人类学材料可以说明，飞掷的带绳索弹丸可以有效地猎获大型动物。荷马的《伊利亚特》第四卷中记载，阿开亚人的狄奥瑞斯（Diores）国王被一块飞石击中右边的脚脖子，骨头和两条韧带被击断，丧失了战斗力[②]。这条材料说明，战斗中飞射的弹丸可以有效地击伤敌方的腿脚等身体部位，使之丧失战斗力。具体到商代的战场中，这种丧失了战斗力的"猎物"可以被轻易地生擒。笔者推测，商代使用弹丸的武装者与弓箭手一样，很可能接受过专门训练或从小就善于开弓射弹，因此具有一定的射击技术和精度，可以在战场上通过弓箭或弹丸猎获半兽人。

卜辞记载"弹牛百于……"（《合集》9410 正），"弹延狸"（《合集》10458），说明殷人使用弹丸射杀或捕获牛以及狸等猎物。此外还有"令弹于□"[③]，"弹兴，于之受又"（《屯南》4066），也属于记载使用弹丸的卜辞材料。《合集》31144 片记载"弹有正"，"正"即"征"字，说明商代武装者也使用弹丸装备投入征伐活动。卜辞还记载"乎🀙弹"（《合集》10048），这条材料记载了一名叫"🀙"的人使用弹丸。参见《合集》2257 片可知，这个"🀙"即"光"字。"光"是殷人的一名氏族武装首领，卜辞记载"光不其获羌，乎逆执"（《合集》185），就可知这位武装首领曾带领氏族战士捕获羌俘，国王卜问是否需要去迎接

---

① 林慧祥：《文化人类学》，商务印书馆，2002 年，第 127 页。
② ［古希腊］荷马：《伊利亚特》，罗念生、王焕生译，人民文学出版社，2005 年，第 95—96 页。
③ 胡厚宣编集：《苏德美日所见甲骨集》，四川辞书出版社，1988 年，第 33 页。

押送这些猎物的武装。"光"既使用弹丸,又捕获羌俘,因此他在战斗中很可能就使用过这种武器。卜辞还记载"羌弹五十"(《合集》26909),可以更好地说明使用弹丸能够捕获到"羌"。非王卜辞中,也有"伐羌"与"入弹"有关的记载(《花东》178)。可以推测,殷墟祭祀坑中的遗骨有一些可能就是被弹丸击中之后遭到捕获的。但与箭矢不同的是,很多遗骨的腿、脚、手、臀部等非致命位置留下了箭镞,因此可以推理他们是殷商弓箭手精确射击之后所捕获的。但被弹丸击中的"猎物"不同在于,弹丸可能很难留下相关的蛛丝马迹,因此不能反映在考古材料中。通过人类学材料辅证、卜辞记录与考古出土的大量弹丸可知,商代贵族武士、氏族战士都使用弹丸武器,这种武器可以有效进行猎获。

综合以上的分析,可以得出结论,弹丸是一种在不同民族和文化中都得到广泛运用的远射武器。在古代中国,这种武器也是弓箭的重要补充,因此经常"矢石"并称。弓箭和弹丸都是殷人武装者大量使用的远射武器,能够有效地捕捉"猎物"。过去对武器的研究中对弹丸的关注还不够充分,笔者希望随着考古材料的日益丰富,能够取得更多关于弹丸这种武器的信息,进而复原商代使用弹丸的具体方法和战场细节。

第四节　战车与骑手

上一节讨论了商代的远射武器,弓箭和弹丸在商代武装者中得到了广泛的装备,是捕获献祭猎物的重要工具。本节主要研究的殷人装备不是各种手持的轻型武器,而是带有机动色彩的重型战争装备——战车与骑手。

战车与战马区别于戈、戟、矛、箭等装备,本身并不具有杀伤力。

但这两种装备具有相当的速度和冲击力,可以在战争中发挥重要的作用。武装者凭借战车和马匹,对敌方进行冲击,并使用近战与远射武器,能够有效地控制战场局面,进而获取最终胜利。

例如,古埃及中王国崩溃后的第二中间期,来自亚洲的西克索斯人(Hyksos)侵入了埃及。托勒密时代的祭司 Manetho 在其《埃及史》中记载,东方突然出现了不知名的入侵者,长驱直入,不费吹灰之力就征服了埃及①。西克索斯人能够如入无人之境地征服埃及,除了埃及统一国家的分裂这一原因之外,最重要的原因就是西克索斯人掌握了战车技术和复合弓等先进装备。埃及人后来学得了这些技术,在新王国的对外扩张中发挥了重要作用②。在飙驰的战车面前,步兵只能望风而逃。这一个例子足以说明,战车技术的使用在古代征服和扩张战争中具有极其重要的作用。商王国频繁对外发动战争并屡屡获胜,并将战争与神权祭祀紧密结合为一套统一的观念和运作系统,战车在殷人战争活动中发挥的重要作用是不容低估的。

关于商代战车在战争乃至政治方式中的重要性,可以用学者列·谢·瓦西里耶夫的描述加以概括:“在一定的意义上可以说,整个殷文化、整个殷民族都是最紧密地与套有坚韧耐劳的马匹的车子联系在一起的,马车在那个时候和那种平原草原的条件下不仅是一种最有威力的武装,能够在同没有这种武器的敌人撕(厮)杀中取得决定性优势……就是这种以其功能类乎现代坦克的战车,能对敌方士卒起威吓和震慑作用,击溃敌人的队伍,从而决定战斗的结局,进而决定该部落的历史命运。”③

---

① W.G.Waddell, *Manetho*, Cambridge:Harvard University Press, 1997, p.79.
② 刘文鹏:《古代埃及史》,商务印书馆,2000 年,第 367—368 页。
③ [苏]列·谢·瓦西里耶夫:《中国文明的起源问题》,郝镇华等译,文物出版社,1989 年,第 309 页。

一、商代战车的来源

考古材料显示,早在二里头文化时期就已经出现了使用车的证据。在二里头宫殿区南侧大路(03VT61)早期路土之间还发现了车辙的痕迹,两辙之间的距离约为1米①。这是目前发现最早的中国古代使用车辆的痕迹,比1996年在偃师商城发现的商代早期双轮车车辙痕迹早两百多年。但笔者在前文中已经论述,二里头时期的车是一种人力手推小车,与商代的马拉战车不同。因此还没有证据支持在二里头时期已经出现并使用后世的马拉双轮战车。

关于中国车马的起源,先秦两汉古书的叙事有着自己的观点。《左传·定公元年》《墨子·非儒下》《荀子·解蔽》《吕氏春秋·审分》《山海经·海内经》《管子·形势》《世本》《说文·车部》等古籍都记载为"奚仲作车"②。这种观点似乎代表了早期古书的主流意见。也有古书认为车的发明者另有其人,例如《周易·系辞下》有"黄帝作车"的记载,《世本》又记载"相土作乘马"③。竹简《孙膑兵法·势备》"禹作舟车"④。在古人对车马起源所作的这些解释中,最久远的意见可以追溯到"黄帝"时代,最晚的则是夏代的禹和奚仲。孙诒让根据古书的各种意见进行分析和排序,认为车的起源比奚仲更早,后来出现了牛和马作为拉车的畜力,奚仲的贡献则是"驾马"⑤。这就意味着,他所理解的车马起源过程是,首先出现了人力车,然后再出

---

① 中国社会科学院考古研究所二里头工作队:《河南偃师市二里头遗址宫城及宫殿区外围道路的勘察与发掘》,载《考古》2004年11期,第11页。

② 孙诒让在《墨子间诂》中对相关记载进行了收集,可参见[清]孙诒让《墨子间诂》,中华书局,2009年,第293页。

③ [清]王先谦:《荀子集解》,中华书局,1997年,第401—402页。

④ 张震泽:《孙膑兵法校理》,中华书局,2004年,第79页。

⑤ [清]孙诒让:《墨子间诂》,中华书局,2009年,第293—294页。

现了以牛和马作为畜力的车。排除"奚仲"等具体的人物象征，孙诒让所理解的车马起源过程与考古发现比较接近。

　　既然中国早期马拉战车起源的过程是先出现人力手推小车再出现马拉，那么马的驯化和使用就成为战车出现的关键所在。从考古材料来看，中国北方地区从龙山文化阶段到殷商晚期之前的各处文化遗存中，均无马骨的大量发现。所以有学者据此倾向于认同西方学者提出马车是公元前1200年前后从西北方向传入中国的观点[①]。早在民国时期，胡厚宣就指出过"殷本地不产马，皆由西北方进贡而来"[②]。易华基于各种材料指出，家马（Equus caballus）的野生祖先主要分布于欧亚草原的西端，"家马起源于东亚的考古学和遗传学证据在中国、韩国、日本还没有发现"。[③] 但也有学者认为，殷商的马是中国本土野马驯化的结果。"估计夏末商初干燥寒冷的气候条件，使木本植物减少，草原面积扩大，利于野马活动。估计这种自然气候条件以及当时的社会环境，促成夏末商初人类开始驯服马，经商代中期的发展到商代晚期时已能大量驯养并繁殖马。"[④]

　　在二里冈时期，马骨的材料还非常少[⑤]。这一现象与龙山、二里头时期所见的马骨材料非常接近，却与殷墟时期伴随战车出土的大量马骨材料的现象大相径庭。战车、战马的使用从早商、中商到晚商之间没有一条清晰而渐进的发展线条，这些技术是忽然在殷墟时期得到普及和臻至成熟的，说明有一种来自外部的力量推动了中原

[①] 水涛：《驯马、马车与骑马民族文化》，载《中国文物报》1997年6月15日3版。

[②] 胡厚宣：《甲骨学商史论丛初集》，河北教育出版社，2002年，第599页。

[③] 易华：《六畜概说》，见"中国民研中心"网站，见 http://www.myzx.cun.edu.cn/plus/view.php?aid=649。

[④] 王志俊、宋澎：《中国北方家马起源问题的探讨》，载《考古与文物》2001年2期，第29页。

[⑤] 河南省文化局文物工作队：《郑州二里冈》，科学出版社，1959年，第35页。

地区的这一技术发展。笔者不能认同使用"夏末商初"开始自行驯化马匹的方法来解释商代战车和战马的起源。

中国战马所谓"独立起源"除了缺乏考古学上清晰的发展线条，在语言学上也缺乏证据。根据周及徐的研究，"马"的上古音为 *maa? /maarg，对应于印欧语词根 *marko。因此得出结论，"印欧语的'马'应是最早的"[1]。古汉语的"马"是传播而来的，因此可以显示，古中国的战马和驾马技术也是从西面传播而来的。除了战马是从西北部游牧文化传入的，驴、骡等动物也随着马的传播在商代晚期传入中原[2]。

考古证据可以证实，二里头和早商时期已经在使用轮距 1—1.2 米的人力小车[3]。这种人力推拉的小车在周代也被称为栈车，平民阶层普遍使用[4]。殷墟郭家庄则发现了两只用于拉小车的羊[5]。这则材料显示，在从中原以西地区引入马之前，殷人的人力小车可能也使用羊或牛作为畜力[6]。但这种羊车或牛车速度很慢，不可能被用作在

---

① 周及徐：《韩语与上古汉语对应词举例》，自《东亚人文学会第 10 届国际学术大会》，四川师范大学等，2009 年，第 212 页；又见周及徐：《汉语和印欧语史前关系的证据之二——文化词汇的对应》，《历史语言学论文集》，巴蜀书社，2003 年，第 159—160 页。
② 张颔：《"嬴篡"探解》，载《文物》1986 年 11 期，第 20 页。
③ 中国社会科学院考古研究所：《试论偃师商城东北隅考古新收获》，载《考古》1998 年 6 期，第 13 页；冯好：《关于商代车制的几个问题》，载《考古与文物》2003 年 5 期，第 38—39 页。
④ 宋镇豪：《中国风俗通史·夏商卷》，上海文艺出版社，2001 年，第 409 页。
⑤ 中国社会科学院考古研究所编著：《安阳殷墟郭家庄商代墓葬——1982 年—1992 年考古发掘报告》，中国大百科全书出版社，1998 年，第 158 页。
⑥ 二里冈遗址中的羊、牛骨骼最多（河南省文化局文物工作队《郑州二里冈》，科学出版社，1959 年，第 35 页）。这就说明二里冈时期，殷人最重要的畜力就是牛和羊。《尚书·酒诰》中有"肇牵车牛"的记载，说明牛也被用于拉车。《孙子兵法·作战》记载以"丘牛大车"运送辎重，联系到商先王王亥（转下页）

战场上具有强大冲击力的战车。因此可以这样理解,在殷墟时期之前,殷人使用人力小车,也可能使用羊车、牛车运载托重。但真正的战马与战车技术则是在殷墟时期从西北或北方传播而来。

列·谢·瓦西里耶夫认为,商代战车来自近东古代文明[1]。徐中舒认为,商代战车是从西亚传播到黑海地区,再从北面传播到中国。"故殷商之有两轮大车,必为自西土输入之物。其为之传播者,则为居中国极北之森林地带,东自黑龙江土拉河以北,西迄黑海之滨之北狄也。"[2]徐中舒认为,商代战车的源头来自"西土",但却是通过北部地区直接传入的。

实际上,除了古汉语中的"马"与印欧语系之间存在着语音意义上的密切联系,古汉语"车"字的发音与古代印欧语之间也存在着重要联系。一些学者指出,古汉语的"车"来自古印欧语,而公元前12世纪的商代马拉战车与高加索地区出土的公元前15世纪的马车之间具有同样的技术[3]。徐中舒认为商代战车是广义上的"北狄"文化传播的结果。狄宇宙(Nicola Di Cosmo)则直接提出,殷代战车是从古代西伯利亚的安德罗诺沃人(Andronovo people)处借鉴而来。在中国北部地区已经发现了一些战车的遗迹,例如在内蒙古阴山的岩画上就显示了猎人从八轮辐双马拉战车中跳下车。岩画战车实

(接上页)"丧牛于易"的记载,说明在军事功能的马拉战车传入之前,殷人已经使用牛车运载物资,是完全有可能的。

[1] [苏]列·谢·瓦西里耶夫:《中国文明的起源问题》,郝镇华等译,文物出版社,1989年,第310—311页。

[2] 徐中舒:《北狄在前殷文化上之贡献——论殷虚青铜器与两轮大车之由来》,自《先秦史十讲》,中华书局,2009年,第48页。

[3] 梅维恒:《古汉语巫(*Mʸag)、古波斯语 Maguš 和英语 Magician》,[美]夏含夷主编:《远方的时习——〈古代中国〉精选集》,上海古籍出版社,2008年,第77—78页。

物在俄国乌拉尔山的辛达雪塔(Sintashta)古墓中有发现。显示了中国古战车在设计与技术特征上与北方地区的相似性[1]。商代马拉战车的结构就是双马、双轮,车轮分为轮辐,这种基本结构与乌拉尔山、西伯利亚、阴山发现的材料完全一致,证实了徐中舒的推测。

　　在中亚地区的史前岩画中,有的马车形象与甲骨文中"车"字完全一致。例如,南哈萨克斯坦卡拉塔乌(Karatau)山脉的岩画中就有马车形象,时代为公元前 2000 年末叶或稍晚[2]。这处岩画中的马车形象,与甲骨文的"车"字完全一致。显然,中亚的马车图像远早于殷墟时期,但二者完全一致的图像或文字表现方式,确实透露出殷代马车从基本结构到文字图像构造均与中亚印欧游牧族群之间具有紧密的文化传播联系。

图 4-32　左边为卡拉塔乌山脉岩画中的马车,右边为甲骨文中的"车"字[3]

　　马的驯化和双轮战车最早是由西北方的印欧民族所发明,随着印欧民族的迁徙和文化传播,这些技术被逐渐传播到中亚、北亚,再通过中国北部地区传入中原。也就是说,中国先秦时代的战车并不

[1] Nicola Di Cosmo, *Ancient China and It's Enemies:The Rise of Nomadic Power in East Asian History*, Cambridge University Press,2002, pp.54—55.

[2] [美]夏含夷:《中国马车的起源及其历史意义》,《古史异观》,上海古籍出版社,2005 年,第 110—112 页。

[3] 中国社会科学院考古研究所编辑:《甲骨文编》,中华书局,1965 年,第 532 页。

是本土起源,也不是由所谓"近东地区"间接传来,而是间接来自印欧的游牧族群。在传播的过程中,商代人借用了"马"和"车"这两个来自印欧语的外来词,相当于现代中国人借用了外来的"坦克"(tank)一词发音,并直接作为一个新的汉语词语。

二、战车与神话范式

通过与北方文化的接触,殷人逐渐掌握了成熟的养马技术与相应的战车工艺。战马开始被大量驯养[1],战车则在贵族中得到了普遍的装备。正如罗曼·赫尔佐克(Roman Herzog)所说,商王国是一个贵族国家,与迈锡尼文明相似,显著的特征是战车的使用。当时战车技术主宰了整个欧亚大陆,战车作战需要以贵族为前提,只有贵族才能配置这样的装备[2]。

这种装备珍贵而强大,既是武装贵族作战的重型武器,也是标识其高级身份的物化象征。掌握这种装备,意味着参与并指挥战争—献祭的伟大事业。掌握战车技术的背后,意味着马匹饲养、青铜铸件、车辆制作工艺等一整套复杂生产链条的最终组合。这一套组合方式将各种资源、技术统摄在权力与神权政治的结构之中。正如掌握了青铜资源即掌握了铸造神器与武器的手段一样,青铜资源本身并不是目的,真正的目的是服务于神权宗教和宇宙论基础的整合。实际上,商代所有的战争资源、装备与武装者都是按照神圣宇

---

[1] 从考古材料与卜辞证据来看,商代的马匹数量比其他种类的家畜少得多,只是一种供王室和贵族使用的珍贵动物(刘一曼、曹定云《殷墟花东 H3 卜辞中的马——兼论商代马匹的使用》,载《殷都学刊》2004 年 1 期,第 11 页)。尽管如此,相对于马匹传入之前的情况,这一时期马匹数量的增长情况仍然相当显著。

[2] [德]罗曼·赫尔佐克:《古代的国家——起源和统治形式》,赵蓉恒译,北京大学出版社,2003 年,第 248 页。

宙的各种象征范式组合在一起的。现代人的观念习惯于将青铜矿产理解为"经济",将青铜器理解为"工艺",将武器制造理解为"技术"。但在商代的精神世界与价值维度中,并不存在现代经济人的"理性化"分类体系。正如前文中所分析的,所有的祭器、武器与资源,还包括殷人各个氏族、武装者的编制,分布于各地的城堡等都指向了神圣之维,并与神圣范式的象征密不可分。在殷人看来是"一"的问题,在现代观念中被分割为"二"或"多"。

步战的武装者被按照宇宙垂直和平面的不同分层对应了方位与神圣数字,这些模仿与数字背后是宇宙论和诸神象征的最高范式。这种从北部地区新引入的先进战争技术,既是战争中有效击溃敌方的利器,又是标识武装贵族权力与高贵特征的象征。因此,战车队形的编排,战车上装备的设置与象征,也都是按照神话宇宙与相应的神圣模型组合排序的。

例如,从殷墟第十三次发掘来看,乙组宗庙遗址前有一些祭祀坑。祭祀坑以埋葬的战车为中心,后面跟随着步战者。车一共有五辆,中间有"三"辆居前,为双马拉车。在这三辆组合的左、右则各有一辆车居后,这左、右排后的两架车为驷马拉车。中间最前面的车马左右并列了"三"个坑,每一个坑中埋着"五"个步战者,一共为三个"五名",共十五人。由此可见,商代战车编制理想中的基本单位是五辆车,每辆车有三组步战者护卫,每组有五名战士。而大的战车编队或为十五,或为二十五,都是"五"的倍数[1]。西北冈一个殷墓内出土随葬的战车正好就是二十五辆[2],也很好地印证了这一点。

---

[1] 北京大学历史系考古教研室商周组编著:《商周考古》,文物出版社,1979年,第76—79页。

[2] 杨升南:《略论商代的军队》,胡厚宣等:《甲骨探史录》,生活·读书·新知三联书店,1982年,第376页。

在 2005 年殷墟西部区域发现了相似的战车埋葬材料。这里一共发现了"三"座车坑,其中一座埋着"五"辆战车。"五"辆战车中有"三"辆殉葬一人,配置武器较多,而另外两车则殉葬两人,装饰豪华①。同样是"三"中有"五",而"五"中又区分出"三"。这种"三"与"五"的范式与军队编制分享了同样一套神圣观念和象征模式。

除了按照"五"为单位进行编制之外,商代的战车按照"三"进行编排也见于传世文献。《淮南子·本经》"汤乃以革车三百乘伐桀于南巢",《淮南子·主术》"然汤革车三百乘,困之鸣条"②。《墨子·明鬼下》记载"汤以车九两(辆)"③,同样是"三"个"三"。考古材料显示,商代早期并没有出现车战。这些文献中对"汤"的记载可以被理解为殷人使用战车编制以"三"为基本单位保留在古代文化中的模糊记忆。

殷人的宇宙模型是十字形,其平面分为"五",对应了东、南、西、北、中五个方位,而其垂直层级则为"三"。"三"既是宇宙垂直模型的层数,又是宇宙中太阳神——祖神系统中的循环象征数字。诸神——包括"帝臣"、"凤鸟"与太阳中的"三足乌"神鸟分别对应了这些象征。各种青铜祭器与武器上也不同程度地对应了这些神圣范式的原则。商代祭器的组合、祭典与占卜的排列也是按照这些模型排序的。正是在这一背景下,才能更好地理解商代武装者为何均是按照"三"、"五"原则进行编制与排列的原因。

通过殷墟宗庙遗址和西区祭祀坑中战车与步战者排序的方式可知,这种贵族装备也遵从了这样的原则。"五"辆战车中专门以"三"辆为前排,并使用不同数量的马匹加以区别。每一辆战车又

---

① 宋镇豪:《夏商社会生活史》,中国社会科学出版社,2005 年,第 314 页。
② 刘文典:《淮南鸿烈集解》,中华书局,2006 年,第 257、279 页。
③ [清]孙诒让:《墨子间诂》,中华书局,2009 年,第 244 页。

配置了步战者,这些保护战车的步战者也是分别按照"五"人形成"组",而"三"个"组"则对应了一辆车。这种排序组合与诸神、祭器、占卜的诸项要素完全重叠同构,反映了对神话宇宙模型所象征的崇拜与模仿。这样,战争装备与排列指向神圣,而神圣则成就其战争功业。"神圣"与"世俗"交互为一体,密不可分。

除此之外,石璋如还推测,商代平均每辆战车配置了甲士三人,车下有六名"后备",似为每车九人,三班轮流①。商代战车除了配置作为护卫的步战者之外,石璋如认为还跟随着"后备"轮班倒。从考古材料分析,商代高级武装贵族很多拥有属于自己的战车,这些拥有自己战车的贵族应该不需要与其他甲士一起"轮班倒"。有一些车辆属于商王室,国王在战争期间将车马分发给武装者。《左传·隐公十一年》记载了春秋时代郑国的战车被收藏在宗庙中,在战争发生时分发给武士,有一些武士还会争夺车辆。因此,商代的一些王室战车应该是分发给中下级武装贵族或武士使用,这些武装者可以形成"轮班倒"的后备模式。如果石璋如的这一观点成立,那么战车后备武装者的原则也是遵从了三个"三"的模式。

在山东滕州前掌大商代遗址中,发现了五座车马坑,其中有三辆车配备了大盾牌②。这处遗址车马坑的序列结构与殷墟宗庙遗址祭祀坑中的情况完全一致,都是共有五辆车,在"五"中又区别出"三"。只是殷墟宗庙车马坑是用马匹不同和排列队形来突出"五"和"三",前掌大车马坑则是通过战车配置的武器装备来表现"五"与"三"的关系。这种现象说明,在遥远的"方邑"据点,殷人同样分

---

① 石璋如:《小屯 C 区的墓葬群》,中华书局编辑部:《"中研院"历史语言研究所集刊论文类编·考古编一》,中华书局,2009 年,第 526 页。

② 李森、刘方、韩慧君、梁中合:《前掌大墓地马车的复原研究》,中国社会科学院考古研究所:《滕州前掌大墓地》,文物出版社,2005 年,第 618—619 页。

享了与王畿地区完全一致的宇宙论和神圣模型,这些知识已经构成了殷人社会的一项常识。从王畿到边缘的邑堡,都使用同一套神圣编码和分类体系,并用这种范式来编排战车队。

卜辞还记载"于车舞"(《合集》13624 正),说明商代武装者还会在车上进行某种舞蹈。考虑到商代舞蹈与祭祀、巫术之间的密切关联,也可以证实战车在殷人的信仰维度中具有某种对应的意义。

除此之外,商代的车马坑大多位于墓主埋葬方位的西南方[1],这种埋葬方式显然是有选择性而非随意为之的。这种选择性背后,也能显示殷人将战车的埋葬对应在某种具有神圣意味的空间结构中。据朱彦民研究,殷人最初起源于东北方位的渤海湾地区。祖先的坟墓与城市的朝向均指向"东北"这一神圣方位。尤其值得注意的是,这些墓葬西南方的车马坑中的马车,有一些的车辕就朝向了东北方位[2]。将车马坑的方位置于和神圣方位相对应的西南方,表明这一行为背后并不是随意为之,而是应当基于某种观念的支配。

战车作为攻击敌方有效的重型武器,在等级和效率上均高于普通步战装备。对使用战车的商代精英而言,这种装备的配置与使用只能是被嵌入整个神话与宗教背景的结构中才能得到理解。因此,对这种武器的认识除了从纯军事角度的技术解读之外,掌握其宗教与精神含义也同样重要。或者说,这两个问题在商代观念中是同一个内容。

三、战车的使用

卜辞记载"惟有车用有正(征)"(《合集》27628),显示了殷人使

---

[1] 刘一曼:《殷墟郭家庄 160 号墓的发现及主要收获》,载《考古》1998 年 9 期,第 73 页。

[2] 朱彦民:《商族的起源、迁徙与发展》,商务印书馆,2007 年,第 183 页。

用战车征伐的事实。关于商代战车在战争活动中具体的使用方式等信息,由于资料的缺乏,学术界颇有不同的观点。就目前的材料而言,只能尽可能推测和复原战车使用的方式与原始面貌。

许倬云认为,商周时代的车战缺乏战争实效性,不可能是后世学者所理解与想象中的车战形态。理由有两点:第一,由于路面颠簸,使得在战车上射箭缺乏准确性;第二,两车交错时的攻击时间只有一瞬间,不能形成有效的搏战。因此认为:"车战的功能,大约只是迅速将战士运送到战场,车上的指挥官可以利用车台,取得较好的视野,以旗帜与金鼓指挥军队进退。主要的作战人员,或许仍是那些随车的甲士与步卒。"①

对于许倬云对商周时代车战的理解,笔者略有不同的看法。首先是关于战车上能否射箭的问题。在古埃及新王国时代政治艺术的图像中,就有很多表现法老在飞驰战车上射箭的画面。例如,卡纳克(Karnak)神庙浮雕中,拉美西斯二世法老就是在战车上开弓射箭②。说明经过军事训练的武装者在运动中的战车内,完全可以自由地引弓射箭。卜辞记载:"王曰贞:有兕在行,其左射,获(《合集》24391)。"这条卜辞记载了商王的战车射击犀牛,武装者的射击位置正是车的左面。《尚书·甘誓》"左不攻于左,汝不用命",孔氏传"左,车左,左方主射"③;《诗经·鲁颂·閟宫》"二矛重弓",郑笺"兵车之

---

① 许倬云:《西周史》,生活·读书·新知三联书店,2001年,第82—83页。此外,夏含夷也认为,商代的马车主要用于田猎和身份象征,真正的军事意义并不重要,更多是被作为一种机动指挥台使用([美]夏含夷:《中国马车的起源及其历史意义》,《古史异观》,上海古籍出版社,2005年,第124页)。
② 刘文鹏:《古代埃及史》,商务印书馆,2000年,第484页。
③ 李学勤主编:《十三经注疏·尚书正义》,北京大学出版社,1999年,第173页。

法,左人持弓,右人持矛,中人御"①;《左传·宣公十二年》也记载了楚将在战车中"左射"②。这些材料中记载弓箭射击者位于战车左面,与卜辞内容相印证,可见商周时代的战车武装者确实在车中射箭,射击位置是车的左方。在山西北赵晋侯墓一号车马坑的车舆内左前方就摆放着成束的箭矢③。《礼记·檀弓下》记载了工尹商阳与陈疾追杀吴国军队,就在战车中射杀敌方。郑注:"兵车参乘,射者在左。"④ 正因为战车武装者需要"左射",因此《周礼·夏官司马·缮人》记载"凡乘车,充其笼箙,载其弓弩"⑤,说明战车上必须配置弓箭。石璋如也根据商代战车中出土的石、铜、骨等箭镞材料判断,殷人弓手在战车内射击是可能的⑥。卜辞材料还记载"子乎射、弹,复取右车"(《花东》416),说明殷人武装者在车中,不但使用弓箭,甚至还使用弹丸射击。考古材料与传世文献都能证明,先秦战车的使用都伴随着弓箭的使用,弓手位于战车的左侧。不能以路面的"颠簸"可能影响射击而否认古代战车使用的效率。在受过专门的训练与练习之后,战车武装者同样可以在颠簸中保持相当的命中率⑦。

其次,古代战车之间是通过"车错毂"来发生攻击的。《九歌·国

① 李学勤主编:《十三经注疏·毛诗正义》,北京大学出版社,1999 年,第1418 页。
② 李学勤主编:《十三经注疏·春秋左传正义》,北京大学出版社,1999 年,第646 页。
③ 山西省考古研究所、北京大学考古文博学院:《山西北赵晋侯墓地一号车马坑发掘简报》,载《文物》2010 年 2 期,第 10 页。
④ 李学勤主编:《十三经注疏·礼记正义》,北京大学出版社,1999 年,第 301 页。
⑤ 李学勤主编:《十三经注疏·周礼注疏》,北京大学出版社,1999 年,第 849 页。
⑥ 石璋如:《殷车复原说明》,《历史语言研究所集刊》第五十八本第二分,1987年,第 266—276 页。
⑦ 杨升南:《略论商代的军队》,胡厚宣等:《甲骨探史录》,生活·读书·新知三联书店,1982 年,第 373—374 页。

殇》中就有"车错毂兮短兵接"、"埋两轮兮絷四马"的记载①，说明先秦战车确实以"错毂"交接，而且战况惨烈，可以导致车覆人亡。《诗经·郑风·清人》"左旋右抽"，朱注："旋，还车也；右，谓勇力之士在将军之右，执兵以击刺者也；抽，拔刃也。"②可知两车错毂交锋的瞬间之后，又需要从左侧掉转车头，再由右侧的甲士互相交兵，这个过程被称为"左旋右抽"。在曾侯乙墓中还出土了专门用于车战两毂相交时攻击敌方战车的有刃车軎③，说明两车错毂相交接的作战方式确实存在。此外，如果说周代军事贵族双方大量均使用战车作战的话，殷商时期殷人的敌对者则缺乏战车。除了北方或西部的一些敌对者拥有战车之外，殷人在对其他各地异族的战争中也并不需要"车错毂"的作战方式。因此，以古代没有"车错毂"的作战方式为依据也不能证明商代贵族不使用战车作战。在更多情况下，殷人高速运动的战车对敌方而言，更像侵入埃及的西克索斯人那样，具有极其强大的征服力量。

　　实际上，这种误解古代战车作战功能的情况也见于"荷马史诗"。《伊利亚特》故事发生的历史背景正是迈锡尼文化时期④。由于文化的断裂，迈锡尼时代的贵族车战方式对于生活在多利安人（Dorian）入侵希腊之后黑暗时代的荷马来说，已经成为模糊和遥远的记忆，因此"荷马史诗"中已经不太清楚战车的功能与使用方式。《伊利亚特》中记述的战车不是作战的装备，而只是运载武士的工

---

① 洪兴祖：《楚辞补注》，中华书局，1983年，第82页。
② ［宋］朱熹：《诗经集传》，上海古籍出版社，1987年，第34页。
③ 湖北省博物馆：《曾侯乙墓》，文物出版社，1989年，第322—325页。
④ ［苏］兹拉特科夫斯卡雅：《欧洲文化的起源》，陈筠、沈澂译，生活·读书·新知三联书店，1984年，第124页。

具。武装者在坐车到达战场后则跳下车徒步进行格斗①。而事实上，迈锡尼武装贵族使用的战车技术来自近东地区，与赫梯王国的战车非常接近②。近东、埃及与迈锡尼的车战技术都是职业化和贵族性质的，这些车战贵族能够在战车上熟练地射箭和刺杀敌方，车辆的速度也增强了杀伤力。由于迈锡尼社会与政治文化的消亡，"荷马史诗"的作者已经不理解战车的使用方法，因此才会发生对车战的误解。

在山东滕州前掌大遗址车马坑 M40 的车舆内发现了青铜戈和弓形器，还有 10 枚铜箭镞，M45 车坑中还埋着一名战车弓箭手，他的手臂旁有弓形器，手握着 8 枚铜镞③；殷墟西区 M43 车马坑，车厢中有弓形器、箭镞，也有两件青铜戈④。显示了商代战车武装者使用戈与弓箭的事实。既然了解到商代战车中的武装者能够使用弓箭射击，那么，他们是怎样在颠簸的战车中保持平衡并拉弓射箭的？

狄宇宙指出，中国古代的战车武士不超过两人，他们在车中或站或跪或坐⑤。考古发掘证实，商代的战车上已经出现了帮助车乘人员保持平稳的车轼。在安阳梅园庄东南发现的车轼，仅仅高于车厢前阑 0.07 米⑥。问题是，商代战车的车厢并不高，在 0.43—0.44 厘米之间，车轼并不能帮助车乘人员保持站立或平衡。因此，狄宇宙所

① 陈中梅：《伊利亚特》，北京燕山出版社，2000 年，第 27 页。
②［法］让 - 皮埃尔·韦尔南：《希腊思想的起源》，秦海鹰译，生活·读书·新知三联书店，1997 年，第 5 页。
③ 中国社会科学院考古研究所：《滕州前掌大墓地》，文物出版社，2005 年，第 127、131 页。
④ 中国社会科学院考古研究所安阳工作队：《1969—1977 年殷墟西区墓葬发掘报告》，载《考古学报》1979 年 1 期，第 59 页。
⑤ Nicola Di Cosmo, *Ancient China and It's Enemies:The Rise of Nomadic Power in East Asian History*, Cambridge University Press, 2002, p.28.
⑥ 中国社会科学院考古研究所安阳工作队：《河南安阳市梅园庄东南的殷代车马坑》，载《考古》1998 年 10 期，第 50 页。

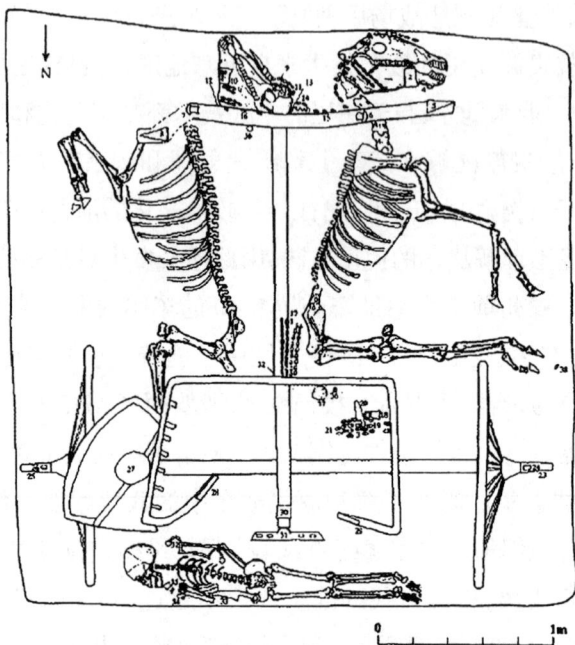

图 4-33　前掌大遗址 M45 车马坑

说的三种乘坐方法中,武装者站立乘车的可能性是最小的。古代文献显示,乘车经常会面临坠落的风险。《史记·齐太公世家》"齐襄公十二年……公惧,坠车伤足"[①],《史记·张仪列传》"张仪至秦,详(佯)失绥堕(坠)车"[②],《庄子·达生》"夫醉者之坠车"[③]。卜辞也有坠车记载:"王往逐兕,小臣协车马,碍□王车,子央亦坠。"(《合集》10405 正)《说文》"碍,石岩也",此处指石头撞击了车马,导致贵族

---

① [汉]司马迁:《史记》,中华书局,1982 年,第 1484 页。
② [汉]司马迁:《史记》,中华书局,1982 年,第 2288 页。
③ [清]郭庆藩:《庄子集释》,中华书局,2006 年,第 636 页。

从车上坠落[①]。卜辞还记载：

      ……今日……惟车克(《合补》6285)

      王狩敝，克车(《合集》584)

      克车马(《合集》11448)

"克"的本意是车行遇险人坠落，这些材料说明，先秦时代的乘车可能比较危险，容易从车中坠落下来。商代车厢的围栏很低矮，不能起到很好的保护作用。而且车轼比车厢围栏只高出一些，站立的话需要弯着腰握住车轼。很难想象武装者能够在颠簸的车中站立并射箭。因此，狄宇宙指出三种乘车方法中站立的方式应该可以排除。

商代的"坐"实际上就是跽坐，准确地说，这种姿势最容易在颠簸的车辆中保持平衡。因为战车速度快而保持平衡不易，因此车战者需要跽坐在车上，才能够比较从容地进行远射[②]。黄文新也指出，跽坐当是古代乘车的一种最佳方式，有利于减震，并且不容易坠车，有利于双手用于操作武器作战[③]。宋镇豪也持战车跽坐的观点，认为这种坐姿使乘员"可以手倚栏杆，以获得舒适效果"[④]。

前面分析过在安阳花园庄发现的M54墓主作为"长"族首领，生前多次乘坐战车参与战争活动。通过对遗骨的研究发现，这位战车贵族的脚掌骨前部有明显因长期跽坐形成的痕迹，俗称"跪踞

---

① 徐中舒主编:《甲骨文字典》，四川辞书出版社，2005年，第1034页。

② 郭妍利:《夏商时期的作战方式蠡测》，载《人文杂志》2008年4期，第153—154页。

③ 黄文新:《先秦马车乘座方式与乘员》，载《江汉考古》2007年3期，第70页。

④ 宋镇豪:《夏商社会生活史》，中国社会科学出版社，2005年，第316页。

面"①。由此可以推知,这位贵族武士生前因为长期乘车作战,因此才会在骨骼上留下"跪踞面"。而且商代战车的车厢中铺有竹席②,显然也是为跪坐而准备的。此外,从商代车轼的高度判断,正好符合跪坐在车厢内的武装者扶手。因此可以说,殷人武装者在车舆内都是跪坐的。这样的坐姿有利于双手开弓射箭,只要经过训练,是可以在运动中保持较高命中率的。

确认了武装者在战车中的跪坐射击方式,就可以考察商代战车中的人数配置。在滕州前掌大遗址的车马坑 M40 车舆内,出土了两件青铜胄,3 件青铜戈,弓形器和箭镞③。这就说明,车中至少有两名武装者,他们头戴青铜胄,左侧的战士使用弓箭射击,右侧的战士则使用戈。此外,附属车马一起埋葬的还有一名驾驶者,他显然并不被视为战车武装人员,而是被视为整个战车的一个组成部分而随车埋葬。因此可以判断,这辆战车包括了驾驶者与两名武装战士。

这一辆战车的车厢长 1.3—1.6 米,宽 0.8—1.0 米④。这样大小的车厢,可以容下三名乘员跪坐。安阳梅园庄东南车马坑 M40,随葬着两具人骨架。这样埋葬设计背后的预设是:这两名战车手随战车埋葬进入黄泉的地下世界,他们中有一人驾马车,有一人作战。车中还留有一个位置,那显然是留给战车主人的。因此可以推知,这一辆战车也是乘坐三名乘员。这辆车的车厢长 1.34—1.46 米,宽

---

① 中国社会科学院考古研究所编著:《安阳殷墟花园庄东地商代墓葬》,科学出版社,2007 年,第 77 页。

② 中国社会科学院考古研究所编著:《安阳殷墟郭家庄商代墓葬——1982 年—1992 年考古发掘报告》,中国大百科全书出版社,1998 年,第 130 页。

③ 中国社会科学院考古研究所:《滕州前掌大墓地》,文物出版社,2005 年,第126—127 页。

④ 中国社会科学院考古研究所:《滕州前掌大墓地》,文物出版社,2005 年,第125 页。

0.82—0.94 米[①]，面积接近前掌大 M40 的车厢。这里出土的另一辆战车 M41 随葬了一名车辆驾驶者。车厢长 1.28—1.44 米，宽 0.7—0.75 米，略小于 M40 号战车[②]；安阳孝民屯一号殷车，车厢长为 1.64 米，宽为 0.97 米[③]；安阳郭家庄殷墓车马坑 M146 的车厢长 1.68—1.72 米，宽 1.06—1.09 米[④]。这些车厢的大小略有不同，但基本都能容纳三名乘员跪坐。

有学者认为，商代战车中只有两人，左边的战士射箭，右边的"御者"还要兼操戈作战。弓形器的用途是挂缰绳，可以在驾驶者作战时保持其平衡[⑤]。关于弓形器，前文中已作陈述，是弓箭的附属部分。由于车中战士的跪坐姿势，因此并不需要弓形器来帮助挂缰绳以"保持平衡"。在小屯 C 区 M20 两车随葬三人，冯时认为其中一车两人，另一车葬一人。但似乎忽略了一点，就是战车上给战车主人预留下的位置。因此可以反证，战车上有三名乘员。还有一点值得注意的是，商代精神观念中有"尊右"的思想，这一点与宗周文化"贵左"的精神恰恰相反。

《礼记·王制》"殷人养国老于右学，养庶老于左学"[⑥]，《白虎通·辟雍》"里中之老有道德者为里右师，其次为左师"，陈立疏证：

---

① 中国社会科学院考古研究所安阳工作队:《河南安阳市梅园庄东南的殷代车马坑》，载《考古》1998 年 10 期，第 49—50 页。

② 中国社会科学院考古研究所安阳工作队:《河南安阳市梅园庄东南的殷代车马坑》，载《考古》1998 年 10 期，第 57 页。

③ 孙机:《中国古独辀马车的结构》，载《文物》1985 年 8 期，第 25 页。

④ 中国社会科学院考古研究所编著:《安阳殷墟郭家庄商代墓葬——1982 年—1992 年考古发掘报告》，中国大百科全书出版社，1998 年，第 141 页。

⑤ 冯时:《殷田射御考》，宋镇豪主编:《甲骨文与殷商史》新一辑，线装书局，2008 年，第 86 页。

⑥ 李学勤主编:《十三经注疏·礼记正义》，北京大学出版社，1999 年，第 425 页。

"盖殷法也。"① 这些文献记载说明在"殷法"中,右比左尊贵。卜辞中的用语结构,基本将"右"放在"左"前,称"右左"。如《屯南》2064,或先称"右"再称"左",如《屯南》2328、《屯南》2320、《合集》28008 等。《合集》5504、《合集》5512 片甲骨记载,商代的武装编制也是按照"右"、"中"、"左"的次序排列的。可见在殷人的思维中,"右"比"左"重要,因此才先右后左,而这一观念也体现在武装编制的程序中。在埋葬制度中,殷代的异穴合葬墓,大多为男右女左②。与周代及其以后"男左女右"的文化不同,显示出殷人以右为尊的信念。此外,在甲骨文用语中,"左"是一个不太好的灾难字,与"祟"、"害"、"孽"等字意思接近,如《合集》2496、248、30347、《屯南》930等。可以说,殷人以"左"为不祥③。相反,"右"在甲骨文中通"佑",对应了神灵的"保佑"、"庇佑"等含义。因此可以说,在商代精神观念中,"右"的空间价值与想象对应了一系列积极、善意和高贵的内涵。周人的战车中以左为尊贵,以车右为辅助者,而殷人的战车中则"尚右"。

　　在这一观念背景下,很难想象商代战车只有两名成员,而尊贵的"车右"位置是一名卑下的驾驭者,而这一名卑下的车辆驾驶者坐在尊贵的右边,一面驾驶车,一面还要亲自作战。因此,唯一合理的解释是,商代战车中的乘员共有三人。右边的尊贵位置乘坐地位最高的武士或车主,左边的武士负责射箭。当然,有时尊贵的成员也会坐于车左射箭,这似乎取决于他们相信弓箭具有克服不祥的巫术

① [清]陈立:《白虎通疏证》,中华书局,2007 年,第 262 页。
② 李伯谦:《从晋侯墓地看西周公墓基地制度的几个问题》,载《考古》1997 年11 期,第 55 页。
③ 李义、赵世超:《甲骨文字补释四则》,载《考古与文物》1990 年 3 期,第 44 页。

力量这一信念。至于驾驭者,则跪坐在中间[①]。他们的地位低于两名作战的成员,有时会被同战车一起随葬,在地下世界继续追随车主人,驾马作战。这三名成员跪坐在铺有竹席的车厢中,能够较为有效地保持平衡。

坐在车右位置上的武士以使用青铜戈为主,在车战中,如果双方均使用战车,则两车在错毂时挥戈勾杀,由于相对速度很大,动能成倍增加,足以造成有效的战斗结果[②]。但考虑到商代的敌对者除了北方与西北的群体之外,均普遍缺乏战车这种装备,因此不可能有如同周代战争那样进行错毂的车战,而应当是类似于西克索斯人侵入埃及那样,用战车冲击步兵。因此,战车的冲击力非常重要,而由于没有错毂的车战,殷人不需要很长的戈,所以车右位置的戈可能也并不长,只是用于在车上的指挥和攻击地面奔跑的敌人就足够了。有时车厢中会配置2—3件戈,应当都是作为这些用途。

可以做一个总结:商代战车的使用方式是移动作战,而不是仅仅运输武装者的工具。武装乘员在车中共有三人,他们都以跪坐的方式乘车,因此可以保持平衡。右面一般乘坐地位最尊贵的武士,他大多时候使用戈攻击车下的敌对者。左边坐着使用弓箭的战士,进行"左射"。车中是一名地位较低的驾驭者,这种驾驭人员也被同车马一起随葬,在地下黄泉世界继续追随车主人参与战斗。

四、战车的管理

战车作为具有强大杀伤力的机动装备,在商代的战争—献祭宗

---

① 宋镇豪也认为:"若是乘三人者,大概尊者居右,仆御在中,陪乘者在左,概以右为上。"(宋镇豪:《夏商社会生活史》,中国社会科学出版社,2005 年,第316 页)

② 沈融:《论早期青铜戈的使用法》,载《考古》1992 年 1 期,第 74 页。

教背景中也被视为分享了神圣范式的重要武装力量。对于掌握着交通诸神与信仰的王室而言,这种重要的装备对战胜周边异族和源源不断地获取献祭品显示出相当重要的意义。从技术层面而言,战车制作的工艺要求将青铜铸造业、木器加工、皮革制作、养马以及驯马技术作为一个完整的工业技术链条有机地组织在一起为战争服务。青铜矿产、各种物资以及掌握着工艺的各氏族在商王国的"世界"中,所有的经营与努力都围绕着保障和维护宇宙周期稳定的这一目标。而战车的制造技术很好地体现了这样的一个被组织在一起的资源链条。

战车是如此贵重和重要,以至于只有国王、贵族、氏族首领与封邑首领这样的一些高级统治精英才能装备使用。当战车这种复杂的战争装备经过各种工艺和程序被生产出来之后,只可能是被收藏在王室或封君的仓库中,而战马则被饲养在专门的地方。只有当战争爆发或狩猎、训练之时,收藏的战车才会被取出来,与马匹配置在一起,分发给各级首领与武士。当然,除了战争,王室或有生产战车能力的封君,也会将战车作为一种赏赐馈赠给贵族或高级武士。

战车不同于一般的手工操作武器,这种装备的技术要求与保养成本很高,并不是一般武装者可以轻易使用的。拥有战车,显然也是某种身份的象征。尽管拥有战车,也需要经常维护战车并进行一定的保养,因此战车中普遍携带用于修理车辆的各种工具。

《左传·隐公十一年》记载郑国对许国发动战争之前,在太庙中"授兵"。公孙阏和颍考叔为了争取一辆收藏在太庙中的战车而发生争抢①。这条材料可以说明两点:第一,国家在生产战车之后,这些征

---

① 李学勤主编:《十三经注疏·春秋左传正义》,北京大学出版社,1999年,第124页。

伐重型装备便被收藏在神圣的宗庙内,在战争时则取出使用;第二,很多战车使用者并不拥有战车,因此才会发生武士对战车的争夺。

在古代迈锡尼,贵族也使用战车。迈锡尼时代的国家仓库中有许多战车及其他军需品,例如,在一件派罗斯(Pylos)库存泥板上就记载着300辆战车[1]。实际上,这种战车集中在国家仓库储藏和管理的形式,说明了这种装备的生产链条必须要求专门的管理形式。正如韦尔南(J.P.Vernan)所说:"为了在战场上集中调用战车,需要大量的战车储备,这就意味着要有一个足够广阔和强大的中央集权国家。"[2] 尽管商王室的权威还并不足以被称为"中央集权",但商王国通过各类氏族组织,实际上确实也拥有相当的国家控制力。这也是王室与一些封君为何可以组织复杂的资源和技术链条来进行战车生产的原因。这些储存的战车,构成了重要的战争力量,而战争则为宗教服务。

商代战车被储存在宗庙或一些其他的地方,而战马则由专门人员进行集中饲养。例如,殷墟第十一次发掘中,在王陵区发现了一处较大的马坑,其中埋有37匹马。除了这一处集中埋葬的马骨之外,M1887、M2017各埋3匹马,M1888埋2匹马,M1911埋4匹马。到1950年春,西北冈王陵区武官村大墓发现了六座埋马坑,一些埋着4匹,一些埋着6匹[3];1976年发现的武官村北地祭祀坑M23、M27各埋6匹马,M8埋着5匹马,M9埋着8匹[4];殷墟M1001大

---

① [苏]兹拉特科夫斯卡雅:《欧洲文化的起源》,陈筠、沈澂译,生活·读书·新知三联书店,1984年,第167页。

② [法]让-皮埃尔·韦尔南:《希腊思想的起源》,秦海鹰译,生活·读书·新知三联书店,1997年,第7页。

③ 郑若葵:《试论商代的车马葬》,载《考古》1987年5期,第462—463页。

④ 中国社会科学院考古研究所安阳工作队:《安阳武官村北地商代祭祀坑的发掘》,载《考古》1987年12期,第1064页。

墓殉葬 10 匹马,但没有出土车辆 ①。在这些材料中,都没有战车,而只是大量的马被集中埋葬。这就说明,战车在日常状态下储存于宫庙,而战马则被集中饲养管理。这种车、马分别处理的现象在考古材料中较为常见。例如,山西北赵晋侯墓地,一号车马坑的车辆完全与马分开埋葬,东侧埋马,西侧埋车。共有 48 辆战车整齐排放,车旁的马坑中则叠压着至少 105 匹战马 ②;山西侯马上马春秋墓 3号车马坑也是车与马匹分开埋葬 ③;河北邯郸百家村战国墓 6 座车马坑也都是车、马分开埋葬,有的马坑中多达 26 匹马 ④。这些先秦的车马坑例证显示,车主在埋葬过程中表达的观念就是:自己带入地下世界中的车与马也需要分开管理。

自养马、驯马技术从北方地区传入中原以来,商王室也开始设立专门的部门和人员对马匹进行饲养 ⑤。这就意味着,除了专门收藏和管理战车的宫庙建筑之外,马匹的定点饲养与专人管理也是一项重要的工作,马匹的管理技术日益专门化。通过对殷墟车马坑中用于驾车左右两马的骨骼研究,学者发现同坑二马不但身高大体相似,而且年龄也大多接近,这就说明驾车双马的使用不是随意为之,而是经过专门的精心挑选进行的搭配 ⑥。此外,殷人的马匹管理者

①商言:《殷墟墓葬制度研究述略》,载《中原文物》1986 年 3 期,第 84 页。

②山西省考古研究所、北京大学考古文博学院:《山西北赵晋侯墓地一号车马坑发掘简报》,载《文物》2010 年 2 期,第 4 页。

③山西省考古研究所侯马工作站:《山西侯马上马墓地 3 号车马坑发掘简报》,载《文物》1988 年 3 期,第 42—43 页。

④河北省文化局文化工作队:《河北邯郸百家村战国墓》,载《考古》1962 年 12期,第 617—618 页。

⑤郭宝钧:《殷周车器研究》,文物出版社,1998 年,第 67 页。

⑥刘一曼、曹定云:《殷墟花东 H3 卜辞中的马——兼论商代马匹的使用》,载《殷都学刊》2004 年 1 期,第 10—11 页。

不但已经开始使用去势技术,而且精密到按照马匹的毛色、特征、外形、用途将其分为多个种类①。这些迹象显示,殷人的马匹饲养与管理达到了相当的专门化和精细程度。

《周礼·夏官司马》记载,周代的养马专职人员有"校人","趣马"、"巫马"、"牧师"、"庾人"、"圉师"、"圉人"②。这些专职人员负责管理牧场、提供马的食物,参与各种与饲养马有关的祭祀,为王室提供驾车服务。《礼记·檀弓上》记载,"圉人"还要负责"浴马"③,即负责马匹的卫生。其中的"巫马"负责掌管马匹的疾病,即专职的马医④。贾疏:"巫知马祟,医知马疾。"⑤《尔雅·释天》中甚至记载了"马祭",郭注:"祭马祖也,将用马力,必先祭其先。"⑥应该可以肯定,商代马政的情况应该与这些文献材料的记载较为接近。这些材料说明在马匹的饲养管理中,祭祀、巫术与技术混合为一体,均指向为马政和战争的服务。《左传·襄公九年》中记载有"校正",负责管理马匹,而"工正"负责管理车辆⑦,在战争发生后则分别提供马匹和战车,也正反映出了车辆管理与马匹管理分属不同专职部门的史实。

尽管处于早期国家阶段,但马匹的重要性决定了专职养马部门存在的必需。在古坟时代的日本和百济这样的东亚早期国家,都曾

---

① 晁福林:《夏商西周的社会变迁》,北京师范大学出版社,1996年,第192页。

② 李学勤主编:《十三经注疏·周礼注疏》,北京大学出版社,1999年,第859—869页。

③ 李学勤主编:《十三经注疏·礼记正义》,北京大学出版社,1999年,第185页。

④《列子·说符》也记载齐国就有"马医",见杨伯峻:《列子集释》,中华书局,2007年,第270页;李零指出,《周礼·夏官》中的"巫马"一职,就是专为马治病的兽医,见李零:《中国方术续考》,东方出版社,2001年,第58页。

⑤ 李学勤主编:《十三经注疏·周礼注疏》,北京大学出版社,1999年,第866页。

⑥ 李学勤主编:《十三经注疏·尔雅注疏》,北京大学出版社,1999年,第180页。

⑦ 李学勤主编:《十三经注疏·春秋左传正义》,北京大学出版社,1999年,第864页。

设立有专职的"马部"，即部民制中专门养马的组织[①]。王宇信指出，商王室设立有专门的马厩，对战马进行管理。"马小臣"就是马匹的专职管理者[②]。实际上，除了"马小臣"之外，殷人还有"多马亚"（《合集》5708）、"多马羌"（《合集》6763）、"小马羌臣"（《合集》57176）等战马管理饲养者。卜辞也记载"王畜马在兹厩"（《合集》9415），证明王室将马匹饲养在专门的地方——厩。

　　商代有专职马匹饲养者的证据也见于考古材料。在安阳侯家庄 M1001 曾发掘了一座马坑，坑中埋着 12 匹马，一只狗，还有一名跪葬姿势的人[③]。如同那些作为宫庙与王室在地下世界中的守卫者而埋葬的武士一样，这座坑中的人也是跪葬姿势。这种姿势显示，他是从容跪地而葬，而非死于暴力。这名人员与 12 匹马同埋，显示他生前是一名饲养与管理马匹者。从容跪地而葬，说明他相信自己将继续在黄泉之下为王室养马[④]。

　　综合以上这些材料，可以总结如下：战车作为商王国对外战争的重要装备，受到了王室与统治精英的重视。战车凝聚了国家所能调动的各种资源与技术链条，这些资源被整合为战车，能够通过战争为神权政治服务。战车制作与驯养马匹都具有较高技术性与专门

---

① ［日］井上辰雄：《磐井之乱和朝鲜南部的关系》，历史学研究会、日本史研究会：《日本历史讲座》，北京编译社译，商务印书馆，1964 年，第 82 页。

② 王宇信：《商代的马和养马业》，中国社会科学院历史研究所编：《古史文存·先秦卷》，社会科学文献出版社，2004 年，第 161 页。

③ 黄展岳：《殷商墓葬中人殉人牲的再考察——附论殉牲祭牲》，载《考古》1983 年 10 期，第 939 页。

④ 艾兰指出："生者认为驾战车的死者必定是在已故国王的随从里继续驾驶战车；否则他们就毫无用处了。"（［美］艾兰：《现代中国民间宗教的商代基础》，自《早期中国历史、思想与文化》，杨民等译，辽宁教育出版社，1999 年，第 84 页）实际上，生者与死者都相信，他们可以追随先王于地下。

分工,因此车辆的生产、管理都按照某种秩序得到经营,并被收藏在神圣的宫庙中。战马也由专门的职业人员进行饲养和管理,在这些过程中也伴随着一些巫术的投入,战马饲养者在战争临近前,精心管理的战车与战马被组合在一起,在战争中发挥强有力的作用。

五、战车的修理维护

战车在战争—狩猎活动中的重要性已毋庸赘述,但正如同各种现代武器一样,古代战车在使用过程中同样随时可能遭遇各种事故或损耗。对于激战中的乘车武装者而言,这是相当危险的。因此,殷人需要通过各种努力来减少战车在使用过程中可能遭遇到的损耗与事故。

从技术角度而言,战车是殷墟时期传入中原地区的。这就意味着,这种新传入的武器装备在技术上还不太完善。杨向奎就提到,周代的战车比商代更为先进。商代的战车车舆驾直接在车轴上,容易脱轮。而周代的车有左右伏兔,所以更加坚固[1]。甲骨文中有"辍"字,形状是车轴折断。在卜辞中的意思是马车出现故障,导致乘车人员跌倒。在安阳梅园庄 M40 车马坑中就有一辆残损的马车,车毂折断,车轴下陷[2]。因此如学者所言:"当时木质结构的马车还不大坚固耐用,在车速较快和道路不好的情况下,辕、轴易损坏。"[3] 在甲骨卜辞中还记载,国王的马车遭遇事故,随乘的贵族因此坠落等危险。实际上,即使到了车辆技术更为发达的东周,不可测的危险概率仍

---

[1] 杨向奎:《宗周社会与礼乐文明》,人民出版社,1992 年,第 117 页。

[2] 中国社会科学院考古研究所安阳工作队:《河南安阳市梅园庄东南的殷代车马坑》,载《考古》1998 年 10 期,第 48 页。

[3] 刘一曼:《考古学与甲骨文研究——纪念甲骨文发现一百周年》,载《考古》1999 年 10 期,第 3 页。

然很高 ①。这些事实说明了殷人战车活动中存在着较高人力控制范围之外的危险系数。

正因为如此,为了更好地降低战车使用的风险,殷人使用了巫术献祭与技术维修两种手段。在古书中,有"祖道"的记载。这种巫术祭祀的动机源自出行于道路之上可能遭遇到的危险。在一些仪式中,需要用车碾过封土,象征车辆出行的化险为夷。此外,还需要用车碾过狗、羊这样的献祭牺牲,让车轮染上鲜血,从而避免凶邪 ②。根据《周礼·夏官司马·大驭》的记载,周代的"大驭"负责这种车马出行的祭祀仪式。除了用车碾压过封土以象征化险为夷,还需要祭祀车轴头与车軾的前板 ③。卜辞中有大量关于出行的占卜记录,其中有一些应当就包括战车使用的安全焦虑。

在《周易》中,还保存着一些车辆遭遇危险概率的材料。《小畜》九三"舆说(脱)辐" ④,《大畜》九二"舆说(脱)輹" ⑤。保存在《周易》中车辆发生危险的记载分别为车舆和轮辐脱离,车舆和伏兔之间相脱离。爻辞的记载显示车辆事故甚至被作为重要的占验标准而保存在《周易》中,这些车辆的事故可能造成严重后果,因此占卜预测车祸的发生尤为重要。在此同样体现出减少车辆事故与巫术占卜之间的技术联系。

在殷人的观念中,除了巫术与献祭可以保持车辆安全稳定地使用,技术维修与巫术也皆可作为"技艺"或操作方式。战车中配置修

---

① 郭宝钧:《殷周车器研究》,文物出版社,1998 年,第 70 页。

② 詹鄞鑫:《神灵与祭祀——中国传统宗教综论》,江苏古籍出版社,1992 年,第 440 页。

③ 李学勤主编:《十三经注疏·周礼注疏》,北京大学出版社,1999 年,第 853—854 页。

④ 李学勤主编:《十三经注疏·周易正义》,北京大学出版社,2004 年,第 60 页。

⑤ 李学勤主编:《十三经注疏·周易正义》,北京大学出版社,2004 年,第 120 页。

理车辆的工具,可以取得与巫术献祭相似的效果。考古发掘证明,商代战车中普遍配置有用于车辆维修的各种工具。

　　1972 年殷墟西区发掘车马坑 M43 中,出土了青铜凿、青铜锤等工具,学者推测"应是修理车辆的工具"[1];山东滕州前掌大遗址车马坑 M40 的车舆内就有一套包括青铜锛、凿、斧在内的车辆修理工具,而 M41 中也有铜锛、凿、斧等工具[2];安阳梅园庄东南发现的商代车马坑 M40 中,曾经发现了石锤。M41 中则有铜锛、铜凿、铜铲、石锤等工具[3]。2004 年安阳大司空村发掘车马坑中,出土有锛、凿、铲、磨石等工具[4]。从这些材料可知,商代战车中配置的修理工具包括青铜斧、凿、锛、锤、铲等工具。其中斧、凿、锛的功能是砍削和平整木材,锤能辅助修理木质车辆。其中的青铜铲用途则是当车轮陷入泥泞或坑中时,用于挖掘。因此,战车配置这些技术工具的目的与"祖道"祭祀完全一致,都是为了减少事故,尽可能最大限度地保证车辆使用的安全。

　　这些材料说明,尽管殷人的战车技术还不完全成熟,因此车辆的安全与技术故障才成为一项重要的焦虑,但殷人通过祭祀、占卜、巫术与工具修理等各方面努力,试图减少事故与降低损耗。实际上,殷人宗教观念的核心即是一套极为实用理性的价值观,因此宇宙中的诸神与人类之间只存在冷静的利益交互关系。战争与献祭也是为了维系诸神的庇佑而不断进行的努力,以图达到宇宙秩序的稳定。

---

① 杨宝成:《殷墟文化研究》,武汉大学出版社,2003 年,第 121 页。

② 中国社会科学院考古研究所:《滕州前掌大墓地》,文物出版社,2005 年,第 127—128 页。

③ 中国社会科学院考古研究所安阳工作队:《河南安阳市梅园庄东南的殷代车马坑》,载《考古》1998 年 10 期,第 54—64 页。

④ 中国社会科学院考古研究所编著:《安阳大司空——2004 年发掘报告》,文物出版社,2004 年,第 489 页。

哲学家海德格尔(Martin Heidegger)研究发现,古希腊语和古希腊人的观念中,"技术"和"艺术"都是同一个词语"τέχνη"并且是完全相同的概念,只是在现代人的观念中,τέχνη才被切割为"技术"与"艺术"两个词语和两个概念①。同样的原理,商代的祭祀与巫术,在本质上就是一套神圣的"技术"。商代人的观念中,"技术"与"巫术"也就是同一个概念,只是在祛魅之后的现代精神中才将二者作出了清晰的分割。在殷人的观念中,无论是饲养和使用战马中的祭祀与巫术,还是保养车辆中的祭祀与各种工具,在商代的观念中均为同一性质的事物。在这里,"神圣"与"世俗"不可区分,宗教与技术在本质上分享了同样的价值使命。

六、骑手

商王室设立了专门的人员对马匹进行饲养与管理。这些马匹的数量庞大,足以支持起配置战车的任务。当然,除了配置战车,这些马匹还有一些其他用途。一方面,一些马匹被用于祭祀,这样的材料在卜辞中习见,考古证据也明确地支持了马匹被用于献祭的卜辞记录。另一方面,这些马匹也被用于乘骑,正如董作宾所言,商代除了战车的"御者"之外还有骑马的"骑士"②。

传统的观点认为,中原地区的定居者是在春秋晚期到战国早期才逐渐放弃原有的车战方式而逐渐接受骑兵的,最著名的例子是赵武灵王的胡服骑射运动。在赵武灵王推广"骑射"的故事中,守旧的

---

① [德]马丁·海德格尔:《艺术作品的本源》,《林中路》,孙周兴译,上海译文出版社,2004年,第46—47页;[德]马丁·海德格尔:《尼采》上卷,孙周兴译,商务印书馆,2002年,第86—88页。
② 董作宾:《甲骨学六十年》,刘梦溪主编:《中国现代学术经典——董作宾卷》,河北教育出版社,1996年,第176页。

贵族们坚持古老的传统,拒绝采用骑马作战与适合骑射的游牧者服装。这一历史记载深入人心,以致很少有人怀疑骑马作战在此更早之前便出现过。这样一种关于中国早期骑马作战出现时间的根深蒂固观念,源自宗周贵族战争的特点。大量的材料都能表明,整个宗周和春秋时代,包括了华夏诸侯甚至戎狄都使用战车作战[①],并将贵族车战与内在于君子礼乐的军事贵族传统同构,发展成一种模式化的战争标准。在这种礼制的标准中,交战双方贵族只需要一定数量的战车就可以完成决斗,骑马与步兵则均属多余。实际上,步兵的重要性也确实是到了春秋晚期伴随着整个宗周贵族礼乐与军事传统的崩溃而逐渐凸显出来的[②]。因此,宗周礼乐制度下的战争特点决定了以车战为核心的军事原则,而此前殷人的多种武装方式——包括氏族步兵、骑马者、战象在宗周战争中逐渐消失或边缘化,而车战技术、礼仪则被发扬光大,成为一种封建军事贵族的文化。

正因为宗周和春秋时代车战贵族传统伴随着整个古典秩序的"礼崩乐坏"而逐渐崩溃,骑兵与步兵的重要性越发凸显,因此赵武灵王"胡服骑射"的故事才会在历史中被赋予鲜明的象征意味,似乎在此前从未出现过乘骑的现象一般。《诗经·大雅·绵》就曾记载周人的祖先"古公亶父,来朝走马",而"走马"就是"骑马"之意,而《易·系辞传下》和《屯》"六二"也分别记载了"乘马",这就说明,早期周人也是使用乘骑方式的[③]。实际上,早期周人和殷人一样,都曾使用过乘骑马匹的方式。所不同者在于,周人最终发展出一套礼乐传统,周礼的贵族精神以马车和车战为中心,骑马作战退出历史,因

---

① 例如,周人北方的敌对异族"鬼方"就使用战车。见陈梦家:《西周铜器断代》,中华书局,2004 年,第 107 页。

② 蓝永蔚:《春秋时期的步兵》,中华书局,1979 年,第 26—28 页。

③ 宋镇豪:《夏商社会生活史》,中国社会科学出版社,2005 年,第 327 页。

此乘骑的史实才逐渐被遗忘。

马的驯养,至少可以追溯到公元前 4200—前 3700 年之间的南俄草原[1]。在公元前 2000—前 1800 年,高加索地区的古人群已经将马作为乘骑。而在接近华北的阿尔泰—萨彦地区,最早将马用作乘骑的历史可以被推断到公元前 1500 年前后[2]。也有证据显示在公元前 1200—前 1000 年间的新疆地区存在着骑马文化[3]。这些迹象显示,在战车和战马技术传入中原地区同时期的西部和北部区域,这里的游牧者也在使用乘骑。殷人既然可以从这些区域和文化直接或间接地学到车战与战马饲养,显然也可以通过这些区域掌握乘骑的技术[4]。

石璋如认为,车辆适合在道路上使用,而不适合在地形复杂的野地。因此推测,所有商代的骑射手是乘车达到猎场,然后停车御马,再骑马去进行射杀活动[5]。关于商代的狩猎活动是否都是按照这样的程序进行,笔者对此表示疑问。但石璋如的推测可以启发关于商代乘骑的最早使用原因。在荷马的《伊利亚特》第十卷中记载,刺探特洛伊军营的奥德修斯(Odysseus)与狄奥墨得斯(Diomedes)盗得了特洛伊人的战马,在被发觉之前,他们迅即双双跳上马背逃

① Nicola Di Cosmo, *Ancient China and It's Enemies:The Rise of Nomadic Power in East Asian History*, Cambridge University Press, 2002, p.25.

② 王明珂:《华夏边缘——历史记忆与族群认同》,社会科学文献出版社,2006年,第 88 页。

③ 水涛:《论新疆地区发现的早期骑马民族文化遗存》,自《中国西北地区青铜时代考古论集》,科学出版社,2001 年,第 89 页。

④ 王克林:《骑马民族文化的概念与缘起》,载《华夏考古》1998 年 3 期,第 81 页。

⑤ 石璋如:《殷代的弓与马》,中华书局编辑部:《"中研院"历史语言研究所集刊·考古编二》,中华书局,2009 年,第 1740—1741 页。

走①。在迈锡尼时代,战马普遍被用于战车的使用,没有专门的乘骑武装者。在这个故事中,反映出在情况特殊或紧急状态下,武装人员会将原本用于战车的马匹作为乘骑使用。这种现象也可以被作为解释最早乘骑作战出现的一种思路。

因此,殷人乘骑的出现就有两种可能:一种是在获取战车技术的同时也获取了乘骑的技术;另一种则是在掌握了战车技术之后偶尔将拉车的战马用作乘骑之用,并进而逐渐发展出专门的骑马武装者。

在殷墟第十三至十五次发掘期间,曾发现人、马合葬坑。一共埋葬着一个人、一匹马和一只狗,还有四件陶器,而人的盆骨下则压着一套武器,包括一件戈、一件刀、一件弓形器和十枚箭镞。学者进而推测:"就整个现象来看,犬是猎犬,另一动物为猎物,陶器是喂养马匹的用具,而由马的装饰和人的武器看来,这匹马不像是用以驾车,很像是供人骑的,而这个人便是骑士。"② 从这一材料可知,商代的乘骑武装者不但在马背上能使用戈,而且能开弓射箭。尽管在马背上射箭的命中率并不理想,但至少可以印证于省吾提出"殷代的单骑和骑射已经盛行了"的这一观点③。

有很多卜辞材料可以说明商代存在骑马的武装者,并且显示一些关于武装骑手的信息。卜辞记载"王弜教马,亡疾"(《合集》13705),说明商王曾亲自担任马匹的执教者,可以说明王室对驯马技术的熟练,也能反映王室对训练战马的重视。卜辞中还记载有

① [古希腊]荷马:《伊利亚特》,罗念生、王焕生译,人民文学出版社,2005年,第233页。
② 胡厚宣:《殷墟发掘》,学习生活出版社,1955年,第107—108页。
③ 于省吾:《殷代的交通工具和驲传制度》,载《东北人民大学人文科学学报》第2期,1955年,第96页。

很多关于"马"的专职：马亚（《合集》5707）、多马亚（《合集》5708）、多马卫（《合集》5709 正）、令多马（《合集》5719）、多马羌臣（《合集》5718）、小多马羌臣（《合集》5717 正）。关于"马小臣"，于省吾认为，卜辞"以惟马小臣"反映了"商王令主管马政的小臣准备骑兵以反击大方。甲骨文的出征，有时用族马或三族马，均指骑兵言之。甲骨文的田猎每言其先马，是指骑马在先言之"[1]。于省吾认为"马小臣"是管理马政和组织骑兵的人员，骑马武装者在"小臣"的组织下参与战争活动。应该说，卜辞中所见关于"马"的专职应当都与乘骑之间具有联系[2]。学者还认为，卜辞中的"马其先"、"兑比"等记载，应当与商王举行的骑手赛马有关[3]。

除了有专职马政管理人员，武装骑手也与步战的氏族战士一样，与氏族组织之间有密切关系。卜辞中有：

> 惟族马令往（《合集》5728）
> 惟三族马令（《合集》34136）

这就说明了殷人的武装骑手也是从氏族组织中产生的，并且按照神圣范式"三"进行组织。这一点还可以得到其他材料的佐证。例如，卜辞中还有"卅马"（《合集》500 正）的记载，实际上就是指三十名武装骑手。理由是"如果只是三十匹马，是不可能去'执羌'

---

[1] 于省吾：《甲骨文字释林》，中华书局，2009 年，第 333 页。

[2] 李零将商代材料中所见的"马"，理解为一种军事长官，类似于周代的"司马"（李零《兰台万卷——读〈汉书·艺文志〉》，生活·读书·新知三联书店，2011 年，第 168 页）。不管怎样理解，殷人文字材料中的"马"诸种专职，都与马政、乘骑之间有紧密联系，这是毋庸置疑的。

[3] 晁福林：《殷卜辞所见商代的赛马与比箭》，载《史学集刊》2023 年 2 期，第 141—144 页。

的。如果是三十匹驾车之马，则应当车马连言。此辞单言'卅马'而可'执羌'，就应当是指骑马的战士"①。"卅马"的记载可以说明武装骑手的队伍也以"三十"为单位进行编制。此外，卜辞有"肇马左右中，人三百"（《合集》5825）的记载，王宇信认为，这三百人不是战车上的甲士，而是骑马的武装者②。这样，殷人的武装骑手编制就有"三"、"三十"、"三百"这样三个单位，仍然遵循了前文中多次分析的"三五"神圣范式。

卜辞中还有一种被称为"先马"的人员，如"勿先马"（《合集》5726）、"先马"（《合集》5727）等。这种专职人员也见于西周的材料，例如《走马爵》铭文"走马作爵"③，就是周代"走马"这一专职人员存在的证据。于省吾认为"先马"是骑马在先的人员④。但根据宋镇豪对《合集》11446—11449等片补正材料的研究，王乘坐马车，而有的武士则骑马跟随，并发生过坠马事件。这就说明，骑马者一般跟随在战车之后，所谓"等次秩然"⑤。如果按照这一材料理解，则"先马"应该不是在前方开道的骑手。《淮南子·道应》记载勾践"亲执戈为吴兵先马走"，王念孙认为，此句应当作"为吴王先马"⑥。如果按照这一解释，则"先马"的意思就应当不是指骑手，而是指手持武器作为车马或骑马者前方开道的人员，是一种徒步者。考虑到卜辞中骑手位于车辆的后方，可以推测卜辞中"先马"的意思应当指在车马

① 温少峰、袁庭栋：《殷墟卜辞研究——科学技术篇》，四川省社会科学院出版社，1983年，第228页。
② 王宇信：《甲骨文"马"、"射"的再考察——兼驳马、射与战车相配置说》，中国文物研究所编：《出土文献研究》第五集，科学出版社，1999年，第59—60页。
③ 杨树达：《积微居金文说》，上海古籍出版社，2007年，第175页。
④ 于省吾：《甲骨文字释林》，中华书局，2009年，第333页。
⑤ 宋镇豪：《夏商社会生活史》，中国社会科学出版社，2005年，第331页。
⑥ 刘文典：《淮南鸿烈集解》，中华书局，2006年，第393—394页。

前方用武器开道的徒步人员,而不是一种骑手的名称。

殷人的武装骑手如同其他种类的武装者一样,大量参与战争—狩猎活动,并在活动中捕获用于献祭的猎物与半兽人:

> 惟马乎射,禽(擒)(《英藏》2294)
> 令马即射(《合集》32995)
> 惟多马乎射,禽(擒)(《合集》27942)
> 多射𦥑马(《屯南》7)

这些材料证实了殷人武装骑手使用弓箭射击捕获献祭猎物的事实,也印证了考古材料中伴随骑手一起出土的弓形器与箭镞。

> 惟马乎取(《合集》26901)
> 乎多马逐鹿,获(《合集》5775 正)
> 子又(有)乎逐鹿,不奔马,用(《花东》295)
> 狸氏卅马,允其执羌? 贞,狸卅马,弗其执羌(《合集》500 正)

这些材料说明殷人的武装骑手不但参与狩猎捕获鹿,也通过“幸”的方式捕获“羌”这样的“兽人”,这些猎物都可被用于献祭。有学者指出:“‘幸’、‘执’的军事行动表明,马队参加战场拼杀,一直到抓捕败敌的战斗尾声……他们通常要参加每场战斗的全过程。”[1]确证了殷人武装骑手参与捕获祭品的全过程。当然,也有学者指出,

---

[1] 王宇信:《中国甲骨学》,上海人民出版社,2009 年,第 633 页。

由于马具不完备等因素,殷人骑手主要是负责联络或捕获的任务①。

除攻击捕获之外,"多马"等武装骑手也用于护卫。

令多马卫于北(《合集》5711)

致多马卫(《合集》5712)

多马卫(《合集》5713、5714)

可以肯定的是,商代武装骑手已经按照氏族和"三五"神圣范式的组织方式被用于战争—狩猎活动。这些骑手的重要性可能是次要的,只能被视为战车与步战者的某种补充。同时,也有学者推测,殷人武装骑手的功能,主要是对付晋陕高原的武装游牧人群②。由于骑马的速度比战车速度快五倍③,具有相当的机动性,在战争与狩猎活动中骑马能够发挥一些战车很难达到的效果,因此是对商代战争模式的一种有效补充。

笔者认为,武装骑手作为一种军事力量,较为广泛地存在于商代的各种武装活动之中,早期周人也使用过这种武装方式。但由于宗周礼乐与封建军事贵族传统的建立,贵族车战成为周人贵族战争的古典规则。伴随而来的,则是传统步兵、骑手,以及战象等武装方式的逐渐消失或退化。宗周武装贵族不需要使用机动性的骑手去捕获人牲,因此可以说,殷代乘骑作战方式的消亡背后反映出的仍然

① 杨泓:《考古学与中国古代兵器史研究》,载《文物》1985年8期,第21页。

② 刘一曼:《略论商代后期军队的武器装备与兵种》,中国文物学会、中国殷商文化学会、中山大学编:《商承祚教授百年诞辰纪念文集》,文物出版社,2003年,第185页。

③ 杨升南:《略论商代的军队》,胡厚宣等:《甲骨探史录》,生活·读书·新知三联书店,1982年,第379页。

是一整套关于宇宙论、制度结构、文化传统与观念秩序的相应变革。

第五节　战象

商代的武装力量以众多的徒步氏族战士为主力,高级武装贵族则以战车为核心,在战场上形成压倒性的攻击力。武装骑手则扮演了机动性的补充角色,以"多马"的形式活跃于战场,并使用戈与弓箭捕获献祭的"猎物"。这些包括步战者、战车与骑手在内诸种战斗力量的编制均按照神圣模式"三五"进行,象征了战争与宇宙论之间的内在同构。

除了这些武装元素之外,商代的战斗力量还包括战象。最为著名的记载就是《吕氏春秋·古乐》中所说"商人服象,为虐于东夷"[①],显示了商代晚期在征伐东夷的战争中投入了战象的背景[②]。但很少有人注意到接下来的几句记载:"周公遂以师逐之,至于江南,乃为《三象》。"这条记载恰恰说明,殷人使用驯象技术,饲养战象并投入战争活动。但伴随着宗周的东征,殷人的战象被击败和驱赶。《孟子·滕文公下》也记载:"周公相成王……驱虎豹犀象而远之。"[③]正如学者基于这些材料所分析的,周公是在东征之后将商王国军队中服役的战象全部解散并驱逐[④]。

在宗周的战争礼乐中,贵族君子操作的战车才是军事活动之正统与核心,甚至连步兵也并不重要。战马与战象不见于正统的礼制

---

① 许维遹:《吕氏春秋集释》,中华书局,2009年,第128页。

② 宋镇豪:《夏商社会生活史》,中国社会科学出版社,2005年,第334页。

③ [宋]朱熹:《四书章句集注》,中华书局,1983年,第271页。

④ 王宇信、杨宝成:《殷墟象坑和"殷人服象"的再探讨》,胡厚宣等:《甲骨探史录》,生活·读书·新知三联书店,1982年,第485页。

文本,属于"怪力乱神"范畴。这一条材料作为一种关于战象记载的象征,可以说明战象这种作战方式是如何消失在正统古典礼制中的。也就是说,正如骑手在宗周礼乐社会中消失一样,战象这种武装形式也正是伴随着宗周贵族礼乐秩序的建构而消失的。

在此后的历史传统中,也偶尔有关于军事活动中使用战象的记载。《左传·定公四年》中吴军追击楚昭王,楚人方面"王使执燧象以奔吴师",杜注:"烧火燧系象尾,使赴吴师,惊却之。"[①] 说明春秋晚期的楚国曾在万不得已的情况下使用过战象;《后汉书·光武帝本纪》记载,王莽军攻打昆阳,"又驱诸猛兽虎豹犀象之属,以助威武"[②]。《周书·杨忠传》记载,西魏攻击江陵,"梁人束刃于象鼻以战,忠射之,二象反走"[③]。这几条材料中,第一则是南方非正统"诸夏"的楚国在紧急情况下的救急措施,第二条则是"伪朝"的王莽军使用的非常规作战,第三条则应该是梁朝使用的南方蛮越部族武装。实际上,从宗周贵族战争原则确立之后,战象在常规战争中便被排除在外了。即使是伴随着春秋晚期礼崩乐坏与贵族战争的崩溃,也只是导致了步兵与骑兵作战方式的再度兴起。但战象却没有如同前两者那样得到复兴,只是在万不得已的情况下或是非常规战争中偶一用之。

笔者认为,战象没能如同步兵、骑兵作战方式那样伴随宗周礼乐崩坏而得到复兴,除了气候环境发生了改变,导致野生象减少和增加了驯化难度之外,还与使用战象的战争风险有关。殷人之所以愿意使用这种具有战争风险的巨兽,原因与战象在殷人观念中的巫

① 李学勤主编:《十三经注疏·春秋左传正义》,北京大学出版社,1999年,第1555页。

② [南朝宋]范晔:《后汉书》,中华书局,1998年,第18页。

③ [唐]令狐德棻等:《周书》,中华书局,1987年,第317页。

术象征力量有关。

一、"殷人服象"与战象的使用

《说文》:"象,南越大兽。"[1] 显示东汉时期已经不将大象视为中原的动物,而是作为一种"异域"的兽类来理解。但古气候的研究表明,商代黄河流域的气候温暖潮湿,适合野生犀牛与大象的栖息,中原地区广泛分布着这种动物,为殷人驯养战象提供了条件。

胡厚宣早就指出:"殷代气候,不特稍暖,且远较今日为热。"[2] 竺可桢也谈到,殷墟地区的大象是本土所产,而不是从南方地区引进的。因为当时殷墟地区的气候为热带或亚热带,完全适合大象的生长[3]。在中原地区新石器时代的地层中多有象骨的遗存,甚至连北京地区也有人工饲养象的遗骸[4],可见野象的分布与象的饲养比现代纬度高得多。在殷墟出土的动物中,有三种生活与竹林密切相关,即竹鼠、野牛和大象。殷墟有大量的竹鼠骨,可见有丰富的竹林存在。这里还有亚热带的獐和四不像鹿,此外还发现了一千多头圣氏水牛,都能说明此地在商代的温暖湿润[5]。

早在郑州小双桥遗址,就发现过被用作献祭的象,有头骨与象牙,当与宫殿祭祀有关[6]。1935年春、秋两季,殷墟王陵东区祭祀坑出

---

① [清]段玉裁:《说文解字注》,上海古籍出版社,2006年,第459页。
② 胡厚宣:《甲骨学商史论丛初集》,河北教育出版社,2002年,第906页。
③ 竺可桢:《中国近五千年来气候变迁的初步研究》,载《考古学报》1972年1期,第17页。
④ 贾兰坡、张振标:《河南淅川县下王岗遗址中的动物群》,载《文物》1977年6期,第43—44页。
⑤ 郭睿姬:《殷墟的自然环境与殷王朝的关系试探》,载《华夏考古》1999年3期,第88—89页。
⑥ 唐际根:《中商文化研究》,载《考古学报》1999年4期,第399页。

土一头象,M1400号大墓附近发现象坑,又出土了一头成年象和一名大象饲养者①。1978年在殷墟王陵西区东南发掘的祭祀坑M35中就出土了一头幼象,戴着一个铜铃。幼象身高1.6米,身长2米,门齿尚未长出。经专家鉴定,属于亚洲象②。这些材料显示,这些戴着铜铃并有专门人员饲养的大象不是野生象,而是"殷人服象"的结果和证明。此外,这些大象都埋葬于王陵区祭祀坑,也显示了大象的重要性。卜辞记载"氐(致)象又(侑)祖乙"(《合集》8983),也可以证实殷人用大象祭祀祖神,与考古资料相印证。在一些青铜器的徽识中,大象的形象与祖先的名号被标示在一起③。

卜辞材料显示,殷墟王畿地区存在大量的野生象资源,因此常通过猎捕方式获取大象:

获惟二百五十象(《英藏》2542)

获佳百四十八,象二(《合集》37513)

禽□获狐十八,象一,雉五(《合集》37367)

获象(《合集》10222、13663)

此外《合集》37368、37372、37373等卜辞也提到获象或得到"象一"、"象二"。安阳薛家庄东南M3铜鼎上也有铭文"执象",整理者认为"这次发掘为有关'殷人服象'的问题,提供了新的资料"④。

① 胡厚宣:《殷墟发掘》,学习生活出版社,1955年,第83、89页。
② 中国社会科学院考古研究所安阳工作队:《安阳武官村北地商代祭祀坑的发掘》,载《考古》1987年12期,第1066页。
③ [美]杨晓能:《另一种古史——青铜器纹饰、图形文字与图像铭文的解读》,唐际根、孙亚冰译,生活·读书·新知三联书店,2008年,第18页。
④ 中国社会科学院考古研究所安阳工作队:《安阳薛家庄东南殷墓发掘简报》,载《考古》1986年12期,第1068—1072页。

诸多材料说明,这些野生象常在狩猎活动中与其他种类的动物一起被擒获,最多时甚至可以一次捕获到二百五十只野象,由此可以推知殷墟地区野生象分布的广泛。大象在被捕获之后,经过一定程序的训练,便可以被驯化,进而被作为战象使用。《殷墟文字甲编》第2422片画有一只怀孕的母象,身旁还紧随一只幼象,学者认为正是殷人养象之图①。

卜辞记载,氏族首领也向王室提供驯养的大象,而王室也可能将大象提供给各级首领:

戊辰卜,雀氏(致)象。戊辰卜,雀不其氏(致)象,十二月。
戊辰卜,雀氏(致)象……(《合集》8984)
重(惟)象令从仓侯归(《合集》3291)

这两条卜辞中,第一条显示了氏族首领"雀"向王室提供大象,也能印证卜辞"象至"(《合集》4611)的记载。第二条则是王室以"令"的方式将大象提供给"仓侯"。

正因为以王室为中心的殷人统治集团控制了一定数量的大象,因此大象的管理与安全也成为卜问的重要内容之一:

省象(《合集》32954)
甲申卜,争贞:象亡咎?二月(《合集》4616)
甲申卜,争贞:象其有咎?贞:象亡咎(《合集》4617)

---

① 晁福林:《夏商西周的社会变迁》,北京师范大学出版社,1996年,第192页。

　　"省"意为"省察"、"视察"[①]，卜辞中有国王省察农田与仓库的记载，因此"省象"的意思即为省察大象的管理状况。卜辞还贞问饲养的大象是否会遭遇不幸，这两种记载都显示了王室对大象的饲养具有一定程度的关注。如同其他牲畜一样，大象的骨头也被殷人用作骨料。殷墟的灰坑中就发现有锯断作为骨料的大象肢骨[②]。

　　大量的材料可以说明，大象在商代社会生活中是一种常见的动物，被大量捕获并得到训练与饲养，这些过程中殷人与象的接触非常密切。因此，还产生过描述大象的歌谣。《周易》中有"豫"卦，《说文》记载"豫，象之大者"[③]，说明"豫"就是"大象"之意。在这一卦中充满了对象的描述，如初六"鸣豫"描述了大象的鸣叫，六三"盱豫"则是象仰望的姿态，九四"由豫"则描述了象群跟随而行，上六"冥豫"是大象闭目之态。这一卦围绕大象的各种姿态与形象展开，因此学者推测这是"商朝人的作品"[④]。此外，甲骨文中的"为"字构形是一只手牵着一头大象，徐中舒指出，这个字的意思是"会手牵象以助役之意"[⑤]，很直观地显示了殷人役使大象的背景。由此可见，象在商代社会既是常见的动物，也是一种重要的动物，它的各种习性与动作都为殷人所熟知。它既被用于造字表示劳作，它的生活状态和动作还被作为一种巫术性质的解读。

　　陈梦家通过对舜"象耕"故事的解读，认为"商人服象，或以之耕作"[⑥]。但通过对卜辞与商代考古材料的研究，还没有证据显示

----

① 徐中舒主编：《甲骨文字典》，四川辞书出版社，2005 年，第 376 页。
② 中国社会科学院考古研究所安阳工作队：《河南安阳市殷墟豫北纱厂地点 2011—2014 年发掘简报》，载《考古》2019 年 3 期，第 43 页。
③ ［清］段玉裁：《说文解字注》，上海古籍出版社，2006 年，第 459 页。
④ 黄玉顺：《易经古歌考释》，巴蜀书社，1995 年，第 86 页。
⑤ 徐中舒主编：《甲骨文字典》，四川辞书出版社，2005 年，第 266 页。
⑥ 陈梦家：《商代的神话与巫术》，载《燕京学报》1936 年第 20 期，第 498 页。

大象对殷人而言具有农耕的意义。但卜辞中确有"乎象"(《合集》10232、13625)、"令象"(《合集》13625)等记载,则显示了大象被召集并接受王室命令的史实。当然,这并非王室直接对饲养的象下达命令,而是通过对大象饲养者与管理人员下达指令,进而调动或使用象。日本学者白川静认为,殷人在修建宗庙等大型工程时,可能使用了驯化的大象搬运木材等建筑材料[1],艾兰也推测,随葬大象可能会起到在地下继续干活的作用[2]。从卜辞材料来看,并不排除殷人曾将驯化的象用于搬运的可能性。

《吕氏春秋·古乐》关于"殷人服象为虐于东夷"的记载已经明确表述了殷人将大象作为军事力量进行使用。实际上,战象的使用也存在于其他的古代文明之中。大象曾被广泛地用于战争活动,这一原因并不难于理解,正如《剑桥战争史》所言,象的庞大体积与重量本身便足以构成强大的战斗力[3],因此在许多古代文化中被作为一种"重装备"而使用。

关于殷人是如何在战场上使用战象的一系列细节由于缺少资料已经很难进行考证。但卜辞也有记载"象来涉,其乎■■射。象■既其乎"(《屯南》2539),很可能是殷人训练大象,以其配合弓箭狩猎或作战的活动。大象与射手的配合,也见于古印度史诗《罗摩衍那》中的记载,骑在战象身上的武装者使用弓箭战斗[4]。此外,在汉代

---

[1] [日]白川静:《中国古代文化》,加地伸行、范月娇译,台北文津出版社,1983年,第62页。

[2] [美]艾兰:《现代中国民间宗教的商代基础》,自《早期中国历史、思想与文化》,杨民等译,辽宁教育出版社,1999年,第84页。

[3] [美]杰弗里·帕克:《剑桥战争史》,傅景川等译,吉林人民出版社,1999年,第292页。

[4] 《罗摩衍那·战斗篇》,自《季羡林文集》第二十三卷,江西教育出版社,2008年,第474—475页。

墓葬的图像中,甚至表现过三人共同骑象[1]。因此至少可以推测,战象上可能不止乘骑一人。此外,战象的乘骑者除了要操控战象冲击敌方之外,应当还要负责使用弓箭射击,因为乘骑战象的高度决定了乘骑人员很难用近战武器进行战斗。战象武装者使用弓箭射击的可能,在古印度的史诗中得到了佐证。

《史记·大宛列传》记载"身毒国,其人民乘象以战"[2],说明古汉人对古印度的战象有所认识。古印度的战象不但见于汉代的文献,也曾经给来自希腊的马其顿征服者留下深刻的印象。印度人用200头战象配合300辆战车、4000名骑兵及3万步兵阻挡亚历山大的远征军。在列阵的最前线布置一列战象,每隔十来丈摆放一头,在步兵防线之前形成一条防线。在任何情况下,敌人都不敢从大象之间的空隙冲进来。"骑马的当然不行,因为马一见大象就惊,步兵更不行。因为在列队向前推进的重装部队面前,他们无法前进,而且大象也会冲击和践踏他们。"而另一方面,战象如果管理不善,则会对己方的军队造成很大伤害[3]。从这一记载可知,同样是由驯化亚洲象组成的古印度战象部队具有相当的战斗力。将这种攻击性强大的巨兽排列在步兵之前,既能构成一道防线,使敌方的步兵与骑手不敢冲入阵形,又能形成一道攻击面向敌阵推进。可以想见,在战车的有效配合下,战象攻击具有压倒性的优势。殷人通过对战象的使用,也可以非常轻松地冲击敌对者的队伍,达到击溃对方的效果。

---

[1] 贾峨:《说汉唐间百戏中的"象舞"——兼谈"象舞"与佛教"行像"活动及海上丝路的关系》,载《文物》1982年9期,第53页。

[2] [汉]司马迁:《史记》,中华书局,1982年,第3166页;《左传·定公四年》"执燧象以奔吴师",孔颖达疏引《史记》作"身毒国,其民皆乘象以战"。

[3] [古希腊]阿里安:《亚历山大远征记》,李活译,商务印书馆,1979年,第173、175页。

　　但值得注意的是,使用战象同时也是一把双刃剑。在能够有效攻击敌阵的同时,一旦管理不善或象群受惊,都可能导致战象的混乱,甚至给自己一方造成巨大杀伤。这一点也明确体现在昆阳之战中王莽军崩溃和后来梁朝战象"反走"的例子上——那些受惊的战象与兽群反过来冲击践踏了自己的军队,加速了己方军队的战败。

　　使用战象的风险系数显然相当高,这一点也可以从古代地中海地区的战象使用材料中得到体现。迦太基将领汉尼拔(Hannibal Barca)曾经统领军队与罗马共和国作战。他有9万名步卒、1万2千名骑兵与37头战象。他携带战象的目的是"使高卢人起敬而非为正式作战之用"。不轻易使用战象的原因是"象队是两面有刃的武器,不但可以使敌人败北,而且可陷本军于败北,这位将军十分明智,绝不轻易冒昧地使用这一武器"①。由此可知,战象的使用确实具有相当的风险,一旦使用不当,则可能对己方造成致命伤害。因此对这种战争巨兽的使用应保持谨慎的态度。就战争中的机动性与综合攻击力而言,战象的重要性显然远远无法和战车相比,这种"重型装备"的意义很多时候实际上在于能够起到心理震慑的功能。

　　通过前面的分析可知,殷人广泛地捕获和驯养大象,将之运用于社会生活的役使中。由于象与生活紧密联系,因此殷人根据大象的活动创作了《豫》的歌谣,这一歌谣对大象的各种活动进行了巫术性的解释。大象也被殷人投入战争活动中,有一些专门训练大象的武装者负责操控战象,他们在乘骑战象的过程中也使用弓箭。战象虽然具有压倒性的攻击力,但也是一种危险的赌博,因为它同样可能对己方造成巨大伤害。战场上的心理震慑还具有一种巫术的象征意义:对方是无序、野蛮、混沌的动物、半兽或鬼魅,而殷人的战象

①〔德〕特奥多尔·蒙森:《罗马史》,李稼年译,商务印书馆,2005年,第84页。

则被视为雄壮、激昂和充满巫术力量与震慑效果的神奇攻击力。

二、战象的巫术含义

在殷文化中,大象作为一种体形巨大的兽类,也被视为具有非凡魔力的动物。殷人将大象的鸣叫、仰望、闭目、行走等活动都赋予巫术的象征含义,大象的形象也常被用来表现在青铜神器的铸造中。此外,大象的巨大门齿也被赋予重要的神圣含义。殷商王陵中使用大象作为献祭,也可以显示出这种神奇动物被视为具有非凡含义。因此,大象在战场上的震慑与象征含义,就是克服那些敌对的鬼魅、精怪与半兽。

商代的青铜神器上经常表现大象的图案或造型,这一现象说明,大象作为一种非凡的动物,具有交通神祇的巫术力量。关于青铜神器上表现大象纹饰的这一特征,古代文献中也有记载。《吕氏春秋》认为是"周鼎著象"[①],而考古材料证实,大象纹饰不是周人礼器热衷于表现的主题,因此这句话实际上可以被理解为"殷鼎著象"。

商代青铜器上流行用象纹进行装饰,如象纹觚、象纹簋、象纹卣和象尊等。在安阳郭家庄 M160 族长墓葬中,出土了铸有四个象头的方尊,这些大象头都被表现为长鼻有牙的成年形象[②];郭家庄 M50 出土的青铜鼎上表现着三个象面,鼎足则被表现为象的鼻子[③];郭家庄东南 M26 出土的青铜方彝上也表现着象的纹饰[④];

---

① 《吕氏春秋·慎势》,许维遹:《吕氏春秋集释》,中华书局,2009 年,第 466 页。

② 中国社会科学院考古研究所安阳工作队:《安阳郭家庄 160 号墓》,载《考古》1991 年 5 期,第 391 页。

③ 中国社会科学院考古研究所编著:《安阳殷墟郭家庄商代墓葬——1982 年—1992 年考古发掘报告》,中国大百科全书出版社,1998 年,第 37—38 页。

④ 中国社会科学院考古研究所安阳工作队:《河南安阳市郭家庄东南 26 号墓》,载《考古》1998 年 10 期,第 41 页。

图 4-34　商代的青铜象尊

殷墟花园庄 M54 族长墓出土的青铜方彝、青铜觥上也表现着象的纹饰[1];安阳薛家庄东南 M3 出土的青铜爵、青铜瓿上都写着"象"的铭文[2]。此外,具有宗教含义的青铜乐器上也标示着象纹[3]。《商周彝器通考》中曾著录了三件商代的象尊,而 1975 年湖南醴陵也出土了一件商代的象尊[4]。林巳奈夫根据一件青铜钺上的毒蛇与大象这两种具有恐怖力量的象征判断,"由此可见大象也曾是使人害怕的动物之一"[5]。很多材料显示,大象是商代青铜神器热衷于表现的主题之一,这种主题必然与祭祀或巫术性震慑力量之间具有联系。

这种在神器上表现象纹的材料是殷代青铜器的常见现象,而进入宗周文明之后,这一现象则伴随着礼乐的建立而逐渐消失。如学者所说,象纹确实具有巫术含义,而到了西周中期,商文化已完全为

---

[1] 中国社会科学院考古研究所编著:《安阳殷墟花园庄东地商代墓葬》,科学出版社,2007 年,第 121—123 页。

[2] 中国社会科学院考古研究所安阳工作队:《安阳薛家庄东南殷墓发掘简报》,载《考古》1986 年 12 期,第 1068—1072 页。

[3] 长沙市博物馆、宁乡县文物管理所:《湖南宁乡老粮仓出土商代铜编铙》,载《文物》1997 年 12 期,第 16—26 页。

[4] 湖南省博物馆熊传新:《湖南醴陵发现商代铜象尊》,载《文物》1976 年 7 期,第 49—50 页。

[5] [日]林巳奈夫:《神与兽的纹样学——中国古代诸神》,常耀华、王平、刘晓燕、李环译,生活·读书·新知三联书店,2009 年,第 43 页。

周文化所取代,因此具备了沟通天地作用的动物纹样在青铜器上消失,这正是象纹装饰衰落的原因所在[1]。周公东征之后,一方面解散了殷人的战象武装,逐渐开始建立起礼乐制度。另一方面则开创出礼乐政治,政治的合法性不再建立于巫术卡里斯玛之上,而是建立在政治伦理与道德的体认之上。因此,青铜器与动物纹饰交通鬼神的含义淡化,象纹自然也随之逐渐消失。实际上,即使周人有给予了某种特殊含义的动物象征,那也不是象,而是鸟纹[2]。

除了青铜器上的象纹之外,也有材料说明在殷人观念中象具有魔法的含义。岳洪彬认为"狗和象等动物在商王朝时期有着非同一般的社会地位",殷人在腰坑中殉葬犬,就是以犬扼守"黄泉路"的入口[3]。关于犬具有的巫术含义,也可以得到人类学的佐证。在萨满观念中,葬礼中的犬可以帮助死者进入地下世界和通过入会礼的考验[4]。在殷人的观念中,犬和象是具有巫术含义的两种动物。不难理解殷人用犬葬入腰坑的观念基础是相信犬可以防御地下作祟的鬼魅。而实际上,从郑州小双桥遗址到殷墟时期,殷人都用象献祭给先王,可以说明象的宗教意义。正如神奇的动物可以在地下攻击鬼魅和精怪那样,战象的意义是在地上世界攻击和压倒代表了混沌、黑暗、精怪与鬼魅的敌方。

殷人还有一种名为《象》的武装舞蹈,王国维认为这种舞蹈作

---

[1] 梁彦民:《商人服象与商周青铜器中的象装饰》,载《文博》2001 年 4 期,第 52—54 页。

[2] 王晖:《商周文化比较研究》,人民出版社,2001 年,第 454—458 页。

[3] 岳洪彬:《殷墟青铜礼器研究》,中国社会科学出版社,2006 年,第 258 页。

[4] Mircea Eliade, *Shamanism:Archaic Techniques of Ecstsy*, Translated from the French by Willard R.Trask, Princeton and Oxford: Princeton University Press, 2004, PP.466—467.

为一种武舞也保存在周人的礼乐中①。陈梦家认为,这种舞蹈与殷人猎获大象有关。因为大象不易捕获,因此殷人在捕象前要先举行捕象之舞,以达到捕获大象的巫术目的②。这种武装舞蹈与象有密切关系,背后也能反映出象具有巫术力量的这一观念。正因为象具有某种特殊力量,因此才需要使用巫术参与捕象的过程。根据《吕氏春秋》的记载,《象》的歌舞名为《三象》。根据殷人的宇宙论与神圣范式观念,一切与神圣有关的象征或组织都应按照"三五"范式进行排序。笔者推测,"三象"的名称似乎暗示,殷人战象的编制也同样遵从了"三"的基本范式原则。这一推测期望能够得到地下考古证据的支持。西周的《匡卣》铭文记载,周懿王曾在"射庐"举行"象舞"(《集成》05423),且有"象乐",则获象舞、乐或与"射"有关。

战象的长獠牙具有攻击力,被视为具有魔力的物品。在非洲的努尔人"娄"部落曾建起用于向天神"邓"表示敬意并为了赞美预言家恩衮邓的金字塔,在环绕金字塔的周围是围成一圈的象牙,在其基座和塔顶也竖立着巨大的象牙③。这些巨大的象牙与神灵的崇拜与祭祀之间具有紧密联系,其本身也带有神圣的色彩。在古蜀三星堆一号祭祀坑中出土了13根被烧灼过的象牙,二号祭祀坑中则出土了67根象牙,伴随这些象牙出土的则是大量的青铜神器。在金沙遗址祭祀区中出土的象牙多达数百根,这些象牙均为祭祀、巫术活动的用品④。这些例子说明,象牙曾被视为一种珍贵和神奇的用品用

---

① 王国维:《说〈勺〉舞〈象〉舞》,自《观堂集林》,河北教育出版社,2002年,第62—64页。

② 陈梦家:《商代的神话与巫术》,载《燕京学报》1936年第20期,第501页。

③ [英]埃文思－普里查德:《努尔人——对尼罗河畔一个人群的生活方式和政治制度的描述》,褚建芳、阎书昌、赵旭东译,华夏出版社,2002年,第213页。

④ 周志清:《想象历史的方法——从成都平原商周时期出土的象牙说起》,载《华夏考古》2010年1期,第149—150页。

于宗教活动中。在《诗经》中也曾记载"淮夷"向鲁国进奉过"元龟象齿"①。在先秦时代的思想观念中,龟无疑是一种带有神圣力量的动物,龟甲也被视为具有占卜和宗教的功能。诗中将龟与象牙并称,则至少说明当时的"淮夷"仍将象牙视为与龟甲同类性质的"灵物"而献给鲁君。《周礼·秋官司寇·壶涿氏》还记载:"若欲杀其神……则以牡橭午贯象齿而沉之,则其神死,渊为陵。"② 这一则古老的材料显示,将两段象牙一纵一横贯穿橭木,组成一种十字形的器物,沉入水中就可以杀死邪恶的水神,甚至能使水神所居的深渊变为高地③。在这一则材料中,象牙被赋予了极其强烈的神圣含义,其魔法力量甚至可以杀死邪神并将深渊变为高地。

此外,在殷墟王陵区西的大墓中也曾出土镶嵌绿松石的雕花象牙器④。在殷墟妇好墓中也出土过象牙制作的夔鋬杯一对,带流虎鋬杯一件,都是用象牙段制成,极其精致⑤。这种象牙礼器制作精美,表现着神器的纹饰与镶嵌,也应该与青铜器属于同一规格,带有神圣性质。与此有关的是,象骨也很可能被用于宗教的占卜⑥。这些现象,均显示了象牙(甚至象骨)在殷人观念中具有某种非凡的含义。

象牙被视为具有巫术力量的神奇事物,而大象本身便是具有克

---

① 《诗经·鲁颂·泮水》,李学勤主编:《十三经注疏·毛诗正义》,北京大学出版社,1999年,第1405页。
② 李学勤主编:《十三经注疏·周礼注疏》,北京大学出版社,1999年,第988—989页。
③ 胡新生:《中国古代巫术》,山东人民出版社,2006年,第41页。
④ 胡厚宣:《殷墟发掘》,学习生活出版社,1955年,第95页。
⑤ 中国社会科学院考古研究所编:《殷墟妇好墓》,文物出版社,1980年,第215—218页。
⑥ 李学勤:《关于象胛骨卜辞》,《中国古代文明研究》,华东师范大学出版社,2005年,第21—23页。

服鬼魅与精怪力量的非凡动物,因此被大量表现在神圣的青铜器之上。在使用战象的过程中,尽管这些危险的巨兽不一定会被频繁地运用于战场,但这些巨兽的象征含义是明确的——它们可以威慑敌方,代表了非凡力量对野蛮、混沌、黑暗、鬼魅的克服。战象的象牙也具有明确的含义,具有某种神圣力量,同样被视为可以在战争活动中具有作用的事物。因此,理解殷人使用战象的心理也同样需要进入某种"神圣"的语境。

伴随着宗周礼乐的建立和封建军事贵族传统的逐渐形成,大象退出了宗教与战争活动。但战象并没有如同骑兵那样伴随着宗周礼乐的崩溃而得到广泛运用,原因正如前文所述的两点。第一,随着气候环境的逐渐变化,中原地区不再适合象的栖息。这一过程大致发生在周孝王以后,中原地区的气候变冷,象的分布地区向南移动①。到了宗周礼乐崩坏的战国时代,中原的大象已经基本绝迹。《韩非子·解老》记载"人希见生象也,而得死象之骨,案其图以想其生也"②,《战国策·魏策一》"白骨疑象"③。这些例子说明,战国时期的中原地区已经很难见到大象,因此才会产生一系列关于"象骨"的"想象"。在这样的背景下,要组建战象部队的成本显然远高于商代。第二,战象的使用具有极高的风险,一旦使用不慎,就可能导致己方的全盘崩溃——正如王莽军、梁朝军那样的遭遇。楚昭王也是在万不得已的情况下才使用象队冲击吴军的。因此,战国时代使用战象的成本与风险之间根本不成正比,这就决定了战象不可能像战马那样得到普遍的使用。实际上,殷人之所以愿意使用这种具有危险性

---

① 王宇信、杨宝成:《殷墟象坑和"殷人服象"的再探讨》,胡厚宣等:《甲骨探史录》,生活·读书·新知三联书店,1982年,第488页。

② [清]王先慎:《韩非子集解》,中华书局,2007年,第148页。

③ [汉]刘向集录:《战国策》,上海古籍出版社,2009年,第778页。

的巨兽并将之投入战场,重要的原因就在于他们将象视为一种神圣动物,能够在战斗中象征性地克服敌对的"鬼魅"、"精怪"。

第六节　殷商敌对者的武器
——以北部敌对人群为例

在综合研究了商代的武装者与武器装备的基本情况之后,如果结合人类学与考古材料对殷人敌对人群的武装情况进行综合研究,很可能会取得研究商代战争的一种更加"立体"的学术视野。但由于本书的研究主题所限,在此不可能对那些与殷人敌对的所有人群都进行细致的梳理与研究,进而勾勒出这些人群与殷人之间发生武装冲突的基本面貌。但这些人群的生产与活动方式确实很大程度上决定了他们与殷人之间的关系,而他们的工艺与武装方式也反过来影响了殷人的战争与装备。

作为一个王朝的殷商国家,在地理空间上呈现为一个近于十字形的"宇宙"平面,"四土"各地的殷人武装者则与"四方"对应不同的敌对群体之间不断进行战争。殷商敌对人群的活动与武装方式显然应该对殷人的武装活动甚至生活方式造成影响。理解殷商敌人的武装情况,确实有助于更好地把握商代的战争活动。在此,笔者尝试选择了殷人生活区域以北的敌对人群作为例子,进而描述这些敌对群体使用的武器与武装情况。

一、北方人群与殷人的关系

殷商北部区域的敌对人群主要分布在鄂尔多斯地区以及山西、陕西、河北、辽宁等地区的北部。到了商代,这些区域实际上已经形成了独立的文化,扮演着过滤与连接中原地区同北亚区域之间的角色①。

　　根据王明珂的研究,这些半干旱并适宜于游牧生产方式的区域最早实际上定居着相当稳定的农耕人群,在公元前 2000 年之前,这些区域的人群广泛从事农业和养猪。这里的瓮棺、白灰地面、卜骨与陶器都显示出与中原龙山文化的密切联系。但随着此后降雨类型的改变,这一区域环境恶化,传统的农耕模式被逐渐打破,进而形成了向游牧混合型经济过渡的趋势。王明珂指出,在公元前 1400 年前后,在晋陕北部出现了一些武装化的混合经济人群,较为典型的是李家崖文化所呈现的面貌。这些人群既从事农艺,也进行游牧活动②。游牧活动使得这些人群越来越具有攻击性,其表现就是他们高度的武装化面貌。这些人群也就是中国古籍与卜辞中所描述的敌对群体,为了掠夺生存资源,他们南下与农耕者进行战斗③。

　　北方混合型经济的人群对殷人农耕区进行过掠夺,这一点可以得到宾组卜辞证据的支持:

　　　　　　土方征于我北鄙,戋二邑。
　　　　　　邛方亦侵我西鄙田(《合集》6057 正)
　　　　　　土方侵我田十人(《合集》6057 反)

---

① Nicola Di Cosmo, *Ancient China and It's Enemies:The Rise of Nomadic Power in East Asian History*, Cambridge University Press,2002, pp.45—46.

② 狄宇宙也指出,商周时期北方地区复合地带是一种混合了狩猎与农牧业的生活方式。见 Nicola Di Cosmo, *Ancient China and It's Enemies:The Rise of Nomadic Power in East Asian History*, Cambridge University Press,2002, pp.48,68.

③ 王明珂:《华夏边缘——历史记忆与族群认同》,社会科学文献出版社,2006 年,第 81—87 页。

邛方弗寇西土(《合集》6357)

方征于邕(《合集》6778正)

　　关于"邛方"和"土方"、"方"的位置,陈梦家认为邛方在太行山西北地区[①],胡厚宣认邛方在陕北[②],岛邦男认为邛方在陕西西北或河套地区,土方在邛方之东,"即位于殷北"[③]。朱凤瀚则指出,"方方"主要活动于冀西太行山东麓之滹沱河、唐河流域一带[④]。尽管对于这些骚扰者的具体位置有不同的观点,但邛方、土方和鬼方这样的骚扰者位于殷北地区,即属于北部的武装化人群这一点则是毋庸置疑的。通过卜辞材料可知,这些北方地区混合经济的人群确实对殷人进行过武装骚扰,尤其是掠夺殷人的农业资源。

　　这些半游牧状态的人群具有一定的流动性和攻击性,对殷人活动区进行过骚扰。但另一方面不容忽视的是,殷人的牧业规模也十分庞大,他们与其他地区的牧人一样,具有相当的侵略性。殷人的早期祖先如相土曾经做乘马,而王亥则服牛、丧牛的此类记载透露出殷人祖先也从事于游牧活动[⑤]。卜辞中使用牛祭祀的现象十分普遍,用牛数量巨大,可以多达1000、500、400等数目,"从用牛数目上我们大致可以推测出商人养牛的规模是何等宏大"[⑥]。实际上,殷墟

① 陈梦家:《殷虚卜辞综述》,中华书局,2004年,第274页。

② 胡厚宣:《甲骨学商史论丛初集》,河北教育出版社,2002年,第172页。

③ [日]岛邦男:《殷墟卜辞研究》,濮茅左、顾伟良译,上海古籍出版社,2006年,第743、745页。

④ 朱凤瀚:《由殷墟出土北方式青铜器看商人与北方族群的联系》,载《考古学报》2013年1期,第5页。

⑤ 朱彦民:《商族的起源、迁徙与发展》,商务印书馆,2007年,第373页。

⑥ 张光直:《商文明》,张良仁、岳红彬、丁晓雷译,辽宁教育出版社,2002年,第130页。

时期之前的殷人迁徙频繁,可能就与殷人本身的这种混合型经济有关。透过各种材料,不难发现殷人的好战与狂暴,这种精神面貌当与混合型经济或半游牧的文化有一定关系。

非洲的努尔人从事于一种迁徙型的混合经济,养牛在这个文化中居于重要地位,牛在经济与祭祀中非常重要。而这样的一个人群恰恰非常好战,他们对邻近丁卡人(Dinka)的战争行为已经成为一种制度性和结构性的文化,并且也得到了丁卡人的认同[1]。这一条人类学材料显示,这种混合型经济的武装化人群具有相当的侵略性。此外,殷人的世界观中将战争转化为一种维护秩序和宇宙周期的制度化必需,说明殷人所表现出的侵略性更为明显。此外,这条材料显示出一种战争双方具有某种共同的"知识",这一套知识解释了战争的制度化原因,而这种制度化战争的受害者也在某种意义上接受了这种知识。

一个值得注意的现象是,在殷人敌对人群的遗物中经常能够发现殷商青铜器,这是李家崖文化中的一个特点,发现的殷人青铜器有鼎、簋、瓿、斝、甗、罍、盘、瓿、卣等[2]。在山西保德鬼方活动地区的墓葬中出土了大批商式青铜器,其中有两件青铜鼎、两件青铜瓿、一件青铜卣。此外还有19件青铜车马器、车軎、舆栏饰等。整理者认为,这是商代"戎狄族"活动的遗物[3]。山西石楼北方青铜文化遗迹也出土了殷商青铜器[4]。石楼—绥德地区的文化虽然具有较为浓厚的殷

---

① [英]埃文思 - 普里查德:《努尔人——对尼罗河畔一个人群的生活方式和政治制度的描述》,褚建芳、阎书昌、赵旭东译,华夏出版社,2002 年,第 20—62 页、145—151 页。

② 王明珂:《华夏边缘——历史记忆与族群认同》,社会科学文献出版社,2006 年,第 86 页。

③ 吴拯录:《保德县新发现的殷代青铜器》,载《文物》1972 年 4 期,第 62—64 页。

④ 杨绍舜:《山西石楼褚家峪、曹家垣发现商代铜器》,载《文物》1981 年 8 期,第 49—53 页。

人色彩,但本质上仍属于北方草原青铜文化[1]。陕西甘泉阎家沟墓葬是北部人群的遗存,但墓中也出土了殷商的青铜器[2]。考古材料也反映,殷人青铜器和武器见于鄂尔多斯地区的遗址与墓葬[3],作为早期鄂尔多斯式文化的朱开沟受到过殷人二里冈文化北渐的影响[4]。这些现象说明,生活在殷人活动范围以北的人群不但受到了殷文化的强烈影响,同时也分享了殷人的某些意识形态。最典型的例子莫过于将殷人的青铜神器视为珍宝,用于陪葬或礼仪活动。

笔者举这些例子实际上是试图说明,殷人同样具有一种混合型经济,而他们的很多关于暴力的观念或文化传统与其祖先的半游牧、狩猎生活方式有关。尽管农耕在商代社会中的重要性日益上升,但这并不影响殷人也同样具有类似于游牧或半游牧人群那种高度武装化和侵略性的特点。这也就意味着,北方地区那些逐渐由农业转化为混合型经济的人群尽管已经逐渐武装化和具有侵略性,并且有时也对殷人的农耕区进行骚扰,但在商王国这一将战争制度化和观念化的对手面前,仍然不是等量级的对手。此外,这些北方人群在文化上似乎也深受殷文化的影响,将拥有殷人的器物视作一种荣誉。在某种意义上,殷文化可能对这些北部人群具有一种类似于“文化霸权”的影响力。

卜辞材料更多显示的是,这些北方人群经常遭受到殷人的攻击,商王室对邛方的征伐可以多至 3000(《合集》6185)或 5000(《合

---

[1] 胡进驻:《殷墟晚商墓葬研究》,北京师范大学出版社,2010 年,第 282 页。

[2] 马强:《陕西甘泉出土晚商青铜兵器及相关问题》,载《殷都学刊》2008 年 4 期,第 14—18 页。

[3] [美]杨晓能:《另一种古史——青铜器纹饰、图形文字与图像铭文的解读》,唐际根、孙亚冰译,生活·读书·新知三联书店,2008 年,第 359 页。

[4] Nicola Di Cosmo, *Ancient China and It's Enemies:The Rise of Nomadic Power in East Asian History*, Cambridge University Press, 2002, p.49.

集》6167)名武装者,对土方的战争也使用同样规模的武装人员(《合集》6409、6407)。这与卜辞中这些北方人群仅仅以数十人为单位对殷人地区进行骚扰的规模根本不是一个量级。没有证据表明,这些半游牧的人群具有统一或联盟性质的国家,这些人群应当是以更简单扁平的小型血缘亲族为基本活动单位,有时以几个氏族联合行动为模式的社会组织。这些人群之间经常为了争夺耕地、草场、猎区等资源进行武装冲突,很多聚落被建在高崖之上,也存在石头垒成的防御设施①。这样的一种以小群体为活动单位的社会组织,同时也伴随着激烈的竞争行为,很难形成强大有力的集团与殷人对抗。可以说,所谓"邛方"或"土方"等集团性的称谓只是一种殷人的话语,在殷人话语中的族群称谓实际上只是一种对"他者"的想象与建构。正如在清末政治语境中的"洋人"一词,实际上在西方诸国中并没有一个叫"洋人"的族群之存在。他们只会自称是英人、法人、德人、意人,但在清末的政治语境与"他者"想象或话语中,他们都是"洋人"。

因此,所谓"邛方"或"土方"可以被视为殷人对他者的一种概念建构,指的是商王国以北生活的那些混合经济并具有武装色彩的所有人群。而实际上,这些人群多以血亲家族为活动单位,它们之间也充满了战争与对抗。有时,这些人群中的某些氏族会对殷人的边地"鄙"或"田"进行骚扰、掠夺,对殷人造成损失的规模一般在十人或数十人。而殷人对这些散布在北部的人群则可以动用"五千"或"三千"为单位的大规模武装力量进行征伐。这些人群并不被殷人视为人类,而是一种类似于鬼魅、精怪或具有攻击性的动物。殷人对这些野蛮物种的进攻,也是一种类似于狩猎的活动。

---

① 王明珂:《华夏边缘——历史记忆与族群认同》,社会科学文献出版社,2006年,第85页。

二、北方人群的武器装备

这些武装化的人群散布在鄂尔多斯地区以及山西、陕西、河北、辽西等地区的北部,为了夺取生存资源而不断互相进攻。实际上,他们是一群高度武装化的人员,而这些人群的武器也具有相当的牧人风格。这些北部地区的特色武器为兽首短剑,兽首包括马首、羊首、鹰首、野羊首,又有青铜小刀,刀柄饰有蘑菇、兽首、环。还有管銎斧,这种斧与殷人的宽斧钺不同,其斧形长而且窄[1]。这种武器的手柄较短,接近于殷人的手戈。使用方法主要是啄击,而不能像殷人的戈那样勾杀或砍击。

这些带有较多游牧者与动物特色的武器在北部地区的"戎狄"中长期沿用,在河北青龙发现的春秋戎狄族遗迹中就包括了铃首弯刀、环首刀、羊首曲柄剑、鹿首弯刀、铜斧等武器[2]。这些春秋戎狄族的武器与商代北部地区人群的武器风格非常相似,显示了这些人群与动物等游牧元素的密切关系。

图 4-35　北方族群使用的青铜管銎斧

---

[1] Nicola Di Cosmo, *Ancient China and It's Enemies:The Rise of Nomadic Power in East Asian History*, Cambridge University Press,2002, p.50.

[2] 河北省文化局文物工作队:《河北青龙县抄道沟发现一批青铜器》,载《考古》1962 年 12 期,第 644—645 页。

1983 年山西吉县发现的商代墓葬中出土了銎式戈、铃首剑①。在1976 年辽宁兴城发现了商代青铜武器，有戈、铜戚等，这里的武器也具有北方青铜文化的特点②。山西石楼发现了铃首剑、长銎斧、环首刀、戈、箭镞等武器③，既有殷人式样也有北方风格。山西柳林发现了青铜盔、铃首剑、矛、铖、斧等武器④。在陕西绥德墕头村发现过马头铜刀、蛇头铜匕、戈、铖等青铜武器⑤。这些例子说明，这些北部区域的武装化人群除了使用具有浓厚地方性风格的北方青铜武器之外，也使用殷商式样的武器，包括青铜戈、戚铖、长矛等。其中，长矛一般被学术界理解为一种源自商代南方地区的武器。同样，殷人有时也使用具有北方族群的兽首刀，例如在安阳殷墟花园庄东地 M54 武士墓葬中就出土了典型北方青铜文化的兽首刀，有虎首、鹿首、马首等式样⑥。也有学者指出，在河北藁城台西商代墓葬中出土的有銎啄戈，其"有銎"当是受到来自北方地区管銎斧影响的结果⑦。这些武器的流动很可能是伴随着这些人群之间的战争行为或掠夺而产生的，而商朝的工匠有时也根据殷人的审美观和观念价值标准模仿

---

① 吉县文物工作站：《山西吉县出土商代青铜器》，载《考古》1985 年 9 期，第 848—849 页。
② 锦州市博物馆：《辽宁兴城县杨河发现青铜器》，载《考古》1978 年 6 期，第 387 页。
③ 杨绍舜：《山西石楼褚家峪、曹家垣发现商代铜器》，载《文物》1981 年 8 期，第 49—53 页。
④ 杨绍舜：《山西柳林县高红发现商代铜器》，载《考古》1981 年 3 期，第 211 页。
⑤ 陕西省博物馆黑光、朱捷元：《陕西绥德墕头村发现一批窖藏商代铜器》，载《文物》1975 年 2 期，第 82—85 页。
⑥ 中国社会科学院考古研究所编著：《安阳殷墟花园庄东地商代墓葬》，科学出版社，2007 年，第 166—167 页。
⑦ 邵会秋、杨建华：《欧亚草原与中国新疆和北方地区的有銎战斧》，载《考古》2013 年 1 期，第 81 页。

并改造北方系的削刀,将上面的动物角表现为饕餮角①。当然,他们也将北方地区管銎武器的形制,引入殷人的武器生产中。

图 4-36　北方族群使用的羊首短剑

在鄂尔多斯地区的青铜文化中,这些人群普遍使用一种名为鄂尔多斯式短剑和铜刀等武器,这些半游牧状态的人群也成为抑制商文化继续向北前进的存在②。一方面,这些用鄂尔多斯式青铜武器武装起来的人群阻止了商文化继续向北的传播,但另一方面,这些人群也往往成为殷人进攻与捕获祭品的牺牲者。这种北方青铜文化的短剑在北部"戎狄"区域十分流行,实际上也对早期周人的武装有过影响。根据王明珂的研究,周人与姜姓原来都是"戎",他们也就是考古所见商周之际出现在渭河流域的畜牧化、武装化的人群③。很多考古材料也可以证明,在晚商时期,北方青铜文化已经深入渭河谷底区域④。而许倬云指出,周人用剑取代了殷人的短兵器,剑这种

---

① 林沄:《商文化青铜器与北方地区青铜器关系之再研究》,自李伯谦编:《商文化论集》,文物出版社,2003 年,第 503—504 页。

② 田广金、郭素新:《鄂尔多斯式青铜器的渊源》,载《考古学报》1988 年 3 期,第 271—273 页。

③ 王明珂:《华夏边缘——历史记忆与族群认同》,社会科学文献出版社,2006 年,第 139 页。

④ 李峰:《西周的灭亡——中国早期国家的地理和政治危机》,徐峰译,上海古籍出版社,2007 年,第 207 页。

武器是受北方草原文化影响的结果①。从考古类型的角度比较分析，不难发现周人早期的短剑实际上与北方草原风格的短剑相似。这就意味着，殷人在北方那些敌对人群所使用的武器最后会被战胜殷人的征服者所使用。而剑这种短兵将在周代以来的整个中国文化史中扮演重要的礼制与精神含义，这种含义最早就来自"士"——那些佩剑的武装者——的礼仪形象②。

　　除了西北部混合经济的人群，东北部的辽宁地区，也活跃着相当数量使用青铜短剑的武装化人群。在辽宁发现的魏营子文化，包含了商代中晚期的历史阶段。在这里出土了一种叫"短茎式曲刃剑"的青铜武器，邻近的张家园文化，也普遍存在各种青铜匕首与青铜剑的使用③，与周代"东胡"族群所使用的青铜短剑颇为相似。可见，北方各个不同地区的族群普遍使用青铜短剑。

　　除了兽首刀和短剑之外，殷周时期北方人群还使用管銎斧、管銎戈、内弯刀，还有少量的青铜胄④。这些管銎斧、管銎戈与更西北部的印欧族群所使用的武器非常相似，不难发现这些北部青铜文化与印欧游牧者之间具有联系。朱凤瀚的研究表明，北方人群广泛使用的各种管銎类武器，通过战争活动，也对殷人的武器形成了影响。从殷墟文化二期开始，殷人群体中开始出现多种管銎类武器⑤。当然，这些地区的青铜胄并不多，数量与质量均很难与殷人相比。在这种

---

① 许倬云：《西周史》，生活·读书·新知三联书店，2001年，第86页。
② 周人士君子将佩剑视为风尚，并以制作精良装饰华美的剑作为礼制身份象征的文化最终成熟于东周，代丽鹃：《早期玉剑具研究》，载《文物》2011年4期，第89页。
③ 董新林：《魏营子文化初步研究》，载《考古学报》2000年1期，第15—20页。
④ 乌恩：《殷至周初的北方青铜器》，载《考古学报》1985年2期，第136—148页。
⑤ 朱凤瀚：《由殷墟出土北方式青铜器看商人与北方族群的联系》，载《考古学报》2013年1期，第26页。

装备条件差异的背后,显示出的是二者青
铜军事工业的技术差别。这也就意味着,
这些缺少护具的武装者在战斗中会遭遇
比殷人尤其是殷人高级武士更多的伤亡。

　　此外,这些武装人群也与殷人或印欧
游牧者一样,使用乘骑并骑马作战。在陕
西甘泉阎家沟商代墓葬中出土了典型北
方民族特征的器物,如羊首钺、銎内戈、铃
首剑、三銎刀、箭镞等武器,还有草原文化
的金箔。值得注意的是,这座墓葬中还出
土了两匹青铜马,马背上都有椭圆形的背
垫,被学者视为具有马鞍的性质[1]。从逻辑
上来说,这些北部区域的人群应该比殷人
更早有机会接触到印欧族群的养马技术
和乘骑文化。既然殷人已经开始使用武
装乘骑的方式,这些人群也同样使用乘马

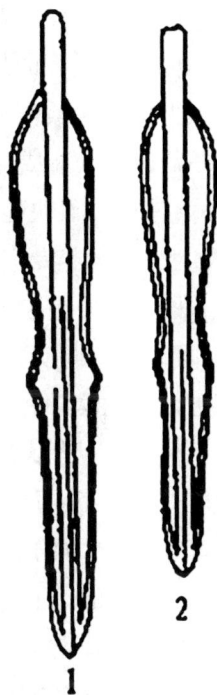

图 4-37　辽宁魏营子北方
文化中所见的青铜短剑

并出现了早期的"马鞍"这些现象就不难
得到理解。在墓葬中既出土了供乘骑战马的形象,同时也伴随出土
箭镞,说明这些人群很可能也使用骑射作战。

　　除了骑射之外,这些早期"戎狄"人群也比殷人更早掌握了来自
西部和北部印欧民族的战车技术。尽管他们掌握战车技术比殷人
更早,但却没有迹象显示他们通过战车以压倒性优势对殷人进行侵
略。笔者认为,这背后的原因在于商王国是一个通过神权以及早期

---

[1] 王永刚、崔风光、李延丽:《陕西甘泉县出土晚商青铜器》,载《考古与文物》
　2007 年 3 期,第 11—21 页;马强:《陕西甘泉出土晚商青铜兵器及相关问题》,
　载《殷都学刊》2008 年 4 期,第 14—18 页。

国家原始官僚政治凝聚了大量氏族与人群的政治文化共同体,这一共同体具有强大的战争力量与资源整合能力。那些小股出没的北方人群即使用战车或骑兵对殷人郊区进行某些骚扰、掠夺,但却根本不足以对其造成巨大损害。与此相反的是,殷人一旦掌握了战车技术,就可以很快地将各地、各氏族的木材、皮革、工匠、矿石、冶炼工人、马匹饲养专家等技术人员和各种资源有效整合在一起,饲养大量的马匹并制造出大批战车,整个王国犹如一台被发动的战争机器,可以动辄调动"三千"或"五千"的武装者配合相应的战车对异族进行大规模征伐。

传统的观念认为殷周时期的"戎狄"作战只是使用步卒与骑兵。但随着对夷王、厉王时器《师同鼎》的研究,发现周人也俘获戎人的兵车,说明北方的"戎狄"确实也使用战车,传统的观点需要得到修改[1]。更早的康王时器《二十五祀盂鼎》记载了周王讨伐鬼方,获得了130辆战车与大量牛羊的事件[2],也说明了周初时期北方人群在普遍使用战车。在山西保德鬼方活动区出土的殷代墓葬中,就出土了十九件车马器、车軎、舆栏饰等[3]。狄宇宙认为,宁夏、甘肃的游牧人群分布于渭水流域到鄂尔多斯西北,这些人群墓葬中的武器、动物装饰、车与马的构件及车马饰属于斯基泰(Scythian)游牧文化的一种[4]。狄宇宙确实指出了北部人群使用战车与印欧牧人传播的密切联系。殷人北部和西北部人群使用的战车应当都直接或间接受

[1] 李学勤:《师同鼎试探》,载《文物》1983年6期,第58—61页;李零:《"车马"与"大车"——跋〈师同鼎〉》,载《考古与文物》1992年2期,第72—74页。
[2] 唐兰:《西周青铜器铭文分代史征》,中华书局,1986年,第180页。
[3] 吴拯录:《保德县新发现的殷代青铜器》,载《文物》1972年4期,第62—64页。
[4] Nicola Di Cosmo, *Ancient China and It's Enemies:The Rise of Nomadic Power in East Asian History*, Cambridge University Press,2002, pp.80—81.

印欧游牧者传播而来,他们使用战车的时间早于殷人。只是殷人使用战车作战的规模与征服实践较为突出而已。通过对比可知,殷人的战车与武装部队可以高效地对北部人群进行打击,而这些分散的人群则没有足够的实力形成足以与殷人抗衡的战车武装。有学者认为包括周人在内的各族使用战车是受"商文化的传播"影响,这种观点似乎可以得到修正①。

综合这些材料与分析可以得出以下结论:殷商北部的半游牧人群在政治上处于分裂混战状态,为争夺生存资源而展开激烈竞争。有时这些武装人群也会对殷人的郊鄙地区或农田进行骚扰。但商文化作为一种强势文化在这些区域得到传播,这些人群也以占有殷商式青铜礼器为荣誉。商文化在这些区域具有某种"文化霸权"。另一方面,殷人保留着其祖先的半游牧价值观,同样具有强烈的攻击性和侵略性,北方人群经常遭到殷人的进攻。从武器装备上讲,尽管这些人群比殷人更早从印欧族群那里掌握乘骑与战车技术,但由于不能形成一定规模的政治实体,因此不能像商王国那样将各种战争资源迅速、有机地组织在一起,形成强大的战争力量。这些族群使用的武器介于印欧牧人与殷人之间,其中的短剑为周人所接受,并在日后的中原被作为一种重要的文化象征性武器。

---

① 沈融:《论早期青铜戈的使用法》,载《考古》1992 年 1 期,第 73—74 页。

跋

宋儒治礼，嗜证古彝，钟鼎籀刻，靡不蒐求，以考经文。迨格乾嘉，金石大盛，鱼鲁亥豕，汀茫久矣，古学爰在，辅翼经史。殷龟契刻，又出洹滨，铁云《藏龟》、籀庼《举例》。观堂缀合残龟，考释契文，证以太史公书，是知殷史不欺，书、契互证也。自此以降，殷畿四土，多获卜甲鼎彝之属，宋不足征，而殷礼备焉。

延洎今世，孔子所未见，契文、鼎籀、金彝，频出于地，坟典丘索，益以精详。其不可晓者，征以域外之邦、四裔之俗，亦礼失求诸野之谓也。余玩契文、《梼杌》，考殷人干戈之陈，宗庙之祀。观堂曰："夏、殷间政治与文物之变革，不似殷、周间之剧烈矣。殷、周间之大变革……"观堂之学，余深服膺。殷人祀、戎之德，大异于宗周。证以观堂殷、周之论，可深得之。愿谨以仰先贤，书帛竹，登堂奥，奉笴再拜，求教于诸稷下先生，博雅君子。

余自幼好古，束发读书，有志立言。自入上庠，每以治学为念，砥砺经阁，蝉腹龟肠，为日已久。余事段渝师，得垂训言教，尊德义、道问学之方，虽渐登堂，而未克入室，怀惶不宁。道漫漫其修远，唯战战兢兢，夙夜匪懈，而能进功夫于万一。

二亲贤德，事长以孝，字小以仁。余性也驽，躬蒙慈训，负笈有岁,而进益无多。草作虽鄙,亦足以告之曰:"小子游于外,未曾为鸡鸣狗盗之事耳。"

庚寅岁丁亥月丁卯日江油李竞恒识于成都